毛泽东与新中国

刘金田 主编
张鹏 副主编

CNS | 湖南人民出版社

前　言

毛泽东是一代伟人！回顾20世纪的中国历史，没有哪一个人比毛泽东更有资格被称为“伟人”了。从1935年遵义会议召开到1976年逝世，在长达40余年的时间里，毛泽东始终处在中共中央领导集体核心的位置上。中国在这一时期所取得的一切重大进步和发展，几乎都与他的领导分不开。毛泽东为中国人民和中华民族建立了不朽的历史功勋。他是当之无愧的世纪伟人。

毛泽东是探索中国社会主义建设道路的开创者。他引导中国走上社会主义发展道路，确立了社会主义基本制度。早在《共同纲领》中，毛泽东就在政治制度的设计上，为中华人民共和国制定了人民代表大会制度、中国共产党领导的多党合作和政治协商制度、民族区域自治制度。

毛泽东是中国现代化建设事业的组织者和领导者。他带领中国共产党人在一个经济文化落后的农业国家进行了社会主义现代化的探索。他完整地提出了“四个现代化”的奋斗目标，要求探索适合中国国情的社会主义道路，并对我们要建成什么样的社会主义提出了初步的总体构想。

毛泽东是中华人民共和国的主要缔造者。他在中国的历史上第一次开创了人民当家做主的新时代。在毛泽东主持起草的第一部共和国宪法中，始终贯穿着人民民主这一原则。中华人民共和国成立近70年来，人民当家做主已经成为社会主义民主政治的本质要求。

在毛泽东的领导下，中华人民共和国的执政党——中国共产党不断进行保持先进性的探索，始终焕发着青春活力；在毛泽东的领导下，中华人民共和国走上了世界舞台，奠定了其在国际上的大国地位；在毛泽东的领导下，中华人民共和国在祖国统一大业的道路上不断前进；在毛泽东的领导下，中华人民共和国的文化事业欣欣向荣、百家争鸣、百花齐放。

…………

为深切缅怀毛泽东为中华人民共和国的建立与发展所做出的历史性贡献，我们组织编写了《毛泽东与新中国》一书。本书将毛泽东有关中华人民共和国发展与建设的主要思想、观点加以编辑整理，全书共分为十二章，每章重点阐述毛泽东光辉思想的一个方面。每一章都是用材料说史，用情节说事，用事实说理，重在叙述过程，阐发思想，点评意义和价值。每一章都包含三个方面的内容：一是思想的形成和发展过程，二是主要思想论述，三是思想的相关成就和影响。

事实上，毛泽东各方面的思想不是彼此孤立、互不相关的，它们是和谐的不可分割的统一的整体。毛泽东思想教育了一代又一代的中国共产党人，推动了党的事业蓬勃发展。毛泽东思想是全党和全国人民的宝贵精神财富，永远吸引着人们去欣赏，去学习，去钻研。

当然，由于我们水平有限，书中所著难免挂一漏万。欢迎广大读者批评指正。

编　者

目录

☆☆☆☆☆

第一章

毛泽东与人民代表大会

毛泽东在领导中国革命和建设的过程中，创造性地把马克思主义国家学说和中国的具体实际相结合，对建立人民民主政权的组织形式进行了长期的探索和艰苦的实践。他深刻论述了人民民主政权的性质和任务、组织形式、人员构成等一系列问题，创造了人民代表大会制度，并把这一制度确立为国家的政体，将其逐步发展为体现社会主义民主、具有中国特色的根本政治制度。毛泽东为人民代表大会制度的确立做出了重要的贡献。

第一节　毛泽东对人民代表大会制度的探索过程

（一）人民代表大会制度的探索

在探索中国革命道路的过程中，以毛泽东为代表的中国共产党人逐步认识到建立和发展革命政权的重要性，把它视为新民主主义革命的重要内容之一，并且根据各个历史阶段国内外形势和革命任务的不同，创造性地提出和发展了适合当时革命政权建设条件的正确理论、路线、策略，从而使革命政权由小到大，由弱到强，最终建立了中华人民共和国。

我国的人民代表大会制度，就是中国共产党领导人民在长期革命斗争中创造的一种新的政治制度、新的政权组织形式。中国共产党在各个历史阶段领导建立的不同形式的政权组织，就是人民代表大会制度的雏形，它们的发展壮大为后来人民代表大会制度的全面确立积累了丰富的经验，奠

■ 1954 年 9 月 20 日，全国人大一届一次会议一致通过《中华人民共和国宪法》。毛泽东和全体代表起立鼓掌。

定了坚实的基础。

1. 土地革命战争时期的苏维埃代表大会制度

（1）农民协会——人民代表大会制度的萌芽

把马克思主义国家学说同中国革命具体实践相结合，努力探索建立适合中国国情的人民政权组织形式，是毛泽东整个革命活动的一个重要组成部分。早在第一次国内革命战争时期，毛泽东在湖南、广东等地从事农民运动时，领导农民群众建立了农民协会、乡村自治委员会等农村基层革命政权组织，就已开始了这一创造性的实践活动。毛泽东充分肯定了“地主权力既倒，农会便成了唯一的权力机关”的革命成果，反复教育干部农村革命的中心任务是根本铲除土豪劣绅的封建政权，建立农民政权，提出了“打倒土豪劣绅，一切权力归农会”的口号。他指出：农民要坐稳江山，

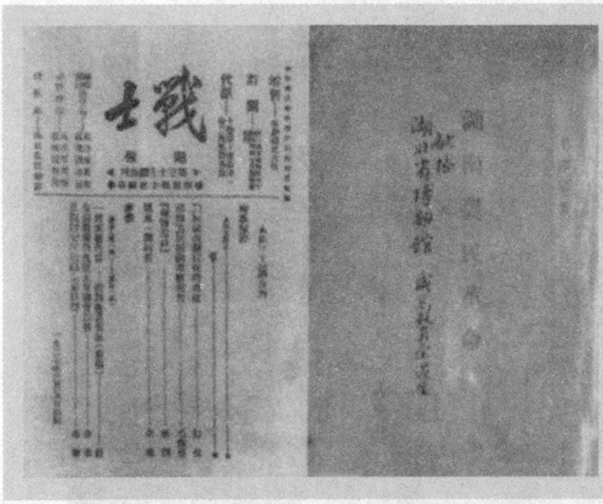

■ 1927年1月，毛泽东利用32天时间，考察了湘潭、湘乡、衡山、醴陵、长沙五个县，走了700多公里。毛泽东将调查所得的材料整理成《湖南农民运动考察报告》，于3月5日在湖南区委机关报《战士》周刊等上连载，产生很大反响。这是当时刊载《湖南农民运动考察报告》的《战士》周刊和出版的单行本。

推倒地主的都团，使农村政治权力完全转移到农民手中，建立委员制的农民、小资产阶级联合战线的乡村民主政权。

农民协会是毛泽东运用马克思主义国家学说基本原理，结合我国半殖民地半封建社会的具体国情，指导农民革命、建立民主政权的产物，具有人民代表大会制度萌芽的属性。农民协会以贫雇农中的积极分子为骨干，不分姓氏、民族、区域等，联合自耕农、知识分子、小商人、手工业者和小地主等各阶层人士，按照少数服从多数、个人服从组织的原则进行管理。农会的最高决策机构为农民代表大会，常设机构为大会产生的执行委员会。执行委员会下设军事、财政、农业改良、仲裁、交际、卫生、教育、妇女等部，分别行使政权机构的各项重要职权。农民协会所实行的一些原则，如一切权力归农会、领导成员的产生和任职期限、机构设置和层次划分、民主集中的组织原则等，是人民民主政权原则的初现。

农会的建立和发展，作为毛泽东政权实践的最初尝试，具有开创性的历史意义。

（2）苏维埃代表大会制度——人民代表大会制度的最初尝试

大革命失败以后，中国革命的道路应该怎么走？红色政权应该如何建立和发展？以毛泽东为代表的中国共产党人在斗争中不断地探索着。

全國農協執委就職通電

1927年3月30日，中华全国农协临时执委会成立。毛泽东被推举为常务执行委员兼组织部长，主持全国农协工作。这是全国农协执委就职通电。

1927年8月7日，毛泽东在中共中央召开的紧急会议的发言中，总结大革命失败的教训，提出“须知政权是由枪杆子中取得的”这一著名论断。由此开始了中国共产党独立领导武装斗争、创建红色政权的伟大实践。

1927年8月中下旬，毛泽东主持的中共湖南省委在领导秋收起义的准备工作时，就向中央提出，现在应当扩大宣传苏维埃政权，在暴动力量发展最大的地方，着手建立苏维埃式的政府，把一切权力归于工农兵代表会议。

11月，在上海召开的中共中央临时政治局扩大会议接受了这一建议，把建立工农兵代表会议的政权作为全党的一项重要任务提了出来，决议指出：“现在中国阶段之中，党的主要口号就是苏维埃”，“一切政权归工农兵贫民代表会议，是武装暴动的总口号。”

12月21日，《中共中央致朱德并转全体同志的信》中，要求朱德与在井冈山活动的毛泽东确定联络，共同计划……造成割据的暴动局面，建立工农兵代表大会——苏维埃政权。从此，革命根据地的政权形式开始由农民协会向工农兵代表会转变。

毛泽东在创建井冈山革命根据地的过程中，把“帮助群众建立革命政权”作为红军的三大任务之一贯彻始终。

这一时期，毛泽东先后领导建立了茶陵、遂川、宁冈、永新、酃县（今炎陵）、莲花等县的工农兵政府和区乡人民政权。1928 年 5 月，成立了边界最高政权机关——湘赣边界工农兵苏维埃政府，初步形成了工农武装割据的局面。毛泽东领导的井冈山红色政权，得到了中共中央的充分肯定。

此时，毛泽东结合革命实践也写出了一些关于红色政权如何发展的光辉著作。

1928 年 10 月，毛泽东写下了《中国的红色政权为什么能够存在？》，从中国经济政治发展的不平衡和革命根据地的特点入手进行分析，列出了中国的红色政权能够存在和发展的五个条件，即：第一，在半殖民地的中国，由于地方的农业经济和帝国主义划分势力范围的分裂剥削政策，造成白色政权之间的长期分裂和战争，削弱了其统治势力，为红色政权提供了存在和发展的间隙。第二，红色政权首先发生和能够长期存在的地方，都经过民主革命的影响，有较好的群众基础。第三，全国的革命形势继续向前发展。第四，有相当力量的正式红军存在，造成长期的和日益发展的割据局面。第五，共产党组织的有力量和它的政策的不错误。毛泽东指出红色政权不仅能够存在，而且能够波浪式地向前发展。

1928 年 11 月，毛泽东在《井冈山的斗争》一文中专门谈到政权问题时说：“县、区、乡各级民众政权是普遍地组织了，但是名不副实。许多地方无所谓工农兵代表会。乡、区两级乃至县一级，政府的执行委员会，都是用一种群众会选举的。一哄而集的群众会，不能讨论问题，不能使群众得到政治训练，又最便于知识分子或投机分子的操纵。一些地方有了代表会，亦仅认为是对执行委员会的临时选举机关；选举完毕，大权揽于委员会，代表会再不谈起。名副其实的工农兵代表会组织，不是没有，只是少极了。”[①] 毛泽东分析造成这种忽视工农兵代表会作为真正权力机关作

①《毛泽东选集》第 1 卷，人民出版社 1991 年版，第 71~72 页。

用的原因，在于“缺乏对于代表会这个新的政治制度的宣传和教育”，“封建时代独裁专断的恶习惯深于群众乃至一般党员的头脑中，一时扫除不净，遇到贪图便利，不喜欢麻烦的民主制度”①。毛泽东强调：“民主集中主义的制度，一定要在革命斗争中显出它的效力，使群众了解它是最能发动群众力量和最利于斗争的，方能普遍地真实地应用于群众组织。”②

1931 年 11 月在江西瑞金召开了中央苏维埃第一次全国代表大会（即赣南会议），成立了中华苏维埃临时中央政府，毛泽东当选为中华苏维埃共和国中央执行委员会主席。中华苏维埃共和国临时中央政府的成立，在中国共产党领导的政权建设的历史上，是具有重大和深远影响的事件。全苏代表大会在中国历史上，是首次以国家形式出现的劳动人民的代表机关。

这次大会制定的《宪法大纲》，确定中华苏维埃共和国的政权性质是工农民主专政。规定：“中华苏维埃政权所建设的是工人和农民的民主专政的国家。苏维埃政权是属于工人、农民、红军兵士及一切劳苦民众的。”③这些规定，虽然受到中共中央“左”倾教条主义的影响，但这个政府，是中国历史上第一个由工农大众当家做主的中央政府，它是“民众自己的政权，它直接依靠于民众”，“它表现出来的只是最宽泛的民主主义”。④它具体地规定了劳动人民在各方面享有广泛的民主权利，有着不可磨灭的历史作用。它也具有一些苏维埃政权组织形式的特点，如保证党对苏维埃的绝对领导、实行民主集中制的原则、实行议行合一的原则、实行群众自治的原则、中央政权机构划分为权力机关和执行机关以及民主选举各级苏维埃代表等。表明革命根据地的政权形式已经向工农兵代表转变。这种工农兵代表大会制度已经具备了人民代表大会制度的基本特征，是我国人民代表大会的雏形。

---

①《毛泽东选集》第 1 卷，人民出版社 1991 年版，第 72 页。
②《毛泽东选集》第 1 卷，人民出版社 1991 年版，第 73 页。
③《毛泽东年谱（1893—1949）》上卷，中央文献出版社 1993 年版，第 359 页。
④《中华苏维埃共和国中央执行委员会与人民委员会对第二次全国苏维埃代表大会的报告》（1934 年 1 月 24 日、25 日），《红色中华》二苏大特刊。

■ 1931 年 11 月 7—20 日，中华工农兵苏维埃第一次全国代表大会在瑞金召开。这是瑞金中华苏维埃政府大礼堂。

中华苏维埃政权的建立和发展，在中国共产党领导的政权建设史上具有重要的地位和意义。它是我们党领导人民大众建立新的政权组织——人民代表大会制度的最初尝试。中国历史上第一个工农民主专政的国家政权的诞生，为全国劳苦大众树立了一面光辉的旗帜，推动了全国工农群众的革命斗争；同时，也为以后党所领导的政权的建立积累了宝贵经验。特别是毛泽东在受到“左”倾机会主义严厉批判的情况下，仍然做了大量的工作，对中央苏区的政权建设做出了重要的贡献。

他强调苏维埃政权必须密切联系群众，关心群众的实际生活问题。他说：“一切群众的实际生活问题，都是我们应该注意的问题。假如我们对这些问题注意了，解决了，满足了群众的需要，我们就真正成了群众生活的组织者，群众就会真正围绕在我们的周围，热烈地拥护苏维埃。”① 他要求：“政府工作人员由选举而任职，不胜任的由公意而撤换，一切问题的讨论解决根据于民意，所以苏维埃政权是真正广大民众的政权。”他认为苏维

①《毛泽东选集》第 1 卷，人民出版社 1991 年版，第 137 页。

埃与民众的关系必须保持最高程度的密切，然后才能发挥它的作用。毛泽东非常重视并亲自指导了中央苏区的选举工作。他认为，选举是群众最重要的权利，提出选举不能只是形式。候选人数应比应选人数多一倍（即差额选举）；要充分发动群众，预先公布候选人名单，“当实行选举时，须按名单逐一提出，逐一讨论，逐一表决，使选民尽量发表意见”。

毛泽东十分重视乡一级苏维埃的工作，亲自下去调查，写出了《兴国长冈乡的苏维埃工作》和《上杭才溪乡的苏维埃工作》两篇调查报告，并作为“乡苏工作的模范”材料印发中华苏维埃第二次全国代表大会。1934年中央苏区出版了毛泽东、张闻天合著的《区乡苏维埃怎样工作》一书，该书上篇“乡苏维埃怎样工作”为毛泽东所写。毛泽东还提出要加强对于代表大会这个新的政治制度的宣传教育，要重视发挥政权机关的作用，避免采取国民党直接向政府下命令的错误做法等重要思想。所有这些，至今仍有重要指导意义。

2. 抗日战争时期边区参议会制度

抗日战争爆发后，随着中国共产党抗日民族统一战线策略的确立，党领导的政权组织形式也发生了变化，以毛泽东为代表的中国共产党人提出了以“人民共和国”代替“工农共和国”的主张。1937 年 9 月，中共中央撤销中央工农民主政府西北办事处，成立了陕甘宁边区政府，边区的工农民主专政性质的政权转为抗日民族统一战线性质的政权。

从 1939 年 1 月到 1946 年 4 月，陕甘宁边区参议会一共召开过三届四次会议。随着抗日战争形势的发展，历次会议都取得了不同的成果，它反映了抗日民主政治制度的不断成熟和发展。

这个时期，毛泽东直接领导了陕甘宁边区抗日民主政权的建设，为巩固和发展抗日民主政权做了大量的具体工作和理论研究。

1939—1940 年初，毛泽东连续发表了《〈共产党人〉发刊词》《中国革命和中国共产党》《新民主主义论》等重要著作，系统地阐述了新民主主义理论。特别是在《新民主主义论》中，毛泽东就中国应该建立一个什

1939年初，经过人民普选，陕甘宁边区召开第一届参议会，毛泽东到会讲话，提出边区建设的方向是要成为“民主的模范”“抗战的堡垒”。在这次会上，选出高岗为议长，林伯渠为边区政府主席。这是毛泽东与秦邦宪、林伯渠在一起。左1为林伯渠。

么样的国家，这个国家的政治制度、经济制度和文化制度等重大问题，作了完整的论述。他指出，中国现时社会半殖民地半封建的性质，决定了中国革命的历史特点是分为新民主主义和社会主义两个步骤。前者是后者的必要准备，后者是前者的继续和发展。中国革命的一切目的，“在于建设一个中华民族的新社会和新国家”[①]，“建立以中国无产阶级为首领的中国各个革命阶级联合专政的新民主主义的社会”[②]。

关于民主革命胜利后的国家政治制度，毛泽东指出，就国体而言，它是各革命阶级的联合专政。具体地说，中国无产阶级、农民、知识分子和其他小资产阶级，乃是决定国家命运的基本力量。这些阶级必然要成为新民主主义共和国的国家机构和政权构成的基本部分，而无产阶级则是领导的力量。他还指出，这种新民主主义共和国，既与旧式的、欧美式的、资产阶级专政的、资本主义的共和国有着本质上的区别，也与苏联式的、无产阶级专政的、社会主义的共和国相迥异，它是由中国半殖民地半封建的特点所决定的一种过渡形式的民主共和国。[③]

①《毛泽东选集》第2卷，人民出版社1991年版，第663页。
②《毛泽东选集》第2卷，人民出版社1991年版，第672页。
③《毛泽东选集》第2卷，人民出版社1991年版，第674~675页。

毛泽东指出，政体指的是政权构成的形式，它应该与国体相适应，“没有适当形式的政权机关，就不能代表国家”[①]。关于新民主主义共和国的政权，毛泽东指出：“中国现在可以采取全国人民代表大会、省人民代表大会、县人民代表大会、区人民代表大会直到乡人民代表大会的系统，并由各级代表大会选举政府。”[②]他还强调，只有实行无男女、信仰、财产、教育等差别的真正平等的选举权，才能适合于各革命阶级在国家中的地位，适合于表现民意和指挥革命斗争，适合于新民主主义精神。毛泽东把这种制度概括为民主集中制。

这是以毛泽东为代表的中国共产党人第一次明确地、完整地提出在中国建立人民代表大会制度的理论构想。《新民主主义论》的发表，标志着毛泽东的人民代表大会制度建设理论的成熟。1945 年，毛泽东在《论联合政府》中又进一步阐述了这一理论，他指出：“新民主主义的政权组织，应该采取民主集中制，由各级人民代表大会决定大政方针，选举政府。它是民主的，又是集中的，就是说，在民主基础上的集中，在集中指导下的民主。只有这个制度，才既能表现广泛的民主，使各级人民代表大会有高度的权力；又能集中处理国事，使各级政府能集中地处理被各级人民代表大会所委托的一切事务，并保障人民的一切必要的民主活动。”[③]毛泽东的这些思想，构成了我国人民代表大会制度理论体系的基本框架。

3. 解放战争时期的各级各界人民代表会议制度

抗日战争胜利后，随着解放区的扩大和土地革命的深入，解放区的政权组织形式开始由参议会向人民代表大会过渡。1946 年 4 月，陕甘宁边区第三届参议会第一次大会通过《陕甘宁边区宪法原则》，确定边区、县、乡人民代表会议为人民管理政权的机关。这就以法律的形式确定了人民代

①《毛泽东选集》第 2 卷，人民出版社 1991 年版，第 677 页。
②《毛泽东选集》第 2 卷，人民出版社 1991 年版，第 677 页。
③《毛泽东选集》第 3 卷，人民出版社 1991 年版，第 1057 页。

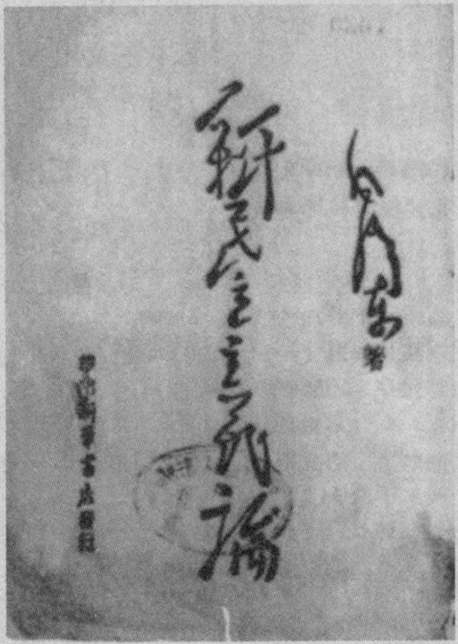

■ 1940年2月，毛泽东发表《新民主主义论》，提出了中国新民主主义革命和新民主主义社会的理论。这篇文章是毛泽东关于新民主主义理论的最重要和最基本的代表作。

表会议制度。

1947年11月，中共中央批转了关于政权组织形式问题的指示信，要求在土改中，应使解放区政权自下而上地实行人民代表会议制。此后，一些解放区相继召开了人民代表会议，选举产生了人民政府。

在这样的形势下，1947年12月，毛泽东主持召开了中央“十二月会议”，讨论了建立全国政权等一系列重大问题，明确了新政权的性质是“新民主主义的政权”，确定国家的“权力机关是各级人民代表大会及其选出的各级政府”。①

1948年4月，毛泽东又及时发现和总结了华北、晋绥等地的新经验，他在晋绥干部会议上讲话，要求各解放区普遍建立起各级人民代表会议，并使之“成为当地的人民的权力机关，一切应有的权力必须归于代表会议及其选出的政府委员会”。②

①《毛泽东选集》第4卷，人民出版社1991年版，第1272页。
②《毛泽东选集》第4卷，人民出版社1991年版，第1308页。

1948 年 9 月 8—13 日，毛泽东在西柏坡主持召开中共中央政治局会议（即九月会议），指出“要建立无产阶级领导的以工农联盟为基础的人民民主专政……我们政权的阶级性，是无产阶级领导的，以工农联盟为基础，还有资产阶级民主分子参加的人民民主专政。我们采用民主集中制的人民代表会议制度，而不采用资产阶级议会制”。①

同时，毛泽东还非常重视解放区城市政权的建设。1949 年 8 月 13 日，毛泽东亲自参加了北平市第一届各界代表会，他在关于政权建设问题的讲话中指出：希望全国各城市都能迅速召集同样的会议，加强政府与人民的联系，协助政府进行各项建设工作，克服困难，并从而为召集普选的人民代表大会准备条件。毛泽东又说：一俟条件成熟，现在方式的各界人民代表会议即可执行人民代表大会的职权，成为全市的最高权力机关，选举市政府。

随着人民解放战争的节节胜利，解放区不断扩大，原来分散的、隔离的小块解放区逐渐连成一片。为了加强中央的集中统一领导，更有效地支援解放战争和进行政权建设，中央决定建立若干个大行政区民主政权。最早建立的是华北人民政府。华北人民政府成立后，把召开各界人民代表会议作为党和政府联系人民群众的最好组织形式。董必武在大会开幕词中说，华北临时人民代表大会是一个临时的、一个华北地区的（政权组织形式），但它将成为全国人民代表大会的前奏和雏形。华北临时政府虽仅存了 13 个月，却在政权建设、社会建设、经济建设等各方面进行了广泛探索，为中央人民政府的成立奠定了组织基础，也奠定了宝贵经验。

随着人民解放战争的节节胜利，毛泽东对胜利后的中国走向什么样的道路、建立一个什么样的国家进行了深入的思考。针对上层小资产阶级和中等资产阶级的知识分子中部分人提出的所谓“第三条道路”，即在中国走一条英美式的资产阶级民主道路，毛泽东及时地告诫全党和全国人民不

①《毛泽东年谱（1893—1949）》下卷，中央文献出版社 1993 年版，第 343 页。

要丧失警惕或放弃必要的思想斗争。他先后发表了《丢掉幻想，准备斗争》《别了，司徒雷登》《为什么要讨论白皮书？》《“友谊”，还是侵略？》和《唯心史论观的破产》等文章，强调指出，中国近代历史表明，不仅封建主义思想不能救中国，就是西方资产阶级的进化论、天赋人权论和资产阶级共和国等思想武器和政治方案也不能救中国。[①]

（二）政治协商会议及《共同纲领》与人民代表大会制度的初步形成

解放战争后期，毛泽东以极大的精力投入到中央政权的建设之中。

1948 年 4 月 30 日，中共中央发布的纪念“五一”劳动节的口号中，明确提出：“各民主党派、各人民团体、各社会贤达迅速召开政治协商会议，

■ 1949 年 6 月 15—19 日，毛泽东在中南海怀仁堂主持召开了新政协筹备会议。参加会议的有中国共产党和各民主党派、无党派民主人士及各人民团体等 23 个单位的代表共 134 人。这是毛泽东在全体大会上讲话。

①《毛泽东选集》第 4 卷，人民出版社 1991 年版，第 1514 页。

讨论并实现召集人民代表大会，成立民主联合政府。”[①]5月1日，毛泽东致电中国国民党革命委员会主席李济深、中国民主同盟中央常委沈钧儒，提出先行召开新的政治协商会议，讨论召集人民代表大会、成立民主联合政府，并拟定施政纲领的问题，希望民革、民盟与中国共产党共策进行。这一号召得到各民主党派、各人民团体及无党派人士的热烈响应。不久，他们便陆续进入解放区，与中共代表共同进行新政协的筹备工作。

1949年2月初，毛泽东同斯大林派来的代表米高扬举行了正式会谈。围绕着夺取全国胜利和建立中华人民共和国的问题，毛泽东系统地阐述了中国共产党的意见。关于建立新政权问题，毛泽东说，这个新政权的性质简要地讲，就是在工农联盟基础上的人民民主专政，它的实质就是无产阶级专政。不过对我们这个国家来说，称人民民主专政更合适，更为合情合理，它是由各类各派、社会知名人士参加的民主联合政府，但名义上不这样叫。除中国共产党外，还有好几个民主党派，与我们已合作多年了，但国家政权的领导权是掌握在中国共产党的手里，这是确定不变的、丝毫不能动摇的。就是说，新政权建立后，中国共产党是核心，同时要不断加强和扩展统一战线。

6月15—19日，毛泽东主持召开了新政治协商会议。6月15日，毛泽东在新政治协商会议筹备会上致开幕词。他满怀信心地说："中国人民将会看见，中国的命运一经操在人民自己的手里，中国就将如太阳升起在东方那样，以自己的辉煌的光焰普照大地，迅速地荡涤反动政府留下来的污泥浊水，治好战争的创伤，建设起一个崭新的强盛的名副其实的人民共和国。"[②]会议通过了《新政治协商会议筹备会组织条例》和《关于参加新政治协商会议的单位及其代表名额》，完成了建立中华人民共和国的各项必要的准备工作。

6月30日，毛泽东发表《论人民民主专政》一文。文章系统总结了

① 《中共中央文件选集》（第17册），中央党校出版社1990年版，第146页。

②《毛泽东选集》第4卷，人民出版社1991年版，第1466页。

1949 年 9 月 21 日下午，毛泽东等在中南海怀仁堂出席中国人民政治协商会议第一次全体会议。这是会议会场。

1840 年鸦片战争以来中国走过的历史道路，指出资产阶级共和国的方案在中国行不通的，唯一的路是经过工人阶级领导和人民共和国到达社会主义和共产主义。毛泽东指出：“总结我们的经验，集中到一点，就是工人阶级（经过共产党）领导的以工农联盟为基础的人民民主专政。”[①] 文章还阐述了人民共和国的任务、对内对外的基本方针。文章和不久前在七届二中全会上的讲话，构成了召开新政协会议和制定共同纲领的理论指针和政治基础。

9 月 21 日，毛泽东又主持召开了中国人民政治协商会议，庄严宣告了中华人民共和国的成立。这次会议代行全国人民代表大会的职权，在我国人民代表大会制度的发展史上是一次权力极大而且地位特殊的会议。

这次会议的一个突出功绩，是通过了经毛泽东多次审阅修改的具有临时宪法作用的《中国人民政治协商会议共同纲领》。《共同纲领》以毛泽东关于中国新民主主义革命和建设的理论为基础，特别是以七届二中全会

①《毛泽东选集》第 4 卷，人民出版社 1991 年版，第 1480 页。

报告和《论人民民主专政》为基础，确定了中华人民共和国应该实行的各方面的基本政策，明确规定了中华人民共和国的政治制度是民主集中制的人民代表大会制度，充分体现了毛泽东思想。《共同纲领》的实施，为确立人民代表大会制度奠定了坚实的基础。

根据《共同纲领》的规定：“中华人民共和国的国家政权属于人民。人民行使国家政权的机关为各级人民代表大会和各级人民政府”，但考虑到普选的人民代表大会一时无法召集，《共同纲领》又规定：“在普选的地方人民代表大会召开以前，由地方各界人民代表会议逐步地代行人民代表大会的职权。”

各界人民代表会议使劳动人民第一次真正意义上当家做主，他们获得了选举权、被选举权，开始参政议政、管理国家事务。尤其是长期被排斥在政治之外的妇女获得了与男子平等的政治参与权，她们积极参加各项社会活动。如湖北省黄冈县妇女代表说：“过去妇女们只是在家烧茶、煮饭，哪有女人说话的余地，现在我们抬了头，我们要好好把妇女组织起来，并努力从生产中争取妇女的地位。”在各界人民代表会议中，各个阶层的代表济济一堂，共同商议地方兴革事宜，为当代中国民主的成长作了有力的铺陈。

各界人民代表会议的实践，推进了民主化建设的进程。民众自主推选代表，尽管还不完全是无记名投票，但打下了以后基层民主建设的基础。很多县的农民代表和城市居民代表都是基层民众参与选举的结果，甚至个别地方还出现了竞选代表的现象。在代表候选人的产生方式上，各界协商酝酿，普遍采取从上而下与自下而上相结合的方式，这既体现了民主特色，又显示出协商的特征。

此外，在各界人民代表会议的实践中，民众逐步熟悉了民主程序、掌握了一些民主知识，催生了民主意识。各界人民代表会议丰富了人民民主的意涵，它为中国向更健全的民主迈进准备了条件，人民民主在实践中走向成熟和完善。

随着新民主主义革命在全国范围的胜利和人民民主政权的确立，由政协全体会议和地方各界人民代表会议代行人民代表大会职权的过渡时期已经结束，建立各级人民代表大会的时机逐渐成熟。

总之，从第一次国内革命战争时期的罢工工人代表大会和农民协会到第二次国内革命战争时期的工农兵代表苏维埃，从抗日战争时期的参议会到解放战争后期和建国初期各地普遍召开的各界人民代表会议，都是以毛泽东为代表的中国共产党为实现人民民主而进行的探索和创造。我们党深刻总结中国近代政治发展的历程和建立新型人民民主政权的实践，得出了一个重要结论，这就是：新民主主义革命胜利后建立的政权，只能是工人阶级领导的、以工农联盟为基础的人民民主专政；同这一国体相适应的政权组织形式，只能是民主集中制的人民代表大会制度。

第二节　第一届全国人民代表大会的召开和第一部宪法的颁布

（一）第一届全国人民代表大会召开

中华人民共和国成立前夕制定的《共同纲领》一直起着临时宪法的作用。

随着国民经济的恢复和大规模经济建设的到来，为了使中国人民已经取得的革命成果能够以国家根本大法的形式巩固下来，使社会主义革命和建设事业更快地发展，使人民民主专政的国家制度更加完备，就必须及时召开用普选方法产生的全国人民代表大会，结束由《共同纲领》代表国家宪法的过渡状态。在这样的一个历史背景下，召开全国人民代表大会和制定宪法的问题，开始列入中共中央的议事日程。

经过多次酝酿，中共中央设想在晚些时候，也就是中国基本进入社会主义之后，再召开全国人民代表大会和制定宪法。

但是中共中央召开全国人民代表大会和制定宪法的日程表受到了斯大

林的热切关注及诚恳建议。

1952 年 10 月，刘少奇率领中共代表团到苏联出席苏共十九大，受毛泽东的委托，他在给斯大林写的一封信中就谈到了中共中央关于召开全国人民代表大会和制定宪法的设想。斯大林认为：为了驳斥国际上敌对势力对中华人民共和国的攻击和便于中国更好地开展建设事业，中国应该将召开全国人民代表大会和制定宪法的时间提前。他建议在 1954 年进行选举和通过宪法。

有关资料显示，斯大林曾三次明确向中共提出制定宪法的建议：第一次建议是在 1949 年 6—8 月，刘少奇秘密访问苏联期间，斯大林对刘少奇说，中国现在可用《共同纲领》，但应该准备宪法，并指出宪法性质不是社会主义的而是现阶段的宪法，这就避免了等社会主义建成后才制定宪法。斯大林同时指出制定宪法是为了堵住敌人的口，因为敌人可以用两个宣传反对我们：一是政府不是选举产生的，而是用武力控制了位置，是自封的；

■ 1953 年 1 月 13 日，毛泽东主持召开中央人民政府委员会第 20 次会议。会议通过了《关于召开全国人民代表大会及地方各级人民代表大会的决议》，同时决定成立以毛泽东为主席的宪法起草委员会。

二是国家没有宪法，《共同纲领》不是代表全民通过的，而是一党提出，其他党派同意的东西。第二次建议是在1950年初，毛泽东第一次访问苏联时，斯大林就中华人民共和国的建设问题提出了三点建议，其中第二点，就是建议召开全国人民代表大会和制定宪法。第三次就是在1952年10月，刘少奇出席苏共十九大，斯大林再次建议中共在1954年召开全国人民代表大会制定宪法。斯大林的这一经过深思熟虑的重要的建议，刘少奇及时向中共中央和毛泽东做了汇报。

中共中央认真地考虑了斯大林的建议，于1952年底作出决定：尽快召开全国人民代表大会和制定宪法，并按规定向全国政协提议，由全国政协向中央人民政府委员会提出定期召开全国人民代表大会的建议。

1952年12月1日，中共中央在《关于召开党的全国代表会议的通知》中说，为了充分准备全国人民代表大会的召开，中央决定于1953年2月5日召开党的全国代表会议。全国人民代表大会拟于1953年9月召开。在这次大会上制定宪法，批准五年计划纲要，修改中华人民政府组织法，选举新的中央人民政府领导机关。

这是经毛泽东审定，由中共中央发出的关于准备召开全国人民代表大会和制定宪法的第一个文件。后来由于"高饶事件"和其他原因，党的全国代表会议的召开推迟了两年多，全国人民代表大会也没有能够在1953年9月召开。但是，代表大会和制定宪法的筹备工作在通知发出后就开始了。

同年12月24日，第一届全国政协常委会举行第43次会议，周恩来受中共中央委托向会议提议：由全国政协向中央人民政府委员会建议，"于1953年召开全国人民代表大会和地方各级人民代表大会，并开始进行起草选举法和宪法草案等准备工作"。会议接受了这个提议。

1953年1月1日，《人民日报》在元旦社论里，把"召集全国人民代表大会、通过宪法、通过国家建设计划"列为1953年的三项伟大任务之一，向全国公布。

1月13日，毛泽东主持中央人民政府委员会第20次会议，通过了《关

■ 1953年2月11日，毛泽东主持召开中央人民政府委员会第22次会议，这是大会主席台。左起：宋庆龄、毛泽东、刘少奇、朱德、李济深。

于召开全国人民代表大会及地方各级人民代表大会的决议》。毛泽东与周恩来又分别召集了党外民主人士座谈会及政协座谈会，广泛听取意见，并在1月13日的中央人民政府委员会会议上，毛泽东和周恩来针对这些问题作了解释和说明。

这次会议通过的《关于召开全国人民代表大会及地方各级人民代表大会的决议》规定："于1953年召开由人民用普选方法产生的乡、县、省（市）各级人民代表大会，并在此基础上接着召开全国人民代表大会。在这次全国人民代表大会上，将制定宪法，批准国家五年建设计划纲要和选举新的中央人民政府。"会上，大家一致通过了《关于召开全国人民代表大会及地方各级人民代表大会的决议》，并决定成立以毛泽东为主席，以朱德、宋庆龄、李济深、邓小平、李维汉等32人为委员的宪法起草委员会。此后，由中共中央指定了一个宪法起草小组，成员有陈伯达、李维汉、胡乔木和田家英等，由毛泽东亲自领导，并以政务院内务部为主组成宪法起草办公室，收集相关资料。

这里只对地方各级人民代表大会的召开时间提出了要求，对全国人民代表大会召开的日期则没有作具体规定。这样，可以使准备工作更加充分，并且留有余地。

为了进行选举的各项准备工作，选举法必须早日出台。选举法起草委员会一成立，就投入紧张的工作中，很快拿出了《中华人民共和国选举法（草案）》。1月25日周恩来将选举法草案的修改本送毛泽东审阅。26日毛泽东批复赞同，并同意将选举法定名为《中华人民共和国全国人民代表大会及地方各级人民代表大会选举法》。

2月11日，毛泽东主持召开中央人民政府委员会第22次会议，通过《中华人民共和国全国人民代表大会及地方各级人民代表大会选举法》（以下简称《选举法》），并决定成立以刘少奇为主席的中央选举委员会。《选举法》规定："凡年满十八岁之中华人民共和国公民，不分民族和种族、性别、职业、社会出身、宗教信仰、教育程度、财产状况和居住期限，均有选举权和被选举权。妇女有与男子同等的选举权和被选举权。"该法于3月1日公布施行。

《选举法》的颁布和实施，获得极大成功。为了切实搞好各级普选，中国进行了有史以来第一次全国人口普查。据统计，截至1953年6月30日24时全国人口为601，938，035人。

与此同时，各地区还进行了选民登记工作。根据《选举法》规定，首先对选民资格做必要的核实审查，只有符合《选举法》规定，通过选民资格审查的公民，才允许登记。据中央选举委员会的统计，全国进行基层选举的地区，通过选民资格审查的人数为323,809,684人，这个数字在选举地区18周岁以上的人口总数中占97.18％。

各地公开张贴选民榜。领到选民证的公民普遍感到兴奋和自豪。随后，在全国基层单位进行选举，参加投票的选民共2.78亿人，占登记选民总数的85.88%。近3亿的选民参加选举，这不仅在中国，而且在全世界也是一个空前规模的民主运动。

12月8日，毛泽东和中共中央其他领导人以公民的身份，参加北京市西单区中南海选区的基层选举，投了自己庄严的一票。

到1954年6—8月间，全国各地又先后选举产生了省、直辖市和自治区人民代表大会代表和全国人民代表大会代表。在全国人民代表大会的代表中，妇女代表占总数的11.99%，少数民族代表占14.44%。

普选制的实行，使中国人民第一次自主行使神圣的民主权利。普选的成功，不仅推进了人民民主制度的健全和发展，而且为全国人民代表大会的召开奠定了坚实的基础。

在选举代表的过程中，毛泽东和中共中央非常注意各民主党派和无党派民主人士在各级人民代表大会代表中所占比例以及对他们的安排。

1953年6、7月间，中共中央统战部召开第4次全国统战工作会议，讨论人民代表大会制实行后的统一战线组织问题和民主人士安排问题，并通过两个相关文件，由中共中央转发全党。1954年3月3日，中共中央批准了中央统战部关于这两个文件的补充意见的文件。这三个文件在实践中得到认真贯彻。第一次全国人民代表大会召开以后，在国务院各部、委的35个正职中，非中共人士为13人，占37.1%；国务院组成人员共47人，非中共人士为13人，占27.7%。在第二届全国政协委员会委员中，中共党员约占27%；在常务委员会委员里，中共党员约占1/3。这样做的结果，使得人民民主专政因为有了广泛的代表性和深厚的社会基础，变得更加稳固，更加富有效能。

召开全国人民代表大会以后，政治协商会议是否继续存在？它的性质是什么？它的任务是什么？这些问题，成为人们关注和议论的事情。1954年12月19日，在全国政协二届一次会议开幕前两天，毛泽东召集党内外几十人参加的座谈会，专门就这些问题逐一作出说明。

毛泽东重点指出："人民代表大会是权力机关，有了人大，并不妨碍我们成立政协进行政治协商。各党派、各民族、各团体的领导人物一起来协商新中国的大事非常重要。人民代表大会已经包括了各方面，人大常委会是全国人民代表大会的常设机关，代表性当然很大。但它不能包括所有的方面，所以政协仍有存在的必要，而不是多余的。"

■ 经过近一年的材料收集及准备工作，1953 年 12 月至 1954 年 3 月，毛泽东率领宪法起草小组来到浙江杭州，亲自主持起草宪法的工作。这是毛泽东在修改宪法草案。

毛泽东的这些意见，使中国人民政治协商会议这个经过历史考验的统一战线组织形式，在全国人民代表大会召开以后，仍然长久地延续下来，发挥着重要作用，成为一种在中国共产党领导下的具有中国特色的各民主党派、各人民团体和各界人士进行民主协商、参政议政的政治制度，成为我国的一种基本政治制度。

（二）毛泽东亲自主持制定共和国第一部宪法

既然要召开全国人民代表大会，要选举政府，就要制定宪法。毛泽东说“一个团体要有一个章程，一个国家也要有一个章程，宪法就是一个总章程，是根本大法”①。

为了使宪法的起草工作顺利进行，在中央人民政府委员会决议成立宪法起草委员会以后，中共中央决定成立宪法起草小组。毛泽东亲自领导宪法起草小组。1953 年 12 月 24 日，毛泽东带着宪法起草小组的几个成员乘

①《毛泽东文集》第 6 卷，人民出版社 1999 年版，第 328 页。

专列离开北京，于27日夜来到杭州，进行宪法起草工作。在杭州期间，毛泽东曾对身边工作人员说：宪法是一个国家的根本法，从党的主席到一般老百姓都要按照它去做；将来我不当国家主席了，谁当也要按照它做，这个规矩要立好。

1954年1月15日，毛泽东给在北京的刘少奇及中央各同志发了一封电报，通报了起草宪法的一整套工作计划，并要求中央委员会参阅各国宪法。电报的内容如下：

少奇同志并中央各同志：

宪法小组的宪法起草工作已于1月9日开始，计划如下：

（1）争取在1月31日完成宪法草案初稿，并随将此项初稿送中央各同志阅看。（2）准备在2月上半月将初稿复议一次，请邓小平、李维汉两同志参加。然后提交政治局（及在京各中央委员）讨论作初步通过。（3）3月初提交宪法起草委员会讨论，在3月份内讨论完毕并初步通过。（4）4月内再由宪法小组审议修正，再提政治局讨论，再交宪法起草委员会通过。（5）5月1日由宪法起草委员会将宪法草案公布，交全国人民讨论四个月，以便9月间根据人民意见作必要修正后提交全国人民代表大会作最后通过。

为了学习、借鉴一切对人民有利的制宪经验，研究和比较国内外各类宪法的优劣，毛泽东还给中央政治局委员及在京的中央委员开列了5种宪法文件：一是1936年苏联宪法及斯大林报告；二是1918年苏俄宪法；三是罗马尼亚、波兰等国宪法；四是分别代表中国内阁制、联省自治制、总统独裁制三种类型的1913年天坛宪法草案、1923年曹锟宪法、1946年蒋介石宪法；五是可代表较进步、较完整的资产阶级内阁制宪法的法国1946年宪法。毛泽东在信中还详细注明了这些文件的版本和出处，并要求从现在起即抽时间阅看。

可见，为了起草宪法，毛泽东不仅自己广泛阅读和研究了世界各类宪法，他同样要求参加讨论宪法稿的中央政治局成员也这样做，所以特地列出上面那个书目，并做出画龙点睛式的评论。

1月16日，刘少奇复电毛泽东说：“此间同志同意主席所定宪法起草工作及讨论的计划。即将来电印发给在京各中委及候补中委，并要他们阅读所列参考文件。”[1]

宪法起草工作进行得比较顺利。自1月9日开始，2月17日左右草案初稿出来了。宪法起草初稿形成后，起草小组即派张一平同志送京，并带上了毛泽东给刘少奇等同志的信，信中说：“现将宪法初稿（五份）派人

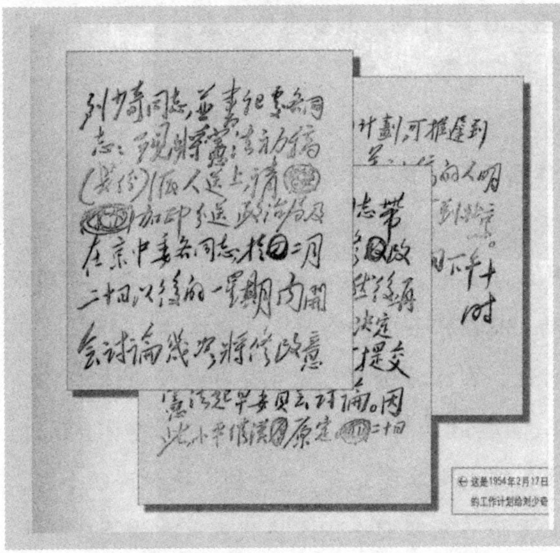

■ 这是1954年2月17日毛泽东就宪法起草小组的工作计划给刘少奇并中央书记处的信。

送上，请加印分送政治局及在京中委各同志，于2月20日以后的一星期内开会讨论几次，将修改意见交小平、维汉二同志带来这里，再行讨论修改（约七天左右即够）。然后，再交中央讨论，作初步决定（仍是初稿），即可提交宪法起草委员会讨论。”

在此后的24、26日，毛泽东带领起草小组对初稿进行了两次修改，分别拿出了“二读稿”“三读稿”。毛泽东两次致信刘少奇，在26日给刘少奇的信中说：“为便于中央在这几天讨论宪法草案，这里的小组又作了一次修改，称为三读稿，现送上，请照此印发中央各同志阅看。”根据毛泽东的意见，中央决定由董必武、彭真、张际春等同志组成研究小组，

①《建国以来刘少奇文稿》（第6册），关于同意宪法起草小组工作计划问题。

并聘请周鲠生、钱端升为法律顾问，聘请叶圣陶、吕叔湘为语文顾问，对“三读稿”进行了认真仔细的研究修改。

刘少奇于2月28日、3月1日两次主持中共中央政治局扩大会议，讨论并基本上通过了宪法草案初稿。就这样，讨论、修改工作在南北两地分头进行。3月8日，中央政治局扩大会议通过了“四读稿”。

3月12日、13日和15日，刘少奇主持召开中央政治局扩大会议讨论。这样，宪法草案初稿的起草工作告一段落，准备扩大范围讨论修改后，提交宪法起草委员会。为此，会议决定：（1）以陈伯达、胡乔木、董必武、彭真、邓小平、李维汉、张际春、田家英等8人组成宪法小组，负责初稿的最后修改；（2）组成宪法起草委员会办公室，以李维汉为秘书长。

毛泽东在主持宪法起草小组，草拟宪法初稿的过程中，不仅在口头上谈过许多意见，而且在文字上做过多次修改，并在几个稿子上多次写下批语。他提出的意见和主张在后来全国人大通过的宪法中基本上得到了贯彻落实。

毛泽东在批语中表示：游行、示威在宪法里“不写为好”。

更值得一提的是，宪法草案原稿上没有罢免国家主席的内容。但毛泽东对宪法草稿没有规定罢免国家主席的缺漏并没有“疏忽”过去。他指出了这个漏写之处，写了批语要求补全。

3月17日，毛泽东一行回到北京，立即着手召集宪法起草委员会会议，讨论宪法草案。3月23日，中华人民共和国宪法起草委员会第一次会议在中南海勤政殿举行。毛泽东主持会议。他在会上说：“这个初稿可以小修改，可以大修改，也可以推翻另拟初稿。”会议进行了认真而严肃的讨论后，接受了这个初稿，并决定将宪法草案初稿分发给中国人民政治协商会议全国委员会、各省级以上行政区的领导机关、各民主党派、各人民团体和武装部队进行讨论，广泛征求各方面的意见。

宪法起草委员会全体委员对宪法草案初稿进行认真讨论后，交由全国政协、各民主党派、人民团体以及中央和地方领导机关、社会各方面代表8000多人进行认真讨论，充分发扬民主，广泛征求意见，先后收到了

5900 多条修改意见和建议。宪法起草委员会先后 7 次召开会议，对上述意见进行了研究和讨论，共采纳了其中的 100 多条。

广东省人民代表大会有代表曾经提出提案，请全国人大授予毛泽东主席最高荣誉勋章。两天后，毛泽东批示：请即复不要通过此项提案。还有人提议把这部宪法命名为“毛泽东宪法”，都被毛泽东拒绝了。

6 月 14 日，毛泽东主持召开中央人民政府委员会第 30 次会议，讨论宪法起草委员会提出的宪法草案。毛泽东还在会上就宪法草案作了详细的说明。毛泽东说：“这个宪法草案，看样子是很得人心的。”[①] 他认为，这次起草宪法草案的一个成功经验，是采取了领导机关的意见和广大群众

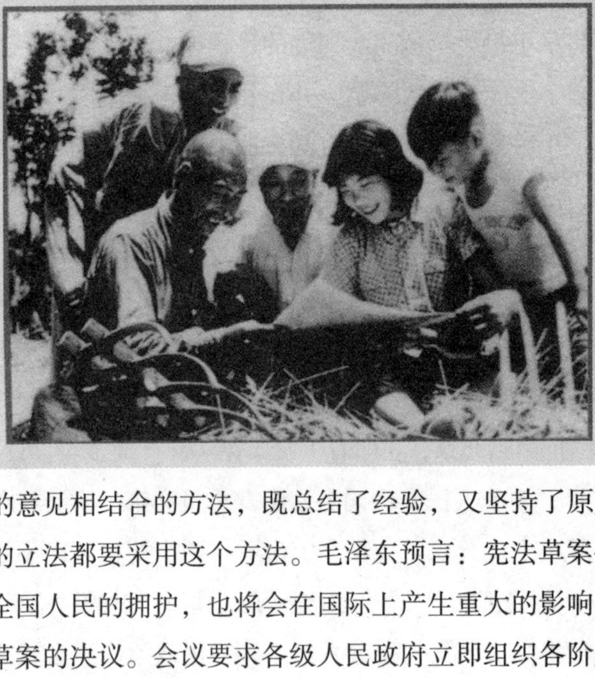

■ 中华人民共和国第一部宪法的制定在世界立宪史上是空前的。这是工人、农民积极参与宪法草案的讨论。

的意见相结合的方法，既总结了经验，又坚持了原则性。今后，一切重要的立法都要采用这个方法。毛泽东预言：宪法草案公布之后，一定会得到全国人民的拥护，也将会在国际上产生重大的影响。会议作出了公布宪法草案的决议。会议要求各级人民政府立即组织各阶层群众广泛讨论，提出修改意见，同时要求宪法起草委员会继续工作，收集人民的意见，在第一次全国人民代表大会举行以前，完成对宪法草案的修改。

①《毛泽东思想年编》（1921—1975），中央文献出版社 2011 年版，第 764 页。

在这次会议上，毛泽东坚持删掉了宪法草案中颂扬自己的条文。

6月16日《人民日报》刊登了宪法草案全文并发表题为《在全国人民中广泛地召开讨论中华人民共和国宪法草案》的社论。一场全民大讨论随即在全国范围内展开。《中华人民共和国宪法草案》由民族出版社翻译成蒙、藏、维吾尔、哈萨克和朝鲜五种文字，开始交付全国人民开展讨论，广泛征求意见。

此后的两个月内，在全国范围内收到了118万条修改意见和建议，宪法起草委员会从中博采众长，集思广益，对宪法草案再次进行认真修改。

9月8日，离第一届全国人民代表大会第一次会议开幕的日期只有7天时间。毛泽东主持召开宪法起草委员会第8次会议，对宪法草案作最后一次讨论修改。9月9日，中央人民政府委员会召开第34次会议，讨论通过了经过修改的宪法草案，并决定正式提交第一届全国人民代表大会第一次会议审议。

1954年9月14日，毛泽东主持召开中央人民政府委员会临时会议，最后审议第二天即将提交全国人大讨论的宪法草案。

在全民讨论中，有一条意见是，将序言中的“第一届全国人民代表大会”后面加上“第一次会议”，将“庄严地通过我国的第一个宪法”改为“庄严地通过中华人民共和国宪法”。另一条意见是总纲中“各民族……都有保持或者改革自己风俗习惯和宗教信仰的自由”，西藏的代表提出，这种写法不妥，说“改革宗教”还可以，说“改革宗教信仰的自由”似乎是不要宗教了。语言学家也认为，“改革信仰”在文字上说不通。

毛泽东发表意见，表示这些意见是有道理的。最后，根据毛泽东的建议，把“和宗教信仰”5个字删去，改为“都有保持或者改革自己风俗习惯的自由”。

在讲话的最后，毛泽东还解释了一个问题。他说：“有人说，宪法草案中删掉个别文字是由于有些人特别谦虚。不能这样解释。这不是谦虚，而是因为那样写不适当、不合理、不科学，而是因为那样的人民民主国家里，不应当写这样不适当的条文。不是本来应当写而因为谦虚才不写。科学没有什么谦虚不谦虚的问题。搞宪法是搞科学。”

会议一致通过了这两处修改，表决之后，毛泽东不失幽默地说：“宪法不是天衣无缝，总是会有缺点的。‘天衣无缝’，书上这样说过，但天衣我没有看见过，也没有从天上取下来看过。我看到的衣服都是有缝的，比如我穿的这件衣服就是有缝的。宪法，以及别的法律，都是会有缺点的，什么时候发现就及时修改。反正全国人民代表大会会议一年一次，随时可以修改……”①

在这个宪法中规定：中华人民共和国的一切权力属于人民；人民行使权力的机关是全国人民代表大会和地方各级人民代表大会，全国人民代表大会和地方各级人民代表大会都实行民主集中制。全国人民代表大会的成立和宪法的公布施行，开创了我国人民民主的全新阶段。

（三）第一届全国人民代表大会的召开

1954 年 9 月 15 日下午 3 时，中华人民共和国第一届全国人民代表大会第一次会议，在北京中南海怀仁堂隆重开幕。毛泽东主持大会。出席大

■ 1954 年 9 月 15 日，第一届全国人民代表大会第一次会议在北京中南海怀仁堂举行，到会代表 1200 多人。这是步入会场的代表。

①《毛泽东传（1949—1976）》（上），中央文献出版社 1996 年版，第 338 页。

会的有：来自机床边、矿井下、田野里的工人和农民的代表；来自课堂、实验室、医院、研究机构、文化部门的知识分子代表；来自军营和边防的解放军官兵代表；来自内蒙古草原、西藏高原、天山脚下、西南边陲的蒙古、藏、哈萨克、维吾尔、彝、苗、壮……等少数民族代表；共产党员、民主党派人士和无党派人士的代表，其中既有亲历近代中国政治风云的白发长者，又有在新时代成长起来的优秀青年。其中妇女代表 147 人，占代表总数的 11.99%；少数民族代表 177 人，占代表总数的 14.44%。

封建社会，这些来自基层的代表甚至没有自己独立的名字，如今第一次享有了平等的选举的权力。选举受到法律的保障，选举权同公民人身权利一样神圣不可侵犯。中国人珍视这来之不易的权利，选民参选率往往在 90% 以上。选举机关还设立了流动票箱。由于中国地域辽阔，选民文化水平差异较大，中国的选举保留了间接选举的方式，即县以上代表大会的代表由下一级的代表大会选举产生，比如，出席第一次全国人大的代表们就是由各省人民代表大会选举产生的。随着社会的发展，直选的范围正在扩大。

这一天，毛泽东作为一名普通的人民代表，走上了人民的讲坛，发表了题为《为建设一个伟大的社会主义国家而奋斗》的热情洋溢的开幕词。

毛泽东指出："中华人民共和国第一届全国人民代表大会第一次会议负有重大的任务。这次会议的任务是：制定宪法；制定几个重要的法律；通过政府工作报告；选举新的国家领导工作人员。"

这次会议具有伟大的历史意义。这次会议"标志着我国人民从 1949 年建国以来的新胜利和新发展的里程碑，这次会议所制定的宪法将大大地促进我国的社会主义事业"。毛泽东在会上宣告：我们正在前进。我们正在做我们前人从来没有做过的极其光荣伟大的事业。我们的目的一定要达到。我们的目的一定能够达到。

这一天，台下有来自全国各地的 1226 名人民代表，他们中的许多人是第一次来到北京。其中有一个叫申纪兰的普通农村妇女，来自山西省平顺县一个穷山沟。1954 年，由于在农村实行男女同工同酬，她以突出的劳动成绩赢得人民的信任，当选为第一届全国人大代表。从那时起，她就与人民代表结下了不解之缘，到 2013 年为止，共当了 10 届全国人大代表。四十多年后，申纪兰对第一次进京参加人大代表投票行使人民当家做主权利的情景，仍记得非常清晰。

她说："我第一次投票的时候，心情非常激动。我一整夜都睡不着觉。我把手都洗得干干净净的，我代表全国人民，特别是农民能投这一张票，非常高兴，非常激动。我就想，我把这张票一定画得圆圆的，一定要把这张票投得好好的。我代表着广大人民来投这张票，这才是人民当家做主人，我真是做梦也没有想到。"

大会历时 14 天，分为三个阶段：第一阶段为审议和通过宪法。从 9 月 15—21 日，用了 7 天时间。刘少奇代表宪法起草委员会向大会作了《关于中华人民共和国宪法草案的报告》，9 月 20 日，大会进行了本次会议最重要的议程：以无记名投票的方式通过了中华人民共和国的根本大法——《中华人民共和国宪法》。

《中华人民共和国宪法》包括序言，总纲，国家机构，公民的基本权利与义务，国旗、国徽、首都等五个部分，共计 106 条。它总结了无产阶级领导的反对帝国主义、反对封建主义、反对官僚资本主义的历史经验，记录了建国五年来我国革命和建设的伟大成就，从中国的具体国情出发，对中国社会主义革命和建设的方向、道路及中华人民共和国人民民主政权的基本原则和各项政治制度作出了具体而明确的规定。

从 9 月 23 日开始至 26 日为第二阶段。大会审议、通过了周恩来代表中央人民政府所作的《政府工作报告》，第一次提出了要建设我国现代化的工业、农业、交通运输业和国防的伟大任务。

9 月 27—28 日为第三阶段，是根据宪法的规定选举国家领导机关组成人员。这是本次全国人民代表大会的重要议程之一。

选举前，中共中央政治局集中各代表组联合提名的意见，提出了一批包括党内外领导人在内的国家领导人名单。经过毛泽东亲自同各民主党派领导人进行协商，经过周恩来同主席团成员及各代表组组长、副组长再协商，又经过李维汉向各民主党派领导人个别地征求意见，酝酿成熟后，正式提交大会讨论。

在开会前，对人民代表大会召开后民主党派和民主人士的地位问题，民主党派部分成员曾经产生过疑虑。这不仅需要做深入细致的思想工作，而且需要在组织上进行适当安排。早在1953年7月，中共中央统战部就制定了《关于实行人民代表大会制时安排民主人士的意见》《关于人民代表大会实行后统一战线问题的意见》等文件，要求对凡是已经同共产党合作的民主人士，都应根据具体情况分别予以适当安排。由于事前充分发扬了民主，反复进行了协商，吸收了各方面的合理意见，大会在热烈的气氛中以无记名投票方式选举通过了国家领导机关组成人员。

这次人事组成上的重大变化是：各民主党派领导人和民主人士不再担任国家副主席和国务院副总理，而是集中到全国人大常委会。大会选举毛泽东为中华人民共和国主席，朱德为副主席；选举刘少奇为全国人大常委会委员长。原中央人民政府副主席宋庆龄、李济深、张澜，原政务院4个副总理中的两名民主人士黄炎培、郭沫若，改任全国人大常委会副委员长。同时被选举为全国人大常委会副委员长的民主人士还有：原中央人民政府最高人民法院院长、全国政协副主席沈钧儒，全国政协副主席陈叔通和少数民族代表达赖喇嘛·丹增嘉措。这样，在13位全国人大常委会副委员长中，民主人士占了8位。其余5位是林伯渠、罗荣桓、彭真、李维汉、赛福鼎·艾则孜。

原政务院副总理董必武被大会选举为最高人民法院院长。大会选举张鼎丞为最高人民检察院检察长。

根据毛泽东的提名，大会决定由原政务院总理周恩来任国务院总理。根据周恩来总理的提名，除任命原政务院副总理陈云为国务院副总理外，还任命林彪、彭德怀、邓小平、邓子恢、贺龙、陈毅、乌兰夫、李富春、李先念为副总理。总理、副总理全部是中共党员。

第一届全国人民代表大会的选举结果，实现了毛泽东在1953年1月13日中央人民政府委员会第20次会议上宣布的“人民代表大会制的政府，仍将是全国各民族、各民主阶级、各民主党派和各人民团体统一战线的政府”这个伟大预言。在1226名全国人大代表中，共产党员668人，占54.49%；非党人士558人，占45.51%。这个比例，既保证了中国共产党对国家政治生活的坚强领导，又体现了统一战线的广泛性。在大会选出的79名全国人大常务委员会委员中，党外人士39名，仅比中共党员少1人；在13名副委员长中，党外人士8人；尽管民主人士不再担任国务院副总理，但在大会通过的国务院35个部长、主任中，党外人士为13人，超过了1/3；在79人组成的国防委员会中，党外人士占29名，其中原国民党著名将领程潜、张治中、傅作义、龙云，被任命为国防委员会副主席。

9月28日，全国人大一届一次会议圆满完成了各项重大历史任务，胜利闭幕。这次大会的整个进程，显示了我国政治的民主性质和全国人民在民主基础上的团结一致，标志着我国人民民主制度进入了一个新的发展阶段。

第一届全国人民代表大会召开后，我国的政治制度发生了很大变化，对今后共和国的政治制度建设产生了深远的影响。

第一个变化是，结束了《共同纲领》作为中华人民共和国临时宪法的历史使命。《中华人民共和国宪法》作为根本大法，成为规定中国各项建设事业的总章程。

第二个变化是，原来中央人民政府委员会的职权大部分划归全国人大及其常委会，全国人民代表大会成为中华人民共和国的最高权力机关。宪法规定，全国人民代表大会是最高国家权力机关，是行使国家立法权的唯一机关。国家的行政、审判、检察机关都由人民代表大会产生，对人民代表大会负责，受人民代表大会监督。大会制定的《全国人大组织法》《国务院组织法》《人民法院组织法》《人民检察院组织法》《地方各级人大和地方各级人民委员会组织法》等，对这些机构的产生、组成、地位、职权、活动范围和它们之间的关系，作出了具体的规定。从此，人民代表大会制度从中央到地方系统地建立起来了。

第三个变化是，在中央政权机构中，原有的中央人民政府主席的设置被取消了，新设立了中华人民共和国主席，使之与全国人大常委会结合起来行使国家元首职权，在中央政权机构中实际上居于首脑地位。这是我国国家权力机关的重要组成部分，但国家主席“没有超越全国人民代表大会的权力”。

第四个变化是，中国人民政治协商会议代行全国人民代表大会职权的任务宣告结束，但政协作为人民民主统一战线的组织将继续存在，并发挥作用。1954 年 12 月 21—25 日，全国政协举行第二届委员会第一次会议，讨论并通过的《中国人民政治协商会议章程》明确指出：“中国人民政治协商会议全体会议代行全国人民代表大会职权的任务已经结束，但是中国人民政治协商会议作为团结全国各民族、各民主阶级、各民主党派、各人民团体、国外华侨和其他爱国民主人士的人民民主统一战线的组织，仍然需要存在。”其任务就是在中国共产党的领导下，继续巩固和发展人民民主统一战线，通过各民主党派和各人民团体的团结，更广泛地团结全国人民。大会选举毛泽东为名誉主席，周恩来为主席，宋庆龄等 15 人为副主席。人民政协的继续存在，符合宪法“我国的人民民主统一战线将继续发挥它的作用”的规定，体现了中国共产党领导的多党合作和政治协商制度。

第五个变化是，全国人民代表大会召开后，政务院改为国务院，即中央人民政府是国家最高权力机关的执行机关，是最高国家行政机关。由政务院改称国务院，这不只是名称的变动，其性质和地位也有很大的不同。此前的中央人民政府是由中央人民政府委员会和它所属的政务院、人民革命军事委员会、最高人民法院、最高人民检察署共同组成的。政务院是“国家政务的最高执行机关”，它的工作范围不包括军事，所属机构中自然就没有设国防部。这次，国务院在所属机构中设立了国防部，第一任国防部部长是彭德怀。此外，政务院和国务院隶属也不同。政务院向中央人民政府委员会负责并报告工作；在中央人民政府委员会休会期间，向中央人民政府主席负责并报告工作。国务院则是向全国人民代表大会负责并报告工作；在全国人民代表大会闭幕期间，向全国人民代表大会常务委员会负责并报告工作。

另外一个重要的变化是，与原来最高人民法院和最高人民检察署隶属于中央人民政府委员会不同，最高人民法院和最高人民检察院作为司法机关，独立行使审判权和检察权，向全国人民代表大会和全国人大常委会负责并报告工作。

根据《中华人民共和国宪法》设置的全国人民代表大会、国务院、最高人民法院和最高人民检察院，形成了立法、行政、司法三者之间的相互关系准则，决定了人民代表大会制度在我国中央一级的基本格局。这种格局，成为我国进行社会主义政治制度建设的基本规范之一。

第三节 毛泽东对人民代表大会制度的理论贡献及其当代价值

（一）理论贡献

毛泽东是伟大的马克思主义理论家。他在建设人民代表大会制度的实践活动中，对马克思主义的国家学说进行了深入研究，并运用马克思主义的国家观，联系我国革命的具体实际，写下了许多关于人民民主政权建设的著作，回答和阐明了我国人民代表大会制度建设中提出的一些重大问题，其中的许多重要观点和思想已成为我国宪法、有关法律的主要内容和人大工作的基本原则。实践证明，毛泽东关于人民代表大会制度建设的理论，是对马克思主义国家学说的重大贡献，也是留给中国共产党人的宝贵精神财富。

1. 建立以中国无产阶级为首领的中国各个革命阶级联合专政的新民主主义的社会

按照马克思主义经典作家的构想，无产阶级政党领导人民取得政权后应实行无产阶级专政。但是毛泽东认识到了中国国情的特殊性，在中国，无产阶级领导的革命首先是资产阶级民主主义性质的革命，而不是无产阶级社会主义性质的革命。因此，第一步要“建立以中国无产阶级为首领的中国各个革命阶级联合专政的新民主主义的社会”，这种新社会的国家构成和政权组织形式必须有自己的特点，即国体是无产阶级领导下的一切反帝反封建的革命阶级的联合专政，政体是建立在民主集中制基础上的人民代表大会制度。“这种新民主主义共和国，一方面和旧形式的、欧美式的、资产阶级专政的、资本主义的共和国相区别”，“另一方面，也和苏联式的、无产阶级专政的、社会主义的共和国相区别”。也就是说，人民代表大会制度既不是资产阶级专政的政权组织形式，也不是无产阶级专政的政权组织形式，而是一切反帝反封建的革命阶级、阶层联合专政政权的组织形式。因而，人民代表大会制度具有广泛的阶级基础和广泛的民主性，即它不是无产阶级一个阶级实现民主的政权组织形式，而是工人、农民、城市小资产阶级和民族资产阶级共同构成的“人民”实现民主的政权组织形式。马克思“人民主权”思想的核心是实现以工人阶级为主体的下层民众的当家做主，即人民民主。但是，中国下层民众的主体不是工人而是农民，加之中国革命的第一步不是无产阶级社会主义革命而是新式的资产阶级民主主义革命，资产阶级的一部分——民族资产阶级还是反帝反封建的革命力量，因而，“人民”一词在中国不仅是针对下层民众的阶级概念，而且是相对于“敌人”的政治概念。正如毛泽东所说：“人民这个概念在不同的国家和各个国家的不同的历史时期，有着不同的内容。拿我国的情况来说，在抗日战争时期，一切抗日的阶级、阶层和社会集团都属于人民的范围，日本帝国主义、汉奸、亲日派都是人民的敌人。在解放战争时期，美帝国主义和它的走狗即官僚资产阶级、地主阶级以及代表这些阶级的国民党反动派，都是人民的敌人；一切反对这些敌人的阶级、阶层和社会集团，都属于人民的范围。在现阶段，在建设社会主义的时期，一切赞成、拥护和参加社会主义建设事业的阶级、阶层和社会集团，都属于人民的范围；一切反抗社会主义革命和敌视、破坏社会主义建设的社会势力和社会集团，都是人民的敌人。”可见，“人民”这一概念的内涵是随着中国革命的发展形势而改变的，所以，表达各阶级在政权中的地位的国体只能是人民民主专政，即反帝反封建阶级、阶层的联合专政。而与之相适应的政体就是能够实现各革命阶级当家做主的人民代表大会制度。显然，毛泽东没有拘泥于马克思无产阶级专政的理论，而是把马克思的人民主权思想同中国国情相结合，创生了人民民主专政理论和与之相适应的人民代表大会制度理论。

2. 为了发扬民主，对政权组织，特别是县、乡两级，来一次全国普选，很有必要

马克思主义民主理论是在批判和超越资产阶级民主的基础上建立起来的。社会主义的民主是广大劳动群众的民主而不是资产阶级的民主，使全体人民普遍、平等地享有选举权和被选举权并直接选举产生自己的代表，是实现人民主权的根本出发点。因而，以马克思主义为指导的中国共产党领导建立的政权，一定是全体人民通过普遍、平等、直接、无记名投票选举建立起来的。毛泽东指出："抗日统一战线政权的选举政策，应是凡满十八岁的赞成抗日和民主的中国人，不分阶级、民族、男女、信仰、党派、文化程度，均有选举权和被选举权。抗日统一战线政权的产生，应经过人民选举。"毛泽东认为："没有适当形式的政权机关，就不能代表国家。中国现在可以采取全国人民代表大会、省人民代表大会、县人民代表大会、区人民代表大会直到乡人民代表大会的系统，并由各级代表大会选举政府。但必须实行无男女、信仰、财产、教育等差别的真正普遍平等的选举制，才能适合于各革命阶级在国家中的地位，适合于表现民意和指挥革命斗争，适合于新民主主义的精神。"在理论上，毛泽东认为人民代表大会制度必须建立在普遍、平等、直接、无记名的投票选举基础上，否则就不能真正代表人民的意愿，就没有真正的人民政权。这说明毛泽东在探索人民代表大会制度的过程中，以马克思主义民主理论为指导，坚持了人民当家做主的民主原则和目标追求。

3. 新民主主义的政权组织，应该采取民主集中制

民主集中制是列宁主义的建党原则和社会主义国家政治生活的普遍原则。早在抗日战争时期，毛泽东就将民主集中制作为政权的组织原则，1937年10月，毛泽东在与英国记者贝特兰谈话时说："民主和集中之间，并没有不可越过的深沟，对于中国，二者都是必需的。一方面，我们所要求的政府，必须是能够真正代表民意的政府；这个政府一定要有全国广大人民群众的支持和拥护，人民也一定要能够自由地去支持政府，和有一切机会去影响政府的政策。这就是民主制的意义。另一方面，行政权力的集中化是必要的；当人民要求的政策一经通过民意机关而交付与自己选举的政府的时候，即由政府去执行，只要执行时不违背曾经民意通过的方针，其执行必能顺利无阻。这就是集中制的意义。只有采取民主集中制，政府的力量才特别强大。"这是毛泽东第一次比较系统地阐述民主集中制的含义。从毛泽东的论述中可以看出，作为国家制度意义上的民主集中制，民主体现在国家政权产生和国家行政意志是建立在广泛民意基础上的；集中体现在行政权力要集中统一行使。民主和集中是结合在一起的，即民主的集中，不能将二者割裂开来。

1945年，毛泽东在《论联合政府》中，进一步强调要用民主集中制来建设新民主主义的政权，他说："新民主主义的政权组织，应该采取民主集中制，由各级人民代表大会决定大政方针，选举政府。它是民主的，又是集中的，就是说，在民主基础上的集中，在集中指导下的民主。只有这个制度，才既能表现广泛的民主，使各级人民代表大会有高度的权力；又能集中处理国事，使各级政府能集中地处理被各级人民代表大会所委托的一切事务，并保障人民的一切必要的民主活动。"以上论述表明，民主集中这一原则表达的是立法权与行政权的关系，体现了广泛民主基础上确立的权力机关与执行人民意志的行政机关的关系。可见，在创立人民代表大会制度时期，民主集中制的含义仅仅是就国家政权的组织原则而言的，还不包括一般的国家政治生活和一般的工作方法。

4. 中华人民共和国的权力机关是各级人民代表大会及其选出的各级政府

这是由一切权力属于人民的根本原则决定的马克思主义在吸收资产阶级启蒙思想家“主权在民”的思想精华后，提出的国家一切权力归属广大劳动人民的观点，并把它作为政权建设的根本原则。因而，中国共产党人在政权建设理论上一直坚持巴黎公社“议行合一”和列宁“一切权力归苏维埃”的原则，主张代表机关应成为真正的权力机关。这也是毛泽东关于政权机关建设的重要观点。土地革命时期，工农兵代表大会是权力机关；抗日战争时期，参议会虽然是国民党政府的民意咨询机构，但在抗日根据地仍然是最高权力机关。在理论上，毛泽东认为国民大会应成为真正的权力机关，主张“召集真正的民主国会，选举真正的民主政府，执行真正的民主政策”。对建国前夕的人民代表会议，也明确认定应成为人民的权力机关。毛泽东指出：“只有基于真正广大群众的意志建立起来的人民代表会议，才是真正的人民代表会议。这样的人民代表会议一经建立，就应当成为当地的人民的权力机关，一切应有的权力必须归于代表会议及其选出的政府委员会。”代表机关应当是权力机关的思想，奠定了人民代表大会制度是我国根本政治制度的地位。

在创立人民代表大会制度的理论探索中，毛泽东基本上明确了人民代表大会在国家政权中的性质、地位、组织原则及其与人民、与其他国家机关的关系等基础理论问题，为中华人民共和国各级政权的建立找到了依据，也因此形成了以人民代表大会制度为核心的中国特色社会主义民主政治制度体系。

（二）人民代表大会制度的成就和启示

第一届全国人民代表大会成立以后，全国人民代表大会及其常务委员会认真落实宪法关于人民代表大会制度的各项规定，制定了关于国家机构、经济建设和社会秩序方面的一批重要法律，全国人民代表大会代表视察制度、全国人民代表大会常务委员会与全国人民代表大会代表的联系制度等一些具体制度也逐步建立和完善。人民代表大会制度的建立，为我国社会主义制度的建立打下了政治基础，极大地调动了全国各族人民建设国家、管理国家的积极性。但是，由于随后在国家工作的指导上出现了“左”倾错误，特别是“文化大革命”的“左”倾严重错误，人民代表大会制度一度遭到严重破坏，党和国家的工作、社会主义民主法制建设也受到严重影响。

党的十一届三中全会后，中国进入改革开放和现代化建设新的历史时期，人民代表大会制度也进入了新的发展阶段。中国共产党把社会主义民主政治建设摆在党和国家工作极端重要的位置，不断推动人民代表大会制度建设和人民代表大会的工作，使全国人民代表大会制度取得一系列成就:

首先，民主法制建设取得成效，保障了人民当家做主的权力。

新时期以来，党和国家领导人十分重视民主法制建设，强调要坚持人民代表大会制度。这一时期，全国人民代表大会制定了现行宪法和 4 个宪法修正案，全国人民代表大会及其常务委员会制定了 200 多个现行有效的法律，国务院制定了 650 多个现行有效的行政法规，地方人民代表大会及其常务委员会制定了 7500 多个现行有效的地方性法规，民族自治地方的人民代表大会制定了 600 多个自治条例和单行条例，以宪法为核心的中国特色社会主义法律体系初步形成。

此外，把直接选举人民代表大会代表的范围扩大到县，实行普遍的差额选举制度；完善全国人民代表大会常务委员会的职权，规定全国人民代表大会和全国人民代表大会常务委员会共同行使国家立法权，共同监督宪法实施，并加强全国人民代表大会常务委员会的组织建设；在县级以上地方各级人民代表大会设立常务委员会，赋予省级人民代表大会及其常务委员会、较大的市的人民代表大会及其常务委员会制定地方性法规的职权。

其次，人民代表大会制度保证了国家机关协调高效运转。

人民代表大会作为国家权力机关统一行使国家权力，实行民主集中制，集体行使职权，集体决定问题；国家行政机关、审判机关、检察机关由人民代表大会产生、对它负责、受它监督，合理分工、协调一致地工作，保证了国家统一有效地组织各项事业。

再次，人民代表大会制度维护了国家统一和民族团结。

在中央统一领导下，合理划分中央和地方的职权，充分发挥中央和地方两个积极性；各少数民族聚居的地方实行区域自治，巩固和发展平等、团结、互助的社会主义民族关系，实现全国各族人民的大团结。

总之，实践证明，毛泽东关于人民代表大会制度建设的理论，是对马克思主义国家学说的重大贡献，他所创立的人民代表大会制度经过60年的发展，不断得到巩固和完善，显示出强大的生命力和巨大的优越性，也带给我们很多的启示：

第一，人民代表大会制度是与本国的国情相适应的民主制度。

每个国家和民族的政治发展道路都是从特定的历史环境和政治传承中衍生出来的，有生命力的民主制度都是国情的产物，是内生的政治运作形式。

中国古代政治制度随着辛亥革命推翻清王朝而中断，现代政治制度则随着革命的发展而引入中国。引入的制度怎样在中国生根、发芽、开花、结果，这是一个历史选择的过程，也是一个新制度中国化的过程。这个过程是从孙中山建立南京临时政府开始的。但是，历史证明资产阶级共和国方案在中国行不通，于是才有了中国共产党人的新一轮探索。

中国共产党从成立之日起就以实现人民当家做主为己任。以毛泽东为主要代表的中国共产党人创造性地把马克思主义国家学说同中国具体实际结合起来，使中国人民政权的创建走过了一条独特的道路。它是先在局部的农村区域建立，而后经过长期斗争，逐步扩展，直至推向城市、推向全国的。如果笼统地从中国共产党组织领导的工会、农会算起，人民代表大会制度在建国前就经历了28年血与火的洗礼，从更多效仿苏维埃的工农兵代表大会到跟从国民党的参议会，再到具有人民代表大会过渡性质的人民代表会议，每一次尝试都是新思想、新理念、新模式经过中国国情检验的历程。中国共产党最终能够取得新民主主义革命和社会主义改造的胜利，实际上也是她所选择的政治制度和民主模式适应了历史文化传统和社会发展的需要，从而通过了中国国情的考核。

中华人民共和国建立后，人民代表大会制度就被确立为中华人民共和国的政权组织形式。从第一届全国人民代表大会召开至今已经过了60多个春秋，人民代表大会制度也和中华人民共和国一样经过了曲折的发展历程，并再一次通过了中国社会主义建设实际的检验。中华人民共和国60多年特别是改革开放40年来的成就足以说明，作为根本政治制度的人民代表大会制度基本上适应当代中国经济与社会发展的需要，人民代表大会制度为核心的制度体系已成为内生的、“国产”的民主形式。

新时期以来，由于中国的发展相对滞后于西方发达国家，总有人质疑中国的民主政治形式，想把西方“三权分立”的议会制照搬过来。单从这一制度生存的土壤来看，西方国家的民主制度特别是多党竞争的议会制度是其自身历史发展整合的产物，将产生于不同历史传承和文化基础的议会制照搬到中国，必将会引起混乱，正如中国的那句古话：橘生淮南则为橘，生于淮北则为枳。即便西方的议会制度是优良的制度模式也不适合中国，更何况其自身也是弊端丛生、广受诟病呢？

近60年的历史告诉我们，凡重视人民代表大会制度作用的时候，中国的社会民主生活就比较健全，决策就比较符合实际，国家政治生活就比较和谐稳定，社会主义事业的发展就比较顺利。反之，人民代表大会制度一旦遭到破坏，国家政治、经济和社会生活就会发生混乱。因而，在加快推进政治体制改革的今天，只有立足国情坚持和不断发展人民代表大会制度，才能稳定有序地推进中国民主化进程，才能够破除民主迷信，规避民主风险，最终实现中国政治的民主化、法律化和程序化。

第二，人民代表大会制度是保证人民当家做主的根本政治制度。

人民代表大会制度保障了人民当家做主，是实现社会主义民主的最好形式。

从人民代表大会的构成来看，通过民主选举产生的各级人民代表大会的代表具有广泛的代表性。《选举法》还规定人民解放军单独进行选举，对华侨代表的产生和少数民族的选举都作了专门的规定。人民代表中还有相当一部分爱国人士和民族上层人士。在我国，社会主义社会的主人翁就是社会主义的工人、农民、知识分子等劳动者以及其他拥护社会主义的爱国者和拥护祖国统一的爱国者。

各级人民代表大会的代表正是代表了他们的利益，参加国家各级政权的管理。从人民代表大会拥有的权力来看，各级人民代表大会都是代表人民全权行使国家权力的机关。全国人民代表大会有权制定宪法、法律，有权决定国家的一切重大事务，制定全国的国民经济和社会发展规划，有权选举和决定其他中央国家机关的领导人员，并且监督这些机关的工作。地方各级人民代表大会有权在宪法和法律规定的职权范围内决定本地区的重大事务，制定本地区的国民经济和社会发展规划，有权组织本地区的其他国家机关并且监督他们在中央统一领导下进行工作。各级人民代表大会都有权在各自的职权范围内监督宪法的实施。以上一切都表明人民代表大会的全权性。人民代表大会制这种政权组织形式，真正体现了人民民主专政的社会主义国家的本质。

总之，人民代表大会制度动员了全体人民以国家主人翁的地位投身社会主义建设。人民代表大会制度广泛调动了人民群众建设社会主义的积极性、主动性、创造性，把全国各族人民的力量凝聚起来，在中国共产党领导下，团结一心，艰苦奋斗，有领导、有秩序地朝着国家的发展目标前进。

第三，既要以民主动员群众，也要以民主惠及人民，民主既有目的性，也有手段性，是手段性与目的性的有机统一。

在毛泽东探索人民代表大会制度的历程中，既以民主作为动员、号召民众参加革命的手段，也以人民当家做主的实践践行民主的口号。与马克思主义经典作家所设想的不同，中国无产阶级及其政党面临的不是资产阶

■ 这是抗日根据地的农民在往村头设立的投票箱里投票。形式虽然简陋，但内涵却是新鲜和切实的。农民们在投上自己神圣的一票，选举自己信任的人。

级专政的政权，而是封建军阀和大地主大资产阶级的专制统治。在中国，追求民主必须首先推翻帝国主义的民族压迫和封建主义的专制统治。因而，革命时期民主首先是作为手段运用的，它是动员、号召民众的旗帜。正是在这个意义上，工农兵代表大会制度、参议会制度和人民代表会议制度都是以当时的革命需要为前提，成为组织和动员最广大人民群众参加反帝反封建斗争的政权组织形式。

同时，各个时期的根据地政权，又都遵循了给予绝大多数人以民主权利的原则。虽然根据地长期处于分散的、被敌人包围的战争环境中，但根据地人民的民主权利都能不同程度地得到落实，特别是抗日战争时期，各根据地进行的民主政治建设是空前的。例如，为了保证普遍选举权的实现，共产党的各级组织领导群众创造出了各种各样的投票方法：识字能写的人采用写票法；识字不多的人采用画圈法、画杠法、画点法；不识字的人采用投豆法、燃香烙洞法等；对有特殊原因不能参加选举的人，采用背箱送票、收票的方法等，使根据地人民切实行使了民主权利。这使抗日民主政权成为当时中国存在的一切其他政府无法比拟的最民主、最廉洁、最富有朝气、最受人民欢迎和拥护的政府。正是根据地政权的民主吸引、汇聚了大批热爱民主、自由的志士加入推翻专制政权、建立民主共和国的行列，共同完成了新民主主义的革命任务。可以说，真诚地追求民主、毅然地肩负起实现民主的政治使命是中国共产党能够夺取全国政权的重要因素。

今天，中国已实现了民族独立和人民解放，正在为国家富强和人民富裕而奋斗。这一根本任务也规定了当代中国政治运行的目标，即调动广大人民群众的积极性、主动性、创造性，为实现社会主义现代化和中华民族的伟大复兴而奋斗。在这个意义上，今天中国的民主仍然体现着强烈的手段性，也就是说，能实现社会主义现代化和中华民族伟大复兴的政治结构、政治运作形式就是现阶段中国的民主。这是测评中国民主的一个重要视点。同时，“没有民主，就没有社会主义”“人民民主是社会主义的生命”，民主也是社会主义现代化的重要目标。只有切实有效地推进政治体制改革，发挥人民代表大会制度的实际效用，落实人民当家做主的各项权利，才能更多地体现社会主义民主的目的性。这应该是回顾毛泽东创立人民代表大会制度给予我们的深刻而重要的启示。

第二章

毛泽东与人民政协

1949 年 9 月 21 日，中国人民政治协商会议第一届全体会议正式开幕，毛泽东在大会上致开幕词，他向全世界庄严宣告：“占人类总数四分之一的中国人从此站立起来了。”中国人民政治协商会议（简称“人民政协”）的开幕标志着中国人民民主革命的基本胜利，中国人民推翻了数千年来统治中国的封建势力和百余年来侵略中国的帝国主义势力以及 20 余年来官僚资本主义的统治，人民民主的中国进入了新的历史时代。

人民政协的成立，是中国共产党与各民主党派、无党派人士团结合作反对国民党一党独裁胜利的结果，也是人民民主统一战线的伟大胜利。中国共产党领导的多党合作和政治协商制度从此基本上确立。

毛泽东是人民政协的缔造者，他不仅适时地提出了召开政治协商会议的口号，而且亲自创建和领导人民政协这个伟大的统一战线与多党合作组织。

第一节　毛泽东探索和确立多党合作政治协商制度的历程

（一）发起新政治协商会议

1. 与旧政协的较量

1945 年 4 月 23 日至 6 月 11 日，中国共产党七大在延安召开。毛泽东向大会作了《论联合政府》的政治报告，他在报告中提出：“在广泛的民主基础之上，召开国民代表大会，成立包括更广大范围的各党派和无党无派代表人物在内的同样是联合性质的民主的正式的政府，领导解放后的全国人民，将中国建设成为一个独立、自由、民主、统一和富强的新国家。”毛泽东在报告中说：“为着彻底消灭日本侵略者，必须在全国范围内实行民主改革。而要这样做，不废止国民党的一党专政，建立民主联合政府，是不可能的。”就在中国共产党七大召开期间，国民党六大也于5月5—21日召开，大会的中心议题是讨论中国共产党问题，坚持国民党一党专政，抵制联合政府，准备内战。

1945年8月14日，日本宣布无条件投降，抗日战争胜利结束。全国人民要求和平民主，反对内战独裁的呼声日益高涨。蒋介石由于内战的准备尚不充分和受到国内外要求和平的强大舆论压力，不得不装出和平的姿态，从8月14—23日，三次电邀毛泽东去重庆谈判。1949年8月28日，毛泽东、周恩来、王若飞在国民党代表张治中、美国驻中国大使赫尔利的

■ 这是1945年8月，毛泽东和蒋介石在重庆合影。经过43天艰苦谈判，国共双方代表于10月10日签署《政府与中国共产党代表会谈纪要》（即《双十协定》）。

陪同下飞赴重庆，受到各界人士的热烈欢迎，引起了国内外的强烈反响。经过 43 天的谈判，国共双方代表于 10 月 10 日签订了《政府与中国共产党代表会谈纪要》（即《双十协定》）。这次谈判确定了和平建国的基本方针和途径，并确认国民党应“迅速结束训政，实施宪政，并应先采必要步骤，由国民党政府召开政治协商会议，邀集各党派代表及社会贤达协商国是，讨论和平建国方案及召开国民大会各项问题”。这次《纪要》没有解决多少实际问题，付诸实施也无任何保证。但是通过《双十协定》解决了最重要的三点：第一，“如果国民党还要发动内战，它就在全国全世界面前输了理，我党就有理由采取自卫战争，击破其进攻”①。第二，中国共产党“取得能够适合我党现在力量的地位”。国民党从来不肯承认共产党的平等地位，现在不但蒋介石承认了，而且“我们的地位已为国内外人民所承认，这是历史上一个很重要的问题”②。第三，由于中国共产党和人民的努力，国民党只好承认了各党派的地位，这就使各党派一致感到，“因为有共产党才能有他们的地位”③。这些对中国共产党坚持和发展人民民主统一战线政策具有重大的意义。

然而，国民党政府奉行的是一条假和平、真内战的路线，《双十协定》刚签订，蒋介石就下发了军事进攻的密令。国民党政府的这种行径遭到了广大人民的反对，在国民党统治区掀起了大规模的反内战运动。美国也调整了对华政策，重申不干涉中国内政。在这种情形下，蒋介石不得不同意召开政治协商会议（习惯称旧政协）。

1946 年 1 月 10—31 日，旧政协在重庆召开。出席会议的有国民党、共产党、民盟、青年党和无党派人士的代表共 38 人。会议的中心议题是政治民主化和军队国家化问题。通过中国共产党和民盟、民主人士以及国民党中坚持民主进步人士的共同努力，经过激烈的讨论，在政府改组问题、

①《毛泽东选集》第 4 卷，人民出版社 1991 年版，第 1154 页。
②《周恩来选集》上卷，人民出版社 1980 年版，第 252 页。
③《周恩来选集》上卷，人民出版社 1980 年版，第 253 页。

军队问题、国民大会问题、宪法草案问题以及施政纲领问题上达成了五项决议，取得了积极的成果。可惜，政协协议很快就被国民党政府撕毁，使这次实现民主统一和平建国的尝试成为泡影，中国共产党和民主党派积极争取的和平民主建国方案终于因为国民党政府的倒行逆施成为镜花水月。

全面内战的爆发，使中国共产党不得不放弃与国民党合作建国的主张，不得不等到打退国民党反动派的进攻，革命力量有进一步发展之后，再考虑建立临时的或正式的联合政府的问题。

2. 中共中央发布“五一口号”

1947 年夏季，解放战争由战略防御转入战略进攻阶段。到 1948 年春，全国形势发生了巨大变化，革命取得最后胜利的局势已基本确定。这时，人民解放战争继续向国民党统治区域扩展，战线已从黄河流域推进到长江北岸。东北地区的敌军已被压缩到几个孤立的城市内。延安已收复，不少解放区已连成一片。毛泽东于 1948 年 3 月估计：五年左右（从 1946 年 7 月算起）消灭国民党全军的可能性已经存在。国民党反人民内战的支持者美帝国主义不得不承认：国民党政府已无力阻止“共产党战略所定的任何军事行动”。“除非找到恢复国民党军队的士气的方法”，否则，对于共产党已“似乎很少有有效的抵抗的希望”。

与此同时，国统区反对美蒋反动派的第二条战线，也在持续不断地开展斗争。毛泽东审时度势，认为召开新的政治协商会议，讨论建立新中国的各项事宜，不但“业已成为必要”，而且“时机亦已成熟”。于是，毛泽东在审阅中共中央 1948 年“五一”节口号时，加写了第 5 条，庄严地发出“各民主党派、各人民团体及社会贤达，迅速召开政治协商会议，讨论并实现召集人民代表大会，成立民主联合政府”的口号。“五一口号”第 5 条的修改提出，表现了共产党对成立民主联合政府的诚意和决心，预示着一种全新的政党制度的诞生，奏响了协商建国的华美乐章，标志着共产党与各民主党派的团结合作进入崭新的时代。

在中共中央发布“五一口号”的次日，即 5 月 1 日这天，毛泽东致函中国国民党革命委员会主席李济深和中国民主同盟中央常务委员沈钧儒，以协商的口气具体提出了召开政治协商会议的时间、地点、参会党派和原则、实施步骤等，对中共中央“五一口号”第5条作了进一步的补充。信中说：

在目前形势下，召集人民代表大会，成立民主联合政府，加强各民主党派、各人民团体的相互合作，并拟订民主联合政府的施政纲领，业已成为必要，时机亦已成熟。国内广大民主人士业已有了此种要求，想二兄必有同感。但欲实现这一步骤，必须先邀集各民主党派、各人民团体的代表开一个会议。在这个会议上，讨论并决定上述问题。此项会议似宜定名为政治协商会议。一切反美帝反蒋党的民主党派、人民团体，均可派代表参加。不属于各民主党派各人民团体的反美帝反蒋党的某些社会贤达，亦可被邀参加此项会议。此项会议的决定，必须求得到会各主要民主党派及各人民团体的共同一致，并尽可能求得全体一致。会议的地点，提议在哈尔滨。会议的时间，提议在今年秋季。并提议由中国国民党革命委员会、中国民主同盟中央执行委员会、中国共产党中央委员会于本月内发表三党联合声明，以为号召。①

“五一口号”发布后，在国内外立即引起广泛影响。各民主党派、无党派民主人士更是群情激奋、热情高扬，他们通过亲身经历，对比蒋介石的独裁统治，从内心深处真切地感受到了共产党着手建立一个独立、民主、和平、统一的新中国的决心，感受到了毛泽东等共产党领导人真诚团结各民主党派、无党派民主人士，携手共建新中国的决心。他们纷纷发表通电、决议和声明，积极响应“五一口号”。

5月4日，陈嘉庚首先代表新加坡华侨致电毛泽东，响应中共号召。5月5日，在香港的各民主党派领导人和著名民主人士李济深、何香凝、沈钧儒、章伯钧、马叙伦、王绍鏊、陈其尤、彭泽民、李章达、蔡廷锴、谭

①《毛泽东书信选集》，人民出版社1983年版，第301页。

平山、郭沫若12人联名致电毛泽东，认为中共主张“适合人民时势之要求，尤符同人等之本旨”。他们同时通电国内外，号召全国同胞共同策进，完成大业。此后，各民主党派、人民团体、各界民主人士及海外侨胞，又单独或联名发表通电、宣言、声明、文告、文章，响应“五一口号”的号召。以促进新政协召开为中心内容，各种座谈会、演讲会、群众性的宣传活动也相继展开。

1948年8月1日，毛泽东复电李济深、何香凝等12人，并转香港各民主党派、各人民团体及无党派民主人士，电文如下：

5月5日电示，因交通阻隔，今始奉悉。诸先生赞同敝党5月1日关于召开新的政治协商会议讨论并实现召集人民代表大会建立民主联合政府一项主张，并热心促其实现，极为钦佩。现在革命形势日益开展，一切民主力量亟宜加强团结，共同奋斗，以期早日消灭中国反动势力，制止美帝国主义的侵略，建立独立、自由、富强和统一的中华人民民主共和国。为此目的，实有召集各民主党派、各人民团体及无党派民主人士的代表们共同协商的必要。关于召集此项会议的时机、地点、何人召集、参加会议者的范围以及会议应讨论的问题等项，希望诸先生及全国各界民主人士共同研讨，并以卓见见示，曷胜感荷。谨电奉复，即祈谅察。①

毛泽东的复电消除了因时间拖延引起的各界不必要的猜疑，在各民主党派、无党派民主人士中引起了强烈的震动。

一个规模巨大、催动新中国诞生的新政协运动在全国兴起。

（二）筹备新政治协商会议

1. 民主力量大汇集

在中共中央发布“五一口号”后，大多数民主人士还在南方。上海，

①《毛泽东文集》第5卷，人民出版社1996年版，第114页。

居住着宋庆龄、张澜等著名民主人士；香港，是众多民主人士的避难场所。在党的秘密安排下，七批民主人士和文化精英共一千多人相继北上，汇聚于东北的哈尔滨、沈阳和华北的河北省平山县李家庄。1949 年 1 月 31 日北平和平解放，中共中央决定新政协会议移师北平召开。百川归海，各民主人士迅即汇聚北平。3 月 25 日，中共中央和中国人民解放军总部从西柏坡迁往北平。群英聚首，新中国诞生的曙光渐渐升起。

1948 年 8 月，毛泽东批示同意将中央城工部改为统战部，以专管政协、海外及国统区的工作。

1948 年 9 月 29 日，第一批由香港北上的民主党派人士沈钧儒、谭平山、章伯钧和蔡廷锴等到达哈尔滨。毛泽东得悉他们抵哈的消息，立即亲自起草了毛泽东、朱德、周恩来致沈谭章蔡的欢迎电，电文说："诸先生平安抵哈，极为欣慰。弟等正在邀请国内及海外华侨、各民主党派、各人民团体及无党派民主人士的代表人物来解放区，准备在明年适当时机举行政治协商会议"，"尚希随时指教，使会议准备工作臻于完善"。

自各民主党派和无党派民主人士陆续进入解放区后，中国共产党便以积极热情、诚恳坦白的态度予以接待。除了在生活上妥善安排外，更重要的是在政治上、思想上对他们做了大量的工作，帮助他们了解解放区的情况，了解党的政策，并同他们商讨各种政治和政策问题。中央为此专门发了指示，要求有关党委"以彻底坦白与诚恳的态度，向他们解释政治的及有关党的政策的一切问题，积极地教育和争取他们"。中共中央还有许多负责同志根据民主人士的提议，向他们做过报告。如叶剑英报告过北平军管问题，邓颖超报告过解放区妇女工作问题等，此外，还就当时重大的时事政治问题和政策问题举行座谈会，如关于反对《北大西洋公约》的声明，关于同南京政府代表团和谈问题等。中央统战部还组织民主人士到各地参观，并且鼓励他们同工农群众接触交谈。规模最大的一次参观是 1949 年 4 月组织的"民主人士赴东北参观团"，全团 59 人，参观团自 4 月 22 日出发，至 6 月 6 日返平，共 47 天，参观了东北 10 个大城市的工业、农业、卫生、文化教育等各项建设事业。通过各种参观，他们对解放区的实际情况和党的政策有了更多的了解。6 月 14 日，参观团全体人员及陪同参观者致函毛泽东，陈述参观后的感想，信中说“向来被人看作一盘散沙的中国人民，在中国共产党和主席的领导之下，经过努力和长期的斗争锻炼，现在已经组织成并教育成钢铁一样的坚强的集体了。政府的民主集中制已经充分发挥了效能——群众有发表意见的绝对自由，而中共的政策又能贯彻到最下层去。这样坚强的集体，在中国历史上是空前的。不久的将来，革命在全国胜利，中国对世界和平事业极其伟大的作用，是无可置疑的”①。

毛泽东在西柏坡和阜平县城南庄停留期间，经常在自己住处欢迎自各地纷纷来解放区商讨召开新政协成立临时中央政府的社会贤达，表现了“不厌其烦搞统战，只要需要就接见”的精神。一次邵力子、章士钊及颜惠庆等先生随傅作义、邓宝珊两将军，以私人身份来会见毛泽东。毛泽东对他们说：“革命成功以后，人民是决不会忘记自己朋友的。”

1949 年 1 月中旬，中国民主促进会发起人之一的雷洁琼在西柏坡见到毛泽东，她这样回忆当时的情景：“毛泽东同志谈笑风生，气氛十分活跃愉快，我们初次见到中共领导同志的拘谨心情逐渐消失了。”“我们聆听毛泽东同志的讲话，他讲话的主要内容是如何把革命进行到底的问题、知识分子问题、对民主党派的要求以及新中国建设的宏伟蓝图。他生动而形象地以蛇和农夫的寓言做比喻，说明决不能怜悯恶人，要求各民主党派选择自己应走的道路。他说，革命胜利后，就要召开新政协会议，成立中华人民共和国，希望民主党派站在人民大众的立场，和中国共产党采取一致的步调，真诚合作，不要半途拆伙，更不要建立‘反对派’和‘走中间路线’。毛泽东同志的讲话使我受到极大的启发和深刻的教育，认识民主党派政治方向，使我开阔了视野，增强了对革命必将迅速在全国获得最后胜利的信心，也更坚定了我在中国共产党领导下继续参加爱国民主运动的决心。”②

①《五星红旗从这里升起》，文史资料出版社 1984 年版，第 58 页。

②《难忘的回忆》，《人民日报》1993 年 12 月 26 日。

中国共产党将大批民主党派领导人、无党派民主人士邀请护送到解放区，体现了中共中央、毛泽东高瞻远瞩的政治远见，显示了中国共产党人海纳百川的政治胸怀。这些民主人士大多是“旗帜性人物”，对他们所联系的各社会界别的人们，具有不可替代的巨大影响。通过在解放区的座谈、交流、考察等活动，各民主党派领导人和无党派民主人士对中共的各项政策有了进一步了解，增强了对中国共产党的信任，在重大政治问题上与中共取得了共识，为以后与中国共产党更加紧密地合作打下了坚实的政治基础。

中国共产党作为中国工人阶级先锋队组织，拥有占人口绝大多数的工人、农民、基本群众。把全国各方面的民主力量都汇聚在一起，就使新政治协商会议具有代表全中国人民的性质，它以雄辩的力量昭告天下：新政治协商会议从本质上区别于 1946 年国民党召集的旧政协，由此产生的民主联合政府，毋庸置疑将获得全中国最大多数人民的支持和拥护。

2.《关于召开新的政治协商会议诸问题》的协议

各民主党派和无党派民主人士纷纷北上到达解放区后，讨论召开新政协正式提上了议事日程。

毛泽东对于同民主人士商谈召开新政协诸问题一事高度重视。他多次起草或修改中央给东北局的电报，指示东北局切切实实把此事办好。

1948 年 10 月初，中共中央统战部同在平山县李家庄的符定一、周建人等民主人士商讨，提出《关于召开新的政治协商会议诸问题》的文件草案，又经毛泽东审改，于 10 月 8 日发往东北局。中共中央和毛泽东要求东北局邀集已在哈尔滨的沈钧儒、谭平山、章伯钧、蔡廷锴、王绍鏊、高崇民、朱学范七人（后又加冯玉祥夫人李德全）对草案中的问题进行商榷，告以文件是中共中央“与他们商谈的书面意见”，要和他们“过细加以斟酌”。还要向民主人士申明：我们所提名单，只是我们的希望，他们有权增减或完全改动。毛泽东还指出：“他们如有不明了之处，你们应善为解释。他们如愿参观各地建设或访问他们友好及我党负责人员，应尽量予以招待和便利。”11 月 3 日中央的指示电回应了沈钧儒等提出的意见。其中关于经过怎样的程序成立中央政府问题，民主人士中有不同主张。谭平山、王绍鏊主张新政协开过后，限定时间召集人民代表会议，即可产生临时中央政府；章伯钧、蔡廷锴主张新政协即等于临时人民代表会议，即可产生临时中央政府，待全国统一后，再成立正式政府。中共中央要东北局告沈、谭、王三人，依据目前形势的发展，临时中央人民政府有很大可能不需经全国临时人民代表会议，即经由新政协会议产生。因此，政协代表人数要增加，可多邀请一些尚能合作的中间人士，甚至个别中间偏右乃至本来与统治阶级有联系而现在有可能拥护联合政府的人士参加，以扩大统战面。

在上述过程中，中共中央还将《关于召开新的政治协商会议诸问题》的文件电告香港分局和上海局，要那里的负责人将文件分送民革、民盟、民主促进会、致公党、救国会、第三党、民主建国会的领导人和著名无党派民主人士，征求他们的意见。

在充分协商的基础上，1948 年 11 月 25 日，中共与各民主党派和无党派民主人士就《关于召开新的政治协商会议诸问题》达成了协议，协议规定：新政协筹备会由中共及赞成中共“五一口号”第 5 条的各主要民主党派、人民团体及无党派民主人士共计 23 个单位的代表组成；新政协的参加范围由反对帝国主义侵略、反对国民党反动统治、反对封建主义和官僚资本主义压迫的各民主党派、各人民团体及无党派人士的代表人物组成。南京反动政府系统下的一切反动党派必须排除，不许参加；参加新政协的单位拟由中共及各民主党派、人民团体、各区域、人民解放军各单位共计 38 个单位组成；新政协召开的时间拟定于 1949 年，具体时间和地点由筹备会决定；新政协应讨论和实现两项重要问题：一为共同纲领，二为如何建立中央政府。

《关于召开新的政治协商会议诸问题》共同协议的达成，使中共和各民主党派、无党派人士就何时、何地、以何种方式召开新政协等问题进一步达成了共识，为新政协的召开提供了政策基础。

3. “将革命进行到底”

1948年秋，人民解放战争的伟大战略决战拉开了序幕。随着辽沈、淮海、平津三大战役相继取得重大胜利，国民党政府在长江以北的力量已全线崩溃，在长江以南也难以组织起系统的防御，人民革命在全国的胜利已成定局。

1949年元旦，蒋介石发表求和声明，接着宣布“引退”，由副总统李宗仁代行总统职务，出面同中共谈判，同时争取喘息时间，实行“隔江而治”。美国也企图在革命阵营内部组织反对派，极力使革命就此止步，策动中国的“自由分子”组成“新第三方面”势力出面，希望他们“将能在政府和国内对改革发展力量，足以使人有共产党席卷之势的扩张还有被遏制和扭转的希望”。

针对这种情况，毛泽东在1948年12月30日为新华社所写的“新年献词”中发出“将革命进行到底”的伟大号召，明确指出：必须“用革命的方法，坚决彻底干净全部地消灭一切反动势力，不动摇地坚持打倒帝国主义，打倒封建主义，打倒官僚资本主义，在全国范围内推翻国民党的反动统治，在全国范围内建立无产阶级领导的以工农联盟为主体的人民民主专政的共和国”[①]，并由此向社会主义社会发展，而绝不允许革命半途而废，让反动派养好创伤，卷土重来，使全国重新回到黑暗世界。毛泽东号召全国人民、各民主党派、各人民团体真诚合作，采取一致步骤，粉碎美帝国主义和国民党反动派的政治阴谋，将革命进行到底。针对少数人在这个重大问题上的模糊和动摇，毛泽东强调指出：“这里是要一致，要合作，而不是建立什么‘反对派’，也不是走什么‘中间路线’。”[②]随后毛泽东又发表了《评战犯求和》《中共中央毛泽东主席关于时局的声明》《中共发言人评南京行政院的决议》《四分五裂的反动派为什么还要空喊“全面和平”》《国民党反动派由“呼吁和平”变为呼吁战争》等一系列批判文章，

①《毛泽东选集》第4卷，人民出版社1991年版，第1375页。
②《毛泽东选集》第4卷，人民出版社1991年版，第1375页。

揭露国民党蒋介石利用“和谈”来保存反革命势力的反动本质，并代表中共中央发表关于时局的声明，提出反映人民意志的和谈八项条件。

毛泽东的声明得到各民主党派、无党派民主人士和各阶层群众的热烈拥护。各民主党派与中国共产党坚定地站在一起，他们纷纷发表声明，拥护中共主张，痛斥和回击美蒋反动派的“和平”阴谋。

在毛泽东的直接关怀下，1949年1月22日，在东北和华北解放区的民主党派领导人、无党派民主人士李济深、沈钧儒、马叙伦、郭沫若等55人联名发表《我们对时局的意见》。意见书说：“革命必须贯彻到底，革命与反革命之间绝无妥协与调和之可能。”“务使人民民主阵线内，绝无反动派立足之余地，亦决不容许有所谓中间路线之存在。”55人还表示：“彻底支持”毛泽东提出的“真正的人民民主和平的八项条件”，“在人民解放战争进行中愿在中共领导下，献其绵薄，共策进行，以期中国人民民主革命之迅速成功，独立、自由、和平、幸福的新中国之早日实现”①。

各民主党派对毛泽东声明的一致热烈响应和拥护，昭示了各民主党派承认中国共产党的领导地位，为彻底揭穿美帝和国民党政府“和平阴谋”，推动革命形势向前发展，起到了极大的作用，也为共同筹备新政协、筹建新中国打下了重要的政治基础。

1949年3月5—13日，中共七届二中全会在西柏坡举行。毛泽东主持会议，并向全会作了工作报告。毛泽东提出中国共产党的工作重心开始由乡村转移到城市，中国由农业国转变为工业国、由新民主主义社会转变为社会主义社会的发展方向等，要求全党同志做到“两个务必”。全会批准了由中国共产党发起，并协同各民主党派、人民团体及无党派民主人士，召开没有反动分子参加的新的政治协商会议及成立民主联合政府的建议。

1949年6月30日，毛泽东发表《论人民民主专政》一文，纪念中国共产党成立28周年。文章深刻地总结了中国革命斗争的历史经验，分析

①《历史从这里开始》，华文出版社1998年版，第180-185页。

和批判了各种错误思想，从理论和实践的结合上阐述了中华人民共和国成立后的国家政权性质和基本政策。文章指出：总结我们的经验，集中到一点，就是工人阶级（经过共产党）领导的以工农联盟为基础的人民民主专政。这篇文献和毛泽东在七届二中全会上的报告，为行将召开的中国人民政治协商会议做了思想上、政治上的准备，奠定了共同纲领的理论基础和政策基础。

4. 新政协筹备会的召开

1949 年 6 月 11 日，中共和各民主党派、无党派民主人士在中南海举行了新政治协商会议筹备会预备会议，商定参加新政协筹备会的单位为 23 个，共 134 人，并协商确定筹备会常务委员会人选。

6 月 15 日，新政治协商会议筹备会在中南海勤政殿成立，由中国共产党和赞成“五一口号”的各民主党派、人民团体及无党派民主人士等 23 个单位组成，即（1）中国共产党；（2）中国国民党革命委员会；（3）中国民主同盟；（4）民主建国会；（5）无党派民主人士；（6）中国民主促进会；（7）中国农工民主党；（8）中国人民救国会；（9）三民主义同志联合会；（10）中国国民党民主促进会；（11）中国致公党；（12）中国人民解放军；（13）中华全国总工会；（14）解放区农民团体；（15）产业界民主人士；（16）文化界民主人士；（17）民主教授；（18）中华全国民主青年联合总会；（19）中华全国民主妇女联合会；（20）中华全国学生联合会；（21）上海人民团体联合会；（22）国内少数民族；（23）海外华侨民主人士。

同日，新政协筹备会举行第一次全体会议，毛泽东在大会上发表讲话，指出：“这个筹备会的任务，就是：完成各项必要的准备工作，迅速召开新的政治协商会议，成立民主联合政府，以便领导全国人民，以最快的速度肃清国民党反动派的残余力量，统一全中国，有系统地和有步骤地在全

■ 1949年6月，毛泽东出席在北平召开的新政治协商会议筹备会议。

国范围内进行政治的、经济的、文化的和国防的建设工作。”[①]毛泽东满怀信心地说：“中国人民将会看见，中国的命运一经操在人民自己的手里，中国就将如太阳升起在东方那样，以自己的辉煌的光焰普照大地，迅速地荡涤反动政府留下来的污泥浊水，治好战争的创伤，建设起一个崭新的强盛的名副其实的人民共和国。”[②]

这次会议通过了有关条例和规定，选出了筹备会常务委员会，推选毛泽东为主任，周恩来、李济深、沈钧儒、郭沫若、陈叔通为副主任。

6月16日，新政协筹备会常务委员会举行第一次会议，规定本届会议设定六个小组，分别进行各项工作：第一小组，组长李维汉，副组长章伯钧，拟定参加新政协的单位及各单位代表名单；第二小组，组长谭平山，副组长周新民，起草新政协会议组织条例；第三小组，组长周恩来，副组长许德珩，起草共同纲领；第四小组，组长董必武，副组长黄炎培，拟定中华

①《毛泽东选集》第4卷，人民出版社1991年版，第1463页。
②《毛泽东选集》第4卷，人民出版社1991年版，第1467页。

■ 1949年7月5日，新政治协商会议筹备会常务委员合影。一排左起，谭平山、章伯钧、朱德、毛泽东、沈钧儒、李济深、陈嘉庚、沈雁冰；二排左起，黄炎培、马寅初、陈叔通、郭沫若、蔡廷锴、乌兰夫；三排左起，周恩来、林伯渠、蔡畅、张奚若、马叙伦、李立三。

人民民主共和国政府方案；第五小组，组长郭沫若，副组长陈劭先，起草大会宣言；第六小组，组长马叙伦，副组长叶剑英、沈雁冰，拟定国旗国歌国徽方案。

自此，新政协的筹备工作进入实质性阶段。

关于拟定参加新政协的单位及代表名额的工作。协商新政协的代表名单是一项极为复杂繁重的工作。随着形势的发展，新政协已不再仅仅担负“讨论并实现召集人民代表大会，成立民主联合政府”的任务，它本身就要代行全国人民代表大会的职权，负责成立中央政府，宣告新中国的诞生。这样，最终确定的名单有着以下鲜明的特点：

一是具有极强的广泛性。新政协既包含了各民主党派、各人民团体、各地区、人民解放军、少数民族、国外华侨和宗教界等各方面的代表，同时又包含了近百年来我国民族民主革命各个历史时期为人民事业做出过贡献的知名人士和代表人物。专设特邀一项，是政协具有广泛代表性的一个重要体现。这类代表中，“有在中国革命进程中始终站在正义一边的坚强战士宋庆龄；有戊戌变法领导人之一梁启超之子梁思成；有前清翰林张元济；有海军耆宿萨镇冰；有老同盟会会员张难先；有在北洋时期任过教育总长、司法总长的章士钊、江庸；有曾经是南京政府的和谈代表张治中、邵力子；有国民党的起义将领傅作义、程潜等；有老解放区的民主人士陈谨昆、安文钦等；有文教界知名人士陶孟和、陆志韦等；有艺术界知名人士周信芳、梅兰芳、袁雪芬等；有少数民族的知名人士赛福鼎、阿里木江等；还有工农方面的劳动模范、英雄人物刘英源、阎存林、戎冠秀等。并请在国内外有重大影响的孙中山夫人宋庆龄为特邀单位的首席代表”[①]。这样，就使共产党领导下的人民民主统一战线的阵容更加扩大，使新政协更能反映多方面人士的意见。

二是有严格的政治标准。这尤其体现在对一些党派的严格把关上。对申请参加新政协的党派，筹委会具体分析、分别处理，对于不符合或者不完全符合参加新政协标准者，不能以党派或团体单位的名义参加。同时又注意团结的广泛性，最大限度地团结一切可以团结的力量，对这些组织中有民主运动史，在解放战争中有实际表现并有一定代表性的民主人士，邀请他们以个人身份参加新政协，“如孙文主义革命同盟中的许闻天、邓昊明，民社党革新派的沙彦楷、汪世铭等均被确定为特邀代表”[②]。

三是这一名单既能保证共产党的领导，又能实现党同党外民主人士的团结合作，巩固扩大统一战线。新政协将要执行全国人民代表大会的职权，在当时的形势下，保证无产阶级的领导是完全必要的，但同时也必须以平等待人的态度同民主党派真诚合作，采取民主协商的方式来达到政治上的一致。因此，共产党作为一个党派单位，和民革、民盟这两个党派采取了相等名额。而在人民解放区、各地区以及工、农、青、妇等单位中，共产党员和基本群众占多数。这样，既保证了党的领导，又促进了中共同其他

①《迎来曙光的盛会》，中国文史出版社 1987 年版，第 16 页。
②《迎来曙光的盛会》，中国文史出版社 1987 年版，第 138 页。

民主党派的团结合作，有利于巩固和发展人民民主统一战线，共同建设新民主主义的新中国。

经过三个多月的时间，9月20日，参加新政协的代表名单终于尘埃落定。新政协第一次全体会议共有45个单位，正式代表585人，候补代表77人，总共662人。其中，中共、民革、民盟三个党派的正式名额均为16人，候补代表2人。662名代表中，中共党员约占44%，工农代表与无党派民主人士约占26%，民主党派占30%。这份名单，囊括了中共、民主党派、无党派民主人士中的精英。据说接到这份名单时，毛泽东感叹道：“这就是一本包罗万象的天书嘛！”

毛泽东不仅自始至终领导着协商、审定参加单位和代表名单的工作，而且不少有影响的代表就是首先由他提议邀请甚至亲自到车站迎接来参加政协会议的。

■ 1949年8月28日，毛泽东和周恩来、张治中在北平火车站迎候由上海北上的宋庆龄。下图是毛泽东邀请宋庆龄北上的亲笔信。

中共中央、毛泽东特别重视盛邀孙中山夫人、中国共产党的亲密朋友——宋庆龄北上参加新政协会议。1949年1月，毛泽东、周恩来联名致电在上海的宋庆龄："新的政治协商会议将在华北召开"，"至祈先生命驾北来，参加此一人民历史伟大的事业，并对于如何建设新中国予以指导。"[①]宋庆龄看到毛泽东、周恩来发来的电文，心情难以平静。2月20日，她给中共中央复信："亲爱的朋友们：请接受我对你们极友善的来信之深厚的感谢。我非常抱歉，由于有炎症及血压高，正在诊治中，不克即时成行。但我的精神是永远跟随着你们的事业的。我深信，在你们英勇、智慧的领导下，这一章历史——那是早已开始了，不幸于23年前被阻——将于最近将来光荣的完成。"新政协筹备会召开前夕，6月19日，毛泽东再次亲笔致函宋庆龄，诚邀其北上，信中说："庆龄先生：重庆违教，忽近4年。仰望之诚，与日俱积。兹者全国革命胜利在即，建设大计，亟待商筹，特派邓颖超同志趋前致候，专诚欢迎先生北上。敬希命驾莅平，以便就近请教，至祈勿却为盼！专此。敬颂大安！"[②]6月25日，邓颖超携信专程赴上海，面对中共中央和毛泽东、周恩来的无限诚意，1949年8月26日，宋庆龄由邓颖超、廖梦醒陪同，乘专列离沪北上，28日安抵北平，毛泽东、朱德、周恩来、林伯渠、董必武、李济深等50余人前往车站迎接。

此刻的宋庆龄心中感慨万千："24年前，孙中山先生把他的衷心的愿望遗下给我们。""我们一定都记得，他曾怎样欢愉地迎接十月革命，热烈地主张和中国共产党合作。24年后的今天，他的愿望终于实现了。我们现在可以展望未来，从事建设与复兴的工作，建立一个人民文化与社会进步的新世界。""辛亥革命所追求的目标，终于在今天实现了。这一次不会再倒退了，因为今天的革命领袖忠实于现实。今天的革命领袖执行革命任务，获得了中国人民的完全信任和合作。"[③]

1949年1月20日，毛泽东分别致电爱国华侨领袖司徒美堂和陈嘉庚，请他们"摒挡公务早日回国，莅临解放区参加会议"[④]。两人均应邀出席

①《毛泽东文集》第5卷，人民出版社1996年版，第237页。
②《毛泽东书信选集》，人民出版社1983年版，第326页。
③《人民日报》1949年9月7日。
④《毛泽东书信选集》，人民出版社1983年版，第314页。

了政协一届全体会议。

8月4日，国民党长沙绥靖主任程潜及第一兵团司令陈明仁率部起义，长沙和平解放。8月29日，毛泽东致电程潜，邀请他和陈明仁及湖南知名人士仇鳌出席新政协会议。9月初，程潜离湘北上，毛泽东亲自布置有关保卫和接待事项。9月9日，程潜抵平，如同迎接宋庆龄一样，毛泽东再次率朱德、周恩来、林伯渠、董必武、李济深、郭沫若等前往车站迎接。

南京政府和谈代表张治中等6人留平出席新政协会议，也是在毛泽东直接关怀下实现的。

筹备会的另一项重要任务是起草《共同纲领》。这是由筹备会第三小组负责的，周恩来任组长。小组推定由中共提出草案初稿，草案经过各方多次讨论修改，并于9月初邀集到平代表400多人分成20个小组广泛讨论。代表们真正做到了字斟句酌，反复推敲，畅所欲言，集思广益。讨论涉及的问题，从共和国的正式国名到国名要不要加上简称，从是否写入社会主义目标到人民享有自由的范围，从经济政策到外交方针，以至名词、概念、语句标点的运用等，涉及面十分广泛。认真而热烈的讨论，保证了纲领能够反映最大多数人的共同意愿。最后由筹备会向大会提出《共同纲领草案》，获得一致通过。

毛泽东不仅以他的著作奠定了《共同纲领》的理论基础和政策基础，而且对《共同纲领》草案稿多次进行精心修改。从8月22日周恩来将草案送交毛泽东后，至9月13日，毛泽东修改稿本至少有5次。不仅如此，他还亲自校对，督促印刷，细致周到地指导起草工作的进行。9月3日，毛泽东写了一张便条给胡乔木，要求："纲领共印30份，全部交我，希望今晚10点左右交来，题目应是《共同纲领》。"在9月11日稿上批示："即刻印100份，于下午8时左右交周副主席，但不要拆版，候起草小组修改后，再印1000份。"

《共同纲领》是中国有史以来的第一部人民大宪章，是中国人民近百年来为之流血牺牲的革命成果，体现了中国共产党新民主主义革命的最低纲领，确定了中华人民共和国的国家性质和政权制度，规定了国内各种经济成分的性质和它们之间的关系，规定了我国的外交、民族、文化教育和人民民主权利等基本政策，在中华人民共和国宪法颁布之前，起着临时宪法的作用。

9 月 17 日，新政协筹备会举行第二次全体会议，由常务委员会副主任周恩来报告 3 个月来的筹备工作。会议正式决定将新政治协商会议改称为“中国人民政治协商会议”，新中国国名为“中华人民共和国”。会议基本通过了《中国人民政治协商会议共同纲领（草案）》和其他文件，提交中国人民政治协商会议第一届全体会议讨论。至于起草新政协宣言草案及拟定国旗、国徽图案和国歌建议案两项工作，决定移交给大会。

（三）召开中国人民政治协商会议第一届全体会议

1949 年 9 月 21 日，经过 3 个多月的充分准备，中国人民政治协商会议第一届全体会议在中南海怀仁堂开幕。

这是一次肩负着建国使命的时代盛会。参加盛会的代表包括中共、各民主党派、各社会团体、无党派民主人士共 662 人。其中，有中国共产党领袖毛泽东、刘少奇、周恩来、朱德；有孙中山夫人宋庆龄；有著名民主党派领导人李济深、张澜、黄炎培、马叙伦、彭泽民、李章达、谭平山、蔡廷锴、陈其尤、许德珩、谢雪红，无党派民主人士郭沫若、马寅初、张奚若；有爱国华侨陈嘉庚、司徒美堂；有文化名人梅兰芳、程砚秋；有原国民党方面的张治中、程潜、傅作义……

中国人民政治协商会议第一届全体会议由主席团轮流主持。第一天的大会由毛泽东、朱德、李济深、沈钧儒、郭沫若担任执行主席。毛泽东在大会上致辞：“现在的中国人民政治协商会议是在完全新的基础之上召开的，它具有代表全国人民的性质，它获得了全国人民的信任和拥护。因此，中国人民政治协商会议宣布自己执行全国人民代表大会职权……我们的工作将写在人类历史上，它将表明，占人类总数四分之一的中国人从此站立起来了！……我们的民族将不再是被人侮辱的民族了！”“随着经济建设的高潮的到来，不可避免地将要出现一个文化建设的高潮，中国人被人认为不文明的时代已经过去了，我们将以一个具有高度文化的民族出现于世界！”①

9 月 22 日，新政协第一届全体会议决议，成立大会国旗、国歌、国徽、国都、纪念方案审查委员会，委任马叙伦召集 55 名委员集中讨论。

关于国歌，征稿虽多，但一时却难以选定。马叙伦建议用《义勇军进行曲》暂代。但有人提议修改歌词。毛泽东说："我国人民经过艰苦斗争，全国快解放了，但是，中国还受帝国主义包围，还不能忘记帝国主义对我们的压迫，我们要争取中国的完全独立解放，还要进行艰苦卓绝的斗争，所以，还是坚持原有歌词为好。"②在充分协商的基础上，《义勇军进行曲》作为国歌被确定了下来。

讨论较多的是国旗方案，在讨论时大家倾向于"复字 32 号"五星红旗图案，这是一位名叫曾联松的普通职工设计的。关于国旗，毛泽东说："过去我们脑子里老想在国旗上标出中国特征，因此画一条横杠代表黄河，其实许多国家国旗也不一定有什么该国特征，苏联之斧头镰刀，也不一定代表苏联特征，哪一国都可以有同样的斧头镰刀；英、美等国的国旗也没有什么该国的特征。代表国家特征可在国徽上表现出来。"他拿着放大了的五星红旗图案说，"大家都说这个图案好，中国的革命胜利就是在共产党领导下以工、农为基础，团结了小资产阶级、民族资产阶级，共同斗争取得的，这是中国革命的历史事实。今后还要共同努力进行社会主义建设，我看这个图案反映了中国革命的实际，表现了我们革命人民大团结。现在要团结，将来也要团结，我看这个图案是较好的国旗图案。"其他人也相继发言，五星红旗的方案得到通过。

关于图徽，鉴于大家对当时所涉及的国徽图案均不满意，毛泽东建议：国徽是否可以慢一点决定，原小组继续设计，等将来交给政府决定。国徽

---

①《毛泽东文集》第 5 卷，人民出版社 1996 年版，第 343、345 页。

②《亲历者的记忆：协商建国》，三联书店 2009 年版，第 264 页。

图案在建国后 1950 年 6 月政协一届二次会议上确定下来。

关于国都，对建都北平，改名北京，大家都一致赞成。

关于纪年，大多数人赞成公元纪年。但有人说：我们采用公元纪年，老百姓也可能同时采用其他纪年。毛泽东说："老百姓要用其他纪年我们也没办法，我们不能制定法律去处罚他们。过去用中华民国，老百姓用甲子年，他们还是用了。但是，我们政府要有个决定：采用哪个年号。"黄炎培接着说："有人说采用公元纪年是以耶稣诞生之年为纪元，是基督教国家的年号，据我们调查了解，其实许多非信仰基督教的国家也采用公元纪年，现在公元纪年已成为国际习惯通用的年号。少数国家采用本国纪元，但在行文写到本国纪年时，常常还要加注公元多少年，很麻烦。"毛泽东风趣地接话："就是耶稣也不坏，耶稣和今天某些国家借推行基督教进行帝国主义侵略并不一样。"于是，公元纪年得以确立。

国号的讨论最为激烈。毛泽东在《新民主主义论》中曾使用"中华民主共和国"。1948 年初，几次在中共党内文件中又使用"中华人民共和国"。但自从 1948 年 8 月 1 日电复香港民主人士直至筹备会召开，政协有关文件中用的都是"中华人民民主共和国"。在筹备会上，黄炎培、张志让主张用"民主"，建议用"中华人民民主共和国"，简称"中华民主国"；张奚若认为"人民"和"民主"概念相同，主张用"中华人民共和国"，最后，基本达成一致，同意后者。

从 9 月 21—30 日，各民主党派、各社会团体、无党派民主人士以及其他参加新政协的人士进行了大会发言。

会议期间，毛泽东十分重视组织大会发言的工作。在毛泽东的关照和大会主席团的安排下，全体会议期间有近百名代表即近六分之一的代表作了大会发言，使代表们的意愿得到充分表达。

9 月 26 日，人民政协全体会议休息一天。这天下午 3 点钟，毛泽东给周恩来写了一张便条，说 27 日会议内容很多，有许多代表要讲话，又要通过许多决议，所以请周恩来及早安排一下，让尚未讲话而应讲话或想讲话的代表写好讲稿，否则来不及讲了。

9月27日，毛泽东亲自修改了关于庆祝中国人民政治协商会议成功和中华人民共和国中央人民政府成立的口号30条。

9月27日，人民政协第一届全体会议讨论通过了《中国人民政治协商会议组织法》，从组织上确立了中国共产党领导的多党合作和政治协商制度；会议还通过了《中华人民共和国中央人民政府组织法》及四项决议案：中华人民共和国的国都定于北平，改名北京；中华人民共和国采用公元纪年；在中华人民共和国的国歌正式制定前，以《义勇军进行曲》为国歌；中华人民共和国的国旗为五星红旗，象征中国人民革命大团结。

9月29日，大会通过了《中国人民政治协商会议共同纲领》，《共同纲领》规定：中华人民共和国实行工人阶级领导的、以工农联盟为基础的、团结各民主阶级和国内各民族的人民民主专政；中华人民共和国的国家政权属于人民，国家最高政权机关为全国人民代表大会。大会还通过决议，由即将成立的中国人民政府致电联合国大会，声明中华人民共和国业已成立，中国人民政治协商会议所选举之中央人民政府为唯一能代表中国人民的政府。

■ 毛泽东主持开国大典，向全世界庄严宣告中华人民共和国中央人民政府成立。

9月30日，根据29日大会通过的选举规定，全体会议选出了毛泽东为主席，周恩来、李济深、沈钧儒、郭沫若、陈叔通为副主席的由180人组成的中国人民政治协商会议全国委员会；选举出中央人民政府委员会，毛泽东为中央人民政府主席，朱德、刘少奇、宋庆龄、李济深、张澜、高岗当选为副主席。大会通过了《中国人民政治协商会议第一届全体会议宣言》，这个宣言是毛泽东亲自起草的。这个庄严的宣言声明："中华人民共和国现已宣告成立"，"中国的历史，从此开辟了一个新的时代。"大会圆满完成了创建中华人民共和国的光荣使命，宣布闭幕。出席政协会议的全体代表来到天安门前，隆重举行"人民英雄纪念碑"破土奠基仪式。

10月1日，中央人民政府委员会在中南海勤政殿举行第一次会议，正副主席及委员宣布就职，宣告中华人民共和国中央人民政府成立。同日下午，首都30万人齐集天安门，隆重举行中华人民共和国的开国大典。毛泽东亲手按动电钮，第一面五星红旗从天安门广场冉冉升起，向全中国、全世界庄严地宣布：中华人民共和国正式成立！

（四）领导人民政协的发展

全国人民政治协商会议第一届全体会议选出全国委员会后，即行闭幕。全国委员会是人民政协在全体会议闭幕后的常设机构。毛泽东先后担任政协第一届全国委员会主席和第二、三、四届全国委员会名誉主席，为人民政协的发展做了大量工作。这一时期，人民政协作为统一战线组织和民主协商机构，在完成社会主义改造、推动各种社会力量为实现党和国家总任务而奋斗、活跃国家政治生活、调整统一战线内部关系、扩大国际交往方面发挥了重要作用。

1. 在巩固新生的人民民主政权的斗争中发挥作用

中华人民共和国建立初期，中国人民面临的最基本任务是彻底完成新民主主义革命的全部任务，恢复和发展遭受长期战争破坏的国民经济，为社会主义建设准备必要的条件。1950—1952 年，人民政协作为人民民主统一战线的组织，在协助政府动员人民开展在土地改革、镇压反革命和“三反、五反”等社会改革运动中，显示了重要作用。

1950 年 6 月召开的政协第一届全国委员会第二次会议以土地改革问题为中心议题，审查和讨论了中共中央起草的《土地改革法（草案）》。毛泽东在闭幕式上发表重要讲话，号召各阶层人士积极支持土地改革，过好土改关。他说：“战争和土改是在新民主主义的历史时期内考验全中国一切人们、一切党派的两个‘关’……战争一关，已经基本上过去了，这一关我们大家过得很好，全国人民是满意的。现在是要过土改一关，我希望我们大家都和过战争关一样也过得很好。大家多研究，多商量，打通思想，整齐步伐，组成一条伟大的反封建统一战线，就可以领导人民和帮助人民顺利地通过这一关。”

在毛泽东的指示下，人民政协大力推动和组织民主党派成员和大批各界人士参加或参观土改，不仅直接支援了农民，壮大了反封建统一战线的阵容和声势，打击了封建势力，而且对民主党派成员和各界人士自己，也是一次很好的锻炼和改造的机会。

1950 年 10 月 24 日，毛泽东主持召开了政协第一届全国委员会常务委员会第 18 次会议，集中讨论抗美援朝问题。参加会议的政协常务委员、各民主党派和人民团体负责人、无党派民主人士认真讨论，最后一致赞同组织中国人民志愿部队援助朝鲜。第二天，10 月 25 日，中国人民志愿军高举“抗美援朝，保家卫国”的旗帜，跨过了鸭绿江，同朝鲜人民军并肩作战，对侵朝美军展开了强大的反击。

在历时三年的抗美援朝斗争中，人民政协和全国人民一道为了反抗侵略，援助邻邦朝鲜人民的自卫战争，保卫祖国的安全，为了最后实现朝鲜的和平，做出了巨大的努力和贡献。

2. 协商国家政治生活和社会经济生活中的重大事项

政协第一届全国委员会期间，中国共产党和中央人民政府以及政务院提到全国委员会及其常务委员会进行协商的有关国家事务的重要决策，除了土地改革、抗美援朝等重大举措外，还有很多有关政治、经济、文教等方面的重要事项。

第一，为争取国家财政经济状况根本好转进行工作。1950年4月20日，政协第一届全国委员会常务委员会举行第四次会议。毛泽东在这次会议上指出：财政收支接近平衡，通货停止膨胀和物价趋向稳定，只是财政经济情况开始好转，还不是根本的好转；要获得根本好转，还要靠土地改革的完成，现有经济和工商业的合理调整以及行政经费的大量节减。毛泽东提出的这三个条件，后来在中共七届三中全会上他所作的《为争取国家财政经济状况的基本好转而斗争》的报告中，作为中国共产党的方针正式提出并获得通过。

第二，为协助政府进行立法做了大量的工作。在政协第一届全国委员会期间，经过全国委员会或常务委员会协商审议的重要法案，计有：《中华人民共和国土地改革法》《中华人民共和国婚姻法》，省、市、县的《各界人民代表会议组织通则》《农民协会组织通则》《人民法庭组织条例》《中华人民共和国劳动保险条例》《中华人民共和国合作社法》《中华人民共和国私营企业暂行条例》《中华人民共和国惩治反革命条例》《中华人民共和国惩治贪污条例》《中华人民共和国惩治毒犯条例》《公私合营工业企业暂行条例》等草案，为中国的法制建设做出了贡献。

第三，调整阶级关系，巩固和增强人民民主统一战线内部的团结。人民政协积极通过各民主党派和其他资产阶级代表人士，协助人民政府有意识地、主动地调整同民族资产阶级的关系，团结民族资产阶级，帮助其克服落后的、消极的一面，使之有利于国民经济的恢复和发展。1950年3月，政协全国委员会经济组召开了座谈会，一些工商界的委员反映了私营工商业的困难情况，并反映有些干部执行“公私兼顾”的政策上有忽视私营经济的倾向。这些情况反映给中共中央和中央人民政府后，4月12日，政协全国委员会常务委员会举行第四次会议，毛泽东主持了这次会议，他在总结会议讨论情况时强调指出：“……现在财政经济情况是开始好转，至基本好转，要领先调整经济和调整工商业……公私兼顾还没有彻底解决。公顾的多，私顾的少。全国委员会财经组座谈会有人说私营经济感到自己是私生子，即无合法地位。其实《共同纲领》中已经规定五种经济成分要各得其所，在经营范围、原料、市场、价格、周转资金等方面，将私营经济看成是国家五种经济的一个组成部分，是一只手上的五个指头，虽然指头有大小，都应给予合理安排。”这次会议以后，中央人民政府采取一系列措施，进行调整工商业的工作，帮助私营工商业渡过难关。

3. 在全国人民代表大会召开后，转变组织和职能

1954 年 9 月，第一届全国人民代表大会第一次会议在北京召开，会议通过并公布了《中华人民共和国宪法》。至此，作为代行全国人民代表大会职权的第一届中国人民政治协商会议，已圆满完成其历史使命而载入史册。

政协第二届全国委员会为适应全国人民代表大会召开后的新形势和新任务，制定了《中国人民政治协商会议章程》。这部章程规定了人民政协的性质、任务和作用，成为人民政协各级组织进行工作和活动的依据和准则。

“文化大革命”期间人民政协的工作陷于停顿状态，1978 年政协第五届全国委员会第一次会议在北京召开，自此，人民政协迎来了新时期的春天。

第二节　毛泽东对人民政协理论的论述与贡献

毛泽东就人民政协的共同政治基础、中国共产党对统一战线和人民政协的领导、人民政协的性质和任务及工作方针提出一系列独创性的重要思想，明确阐述了人民代表大会成立后人民政协长期存在的必要性及其在国

家政治生活中的地位和作用，成为人民政协各级组织进行工作和活动的依据和准则。毛泽东还提出了中国共产党同各民主党派长期共存、互相监督的方针，确立了社会主义条件下我国多党合作的基本格局。

（一）人民政协是中国共产党领导的统一战线的政治组织

关于人民政协的性质。在人民政协筹备之初，毛泽东就将其看成是统一战线性质的组织。1939 年 10 月，毛泽东在《〈共产党人〉发刊词》中把统一战线称为党在中国革命中战胜敌人的“三个法宝”之一，但在革命战争年代，统一战线没有也不可能形成自己的组织并以组织的形式进行活动。到人民解放战争后期，人民民主统一战线达到空前规模，并已集合在新民主主义的旗帜之下，但它还需要在形式上组织起来，推动其自身的发展。人民政协的成立，标志着人民民主统一战线的最后形成。人民政协虽然代行全国人大的职权，但仍是人民民主统一战线的组织。毛泽东主持制定的《政协组织法》和《共同纲领》都有这样的明确规定。1950 年 6 月，毛泽东在全国政协一届二次会议上的开幕词和闭幕词中分别肯定地指出：“人民政治协商会议及其选出的全国委员会，是团结全国各民族、各民主阶级、各民主党派、各人民团体及各界民主人士的伟大的统一战线的政治组织。”“我们的会议暂时还是建议性质的会议。”①

建国任务完成后，特别是 1954 年全国人大召开后，人民政协是否还要保留？党内对此曾有两种不同的看法，是毛泽东持坚决肯定的态度，才使人民政协这个经过历史考验的统一战线组织形式得以延续下来。

毛泽东就政协的性质问题明确指出，人民代表大会是权力机关，有了人大，并不妨碍我们成立政协进行政治协商。他说：“主要的问题是政协的性质问题，是国家机关还是人民团体？”“政协的性质有别于国家权力

---

①《人民政协重要文献选编》（上），中央文献出版社、中国文史出版社 2009 年版，第 117、121 页。

机关——全国人民代表大会，它也不是国家的行政机关。”政协不能搞成国家机关，因为人大和国务院是国家权力机关和国家管理机关，“如果把政协全国委员会也搞成国家机关，那就会一国二公，是不行的”。[①]

政协不仅是人民团体，而且是各党派的协商机关，是党派性的机关。“政协是全国各民族、各民主阶级、各民主党派、各人民团体、国外华侨和其他爱国民主人士的统一战线组织，是党派性的。”[②]人民政协不同于国家机关，也不同于一般的人民团体，是党派性的人民民主统一战线的组织，这是毛泽东对人民政协性质得出的新的认识，它对当时和会后的政协工作都有着极其重要的指导意义。据此，1954 年 12 月 21—25 日召开的全国政协二届一次会议通过的《中国人民政治协商会议章程》，对人民政协的性质做了如是规定：人民政协的性质是：“团结全国各民族、各民主阶级、各民主党派、各人民团体、国外华侨和其他爱国民主人士的人民民主统一战线的组织。”[③]

《中华人民共和国宪法》“序言”规定：“中国人民政治协商会议是有广泛代表性的统一战线组织，过去发挥了重要的历史作用，今后在国家政治生活、社会生活和对外友好活动中，在进行社会主义现代化建设、维护国家的统一和团结的斗争中，将进一步发挥它的重要作用。中国共产党领导的多党合作和政治协商制度将长期存在和发展。”这是人民政协性质的法律依据，也是人民政协地位的法律保证。

2004 年 3 月 12 日中国人民政治协商会议第十届全国委员会第二次会议通过《中国人民政治协商会议章程修正案》，人民政协的性质明确规定为：中国人民爱国统一战线的组织，是中国共产党领导的多党合作和政治协商的重要机构，是中国政治生活中发扬社会主义民主的重要形式。

---

①《毛泽东文集》第 6 卷，人民出版社 1999 年版，第 384 页。

②《毛泽东文集》第 6 卷，人民出版社 1999 年版，第 385 页。

③《人民政协重要文献选编》（上），中央文献出版社、中国文史出版社 2009 年版，第 212 页。

（二）人民政协应当团结各方面人士、为党和国家在各个历史时期的总任务而奋斗

关于人民政协的任务。毛泽东指出，人民政协应当团结各方面人士、为党和国家在各个历史时期的总任务而奋斗。围绕党和国家的中心工作，人民政协在不同历史时期又有不同的历史任务。人民政协成立之初，其主要任务是“成立民主联合政府，以便领导全国人民，以最快的速度肃清国民党反动派的残余力量，统一全中国，有系统地和有步骤地在全国范围内进行政治的、经济的、文化的和国防的建设工作”[①]。1954 年，在政协职能发生改变后，毛泽东及时提出了人民政协的五项任务，这五项任务涉及内政、外交、统一战线以及人民政协自身建设各个方面。

一是协商国际问题，如对外发表宣言，反对侵略，保卫和平等。人民政协的对外交往是我国总体外交的组成部分。政协的性质和特点使它可以融官方外交与民间外交于一体，开展灵活多样的活动，发挥独特的优势。通过政协，既可以开展高层领导互访，又可以多层次地组织民间代表人士和各方面专家交流往来、出席或举办有关的国际会议和活动，对外发表宣言、声明等。

二是协商候选名单，即对全国人民代表大会和地方各级人民代表大会的候选人名单以及中国人民政治协商会议各组织组成人员的人选，进行协商。协商候选名单就是参与选举。毛泽东在《关于政协的性质和任务的谈话提纲》第二点“内政”的内容中，写的就是“选举”。在我国选举不是简单的投票，为了使选举真正体现人民的意愿，候选名单要在各方面听取意见，经过反复酝酿、充分协商后提出。包括人大代表的候选名单、政协委员的候选名单、国家领导人选的候选名单，都要经过充分的协商。

三是提意见，即协助国家机关推动社会力量，解决社会生活中各阶级

①《毛泽东选集》第 4 卷，人民出版社 1991 年版，第 1463 页。

间的相互关系问题，联系人民群众，向国家有关机关反映人民群众的意见和提出建议。毛泽东在《关于政协的性质和任务的谈话提纲》中写的这一条的内容是，“向党委和国务院提意见（社会主义改造）并加以协商”。毛泽东讲的政协“提意见”的任务，中心思想是强调人民政协要联系社会各方面力量，围绕国家中心工作，积极向党和政府反映意见、提出建议、协商国是。人民政协在1954年结束行使人大职权后，继续对国家许多重大问题进行了协商。如关于实行农业合作化，建立宁夏、广西两个民族自治区，以及文字改革等问题，都曾在政协听取意见、充分协商。可以说正是因为建立了长期开展这些工作任务的基础，后来新时期逐渐形成了人民政协围绕中心、服务大局，履行政治协商、民主监督、参政议政职能的工作格局。

四是调整关系，即协商和处理政协内部及党派团体之间的合作问题。关于这个问题，毛泽东也是首先着眼于国家全局的。他强调“国家生活存在各种关系，政协主要是调整资本主义工商业社会主义改造中的公私关系”。毛泽东还对政协如何调整这种公私关系提出了意见。今天政协开展这方面的工作，主要是妥善协调政党关系、民族关系、宗教关系、阶层关系和海内外同胞的关系，努力保持这些关系的和谐，为保证完成新时期党和国家的新任务服务。

五是学习，组织开展学习是加强政协自身思想建设的一项重要工作。适应形势需要，当时政协主要是强调学习马列主义。毛泽东特别指出，学习是在自愿基础之上，不是强迫的。在政协中有很多民族、宗教界人士，学习马列主义与宗教信仰自由是可以并存的。毛泽东的论述既强调了学习的一般重要性，又注意了在政协这个统一战线组织中开展学习的特殊性，对于我们今天搞好政协的学习工作仍然具有指导意义。

毛泽东提出的五项任务明确了人大召开后政协的主要工作。除了这些任务，政协还有其他许多工作，比如征集文史资料工作，促进祖国统一工作等。

毛泽东在人大召开后关于政协问题的论述，进一步阐明了人民政协存在的必要性及其在国家政治生活中的地位和作用，统一了当时各方面的思想认识，明确了人民政协的发展方向，为有关人民政协的理论政策提供了最基本的思想观点和方针原则。可以说正是在这些重要思想和方针的指导下，1954年，第一届全国人大召开后，人民政协继续在国家政治、经济、社会生活中发挥着重要作用。

（三）人民政协的主要职能是政治协商、民主监督、参政议政

第一，政治协商。政治协商是人民政协的基本职能，也是它的基本工作作风，同时还是发扬社会主义民主和正确处理统一战线内部关系的一种好方式。各民主党派充分运用人民政协的各种协商方式，对国家和地方的大政方针以及政治、经济、文化和社会生活中的重要问题，对各民主党派参加人民政协工作的共同性事务、政协内部的重要事务以及有关爱国统一战线的其他重要问题进行协商讨论，提出意见和建议。

政治协商是毛泽东的一贯思想。他在领导中国革命的过程中，始终强调共产党人要和党外人士协商共事。早在1938年，他就指出："在一切有愿意和我们合作的民主党派和民主人士存在的地方，共产党员必须采取和他们一道商量问题和一道工作的态度。"[①]1950年，在全国政协一届二次会议上，他又进一步指出，政治协商是人民政协的工作作风和工作方法，同时，中央到地方的各级党政部门，也应当采取这样的工作作风和工作方法。他说，这种通过政治协商会议"总结经验和决定方针的工作，是我们大家一起来做的，是各民族、各民主阶级、各民主党派、各人民团体和各界民主人士的代表人物集合在一起来做的"。"这样，我们就能集中广泛的意见，检查过去的工作，决定今后的方针，这种方法，我希望我们以后继续采用，并且希望各大行政区人民政府（军政委员会）和各省市人民政

①《毛泽东选集》第2卷，人民出版社1991年版，第526页。

府也采用这种方法”[①]。

毛泽东在实践中更是身体力行，适用政治协商这一方法的典范，他在筹备新政协的过程中，十分重视同党外各方面人士进行协商。1948年5月1日，毛泽东给李济深、沈钧儒致信，就召开新政协会议的诸事宜进行平等协商，他在信中说：“以上诸点是否适当，敬请二兄详加考虑，予以指教。三党联合声明内容文字是否适当，抑或不限于三党，加入其他民主党派及重要人民团体联署发表，究以何者适宜，统祈赐示。”[②]字里行间，充满平等协商精神，毫无强加于人的意思，足见当时毛泽东广泛致函各界著名人士，表达协商建国大计的诚意。

建国初期，毛泽东主持人民政协时，凡我党开展的各项重大活动，均在政协全国委员会全体会议上进行讨论和协商，广泛征求各界人士的意见，得到了各民主党派、人民团体、无党派民主人士等各方面的一致好评。

现在，中共中央主要领导人每年元旦和全国政协全体会议期间都要同各民主党派共商国是；担任政协委员的民主党派成员与其他政协委员一起列席人民代表大会的主要会议，参加国家重大问题的协商讨论，就事关国计民生的大政方针和重大问题提出意见建议；政协的常务委员会会议、主席会议、秘书长会议、专门委员会会议内容不断丰富，为各民主党派更加广泛地参与政治协商创造了条件。

第二，民主监督。民主监督是人民政协的另一基本职能，是政协的重要工作内容。重视和争取参加政协的各阶级、各民主党派、各人民团体和各界民主人士对共产党的批评监督，是中国共产党的优良传统和作风，也是政协的优良作风。

建国后，毛泽东经常谈起1945年在延安黄炎培同他的一次难忘的谈话。黄炎培向毛泽东提出一个十分尖锐的问题，他说：“我生六十多年，耳闻的不说，所亲眼看到的，真所谓‘其兴也勃焉，其亡也忽焉’，一人，一家，

①《人民政协重要文献选编》（上），中央文献出版社、中国文史出版社2009年版，第121页。
②《毛泽东文集》第5卷，人民出版社1996年版，第90页。

一团体，一地方乃至一国，不少单位都没有跳出这个周期律的支配力。一部历史，'政怠宦成'的也有，'人亡政息'的也有，'求荣取辱'的也有。总之没有跳出这个周期律。"毛泽东回答："我们已经找到新路，我们能跳出这周期律，这条新路就是民主；只有让人民来监督政府，政府才不敢松懈；只有人人起来负责，才不会人亡政息。"[①]这说明，共产党需要接受来自人民群众的监督。而党同各民主党派互相监督，就是人民监督的一个组成部分。

对于民主监督，毛泽东强调，共产党要有自己的主张，但一定要和人家协商，不要把自己孤立起来，要发挥各民主阶级、各人民团体的作用。工农联盟是我们国家的基础，但还要懂得去运用在此基础上的广泛的与非劳动人民的联盟——人民民主统一战线。他还援引历史经验说："瑞金时代是最纯洁、最清一色的了，但那时我们的事特别困难，结果是失败了。所以真理不在乎是不是清一色。"[②]民主党派能在国家生活中发挥参政议政、民主协商和批评监督等职能，与毛泽东的开创之功是密不可分的。

毛泽东不仅倡导民主监督，而且还自己带头接受党外人士的批评监督。1951年，毛泽东听到全国政协常委、政务院副总理黄炎培反映华东土改和镇反工作的意见后，亲自给华东局负责人写信，让他们将情况查实后向黄炎培答复。1953年4月，全国政协常委李烛尘两次写信给毛泽东，对解决工商业方面的公私关系、劳资关系、税负、资金等问题提出建议，毛泽东很快复信表示感谢，说："你的建议对于解决现存问题是会有帮助的。我已将你的信转给许多有关同志去看去了。"[③]

当然，政协的民主监督不同于人大的法律监督，因为政协不是权力机构。20世纪50年代曾有人认为政协发挥监督作用，就要使政协对政府有检查、质询的权力，使政协成为权力或半权力机构。针对这种看法，毛泽

①《十六大以来重要文献选编》上，中央文献出版社2005年版，第144页。
②《建国以来毛泽东文稿》第四册，中央文献出版社1990年版，第635页。
③《毛泽东书信选集》，人民出版社1983年版，第457页。

东明确指出，不能把政协搞成国家权力机关，那样就成为“二元”了，政协是各党派的协商机关，因此，政协的民主监督是没有法律约束力的群众性监督，而人大的监督则是有法律约束力的监督。民主监督的基本形式即毛泽东所说的“提意见，作批评”，目的是协助国家机关改进工作，提高工作效率，克服官僚主义。毛泽东在《关于正确处理人民内部矛盾的问题》中提出了发表批评意见的六条政治标准：有利于团结全国各族人民，而不是分裂人民；有利于社会主义改造和社会主义建设 ，而不是不利于社会主义改造和社会主义建设；有利于巩固人民民主专政，而不是在破坏或者削弱这个专政；有利于巩固民主集中制，而不是破坏或削弱这个制度；有利于巩固共产党的领导，而不是摆脱或者削弱这种领导；有利于社会主义国际团结和全世界爱好和平人民的团结，而不是有损于这些团结。他认为这六条标准中最重要的是社会主义道路和党的领导两条。

对于民主党派民主监督的具体内容，主要有以下几个方面：国家宪法和法律法规的实施情况；中国共产党和政府重要方针政策的制定和贯彻执行情况；中国共产党各级党委的工作和中共党员领导干部履行职责、为政清廉等方面情况。

实践证明，民主监督对于改善和加强党的领导，建设高度的社会主义民主是有积极作用的。人民政协中有经验丰富的政治家、社会活动家以及各方面的专家学者，代表着统一战线各方面的意见和要求。他们的意见、批评和建议，往往切中时弊，对党和国家的决策和工作改进起着很重要的作用。政协的民主监督有利于广开言路，活跃思想，起着其他组织不能代替的作用，这种监督比公民的自发的社会监督会有更大的社会效力。

第三，参政议政。参政议政是政治协商和民主监督之外的扩展职能。民主党派参政的基本点是参加国家政权，参与国家方针、政策、法律、法规的制定和执行。

支持各民主党派、无党派人士参政议政妥善安排和任用党外干部，实行同党外人士的合作共事，是我党的一贯方针。早在抗日战争时期，毛泽东就鼓励支持各民主党派和无党派人士参加抗日民主根据地的政权。他说：

"我们主张统一战线政权，既不赞成别的党派的一党专政，也不主张共产党的一党专政，而主张各党、各派、各界、各军的联合专政。"[①]"三三制"政权的建立是共产党领导的多党合作和政治协商制度的雏形。建国前夕，毛泽东强调："我们必须把党外大多数民主人士看成和自己的干部一样，同他们诚恳地坦白地商量和解决那些必须商量和解决的问题，给他们工作做，使他们在工作岗位上有职有权，使他们在工作上做出成绩来。"[②]中国人民政治协商会议第一届全体会议选举的中央人民政府中，各民主党派民主人士占了很大的比例。中央人民政府委员会 63 名委员中，民主党派为 31 名，占 49.2%；中央人民政府 6 个副主席中包括了宋庆龄、李济深、张澜三位非中共爱国人士和民主党派领导人；民盟主要领导人沈钧儒担任最高人民法院院长。1949 年 10 月 19 日，中央人民政府委员会任命以下民主人士担任中央人民政府领导职务，他们是：政务院副总理郭沫若、黄炎培（占 4 名副总理的 50%）；正部委领导人有：文化教育委员会主任兼科学院院长郭沫若，人民监察委员会主任谭平山，轻工业部部长黄炎培，邮电部部长朱学范，交通部部长章伯钧，农业部部长李书诚，水利部部长傅作义，教育部部长马叙伦等，占政务院 34 部级单位正职负责人的 15 人。建国伊始，各党派亲密合作、有职有权、共同参政的大好局面，使各民主党派及无党派民主人士颇为满意，也为我党与民主人士长期合作展示了良好的前景。如今，民主党派成员仍担任部分政府和各机关领导职务。

参加各级政协的政协委员参政议政是对政治、经济、文化、社会生活中重要问题及人民群众普遍关心的问题开展调查研究，反映社情民意，通过调研报告、提案、建议案或其他形式向中国共产党和国家机关提出意见和建议。

人民代表大会是中国人民行使国家权力的机关，也是民主党派成员发挥作用的重要机构。民主党派成员在各级人大代表、人大常委会委员及专

①《毛泽东选集》第 2 卷，人民出版社 1991 年版，第 760 页。
②《毛泽东选集》第 4 卷，人民出版社 1991 年版，第 1437 页。

门委员会委员中，均占有一定数量。他们履行人民代表的职责，参与宪法、法律和地方性法规的制定和修改，参与选举、决定和罢免国家和政府领导人，参与审查和批准国民经济和社会发展计划和计划执行情况的报告、国家预算和预算执行情况的报告，反映人民意愿，提出议案和质询案，参与视察和执法检查工作，发挥了重要作用。

第三节　毛泽东人民政协理论与实践的成就和影响

从人民政协的发起、筹备召开到中华人民共和国成立的整个进程中，都可以看到毛泽东在把握时机、决定政策上所起的主导作用和在每项具体工作上付出的巨大劳动和精力，他为人民政协做出了巨大贡献。

（一）创建了中华人民共和国，为人民代表大会制度的最终形成创造了条件

在筹建中华人民共和国时，毛泽东曾经这样设计建国程序：先邀请民主党派和人民团体的代表在解放区召开新政协会，再召开人民代表大会，选举产生中央政府。但是，由于解放战争还未完全结束，用普选方式产生人民代表大会的条件还不具备，建国程序在实际运行中作出了重大调整，第一届中国人民政治协商会议被赋予筹备和建立中华人民共和国的特殊历史使命。

在特定的历史背景下，通过中国人民政协协商会议全体会议这一代表民意的特殊形式，集中体现了广泛的人民民主，中华人民共和国中央人民政府取得了合法地位，弥补了由于建国程序变更而没有召开全国人民代表大会的缺憾。正是它，开启了一个民主政治新时代。

在 1949 年 9 月至 1954 年 9 月毛泽东任人民政协主席期间，人民政协

的全体会议执行了全国人大的职权，完成了创建中华人民共和国的历史使命，决定了中华人民共和国的各项重大事务，选出了中央人民政府委员会。

中国人民政治协商会议全体会议可以说是人民代表大会的一种最高层次的过渡形式，它的运行过程，实际上就是人民代表大会制度的试验过程。在5年中，在中国人民政治协商会议形式下，人民代表大会制的主要内容，如国家政权的设置、结构形式、组织原则等，接受了实践的检验，被新的国家政治生活所接受，从而推动了人民代表大会制度的最终形成。所以，中国人民政治协商会议为人民代表大会制度的最终形成创造了条件。

■ 1950年，毛泽东在全国政协一届二次会议上。

第一届全国委员会共举行过四次全体会议，对中华人民共和国土地改革法草案、国徽图案、关于抗美援朝的决议、惩治反革命条例、过渡时期的总路线等一系列重大问题进行了协商。在此期间，全国政协通过了《关于地方委员会的决定》，规定各省市由当地各界人民代表会议的常设机构——协商委员会行使政协地方委员会的职权。此外，还协助政府做了很多工作。这个时期，人民政协虽不是国家机关，但它代行全国人大的职权，在团结各族人民、实行民主改革、恢复和发展国民经济、巩固人民政权、扩大统一战线等方面发挥了重大作用。

根据毛泽东的提议，从政协三届一次会议起，政协全会与全国人民代表大会每年同时召开，政协委员和人大代表一起听取政府工作报告和其他重要报告并成为惯例，逐渐形成了对我国政治生活影响深远的“两会”格局。

（二）发挥人民政协的民主作用，开启社会主义政治文明建设的先河

毛泽东建立人民政协制度，就是让人民政协作为发扬民主、联系各方面人民群众的一个重要组织和我国政治生活中发扬民主的重要形式，避免“人亡政息”。

人民政协作为发扬民主的重要形式，主要表现在各党派的意见、主张能够通过政协这个渠道来表达，社会各界的民主权利能够通过政协来体现。人民政协发挥民主作用的重要途径是民主协商和民主监督。

毛泽东多年提倡的共产党人同党外人士实行民主合作、平等协商问题的精神，在筹建新政协运动中得到了很好的贯彻和发扬，从而形成一种强大的凝聚力量。当高岗、李富春代表中共中央同民主人士协商关于召开新政协若干问题时，各个民主人士都异常高兴，他们一致认为中共的考虑“非常周到”，令人“非常满意”，表明“中共中央的政治风度是伟大的”，“超出各党派理想之外”。这种融洽的政治气氛，为达成各项协议提供了重要保证。在政协一届全体会议的所有大会发言中，无不称赞共产党、毛泽东领导的英明和民主协商精神的重要。民盟代表沈钧儒认为：各民主阶级、民主党派的“团结协商精神，是我们解决国是的主要方法，也是我们今后克服一切困难的唯一途径”。九三学社首席代表许德珩说：在对《共同纲领》等三个文件的讨论中，600 多名代表“可以说是很少没有发言的，也很少发言不被重视的；凡是在目前紧要的，能够办得到的建议，都是被采纳的。这种民主的、实事求是精神，是值得我们佩慰的”。

人民政协主要以会议的形式进行民主协商，毛泽东任主席的政协第一届全国委员会举行过4次会议、常务委员会举行过64次会议，此外，还有工作会议、各党派推选代表参加的双周座谈会等不同层次、不同范围、不同形式和内容的会议。这些会议都是旨在政治协商。这种民主协商方式，既能够反映多数人的普遍愿望，又便于吸纳少数人的合理主张，体现了人民当家做主的权利。

组织政协委员参加视察、调查研究，是毛泽东极力主张的发挥人民政协民主作用的工作方法，也是他对社会主义民主制度建设的一大创造。毛泽东指出："民主人士到各地去参观视察……各地不要以此为累赘。让他们去听听农民的诉苦，看看农民的欢喜。我们有什么缺点和错误，也可以让他们看看，这是一件有益的事情。状元三年一考，土改千载难逢，应该欢迎他们去看看。"一届全国人大召开后，毛泽东在最高国务会议上提出，要在组织人大代表视察工作时，也组织政协委员参加视察。他还明确指出，这对行政立法工作、法院和检察院等方面的工作都有好处，对领导干部联系群众有好处，对下面干部可以起到监督作用。为此1955年11月10日，全国人大常委会和政协常委会联合发出关于1955年秋后视察工作有关事项的通知。其后，人民政协把组织委员视察列入自己的工作日程，每年安排春秋两次视察，形成制度。

人民政协作为中国民主进程的产物，从诞生之日起就是中华人民共和国的重要民主形式。毛泽东创立人民政协，并把它作为民主政治的象征保留下来，与中共中央、国务院、人大并列，符合中国的国情，推动了民主政治的发展，对"文化大革命"前特别是建国初期中华人民共和国各项工作发挥了不可替代的重要推动作用。"文化大革命"期间，政协全国委员会于1966年8月30日起被迫停止办公，各级政协的工作也被迫陷入瘫痪，整个政协制度遭到破坏，各民主党派在国家政治生活中的地位和权力被剥夺殆尽。尽管如此，毛泽东还是多次肯定政协存在的必要性。1966年国庆节，他在天安门城楼上对李宗仁说："红卫兵把全国政协、民主党派封了，但政协还是要的，民主党派还是要的。"1971年底，人民政协工作开始局部恢复。可以说，毛泽东将人民政协作为发扬民主的重要形式，开启我国社会主义政治文明建设的先河。

党的十八大报告中，提出了“社会主义协商民主是我国人民民主的重要形式”的论断，这是以胡锦涛为总书记的党中央对党的三代中央领导集体关于协商民主思想的继承和发展，是运用马克思主义对我国协商民主政治实践的理论升华和伟大创造。党的十八大报告明确指出，要充分发挥人民政协作为协商民主重要渠道的作用，这就确定了人民政协在实行协商民主、完善协商民主制度过程中的重要地位、重要作用和重要责任。通过把人民政协协商民主制度建设纳入社会主义民主法治建设的总体布局，增强协商主体的代表性、包容性，提高协商主体的协商能力，促进社会主义协商民主的不断发展，对于建设中国特色社会主义民主政治、推进社会主义政治文明具有重大而深远的意义。

（三）提出“长期共存、互相监督”的方针，为发展共产党领导的多党合作和政治协商制度奠定政策基础

中国各民主党派和无党派人士都是在中国民族民主革命斗争中先后产生和发展起来的。他们代表着中国民族资产阶级、城市小资产阶级及其知识分子的政治要求，同中国社会各阶层有着广泛的联系。无论民主革命时期还是革命胜利之后，毛泽东都重视发展我党与民主党派的关系。开国之初，在一些关键时刻、关键问题上，他都及时做出了正确决策，提出了正确的主张。

中华人民共和国成立后，民主党派中的许多人认为，民主党派已经完成了历史使命，没有存在的必要了，准备宣告结束。1949 年 12 月，人民救国会宣布解散（后来，其成员大多数加入民盟），当时毛泽东正在苏联访问。九三学社成员中有些同志认为九三学社已经完成了它在民主革命中的历史任务，提议解散。1950 年 2 月，毛泽东回到北京，当他听到救国会解散的消息时，颇为惋惜地说：救国会是进步团体，不应当解散。又听说

九三学社也要解散，当即表示不同意，并由中央领导同志传达了他的意见。“从此，九三学社不但继续存在，而且有了新的发展。”

在共产党内也有人认为：民主党派应是共产党的外围，应是进步分子的团体，应由大到小，由多到少，由政治上的复杂到统一，由与我党有距离到无差别，不应在政治上去抬高他们、在组织上去扩大他们，为我们自己找麻烦。还有人认为：革命已经胜利了，民主党派“任务已尽”，认为“民主党派是包袱”，可有可无。这些情况引起了毛泽东的重视。他对中央统战部负责同志指出：要向大家说清楚，从长远和整体看，必须要民主党派。认为民主党派是“一根头发的功劳”“一根头发拔去拔不去都一样”的说法是不对的。从他们背后联系的人们看，就不是一根头发而是一把头发，不可藐视。要团结他们，要给事做，尊重他们。我们对民主党派在抗战时有“团结、抗战、进步”的口号，今天应该是“团结、建设、进步”的口号。

1956年，在社会主义改造即将完成之际，民主党派要不要继续存在的问题又一次被提了出来。有人认为，资产阶级作为阶级正在被消灭，资产阶级和上层小资产阶级个人正在被改造，民主党派将“后继无人”，“寿命不长”；还有人对共产党同民主党派是否还要继续合作持否定态度。为此，毛泽东在《论十大关系》的讲话中说：“究竟是一个党好，还是几个党好？现在看来，恐怕是几个党好。不但过去如此，而且将来也可以如此，就是长期共存，互相监督。”① 因为“这对党、对人民、对社会主义比较有利”。他认为民主党派和无党派民主人士中的许多人“实际上就是程度不同的反对派”，“是反对派，又不是反对派，常常由反对走到不反对”②。毛泽东还说：“要有两个万岁，一个是共产党万岁，另一个是民主党派万岁。”“长期共存、互相监督”这一方针的提出，表现了毛泽东极大的政治勇气和政治远见，为党在社会主义时期发展多党合作奠定了政策基础。

随后，在《关于正确处理人民内部矛盾的问题》的讲话中，毛泽东对“长

①《毛泽东文集》第7卷，人民出版社1999年版，第34页。
②《毛泽东文集》第7卷，人民出版社1999年版，第34页。

期共存、互相监督”的方针又做了进一步的解释，他说：“长期共存、互相监督”这个口号，是我国具体的历史条件的产物。这个口号并不是突然提出来的，它已经经过了好几年的酝酿，长期共存的思想已经存在很久了。到去年，社会主义制度已基本建立，这些口号就明确地提出来了。之所以要让民主党派与共产党长期共存，是因为“凡属一切确实致力于团结人民从事社会主义事业的、得到人民信任的党派，我们没有理由不对它们采取长期共存的方针”。“各党派互相监督的事实，也早已存在，就是各党派互相提意见，作批评。所谓互相监督，当然不是单方面的，共产党可以监督民主党派，民主党派也可以监督共产党。为什么要让民主党派监督共产党呢？这是因为一个党同一个人一样，耳边很需要听到不同的声音。”“大家知道，主要监督共产党的是劳动人民和党员群众。但是有了民主党派，对我们更为有益。”①

中共八大政治报告第一次以党的文件形式确定了今后将“采取共产党和各民主党派长期共存、互相监督的方针”。这八字方针，明确了社会主义条件下我国仍将长期保持多党合作格局，中国共产党与各民主党派之间是一种“互相监督”的关系，表明了在政党制度问题上中国决心探索走一条自己的道路，也为人民政协这个我国各党派合作组织的长期存在和发展，进一步提供了思想政治基础。

1979 年 6 月，邓小平在全国政协五届二次会议上的开幕词中说：我国各民主党派现在“已经成为各自所联系的一部分社会主义劳动者和一部分拥护社会主义的爱国者的政治联盟，都是在中国共产党领导下为社会主义服务的政治力量”②。同年 10 月，邓小平首次使用“多党合作”的概念，他指出：“在中国共产党的领导下，实行多党派的合作，这是我国具体历史条件和现实条件所决定的，也是我国政治制度中的一个特点和优点。”③

---

①《毛泽东文集》第 7 卷，人民出版社 1999 年版，第 235 页。
②《邓小平文选》第 2 卷，人民出版社 1994 年版，第 186 页。
③《邓小平文选》第 2 卷，人民出版社 1994 年版，第 205 页。

1982 年党的十二大将共产党对各民主党派的方针充实为“长期共存，互相监督，肝胆相照，荣辱与共”。邓小平在新时期关于民主党派和多党合作的一系列科学论述是对毛泽东思想观点的继承和发展。

1990 年 2 月中共中央发布了《关于坚持和完善中国共产党领导的多党合作和政治协商制度的意见》，它对于共产党领导、民主党派的地位和参政内容、发挥民主党派监督作用的总原则及政治协商的形式等问题作了新的阐述和规定。共产党领导的多党合作和政治协商制度作为我国的一项基本政治制度正式载入《中华人民共和国宪法》。

中国共产党领导的多党合作与政治协商制度是毛泽东倡导和创建的。共产党居于领导地位，各民主党派是参政党，共产党与各民主党派合作的方式是政治协商、民主监督，合作的组织形式是人民政协，是这个制度的重要内容。它符合我国的国情，长期而正确地坚持它，对团结全国人民，调动一切积极因素，同心同德建设有中国特色的社会主义强国，必将起着重要的促进作用。

毛泽东发动和领导的新政协，其意义是重大的、多方面的。它是中国人民经过近百年特别是中国共产党成立 20 多年奋斗而掀起的大革命高潮的一个重要组成部分。它为中华人民共和国的诞生做好了各方面准备，翻开了中国历史崭新的一页。它使国民党反动集团完全孤立起来，而使广大人民群众空前团结起来，并使几十年革命斗争中形成的人民民主统一战线有了最好的组织形式。它奠定了我国基本的政治制度，不但政治协商和共产党领导下多党合作的政治体制由此建立起来，而且人民代表大会制也得到了确认。

历史充分证明，人民政协这一中国特色的政治组织和民主形式，是我国社会主义民主政治建设的伟大创造，既顺应世界民主发展潮流，又体现中国共产党和中国人民的政治智慧，具有强大生命力和远大前程，值得我们倍加珍惜、长期坚持。在新的历史条件下，人民政协要高举中国特色社会主义伟大旗帜，以邓小平理论和“三个代表”重要思想为指导，深入贯彻落实科学发展观，继承和发扬人民政协的优良传统和宝贵经验，牢牢把握团结和民主两大主题，紧紧围绕党和国家工作大局，继续扎实有效地履行好政治协商、民主监督、参政议政职能，切实发挥好协调关系、汇聚力量、建言献策、服务大局的重要作用，为推进改革开放和社会主义现代化建设、推进祖国和平统一大业、维护世界和平与促进共同发展做出新的贡献。

第三章

毛泽东
与民族区域自治

民族区域自治，是中国共产党正确处理中国民族问题的一项基本政策，也是中华人民共和国的一项基本政治制度。中华人民共和国成立以来所走过的奋斗历程和取得的伟大成就昭示我们，建立和实行民族区域自治制度英明正确、富有远见，完全符合中国的国情。毛泽东作为这一基本政策和基本政治制度的主要决策者和制定者，将马克思主义关于民族问题的理论同中国的具体实际相结合，成功地解决了在中国这样一个多民族的国家，实现民族平等、民族团结和共同发展这个十分复杂而极端重要的问题，保证了中华民族的大团结和全中国的大统一，开启了中国各民族历史的新篇章，为中华民族的复兴创造了重要的条件。

第一节　毛泽东关于民族区域自治政策的探索历程

中国是一个统一的多民族国家，在960多万平方公里土地上，共同生活着56个民族。各族人民长期共同生活，共同开拓了祖国的疆土，形成了大杂居、小聚居的分布特点。虽然新疆、西藏、内蒙古少数民族比较集中，实际上也是多民族聚居的。西藏除藏族外，还居住着门巴族、珞巴族、侗族、汉族等。西藏居住的藏族只占整个藏族人口的1/3，另外2/3分布在青海、甘肃、四川、云南等省份；维吾尔族主要集中居住在新疆，但在新疆地区还居住着其他十多个世居民族，维吾尔族人口约占新疆地区总人口的 45%；内蒙古地区的蒙古族人口只占全区总人口的 1/9，新疆、青海、黑龙江等许多省区还居住着大量的蒙古族人；除此以外，其他几十个少数民族更是杂居于全国广大地域内。可见实行民族区域自治更符合我国的实际。

中华民族多元一体。几千年来的历史说明，中国的统一是多民族共同完成的，民族关系的主流是互相学习、互相吸收，各民族的向心力是很强的。在长期的历史发展中，各民族由于经济上的联系和文化上的交流，已经形成了一个统一体。中国古老的五彩缤纷的文化也是各民族共有的，虽然各具特色，也是互相影响、互相促进，你中有我、我中有你的。我国各族劳动人民在反对历代封建王朝的阶级压迫和民族压迫以及反对外来殖民帝国主义的斗争中联系日益密切。特别突出的是近百年来，各族人民在共同遭受帝国主义、封建主义和官僚资本主义的压迫下，更紧密地结合在一起，进行了英勇的斗争。

中国历来就有地方自治的传统。中国的地方自治制度是具有其历史渊源的。在中国两千多年封建社会的漫长历史中，主要是中央集权的统治，而在这样一个大国内，是如何巩固其集权的一统天下的呢？实行地方自治制度是其重要的一环。自周、秦始，中国就有了地方自治。周朝的乡官制，秦朝商鞅的“什伍法”，都是地方自治，直到清朝的保甲制度，虽然不同时期各具特色，有强有弱，但都是实行了中央集权统治下的地方自治。孙中山先生实行三民主义，提出“地方自治”制度就是要移官治为民治，使地方自治权归还于人民的民主思想。在近代我国兴起的自治运动，以及中国知识分子、志士仁人提出的各种自治的主张，也是自治制度在我国人民思想中的深远影响的反映。

在 1920 年以前，毛泽东还未成为马克思主义者时，就曾热情支持湖南自治运动：我们主张完全的乡自治、完全的县自治、完全的省自治。他着意想要实现的是反对专制统治，实行民主。主张乡长民选、县长民选、省长民选，自己选出同辈中靠得住的人去执行公役。争自治就是要争自己处理自己的事的完全自主权。这虽然主要是反映了毛泽东早期的民主思想，但也是我国自治传统的一种反映。由此可见，自治制度在我国人民的思想中是有其深远影响的。历史上，各朝代对边疆少数民族的统治也往往采取保存少数民族固有的社会政治制度，按传统的形式由少数民族统治者管理内部事务，中央委派或设置官员。这种方式虽然与我们现代的民族区域自治有本质的区别，但也是有联系的，在少数民族管理本民族本地方事务这一点上是相似的，反映了民族区域自治的历史延续性。

中国共产党自成立之日起，就把求得民族独立和人民解放，实现国家繁荣富强和人民共同富裕，当作自己的历史使命，并一贯以民族平等和民族团结作为处理民族问题的总原则。毛泽东作为中国共产党的创始人和主要领导人，在领导中国人民进行革命和建设中，十分重视民族问题，将马克思主义的民族问题理论与中国解决民族问题的具体实践相结合，逐步形成了具有中国特色的民族问题理论，根据这一理论，确立了民族区域自治政策。纵观毛泽东对民族区域自治政策的探索历程，大体可以分为开始萌芽、基本形成、正式确立和曲折发展四个阶段。

（一）开始萌芽：在中国共产党倡导建立联邦制时，毛泽东提出实行民族自治

中国共产党成立后，就提出和强调民族自决权和设想建立联邦共和国。1922 年党的二大制定的党的第一个最低纲领提出了依据马列主义民族和殖民地问题理论，以反对帝国主义侵略、争取中华民族的独立为首要任务的彻底的反帝反封建的民族民主革命目标。在此目标下，就国内少数民族问题提出过民族自决权原则和建立联邦共和国的设想。党的二大宣言中提出：统一中国本部（东三省在内）为真正民主共和国，蒙古、西藏、回疆三部实行自治，成为民主自治邦；用自由联邦制，统一中国本部、蒙古、西藏、回疆，建立中华联邦共和国。中国共产党之所以提出建立自由联邦制，是因为中国共产党成立不久，尚处在幼年时期，由于受当时共产国际和苏联的影响，对中国的民族情况缺乏深入的了解，照搬了民族自决权的口号，

主张中国境内各少数民族有自决权，建立独立国家。

在国民革命时期，毛泽东和其他中国共产党人一样，主张建立自由联邦制。随着革命的发展，毛泽东初步提出了民族自治的主张。1929年初，毛泽东和朱德联名发布《中国工农红军第四军司令部布告》，在向各族人民群众宣传红军宗旨时，就强调指出“统一中华，举国称庆，满蒙回藏，章程自定”①。1935年5月，朱德发布中国工农红军布告通俗宣传：“中国工农红军，解放弱小民族；一切彝汉平民，都是兄弟骨肉。可恨四川军阀，压迫彝人太毒；红军来到川西，尊重彝人风俗；设立彝人政府，彝族管理彝族；真正平等自由，再不受人欺辱。”②

同年8月，毛泽东主持召开毛尔盖会议，会议特别强调了把少数民族的解放运动与中国的解放运动结合起来，提出：争取少数民族在中国共产党与中国苏维埃政府领导下，对于中国革命的胜利前途有决定的意义。同时提出：党的基本方针是民族平等，民族自决、自治，解放弱小民族。目前的中心工作之一是建立番民革命政府。根据这个精神，红军在长征途中始终高举民族解放的旗帜，为建立少数民族自己的政权作了一系列尝试。

红军在经过西康藏区时，于1936年5月帮助藏族建立了自己的政权——博巴政府。该政府在甘孜召开了代表大会。党中央十分重视，朱德亲自参加大会，并在大会上讲了话，他说：各族劳动人民是一家，只有把日本帝国主义消灭掉，中国人民才能翻身得解放。他指出红军当时的主要任务是北上抗日，藏民只有跟着红军走，才能彻底翻身。在阿坝地区也成立了藏民革命政权及省委机构，辖丹巴、小金、马尔康、卓斯甲等博巴政府。这些博巴政府的各级领导人都是通过少数民族自己的人民代表大会选举产生的，许多都是过去的奴隶娃子。红军在通过民族地区时，贴出布告：“设立彝人政府，彝族管理彝族，平等自由，再不受人欺辱。”

在红军占领冕宁县时，曾召开千人大会，成立了彝汉人民联合政府——

①《毛泽东文集》第1卷，人民出版社1993年版，第53页。
②《中国共产党主要领导人论民族问题》，民族出版社1994年版，第4页。

冕宁县苏维埃政府。以上这些政府都是在民族自决的口号下，以少数民族人民当家作主的政权形式成立的。这些政府曾做了以下几件工作：一是打土豪分田地，完成土地革命的任务；二是组织了少数民族自己的武装；三是制定了一系列政策，如保护宗教信仰自由政策，帮助群众发展生产等；四是为红军北上抗日筹办粮草等装备，为红军派向导、通司(翻译)，协助宣传红军的政策等一系列工作。这些政权虽然存在时间都不长，但在历史上第一次破天荒地实现了少数民族劳动人民当家作主，过去的奴隶娃子也当了政府委员，使少数民族人民第一次感受到不受阶级压迫、民族平等和享受人的权利的幸福，因此在各民族人民心中留下了不可磨灭的深刻印象。

可见，红军在长征途中建立的藏、彝族政权及其所开展的工作，虽然是在民族自决的口号下建立的，但不能说它就是独立的政府，应该说它是党在理论上不自觉的情况下建立的具有自治性质的少数民族地方性政权，反映了党在这一时期理论上对自治、自决的概念还不十分清楚。鉴于中国革命当时处于紧急关头，没有条件在理论上进行深入研究，同时也不可能对中国各民族进行深入调查，因此沿用了国际共产主义运动中的口号，但其目标是十分清楚的，即：要实现各民族的真正解放和完全平等，从而实现各民族团结起来共同抗日的目的。红军长征途中的尝试为长征胜利创造了极为重要的条件，也为以后在不太长的时期内从民族自决、建立联邦制设想向民族区域自治的转折提供了依据。

经过红军长征途中建立少数民族政权的试验，毛泽东关于民族自治的理论有了新的进展。1936 年 5 月，毛泽东在《中华苏维埃中央政府对回族人民的宣言》中写道：我们根据民族自决的原则，主张回民的事情完全由回民自己解决。凡属回民的区域，由回民建立独立自主的政权，解决一切政治、经济、宗教、习惯、道德、教育以及其他一切事情，凡属回民占少数的区域，亦以区、乡为单位，在民族平等的原则下，回民自己管理自己的事情，建立回民自治的政府。

这里所提到的建立回民独立自主的政权已不是分离独立的意思，而“建立回民自治的政府”的提法就更接近民族区域自治了。1936 年以后在提法上的变化是：以各民族联合抗日为中心内容，号召各民族联合起来共同抗日，指出任何一个民族只有赶走帝国主义才能获得解放与和平等。对于自治的内容，毛泽东提出：少数民族自己的事情由少数民族自己自主管理。这是向自治发展的一个重要内容，因为少数民族自己管理自己的事情正是民族区域自治的实质所在。同时在自决的提法上由过去的号召少数民族建立独立的苏维埃政权，改为在自决的原则下建立区域性自治政府。

在红军长征到达陕北，西征进入宁夏，解放了固原、预旺、海原一带回族聚居区后，于1936年10月建立了预海县回民自治政府。这是第一个以自治名称建立的县级自治政府。这个自治政府通过了一系列条例，如土地条例、减租减息条例等，建立了农会、县游击大队，进行了打土豪、分田地，支援红军作战，发展抗日民族统一战线等许多工作。该自治政府在我国回族解放斗争史上留下了光辉的一页，为边区建立少数民族自治政权提供了宝贵经验，也为党确立民族区域自治政策做了一次有意义的尝试。

（二）基本形成：抗日战争和解放战争时期，毛泽东提出并初步实施民族区域自治的主张

抗日战争爆发后，中华民族与日本帝国主义的矛盾成为我国的主要矛盾。1937年8月中国共产党发布了由毛泽东起草的《抗日救国十大纲领》，明确提出“动员蒙民、回民及其他一切少数民族，在民族自决和自治的原则下，共同抗日”的主张。[①] 在这一主张中，毛泽东将民族自决和自治并列起来。

1938年10月，毛泽东在中共扩大的六届六中全会上作了题为《论新阶段》的报告，报告系统地提出了各民族团结抗日的民族政策，阐述了关于民族区域自治的思想：“第一，允许蒙、回、藏、苗、瑶、夷、番各民族

①《毛泽东选集》第2卷，人民出版社1991年版，第355页。

与汉族有平等权利，在共同对日原则之下，有自己管理自己事务之权，同时与汉族联合建立统一的国家。第二，各少数民族与汉族杂居的地方，当地政府须设置由当地少数民族的人员组成的委员会，作为省县政府的一部门，管理和他们有关事务，调节各族间的关系，在省县政府委员中应有他们的位置。第三，尊重各少数民族的文化、宗教、习惯，不但不应强迫他们学汉文汉语，而且应赞助他们发展用各族自己语言文字的文化教育。第四，纠正存在着的大汉族主义，提倡汉人用平等态度和各族接触，使日益亲善密切起来，同时禁止任何对他们带侮辱性与轻视性的言语、文字与行动。上述政策，一方面，各少数民族应自己团结起来争取实现，一方面应由政府自动实施，才能彻底改善国内各族的相互关系，真正达到团结对外之目的，怀柔羁縻的老办法是行不通了的。”①

■ 1938年10月，毛泽东在中共扩大的六届六中全会上讲话。

①《建党以来重要文献选编》第15册，中央文献出版社2011年版，第621页。

这是中国共产党第一次明确了中国各民族要建立统一的政府，明确了党的民族政策不是民族分离、建立联邦形式的国家。

根据中共扩大的六届六中全会精神，1939 年，中央在西北成立了西北工作委员会 (简称“西工委”)，它的主要任务是研究西北五省的民族问题。这是中国共产党系统全面地研究我国民族问题的新开端。同时，中央在延安建立了民族学院，大力培养少数民族干部，并在院内设置民族问题研究室，专门研究马克思列宁主义民族理论和考察中国的民族问题。1940 年，依据毛泽东六中全会上提出的民族问题方面的纲领和政策的基本精神，由西工委在充分调查研究的基础上，拟定了两个提纲，即《关于回回民族问题的提纲》《关于抗战中蒙古民族问题提纲》，这两个提纲成为抗日战争时期以及以后我党解决民族问题的纲领性文件。两个提纲都明确提出：在共同抗日原则下，蒙回民族有自己管理自己事务之权，并实现建立统一的三民主义的新共和国，提出了民族自治、建立自治区域的问题。在整个抗日战争和解放战争中，根据地或解放区实施的区域自治，都是成功的。

1941 年 5 月，毛泽东在《陕甘宁边区施政纲领》中进一步明确指出：“依据民族平等原则，实行蒙回民族与汉族在政治、经济、文化上的平等权利，建立蒙回民族的自治区。”[①] 民族区域自治正式以法律的形式出现，表明了它在党的民族理论中已经占有重要地位，表明了中国共产党在 20 世纪 30 年代末 40 年代初不再强调联邦制，不强调民族自决权，逐步转向民族区域自治思想。1945 年，毛泽东在中共七大所作的《论联合政府》的报告中，在肯定陕甘宁边区民族政策和民族工作后，提出：“改善国内少数民族的待遇，允许各少数民族有民族自治的权利。”[②]1947 年 10 月，毛泽东在《中国人民解放军宣言》中，再一次强调指出：“承认中国境内各少数民族有平等自治的权利。”[③]

①《毛泽东文集》第 2 卷，人民出版社 1993 年版，第 337 页
②《毛泽东选集》第 3 卷，人民出版社 1991 年版，第 1088 页。
③《毛泽东选集》第 4 卷，人民出版社 1991 年版，第 1238 页。

在整个抗日战争中，在中国共产党、毛泽东的领导下，在抗日民主根据地和各解放区，尤其是陕甘宁边区将实行自治的纲领付诸实施， 分别建立过规模不等的少数民族自治政权，并在实践中积累了经验，充实了民族区域自治的内容，为新中国成立后全面推行民族区域自治政策提供了实践经验，奠定了理论基础。陕甘宁边区位于陕西、甘肃、宁夏三省交界处，甘肃、宁夏是我国回族的主要聚居区，边区与内蒙古交界地带也居住着蒙古族；延安还有来自全国各地的回、蒙古、藏、苗、满等各民族青年和进步人士百余人。边区的民族分布情况和历史上遗留下来的回、汉民族间的隔阂，以及在当时的抗日形势下，如何解决边区的民族问题，直接关系党的抗日民族统一战线的巩固，关系抗日民主政权的巩固和发展，关系西北地区抗战的顺利进行。同时，对于全国来说，陕甘宁根据地怎样解决民族问题也是解决全国将近 2000 万少数民族问题的张本。根据党的六届六中全会精神，中央在陕甘宁边区实施了民族区域自治。在三边、陇东、关中等地蒙回民族聚居区先后建立了相应的自治区、乡政权。例如：1942 年、1943 年分别在盐池县境内和关中地区建立了回民自治区，在城川建立了蒙民自治区，还在镇宁县、镇原县、曲子县、环县、定边县分别建立了一些回民乡。

对于这些政权，陕甘宁边区政府从多方面进行了建设。在政治方面，保障了各少数民族的平等权利。边区政府在《陕甘宁边区施政纲领》中规定：蒙古、回民族在政治上与汉族享有平等权利；《边区宪法原则》又规定，在不与省宪抵触原则下可订立自治法规。《边区选举条例》对少数民族的选举作了专项规定，确保了少数民族的选举权与被选举权。边区、县、乡参议会中都有少数民族自己的代表，在自治区、乡政权范围内，实现了少数民族自愿与自主的、自下而上的选举，选出了本民族代表组成的政府。同时，边区政府规定，自治政府可以在中央军委统一领导下建立少数民族抗日武装，并给予其独立作战的权利。边区曾建立过蒙古游击队、蒙汉骑兵支队、回民游击队等，区、乡自治政府积极动员青年参军，组织民族武装，配合抗日。

在经济方面，边区政府特别注意保护少数民族的经济利益，区、乡自治政府在边区政府的扶助下采取了许多发展经济的措施和政策。例如边区政府发放救济款扶助回民及其手工业生产，减免回民一切负担，区、乡自治政府积极领导群众发展生产，支援前线，群众生活也得到了改善。边区政府规定：凡属汉人进入蒙地时，必须遵守当地政府法令，如在蒙地从事垦殖，必须取得当地蒙民政府的批准，并且尊重蒙古族的习惯等。

在文化教育方面，边区政府提出：发展各民族固有文化，协助其发展教育，提高文化水平。在三边、关中回民乡和城川蒙民自治区，均设立了本民族的文化机关；建立了伊斯兰小学（回民小学）、成人夜校，实行免费教育，使适龄儿童都有机会入学学习，同时扫盲工作也卓有成效。

在宗教政策方面，边区政府在自治区、乡贯彻了党的宗教信仰自由政策，帮助回民乡建清真寺，保护阿訇以及喇嘛的经济利益，信教群众可以自由地从事宗教活动，不受歧视和干涉。在尊重各民族风俗习惯、发展民族语言文字等方面，边区政府也多次颁布宣言和法令，并在自治区、乡得到了贯彻执行。

陕甘宁边区蒙回民族的自治以及各项民族平等政策的贯彻，成功地解决了边区的民族问题，使蒙回民族有史以来第一次当家作了主人，享受了民族平等权利，从而消除了历史上长期形成的民族隔阂，增进了民族间的团结，激发了各民族人民的抗日热情，同时也深刻地影响着西北广大地区的各族人民，成为全国的榜样，有力地推动了抗日战争向胜利发展。

在解放战争时期，毛泽东和党中央不断地充实和发展了陕甘宁边区的自治政权，并且在其他解放区，如安徽定远县、合肥涯县均建立过回民自治区，在山东解放区建立过曲阜、枣花回民乡，在河北建立孟村回民自治镇。在解决内蒙古的问题上，毛泽东派遣乌兰夫等领导内蒙古的自治运动，并且直接关注和领导内蒙古的革命和自治运动，使内蒙古的自治运动顺利发展，打击了少数分裂势力，统一了东西蒙，最后于1947年建立了第一个省级自治区——内蒙古自治区。内蒙古自治区的成立，粉碎了国内外敌对势力分裂内蒙古的阴谋，结束了长期以来民族纷争的历史。毛泽东、朱德在《给内蒙古自治区成立的贺电》中高度评价了它的意义，指出："曾经饱受苦难的内蒙同胞，在你们领导之下，正在开始创造自由光明的新历史。我们相信，蒙古民族将与汉族和国内其它民族亲密团结，为着扫除民族压迫与封建压迫，建设新蒙古与新中国而奋斗！”[①]

■ 1962年，毛泽东和乌兰夫（右二）等在一起。

内蒙古自治区成立不久就显示出其优越性，从人力、物力上有力地支援了全国的解放战争并做出了重要贡献，同时较快地恢复和发展了生产，增强了民族间和民族内部的团结，为中华人民共和国成立后全面推行民族区域自治树立了榜样，提供了宝贵经验。它是毛泽东在中国实行民族区域自治政策的一个重大步骤。

（三）正式确立：中华人民共和国成立时，毛泽东主持制定《共同纲领》，确立民族区域自治政策并全面推行

毛泽东和中国共产党经过20多年的探索，尤其在抗日战争、解放战争时期，通过在小范围内实行民族区域自治的试验，逐步确立了未来中华

①《人民日报》1977年8月1日。

人民共和国成立后在全国推行民族区域自治的思想。

中华人民共和国成立时，毛泽东就中国到底采取何种途径解决国内民族问题，委托李维汉广泛听取各方面的意见，进行深入的研究后，李维汉提出了中国不能实行民族自决建立联邦制，而应在集中统一的国家内实行民族区域自治。毛泽东采纳了李维汉的正确意见，亲自确定民族区域自治为中国解决民族问题的基本国策。在他主持制定的《共同纲领》明确规定实行民族区域自治政策。其第一章“总纲”第九条规定：“中华人民共和国境内各民族，均有平等的权利和义务。”第六章“民族政策”第五十条规定：“中华人民共和国境内各民族一律平等，实行团结互助，反对帝国主义和各民族内部的人民公敌，使中华人民共和国成为各民族友爱合作的大家庭。反对大民族主义和狭隘民族主义，禁止民族间的歧视、压迫和分裂各民族团结的行为。”第五十一条规定：“各少数民族聚居的地区，应实行民族的区域自治，按照民族聚居的人口多少和区域大小，分别建立各种民族自治机关。凡各民族杂居的地方及民族自治区内，各民族在当地政权机关中均应有相当名额的代表。”①

由于《共同纲领》在当时起着临时宪法的作用，这标志着民族区域自治作为国家的基本政治制度在我国确立了。

为了进一步统一全党在民族区域自治上的认识，1949年10月5日，中共中央致电第二野战军前委，并告各中央局、分局及各前委，对这个问题做了更透彻的说明：“关于各少数民族的‘自决权’问题，今天不应再去强调，过去在内战时期，我党为了争取少数民族，以反对国民党的反动统治（它对各少数民族特别表现为大汉族主义）曾强调过这一口号，这在当时是完全正确的。但今天的情况，已有了根本的变化，国民党的反动统治基本上已被打倒，我党领导的新中国业经诞生，为了完成我们国家的统一大业，为了反对帝国主义及其走狗分裂中国民族团结的阴谋，在国内民

①《人民日报》1949年9月30日。

族问题上，就不应再强调这一口号，以免为帝国主义及国内各少数民族中的反动分子所利用，而使我们陷入被动的地位。在今天应强调，中华各民族的友爱合作和互助团结。”①

中华人民共和国成立后，开始在全国范围内全面推行民族区域自治。

在中华人民共和国成立初期，边疆少数民族地区正在进行政权建设，推行民族区域自治主要是解决少数民族当家作主的政治平等问题，但鉴于当时少数民族地区的实际情况：许多地方刚刚解放，国民党残余势力、特务、土匪等还未完全肃清，又由于长期以来剥削阶级实行大汉族主义的民族压迫政策，少数民族在政治上处于无权的地位，经济上处于落后状态，生活非常贫困，民族间存在着很深的不信任、隔阂，甚至仇恨，民族内部的纠纷也时有发生。毛泽东特别指示在民族地区工作必须“慎重稳进”②，还特别指出：我们的工作主要是帮助少数民族，要耐心等待少数民族的觉悟，不能包办代替。因此，中华人民共和国成立后，为推行区域自治，首先必须做好准备工作。除进行剿匪反霸，坚决打击国民党残余势力，扫清障碍、发展民族贸易、发放贷款、帮助群众生产、改善生活等项工作外，还通过派中央访问团、民族参观团的方式增进民族间的了解，宣传党的民族平等政策，疏通民族关系，同时还进行了干部培养等准备工作。1950年春，根据毛泽东的提议，中央决定向全国各民族地区派遣访问团。首先派出的是西南访问团。临出发前，毛泽东不仅亲切接见了访问团的全体同志，还亲笔题写了“中华人民共和国各民族团结起来”的条幅，作为礼物送给各兄弟民族。

经过周密准备，然后有步骤地推行民族区域自治。推行民族区域自治，要首先进行试点。最早于1950年11月建立的西康省藏族自治区，就是在毛泽东的关心下，经过中央访问团多方准备，组织了筹备委员会后才成立的。当时，召开了代表会议，选举了自治区人民政府主席(藏族1人)、副

①《建国以来重要文献选编》第1册，中央文献出版社1992年版，第24页。
②《人民日报》1962年10月25日。

主席(藏族3人、汉族1人)，在30位委员中，藏族22人，汉族6人，彝族1人，回族1人。

为了使民族区域自治制度在全国顺利推行，1952年8月9日，颁布了《中华人民共和国民族区域自治实施纲要》(以下简称《纲要》)，《纲要》是在认真总结中华人民共和国成立初期推行民族区域自治的成果并借鉴内蒙古自治区经验的基础上，根据《共同纲领》的原则规定制定的。《纲要》对于民族区域自治的有关制度和重大政策做了比较全面的规定，走出了民族区域自治法律化、制度化的重要一步。

根据《共同纲领》的原则，《纲要》规定了各民族自治区都为中华人民共和国领土的不可分离的部分，从而确定了各民族自治区在国家中的地位；规定了各民族自治区的自治机关为中央人民政府统一领导下的一级地方政权，并受上级人民政府的领导，由此明确了各民族自治区的领导关系和隶属关系；规定了各民族自治区必须遵循《中国人民政治协商会议共同纲领》的总道路前进，并明确各民族自治区的职权是管理本地区和本民族的内部事务。《纲要》根据中国少数民族聚居区的实际情况，规定了建立自治区的条件、民族自治区区域界线的划分、自治区的行政地位、自治区的名称组成、自治机关的人员组成等，还规定了自治机关必须贯彻民主集中制和人民代表大会制的基本原则。

《纲要》对自治机关的自治权利，包括自治机关的具体形式、使用民族语言文字、培养民族干部、进行改革、发展经济建设和文化教育卫生事业、管理地方财政、组织公安部队和民兵、制定单行法规等，都做了具体的规定。《纲要》以专章规定了自治区内的民族关系和上级人民政府的领导原则。

《纲要》的颁布，对于正确推行民族区域自治起了重要作用，它的基本原则和主要内容都为以后制定宪法的有关条款提供了参考。

1954年9月，第一届全国人民代表大会第一次会议通过了毛泽东主持制定的《中华人民共和国宪法》(以下简称《宪法》)，进一步总结了实行民族区域自治的经验，对民族区域自治制度做了较完备的规定，明确了民族区域自治制度的基本内容，规定了民族区域自治的性质和在国家的地

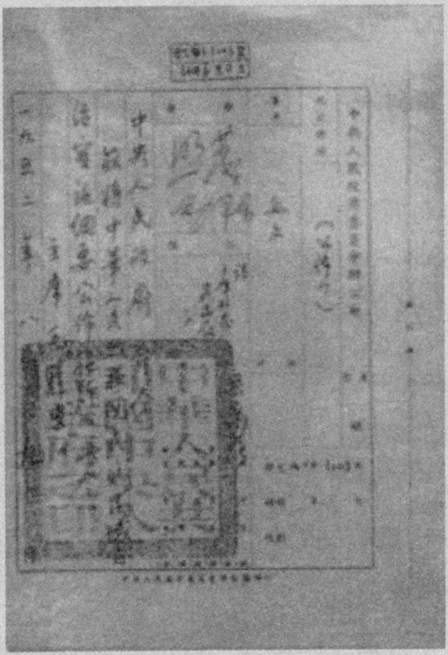

■ 1952年8月9日，毛泽东签发了中央人民政府命令，颁布《中华人民共和国民族区域自治实施纲要》。

位，实行民族区域自治的基本原则。明确规定民族自治地方为自治区、自治州、自治县3级，民族自治地方的自治机关行使同级地方国家机关的职权，同时行使自治权。明确规定了民族自治地方的自治机关的自治权是:“依照法律规定的权限管理本地方的财政”；“依照国家的军事制度组织本地方的公安部队”；“可以依照当地民族的政治、经济和文化的特点，制定自治条例和单行条例。”宪法的规定，使民族区域自治制度更加规范化。

至此，民族区域自治成为国家基本政治制度，受到了国家法律的保护。依据《宪法》的规定，民族自治地方分为自治区、自治州、自治县三级；对以前建立的自治区，各地结合自己的实际，以更好地保障少数民族平等权利为原则，对其行政地位做了调整。民族民主联合政府在全国政权建设完成以后，各族人民实现了政治平等的情况下结束了它的历史使命，到1956年完成了民族民主联合政府的改建工作，凡适合建立自治地方的均改建为自治地方，凡适合建立民族乡的均改为民族乡，同时又建立了一些新的自治地方。

根据宪法和法律的规定，中华人民共和国成立后，就开始在少数民族聚居的地方全面推行民族区域自治。1955年10月，新疆维吾尔自治区成立；1958年3月，广西壮族自治区成立；1958年10月，宁夏回族自治区成立；到1959年，全国共建立4个自治区，29个自治州，54个自治县（旗），自治地方得到了巩固和发展，民族区域自治的内容也获得了充实。随着各级人民代表大会和地方各级人民委员会组织条例的制定，各自治地方根据自己的特点，相继制定了自治地方的相应组织条例，这些条例对于健全自治机关的组织起了主要作用。1958年公布了《民族自治地方财政管理暂行办法》，20多年间，它作为一项重要的行政法规，对于自治地方财政权力的行使起了重要的保障作用。同时，各民族自治机关还根据民族特点和地区特点，制定了一些单行性条例，保障了自治地方自治权的行使。民族区域自治的稳步发展，有力地促进了民族地区的民主改革和社会主义改造的顺利进行，促进了少数民族干部的成长，使全国各族人民团结在祖国大家庭中，为实现各民族的共同繁荣而奋斗。这个时期被誉为贯彻党的民族政策、实现民族平等和团结的“黄金时代”。

（四）曲折发展：由于毛泽东在指导思想上出现了“左”的偏差，民族区域自治政策在发展的同时，也出现了失误

1958—1966年，虽然毛泽东在指导思想上出现了某些“左”的偏差，在批判地方民族主义时，曾混淆两类不同性质的矛盾，错误地把少数民族干部维护民族自治地方的自治权、实现自治机关民族化等合理的意见和要求，当作地方民族主义的表现进行了批判和处理，伤害了部分少数民族干部，造成了不良后果。但在实行民族区域自治制度上仍然是发展的趋势。截至1966年，全国又建立了包括西藏自治区在内的10个民族自治地方。同时，民族自治地方加强了自身的建设，制定了一系列条例，国务院所属各部委也制定了一些法规：1962年商业部《关于恢复和健全民族贸易机构，加强少数民族贸易工作的指示》，1963年中共中央、国务院批转商业部、

外贸部、民委党组《关于第五次民族贸易工作会议情况的报告》，均规定了发展民族贸易的一系列特殊政策；1963 年国务院批转财政部、民委制定的《关于改进民族自治地方财政管理体制的报告》和《关于改进民族自治地方财政管理的规定(草案)》，规定了对民族自治地方财政的优待办法。在发展民族教育方面，中央也做了专门规定，这些规定都充实了自治权的内容，促进了自治地方经济文化建设事业的发展。

1966—1976 年的“文化大革命”十年动乱，党的民族政策、民族区域自治、民族工作都遭到全面破坏。林彪、江青反革命集团否定社会主义时期民族问题的存在，民族区域自治被诬为“人为地制造分裂”“自治地方是独立王国”等，个别民族自治地方被砍掉或缩小区划。如将内蒙古自治区的西部三个旗、东部三个盟划归邻近省市，使原自治区域缩小一半多；海南黎族苗族自治州降为县级。保留建制的自治地方也名存实亡，自治权利几乎全部被取消。制造了大量冤假错案，民族地区许多干部遭到迫害，自治地方的经济也遭到严重破坏，群众生活水平下降，民族关系全面

■ 1961 年 1 月 23 日，毛泽东和西藏自治区筹委会代理主席班禅额尔德尼·确吉坚赞谈话。

紧张，隔阂加深。

总之，毛泽东把马克思主义关于民族问题的理论与中国具体实际相结合，在各个历史时期为解决我国民族问题进行了不懈的探索，并将民族区域自治确立为我国的一项基本的政治制度，为中国民族问题的成功解决做出了伟大贡献。

毛泽东关于中华人民共和国实行民族区域自治的决策是由中国国情决定的，是中国共产党将马克思主义民族理论与中国民族问题的具体实际相结合，经过长期慎重观察，并在总结党的民族工作经验的基础上作出的。实行民族区域自治是中国革命和建设在解决中国民族问题上的理论与实践发展的历史必然。

第二节　毛泽东民族区域自治理论的主要内容

民族区域自治，是中国解决民族问题的基本政策，也是中国的一项基本政治制度。毛泽东关于民族区域自治的理论是毛泽东民族问题理论的重要组成部分，也是毛泽东思想的重要组成部分，其主要包括以下内容：

（一）民族问题非常重要

民族问题是马克思主义理论中的一个重要问题。民族问题非常重要，始终是中国共产党领导中国人民进行革命、建设和改革中必须认真处理好的一个重大问题。毛泽东之所以重视民族问题，是基于对中国历史的总结、对中国国情的认识和对苏联等国家这方面经验教训的鉴戒。毛泽东指出：中国是一个统一的多民族的国家，“各个少数民族对中国的历史都作过贡献”[①]。“少数民族在政治上、经济上、国防上，都对整个国家、整个中华民族有很大的帮助。”[②]这是对中国各少数民族历史地位的基本认识，是中国共产党处理少数民族问题的基本前提之一。

毛泽东指出：中国的基本国情是“地大物博”“人口众多”，在《论十大关系》一文中，他从汉族和少数民族的人口和地域结构对这一基本国情作了具体的分析。他说：“我国少数民族人数少，占的地方大。论人口，汉族占百分之九十四，是压倒优势。”“而土地谁多呢？土地是少数民族多，占百分之五十到六十。我们说中国地大物博，人口众多，实际上是汉族‘人口众多’，少数民族‘地大物博’。”[③]后来，他又谈道：“我国少数民族有三千多万人，虽然只占全国总人口的百分之六，但是居住地区广大，约占全国总面积的百分之五十至六十。”[④]

少数民族人口少，但居住地区广大，这无疑是我国的一个基本国情。这一实际，不仅决定了少数民族在国家生活中的地位，决定了少数民族问题的极端重要性，而且成为我们党制定民族政策的主要的客观依据。毛泽东强调：“少数民族问题，它有共同性，也有特殊性。”[⑤]

苏联也是一个多民族的国家，在列宁的领导下，处理民族问题曾经取得过很多成功的经验，但从20世纪50年代以后，出现了不少问题。毛泽东在《论十大关系》中告诫全党，要吸取俄罗斯民族同少数民族的关系不正常的经验教训，“我们必须搞好汉族和少数民族的关系，巩固各民族的团结，来共同努力于建设伟大的社会主义祖国。”[⑥]

---

①《毛泽东文集》第7卷，人民出版社1999年版，第33页。
②《毛泽东文集》第6卷，人民出版社1999年版，第405页。
③《毛泽东文集》第7卷，人民出版社1999年版，第33页。
④《毛泽东文集》第7卷，人民出版社1999年版，第227页。
⑤《毛泽东文集》第7卷，人民出版社1999年版，第327页。
⑥《毛泽东文集》第6卷，人民出版社1999年版，第34页。

（二）实行民族平等，反对大汉族主义和地方民族主义

民族平等和民族团结是马克思列宁主义处理民族问题的根本原则，也是民族区域自治取得胜利的基本保障。毛泽东曾经指出："国家的统一，人民的团结，国内各民族的团结，这是我们的事业必定要胜利的基本保证。"[①]同样，民族的平等和民族团结，也是民族区域自治取得胜利的基本保障。毛泽东深信"在团结的基础上，各民族之间在政治、经济、文化等一切方面，都得到发展和进步。中国各民族就开始团结成为友爱合作的大家庭，足以战胜任何帝国主义的侵略，并且把我们的祖国建设成为繁荣强盛的国家"[②]。

毛泽东把实现中华民族的大团结，作为民族工作的最根本的原则和最根本的指导思想。他说："我们要和各民族讲团结，不论大的民族、小的民族都要团结。""只要是中国人，不分民族，凡是反对帝国主义、主张爱国和团结的，我们都要和他们团结。"[③]并且强调"这种团结是兄弟般的团结"[④]，"在我们内部各民族互相学习，亲密团结，共同建设，那么我们各民族都有希望，全国都有希望"[⑤]。"民族团结搞好了事情就好办"[⑥]。在1949年10月关于新疆问题给彭德怀的电报中，毛泽东强调："人民解放军只有和维吾尔族（以及其他各族）建立兄弟般的关系，才有可能建设人民民主的新疆。"[⑦]

毛泽东指出，这种团结是在愿意成为统一的富强的各民族平等合作的中国大家庭的一分子基础上的团结，也就是爱国基础上的团结，要反对民族分裂。在处理1959年3月西藏上层叛乱、达赖逃往印度的问题时，他

---

①《毛泽东文集》第7卷，人民出版社1999年版，第204页。
②《毛泽东文集》第6卷，人民出版社1999年版，第211页。
③《毛泽东西藏工作文选》，中央文献出版社、中国藏学出版社2001年版，第101页。
④《毛泽东西藏工作文选》，中央文献出版社、中国藏学出版社2001年版，第43页。
⑤《毛泽东西藏工作文选》，中央文献出版社、中国藏学出版社2001年版，第110页。
⑥《毛泽东西藏工作文选》，中央文献出版社、中国藏学出版社2001年版，第116页。
⑦《建国以来毛泽东文稿》第1册，中央文献出版社1987年版，第88页。

一方面指出要给达赖留有余地，另一方面又严厉指出：达赖必须放弃“反对中央，反对祖国大家庭，要求西藏独立”的主张，才可以回国。这表明了毛泽东在强调各民族爱国、团结基础上维护国家统一，反对民族分裂问题上的原则立场。

相互信任是民族团结的基础。毛泽东说：“我们是共产党，就要做到民族之间的完全信任。要做到这一点，就要听取少数民族的意见。”他指出，对于这些意见，“正确的就采纳，不正确的要说服，说不服就等待。”[①]

大汉族主义无疑是民族平等和民族团结的严重障碍。革命战争时期，在激烈的阶级斗争情况下，这一问题不是很突出，而到了和平建设时期，人民内部矛盾成为社会政治生活的主题，这一问题便凸显出来。对于批判大汉族主义的问题，毛泽东视为处理汉族与少数民族关系问题的重中之重。他说：“我们着重反对大汉族主义。地方民族主义也要反对，但是那一般地不是重点。”[②]他还指出：“无论是大汉族主义或者地方民族主义，都不利于各族人民的团结，这是应当克服的一种人民内部的矛盾。”[③]批判大汉族主义的目的，是要解决历史上形成的不平等的民族关系问题，实现民族平等和民族团结。毛泽东指出：“几百年来，中国各民族之间是不团结的。”他认为“帝国主义过去敢于欺负中国的原因之一，是中国各民族不团结”。[④]

历史上我国各民族的地位是不平等的，存在着民族隔阂、民族歧视和民族压迫，存在着大汉族主义。中华人民共和国成立后，很多党员、干部一时间还摆脱不了这一历史影响和惯性，一些地方出现了不尊重少数民族的现象。针对这一实际情况，毛泽东认为解决这个问题的关键是要批判大汉族主义。他指出：“必须深刻批评我们党内在很多党员和干部中存在着的严重的大汉族主义思想。”“如果我们现在不抓紧时机进行教育，坚决

①《毛泽东西藏工作文选》，中央文献出版社、中国藏学出版社2001年版，第145页。
②《毛泽东文集》第7卷，人民出版社1999年版，第33页。
③《毛泽东文集》第7卷，人民出版社1999年版，第227页。
④《毛泽东文集》第6卷，人民出版社1999年版，第211页。

克服党内和人民中的大汉族主义，那是很危险的。”[1]

毛泽东认为，在民族关系上存在的问题，不是什么大汉族主义的残余的问题，而是严重的大汉族主义的问题。“对干部和人民群众，都要广泛地持久地进行无产阶级的民族政策教育，并且要对汉族和少数民族的关系经常注意检查。”“如果关系不正常，就必须认真处理，不要只口里讲。”[2]

同时，毛泽东提出也要反对地方民族主义。1955年10月11日，他在《在中国共产党第七届中央委员会扩大的第六次全体会议上的结论》中指出：“少数民族中间会要发生狭隘民族主义的，那也要反对。”但是，比较来说，“主要的、首先要反对的是大汉族主义。只要汉族同志态度正确，对待少数民族确实公道，在民族政策上、民族关系的立场上完全是马克思主义的，不是资产阶级的观点，就是说，没有大汉族主义，那末，少数民族中间的狭隘民族主义观点是比较容易克服的。”[3]他强调：“我们着重反对大汉族主义。地方民族主义也要反对，但是那一般地不是重点。”[4]

为实现中华民族的大团结，毛泽东还提出要加强少数民族的内部团结包括其上层之间的团结。比如西藏历史上长期以来形成了达赖和班禅两大集团。两大集团之间的关系直接影响藏民族内部的关系。由于达赖集团的排斥，班禅集团长期流亡内地。中华人民共和国成立后，毛泽东即亲自做这两方面的工作，帮助班禅集团返回西藏。直到1959年平叛前，毛泽东多次做达赖和班禅的工作，化解矛盾，维护西藏上层的团结。他经常在给达赖、班禅的信和同他们的谈话中指出西藏上层集团之间相互理解、相互团结，是西藏稳定、发展的必要前提，要求他们“都能从团结愿望出发，双方好好协商加以解决”[5]。

对于少数民族内部不团结的老问题，毛泽东总结历史经验教训，力图

①《毛泽东文集》第6卷，人民出版社1999年版，第269页。
②《毛泽东文集》第7卷，人民出版社1999年版，第34页。
③《毛泽东著作专题摘编》（上），中央文献出版社2003年版，第1069页。
④《毛泽东文集》第7卷，人民出版社1999年版，第34页。
⑤《毛泽东西藏工作文选》，中央文献出版社、中国藏学出版社2001年版，第162页。

采用新的办法来进行处理。他说："少数民族自己内部也可以用批评和自我批评的办法，代替你打倒我、我打倒你，你毒死我、我毒死你的办法。""用互相批评互相帮助的办法来处理人与人之间的关系。要用互相信任代替互相不信任。"[①]这是毛泽东关于处理人民内部矛盾问题的理论在处理少数民族内部关系上的运用，丰富了马克思主义关于民族问题的理论。实践证明，少数民族内部的大量矛盾属于人民内部矛盾性质，处理这种矛盾，只能运用处理人民内部矛盾的方法。

在中国这样一个多民族国家，维护民族团结有着特别重要的意义：其一，民族团结是国家统一的重要保证。只有实现了民族团结，才能维护国家统一。没有民族团结，必然是民族矛盾、冲突不断，导致国家四分五裂、一盘散沙。其二，民族团结是社会稳定的重要前提。只有实现了民族团结，社会才能安定和谐，人民才能安居乐业，国家才能长治久安。其三，民族团结是各项社会事业发展的重要保障。各民族只有团结一心，才能聚精会神搞建设，一心一意谋发展，使经济社会取得长足进步，各族人民生活不断得到改善。

（三）要实行、坚持和完善民族区域自治制度

民族区域自治，是中国解决民族问题的基本政策，也是中国的一项基本政治制度。周恩来说过，民族区域自治这种制度是"史无前例的壮举"。民族问题实际上是同国家结构形式密不可分的。

毛泽东经过不断的实践探索，提出要实行、坚持和完善民族区域自治制度。1941 年 5 月，毛泽东在《陕甘宁边区施政纲领》中指出："依据民族平等原则，实行蒙、回民族与汉族在政治经济文化上的平等权利，建立蒙、回民族的自治区。"[②]1945 年 4 月，毛泽东在党的七大上明确指出：要"改

①《毛泽东西藏工作文选》，中央文献出版社、中国藏学出版社 2001 年版，第 137 页。
②《毛泽东文集》第 2 卷，人民出版社 1993 年版，第 337 页。

善国内少数民族的待遇，允许各少数民族有民族自治的权利”[①]。1947年5月，在中国共产党领导下，内蒙古自治区成立，这是我们党解决我国少数民族问题的成功的实践，为我国实行少数民族区域自治树立了成功的典范。

1949年9月，毛泽东主持中国人民政治协商会议第一届全体会议，通过了起临时宪法作用的《中国人民政治协商会议共同纲领》。其中规定："各少数民族聚居的地区，应实行民族的区域自治，按照民族聚居的人口多少和区域大小，分别建立各种民族自治机关。”[②]

中华人民共和国成立后，毛泽东根据少数民族工作的实际情况，进一步丰富和发展了民族区域自治的理论和政策。一是指出了民族区域自治的广大范围，要统筹考虑。1950年9月16日，毛泽东在关于建立东藏自治区域人民政府问题的批语中指出：“区域自治问题，牵涉很广，有西藏、青海、宁夏、新疆、甘肃、西康、云南、广西、贵州、海南、湘西等处，有的须成立内蒙那样的大区域政府，有的须成立包括几个县的小区域政府，有的是一个县或一个区的政府，疆域划分，人员配备，政策指导，问题甚多，须加统筹。”[③]二是提出民族区域自治政府的具体形式，应根据各地具体实际确定。1954年3月，毛泽东在主持中华人民共和国宪法起草委员会第一次会议时指出：“为了照顾少数民族特别是西藏的情况，在草案第六十一条中写了第三款，即：‘各民族自治地方的自治机关的具体形式，按照实行区域自治的民族大多数人民的意愿规定。’”他还具体分析了西藏的实际情况，说：“现在西藏是达赖管事情，如按第六十一条第二款办，就要开人民代表大会，选举人民政府。这样办，恐怕达赖不干。他可以搬出我们和他订的十七条协议，质问我们。怎么办？可以按照第三款办事。搞人民政府不行，可以搞别的具体形式。”[④]三是指出民族自治条例要根

①《毛泽东选集》第3卷，人民出版社1991年版，第1064页。
②《人民日报》1949年9月30日。
③《毛泽东西藏工作文选》，中央文献出版社、中国藏学出版社2001年版，第29页。
④《毛泽东西藏工作文选》，中央文献出版社、中国藏学出版社2001年版，第104页。

据各地实际制定。民族自治制度最后要通过民族自治条例来实现。1954年6月14日，毛泽东在中央人民政府委员会第30次会议上解释宪法草案第十七条规定时，特别强调："少数民族地区，'可以按照当地民族的政治、经济和文化的特点，制定自治条例和单行条例'。所有这些，都是原则性和灵活性的结合。"[①] 四是强调实行民族区域自治的实质是各民族的事情自己管理。1954年9月，在毛泽东主持下，《中华人民共和国宪法》颁布，民族区域自治作为解决我国民族问题的基本政策载入《宪法》，以法律的形式确定下来。1955年10月，毛泽东在同西藏地区参观团、西藏青年参观团负责人等谈话时说：《宪法》规定你们有自治权。因此，各民族的事情自己管，就像新疆维吾尔族的事情由他们自己管一样，汉人只能帮助，不能代替他们管理。他强调"实行区域自治的各民族的事情都归本民族自己管"[②]。

毛泽东针对有些人想援引苏联的办法，在中国成立加盟共和国或自治共和国的观点，严肃地指出："这是不对的"，这是因为"苏联的少数民族人口，占全国人口的一半，他们实行加盟共和国、自治共和国的办法。我们这里少数民族人口占百分之六，实行民族区域自治的办法。"[③] 中国必须坚持实行民族区域自治制度。

（四）帮助少数民族地区共同发展

在实行民族区域自治政策的时候，要帮助少数民族地区共同发展。由于各方面的原因，长期以来，少数民族地区经济相对落后。帮助少数民族地区发展经济，是党的民族政策的重要内容。1945年4月，毛泽东在中共七大上的《论联合政府》报告中鲜明地提出，1924年，孙中山在《中国国

①《毛泽东文集》第6卷，人民出版社1999年版，第327页。
②《毛泽东西藏工作文选》，中央文献出版社、中国藏学出版社2001年版，第125页。
③《毛泽东读社会主义政治经济学批注和谈话》上卷，第281页。

民党第一次全国代表大会宣言》里说：“国民党之民族主义，有两方面之意义：一则中国民族自求解放；二则中国境内各民族一律平等。”“国民党敢郑重宣言，承认中国以内各民族之自决权，于反对帝国主义及军阀之革命获得胜利以后，当组织自由统一的（各民族自由联合的）中华民国。”“中国共产党完全同意上述孙先生的民族政策。共产党人必须积极地帮助各少数民族的广大人民群众为实现这个政策而奋斗；必须帮助各少数民族的广大人民群众，包括一切联系群众的领袖人物在内，争取他们在政治上、经济上、文化上的解放和发展，并成立维护群众利益的少数民族自己的军队。”①

而且，毛泽东把帮助少数民族地区共同发展提到整个国家利益的高度来认识。他指出：“帮助各少数民族，让各少数民族得到发展和进步，是整个国家的利益。”②少数民族地区搞好了，对国家有好处。“我们要诚心诚意地积极帮助少数民族发展经济建设和文化建设。”“我们的目的是使大家都发展起来。”③

民族之间的帮助不是单方面的，而是相互的。毛泽东指出：“不能只说汉人帮少数民族的忙，少数民族同样是帮助汉人的。”④“不要以为只是汉族帮助了少数民族，而少数民族也很大地帮助了汉族。有些同志总是在那里吹，我们可帮助了你们，就没有看到没有少数民族是不行的。”“那种以为只有汉族帮助了少数民族，少数民族没有帮助汉族，以及那种帮助了一点少数民族，就自以为了不起的观点，是错误的。”⑤

毛泽东关于诚心诚意帮助少数民族搞建设的思想，还体现在他非常重视少数民族地区人口的发展。历史上，有些少数民族人口增长十分缓慢，有的人口还在不断减少，这直接影响这些地区的经济发展。因此，毛泽东

①《毛泽东选集》第3卷，人民出版社1991年版，第1084页。
②《毛泽东西藏工作文选》，中央文献出版社、中国藏学出版社2001年版，第102页。
③《毛泽东文集》第7卷，人民出版社1999年版，第34、6页。
④《毛泽东西藏工作文选》，中央文献出版社、中国藏学出版社2001年版，第119页。
⑤《毛泽东文集》第6卷，人民出版社1999年版，第405页。

主张“计划生育，也来个十年规划。少数民族地区不要去推广，人少的地方也不要去推广”①。针对西藏当时地广人稀、生产能力严重不足的情况，毛泽东认为，“西藏地方大，人口少，人口需要发展”。多次强调要帮助西藏“发展人口、发展经济和文化”②。他还指出了发展经济与发展人口、发展文化与经济之间的互相促进的关系。他说：“经济不发展，人口也不能发展，文化发展了，可以帮助经济发展。”③可以看出，毛泽东所说的少数民族的发展，是一种政治、经济、文化的综合的、全面的发展。

毛泽东在少数民族地区建设问题上，同样坚持了相信人民群众、依靠人民群众的立场和观点。对西藏，他明确提出：“西藏政治、经济、文化、宗教的发展，主要靠西藏的领袖和人民自己商量去做，中央只是帮助。”④毛泽东对一些少数民族地区的负责人反复说，中央对少数民族是诚心诚意地帮助，凡属中央能支援的，中央尽可能帮助，但是，“我们支援你们，你们自己也要发展”⑤。这就明确指出，中央大力支持帮助少数民族地区的建设，但更重要的是要依靠少数民族自身发展。

（五）尊重、保护和发展少数民族的文化

文化是民族的重要特征，是民族生命力、创造力和凝聚力的重要源泉。少数民族文化是中华文化的重要组成部分，是中华民族的共同精神财富。由于历史和各种原因，少数民族地区的文化相对落后，毛泽东指出，在中华各民族中“虽然文化发展的程度不同，但是都已有长久的历史”⑥。早在1931年11月，中华苏维埃第一次全国代表大会通过的《宪法大纲》就

①《毛泽东文集》第7卷，人民出版社1999年版，第6页。
②《毛泽东西藏工作文选》，中央文献出版社、中国藏学出版社2001年版，第89页。
③《毛泽东西藏工作文选》，中央文献出版社、中国藏学出版社2001年版，第138页。
④《毛泽东西藏工作文选》，中央文献出版社、中国藏学出版社2001年版，第102页。
⑤《毛泽东西藏工作文选》，中央文献出版社、中国藏学出版社2001年版，第138页。
⑥《毛泽东选集》第2卷，人民出版社1991年版，第622页。

明确规定：不分民族宗教。“苏维埃法律面前一律平等”，“苏维埃政权更要在这些民族中发展他们自己的民族文化和民族语言”。[①]大会还宣告：中华苏维埃共和国一切法令，“必须特别注意落后民族共和国与自治区域内生产力的发展与文化的提高，必须为国内少数民族设立完全应用民族语言文字的学校、编辑馆与印刷局，允许在一切政府的机关使用本民族的语言文字”[②]。1941年5月，毛泽东在《陕甘宁边区施政纲领》中提出，依据民族平等原则，实行蒙、回民族与汉族在政治经济文化上的平等权利，“尊重蒙、回民族的宗教信仰与风俗习惯”[③]。

重视少数民族文化教育，尊重少数民族的文化习惯，是中国共产党的一贯政策。1938年10月，毛泽东在《论新阶段》中明确提出，“要尊重各少数民族的文化、宗教、习惯，不但不应强迫他们学汉文汉语，而且应赞助他们发展用各族自己语言文字的文化教育”[④]。1945年，毛泽东在党的七大上进一步指出：要积极帮助各少数民族的广大人民群众，争取他们在文化等方面的解放和发展。“他们的言语、文字、风俗、习惯和宗教信仰，应被尊重。”[⑤]少数民族文化教育虽然落后，但是，如西藏一样的少数民族地区“人口要发展，财产要发展，文化教育也要发展”[⑥]。

少数民族风俗习惯是民族特点的重要方面和内容，是各民族政治、经济和文化生活的一种反映。尊重民族风俗习惯，就是尊重民族感情；尊重民族感情，必须尊重民族风俗习惯。风俗习惯的保持或改革，都应该由本民族成员自己去决定，别的民族和个人不得干预，更不能以行政命令强迫改革。毛泽东指出，要尊重少数民族的风俗习惯，对于那些“不尊重人家的风俗习惯，自以为是，看不起人家，说人家怎么样落后”[⑦]的大汉族主

①《建党以来重要文献选编》第8册，中央文献出版社2011年版，第652-653页。
②《民族问题文献汇编》，中共中央党校出版社1991年版，第170-171页。
③《毛泽东选集》第2卷，人民出版社1991年版，第337页。
④《建党以来重要文献选编》第15册，中央文献出版社2011年版，第621页。
⑤《毛泽东选集》第3卷，人民出版社1991年版，第1084页。
⑥《毛泽东西藏工作文选》，中央文献出版社、中国藏学出版社2001年版，第127页。
⑦《毛泽东著作专题摘编》（上），中央文献出版社2003年版，第1069页。

义的错误观点进行了严厉批评。同时，对于一些落后的风俗习惯，也要加以改革。毛泽东也指出："按照《共同纲领》的规定，少数民族地区的风俗习惯是可以改革的。"但是"少数民族地区的社会改革，是一件重大的事情，必须谨慎对待。我们无论如何不能急躁，急了会出毛病。条件不成熟，不能进行改革。一个条件成熟了，其他条件不成熟，也不要进行重大的改革"。"这种改革必须由少数民族自己来解决"。[①]

宗教是人类社会发展到一定阶段的历史现象，有其发生、发展和消亡的规律。毛泽东指出："宗教的消灭，只有在人类消灭了阶级并大大发展了控制自然和社会的能力的时候，才有可能。"[②]中国少数民族中不但有多种宗教信仰，而且已渗透到民族政治、经济、文化和社会生活的各个方面。1949 年 9 月，毛泽东主持中国人民政治协商会议第一届全体会议，会议通过的《中国人民政治协商会议共同纲领》就明确规定："各少数民族均有发展其语言文字、保持或改变其风俗习惯及宗教信仰的自由。"[③]1952 年 11 月 22 日，毛泽东在接见西藏致敬团时特别强调："共产党对宗教采取保护政策，信教的和不信教的，信这种教的或信别种教的，一律加以保护，尊重其信仰。今天对宗教采取保护政策，将来也仍然采取保护政策。"[④]西藏和平解放后，针对有些宗教人士的担心，毛泽东在同藏族人士谈话时，明确指出："宗教信仰也全照老样子，以前信什么，照样信什么。宗教信仰自由，可以是先信后不信，也可以是先不信后信。""别人强迫他不信教是很危险的。这件事不可随便对待。就是到了共产主义也还会有信仰宗教的。"[⑤]1953 年 3 月，毛泽东在给达赖喇嘛的信中指出："西藏的宗教和在国内其他地方的宗教一样，是已经受到尊重和保护，并且还将继续受到尊重和保护。只要人民还相信宗教，宗教就不应当也不可能人为地去加

---

①《毛泽东文集》第 6 卷，人民出版社 1999 年版，第 75 页。

②《建国以来毛泽东文稿》第 3 册，中央文献出版社 1989 年版，第 539-540 页。

③《民族问题文献汇编》，中央党校出版社 1991 年版，第 1290 页。

④《毛泽东文集》第 6 卷，人民出版社 1999 年版，第 239 页。

⑤《毛泽东文集》第 7 卷，人民出版社 1999 年版，第 4 页。

以取消或破坏。”①

不仅要尊重和保护少数民族的文化，而且还要进一步发展少数民族的文化。1952年10月，毛泽东接见西藏致敬团代表时指出：西藏地方大、人口少，人口需要发展，“还有经济和文化也需要发展。文化包括学校、报纸、电影等等，宗教也在内。过去的反动统治，清朝皇帝、蒋介石，都是压迫剥削你们的，帝国主义也是一样，使得你们人口不得发展，经济削弱了，文化也没有发展。共产党实行民族平等，不要压迫、剥削你们，而是要帮助你们，帮助你们发展人口、发展经济和文化”②。

（六）大力培养少数民族干部

毛泽东十分重视少数民族干部的培养，少数民族干部和人才是少数民族中的优秀分子。他们熟悉本民族的语言、历史、传统和风俗习惯，熟悉当地政治、经济、文化的特点，是政府联系少数民族群众的重要桥梁和纽带。少数民族干部和人才的状况，是衡量少数民族发展进步的重要标志。

早在中华人民共和国成立不久的1949年11月4日，毛泽东就指示彭德怀和西北局，根据西北地区是少数民族聚居地的特点，“大量吸收回族及其他少数民族能够和我们合作的人参加政府工作”。“在这种合作中大批培养少数民族干部。”他富有远见地指出：“要彻底解决民族问题，完全孤立民族反动派，没有大批从少数民族出身的共产主义干部，是不可能的。”③

在西北局着手准备进军西藏时，毛泽东指示西北局：“训练藏民干部极为重要”，“现在即应于藏民干部准备问题”④作出计划。在确定改由西南局担负进军及经营西藏的任务后，他致电西南局，仍强调“收集藏民，

①《毛泽东西藏工作文选》，中央文献出版社、中国藏学出版社2001年版，第93-94页。
②《毛泽东文集》第6卷，人民出版社1999年版，第239-240页。
③《毛泽东文集》第6卷，人民出版社1999年版，第20页。
④《毛泽东西藏工作文选》，中央文献出版社、中国藏学出版社2001年版，第4页。

训练干部”[1]，把训练藏民干部作为进军西藏的最重要的准备工作提了出来。

在少数民族地区建立党组织，也是毛泽东在中华人民共和国成立之初就开始考虑的问题。1949 年 10 月 23 日，他在给彭德怀的电报中，就谈到在新疆各民族中建立党的组织的问题。同一天，他在赛福鼎的入党申请书上，写下了“同意赛福鼎同志入党”的批示。1956 年 7 月 22 日，他在听取甘孜、凉山两个自治州改革和平乱问题的汇报时特别强调：“发展党是一个很重要的问题，一定要好好地发展。要注意培养少数民族的党员干部。”[2]实践证明，少数民族地区建立和发展党的组织，是扩大党在少数民族中的影响，扩大党的群众基础的重要工作，也为少数民族地区政治、经济、社会发展提供了组织保证。

■ 1963 年 11 月 17 日，在全国人大二届四次会议开幕时，毛泽东与赛福鼎·艾则孜交谈。

①《毛泽东西藏工作文选》，中央文献出版社、中国藏学出版社 2001 年版，第 7 页。
②《毛泽东西藏工作文选》，中央文献出版社、中国藏学出版社 2001 年版，第 145 页。

由于历史的和其他各方面的原因，少数民族地区不仅经济、文化落后，而且人才缺乏，干部基础较差。向少数民族地区派汉族干部，成为必要的措施。这样就有一个汉族干部与少数民族干部的关系问题。毛泽东把这个问题同实行少数民族区域自治制度联系起来，提出了汉族干部不能代替少数民族干部的重要思想。以西藏工作为例，他指出："在西藏工作的汉族干部是去帮忙的，不是代替的。实行区域自治是真正的自治，主要是依靠西藏自己的干部。"①

着眼于少数民族地区的政治、经济、文化全面发展的需要，毛泽东还进一步提出了培养少数民族各方面干部的重要思想。1959 年 10 月 22 日，在同班禅等人的谈话中，他提出西藏改革后也要办工业，要西藏人自己办，工程师、技术人员都要有藏族的，因此要培养藏族自己的科学技术干部。而且强调"以后各少数民族，都要有军事干部、技术干部、文化干部、政治干部。要注意培养这些干部"②。

在这一思想的指导下，西藏和其他各少数民族地区加快了培养少数民族干部的工作步伐。经过十几年的努力，到 20 世纪 60 年代初期，西藏和其他少数民族地区本民族干部奇缺的现象有了很大的改变。1960 年 1 月 23 日，毛泽东在同班禅谈话时欣慰地说："我现在非常高兴，西藏有好几千青年干部，平均年龄只有二十岁左右，这是好事，是很好的事。西藏人中不仅要有行政干部，还要有文教、医疗、宗教等各方面的干部，而且还要有科学技术干部。""各兄弟民族都是如此，先是汉人帮助，慢慢地本民族的人才出来了。"③

①《毛泽东西藏工作文选》，中央文献出版社、中国藏学出版社 2001 年版，第 114 页。
②《毛泽东西藏工作文选》，中央文献出版社、中国藏学出版社 2001 年版，第 210 页。
③《毛泽东西藏工作文选》，中央文献出版社、中国藏学出版社 2001 年版，第 219 页。

（七）一切从少数民族地区的实际出发

实行民族区域自治政策，要从少数民族地区的实际情况出发。毛泽东提出要按照各民族不同地区的不同情况进行工作，强调“少数民族在政治、经济、文化上都有自己的特点”①。

根据各少数民族政治、经济、文化上的不同特点，确定不同的政治、经济体制形式和社会改革形式，成为毛泽东关于少数民族工作的一个基本思想。在《论十大关系》中，毛泽东指出：“在少数民族地区，经济管理体制和财政体制，究竟怎样才适合，要好好研究一下。”②针对当时西藏政教合一的特殊情况，毛泽东说：西藏“搞人民政府不行，可以搞别的具体形式”。“究竟搞个什么形式，由那里大多数人民的意愿决定。”③

在少数民族地区的社会改革问题上，更充分地体现了毛泽东处理少数民族问题的务实、灵活、特殊问题特殊处理的原则和思路。

毛泽东指出：“少数民族地区的社会改革，是一件重大的事情，必须谨慎对待。我们无论如何不能急躁，急了会出毛病。条件不成熟，不能进行改革。一个条件成熟了，其他条件不成熟，也不要进行重大的改革。”“这种改革必须由少数民族自己来解决。没有群众条件，没有人民武装，没有少数民族自己的干部，就不要进行任何带群众性的改革工作。”④1951年5月，中央人民政府和西藏地方政府签订了《和平解放西藏办法的协议》，《人民日报》发表社论《拥护关于和平解放西藏办法的协议》，其中讲到“有关西藏的各项改革事宜，中央不加强迫。西藏地方政府应自动进行改革，人民提出改革要求时，得采取与西藏领导人员协商的方法解决之”。毛泽东在审阅社论稿时，在这段话后特别加写了一段话：“中央的这个政策，不但对西藏是如此，对国内一切占少数的兄弟民族都是如此。因为政治、

①《毛泽东文集》第6卷，人民出版社1999年版，第327页。
②《毛泽东文集》第7卷，人民出版社1999年版，第308页。
③《毛泽东西藏工作文选》，中央文献出版社、中国藏学出版社2001年版，第104页。
④《毛泽东文集》第6卷，人民出版社1999年版，第75页。

经济、文化、宗教等项固有制度的改革以及风俗习惯的改革，如果不是出于各民族人民以及和人民有联系的领袖们自觉自愿地去进行，而由中央人民政府下命令强迫地去进行，而由汉族或他族人民中出身的工作人员生硬地强制地去进行，那就只会引起民族反感，达不到改革的目的。”①

在各少数民族地区中，西藏更有其独特性。对西藏每一项社会改革，毛泽东都特别强调要考虑西藏的特殊性，采取不同的形式和办法进行。1956年，随着内地广大地区社会改革的迅速发展，西藏酝酿进行民主改革。毛泽东在与藏族人士谈话时指出，对西藏地区的土地改革要采取不同的办法，贵族的生活不变，可能还有些提高。针对西藏的僧俗官员的顾虑，他提出改革要有一个酝酿的时期，“要对贵族、喇嘛多做工作，不论如何改革，对他们的政治地位、生活水平都要维持”②。

由西藏的情况推及各个少数民族地区，他还进一步指出：“少数民族地区的地主和汉族地区的不同，汉族地区的地主在土地改革以后剥夺了选举权，不能做官了；少数民族地区的地主在民主改革以后不剥夺选举权，还可以做官。对少数民族中的地主应该宽一些。”③

由于充分认识到少数民族的特殊性，毛泽东一方面强调少数民族地区改革和建设要推进、要发展；另一方面又强调商量办事，发展速度慢一些。他提出：“商量好了，大多数人赞成了，就慢慢地去做。”特别强调，“绝不能强加于人。做好事也不能强迫”④。针对西藏有的地方在进行民主改革的过程中出现过急的倾向，毛泽东及时指出，民主改革是必要的，改革的决心是正确的，“缺点就是：协商不够，听意见不够，准备不够，让步不够，灵活性不够”⑤。

总之，毛泽东关于民族问题特别是民族区域自治的理论，创造性地运

①《毛泽东西藏工作文选》，中央文献出版社、中国藏学出版社2001年版，第50页。
②《毛泽东文集》第7卷，人民出版社1999年版，第34页。
③《毛泽东西藏工作文选》，中央文献出版社、中国藏学出版社2001年版，第147页。
④《毛泽东西藏工作文选》，中央文献出版社、中国藏学出版社2001年版，第146页。
⑤《毛泽东西藏工作文选》，中央文献出版社、中国藏学出版社2001年版，第148页。

用和发展了马克思列宁主义的理论原则，对中国共产党在革命和建设时期制定民族政策起了指导作用。特别是民族区域自治制度的实施，为中国各民族在平等基础上团结联合和各民族的共同繁荣开辟了一条正确的道路。这些具有中国特色的民族问题理论，已成为毛泽东思想的重要组成部分。

第三节 毛泽东确立民族区域自治制度的历史功绩

党的十一届三中全会开创了中国改革开放历史新时期，中国的民族区域自治也进入坚持和完善的历史新时期。党和国家总结了民族区域自治的历史经验，重申在国家不可分割的完整领土内，在最高国家机关的统一领导下，以少数民族聚居的地方为基础建立民族自治地方，以实行自治的民族的人员为主组成自治机关，按照民主集中制的原则，加强民族区域自治的法制建设，保障各少数民族地区充分行使民族自治权利。1982 年修订的宪法规定："国家根据各少数民族的特点和需要，坚持不懈地帮助各少数民族地区加速经济和文化建设，以促进全国各民族的共同繁荣。"1984 年颁布《民族区域自治法》，2001 年通过《民族区域自治法修正案》。这为民族区域自治的彻底实行和健康发展，实现全国各民族的共同繁荣，提供了法律保障和制度保证。民族区域自治制度对于全面贯彻党的民族政策，推动民族工作发展，产生了巨大作用。

近 70 年来，我国的民族区域自治切实地解决了一系列的民族方面的问题，取得了前所未有的巨大成就，同时，在不断发展与完善民族区域自治制度的过程中取得了丰富的经验，形成了中国共产党自己的一套民族区域自治理论。

（一）丰富和发展了马克思列宁主义理论

1. 我国民族区域自治的确立和取得成功，从理论上和实践上证明了马克思列宁主义关于民族问题是无产阶级革命总问题的一部分的基本原理是正确的

中国的民族区域自治是各民族在反对帝国主义、封建主义和官僚资本主义的共同革命斗争中形成的，也是中国革命和建设的需要，是各族人民的共同选择，也是历史发展的客观结果。毛泽东成功地解决民族问题的重要原因是顺应了历史发展的客观需要。

2. 毛泽东民族区域自治理论丰富和发展了马克思列宁主义的国家学说

马克思列宁主义主张无产阶级夺取政权后，尽可能建立集中统一的大国。列宁曾经指出：在其他条件相同的情况下，觉悟的无产阶级总是坚持建立更大的国家。认为无产阶级在自己的革命中，分裂状态会分散和抵消民族的集体力量，建立大国更有利于无产阶级革命事业的发展。那么，怎样才能建立和巩固多民族集中统一的大国呢？毛泽东实践了这一理论，并且在国家制度方面有一系列的创新，例如人民代表大会制度、多党合作制、政治协商会议制和民族区域自治制。多年来这些制度的巩固和发展，证明了马克思列宁主义建立统一的多民族大国学说的现实性和科学性。我国民族区域自治制度取得的巨大成就和表现出来的优越性，证实毛泽东丰富和发展了马列主义关于建立集中统一大国的理论。

3. 我国民族区域自治制度实施了70余年，具有丰富的内容，它也从理论上充实了马克思列宁主义民族区域自治思想的理论宝库

马、恩时代有关民族区域自治的论述，只是在原则上、理论上阐明了他们的主张，不可能成为现实，因此也不可能涉及具体内容。列宁迫于苏联当时的形势，虽然极力主张实行民族区域自治，但终究没有能够实现这一愿望，而是实行了联邦制。对于统一的单一制的国家内的民族区域自治，究竟应具有哪些内容，也没有具体涉及过。我国的民族区域自治，既不同于苏联的自治共和国或联邦共和国内的自治区，也不同于南斯拉夫的自治省，而是在统一的中国主权范围内实行民族区域自治，各级民族自治地方在中央政府的领导和帮助下，实现各民族当家做主和自己管理自己内部事务的权利，从而为马克思主义解决民族问题开辟了新的途径。

（二）实现了全国各民族的空前统一和共同繁荣

近70年来，我国推行民族区域自治取得的巨大成就，从实践上证明了毛泽东制定的民族区域自治政策的正确性。

1. 由于全面推行了民族区域自治，中国达到了空前的统一，增强了中华民族的向心力和凝聚力，巩固了边防

中国自古以来就是一个统一的国家，但纵观中国的历史，任何时期都没能实现政治制度的完全统一，许多少数民族始终保留着不同的社会制度和政治制度。例如：西藏地区存在着政教合一的僧侣贵族专制制度；大小凉山的彝族地区存在着家支制度；四川、云南、青海、甘肃、新疆等一些少数民族地区还保留着土司制度、山官制度、千百户制度、头人制度和伯克制度等，各自在其固定的地域内，按传统的形式统治着少数民族。内蒙古地区虽设有省、县，中央派官员统治，却同时存在盟旗世袭王公的统治，中央的法律、政令对这些地区不能产生完全的效力，中央王朝战乱或衰弱时更是如此。近代中国沦为帝国主义的半殖民地，各族人民深受帝国主义的侵略压迫，政治上没有权利。只有在中华人民共和国成立后，推翻了帝国主义、封建主义和官僚资本主义的统治，建立人民民主政权，实行了民族区域自治，广大少数民族人民当家做了主人，才从根本上改变了割据状态，实现了国家的真正统一。

2. 民族区域自治制度的建立和发展，使少数民族人民享有了充分的民主权利

首先，民族区域自治使少数民族人民实现了管理本民族内部地方性事务的民主权利。中华人民共和国成立以来，国家在基本上具备实行民族区域自治条件的少数民族聚居区实施了民族区域自治。从已建立的159个自治地方看，无论从自治的范围、层次，还是实现自治人口的比例，都最大限度地满足了少数民族人民自己管理本民族内部事务的愿望，实现了同汉族一样享有广泛的社会主义民主权利。

民族区域自治保障了自治地方少数民族人民的选举权、监督权和决策权。少数民族人民通过人民代表大会制度，选举出自己所信任的代表，产生了民族自治地方的权力机关：人民代表大会及其常务委员会，并通过人代会讨论决定当地的重大问题，直接管理本民族本地区的事务。同样，通过民主形式实现自治民族公民担任人民政府、人民法院和人民检察院的主要领导职务。目前，全国各级民族自治地方上述自治机关及有关权力机关已基本实现了由实行自治民族公民担任主要领导职务。在其他各级机关中，民族干部也占有相当比例。从而使上述各级领导机关成为代表各族人民意志和利益的国家机关，充分反映了少数民族当家做主的民主权利。各级自治地方的人民代表大会在履行职务以及决定重大问题时，都广泛地听取干部和群众的意见，发扬了社会主义民主。

其次，民族区域自治保障了少数民族的自治权利。民族自治权利是民族区域自治的核心问题。顺利地解决少数民族的特殊问题，保护少数民族利益，保障民族自治地方的自治权利，是民族区域自治的根本宗旨。我国通过法律规定了政治、经济、文化、教育、卫生、体育、语言文字、风俗习惯、宗教信仰等各项自治权利，通过自治机关行使自治权。针对本民族本地区的实际，具体贯彻实施，体现了民主权利的广泛性。

3. 民族区域自治的实施，加强了各民族间的团结，发展了平等、团结、互助的社会主义民族关系

中华人民共和国的成立，废除了几千年来的民族压迫制度，尤其是中华人民共和国成立初期和20世纪60年代初，民族地区完成了民主改革和社会主义改造后，各少数民族内部旧的社会制度被废除，剥削阶级基本被消灭，处于不同社会形态的少数民族跨越了几个时代，进入了社会主义，基本形成了各民族劳动人民平等、团结、互助的社会主义民族关系。近70年来，通过有效的贯彻党的各项民族平等政策，实施民族区域自治，使民族团结有了坚强的政治基础。历史上反动统治阶级造成的民族间的仇视、隔阂、歧视和不信任基本上消除。即使在“文化大革命”十年动乱的非常时期，也充分显示了各民族人民坚强的凝聚力。党的十一届三中全会后，我国进入了一个崭新的历史时期，党和国家多次强调维护民族团结是中华民族复兴的根本保证，把民族团结提到关系国家命运的高度，在民族问题上作出了一系列重要决定，并采取了一系列加强民族团结的措施，使民族关系的发展进入了一个更高的阶段，在政治、经济、文化建设上形成相互依赖、相互补充的亲密关系，各民族“谁也离不开谁”这句话，形象地说明了我国社会主义民族关系的新发展。

4. 民族区域自治政策实施60多年来，培养和造就了一支宏大的少数民族干部队伍

培养选拔和使用具有共产主义觉悟的少数民族干部，是实行民族区域自治、实现少数民族当家做主的需要；民族干部队伍的发展壮大，也是少数民族实现民主权利的重要标志。毛泽东历来十分重视民族干部的培养和使用。中华人民共和国成立以来，民族自治地方和有关省市采取了许多措施，开办各类学校并在实际工作中培养选拔少数民族干部。目前，全国已建立起一支包括政治、经济、文化、教育、科技、医药卫生等方面的少数民族干部队伍。目前，根据《宪法》和《民族区域自治法》的规定，中国155个民族自治地方的人大常委会中都有实行区域自治的民族干部担任主

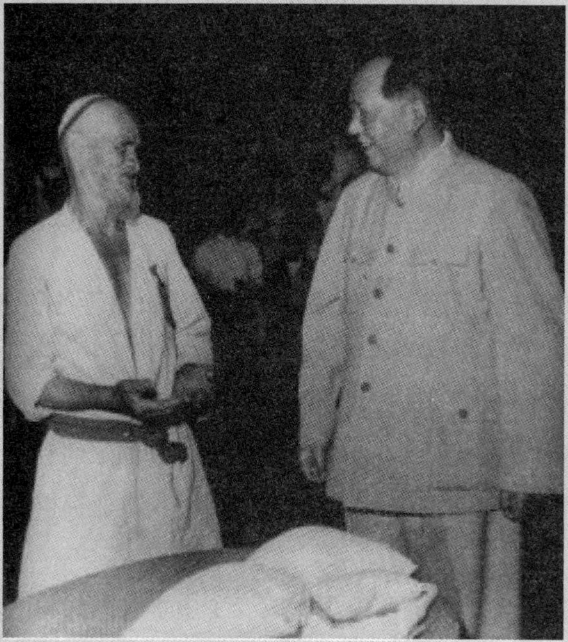

1958年6月28日，毛泽东接见新疆维吾尔自治区全国农具展览会参观团。新疆于阗县劳模库尔班·吐鲁木把自己种的瓜子、葡萄干和自己织的粗纱布送给毛泽东。

任或副主任，自治区主席、自治州州长、自治县县长全部由实行区域自治的民族干部担任，有的民族干部还担任了地方党委书记，一些优秀的少数民族干部还被选拔到中央和国家机关担任领导职务。

为培养少数民族干部，国家出台了一系列政策措施和制度性规定，并充分利用各级党校、大中专院校、干部学校，进行长、中、短期的教育和培训。2003年成立了专门培养少数民族干部和民族工作干部的重要基地——中央民族干部学院。截至2009年，我国少数民族干部已达290多万人，比1978年增长了3倍多。全国公务员队伍中，少数民族占9.6%，其中县处级以上的少数民族干部占同级干部总数的7.7%。为加快民族地区人才培养步伐，从1984年起，我国先后在一些大中城市举办内地西藏班、新疆班，2003年起，又在乌鲁木齐等新疆的8个城市开办区内初中班。我国还从2006年开始实施"少数民族高层次骨干人才培养计划"，专门在民族地区招收硕士、博士研究生进行培养。国家还从中央国家机关和东部相对发达省市选派优秀青年科技人才到西部地区、革命老区和少数民族地区服务锻炼。少数民族干部不仅在数量上增长迅速，在政治素质、业务能力、文化水平等方面也都有了很大提高。民族自治地方已经形成了一支以少数民族干部为主体的领导骨干力量，主持和领导着自治地方的各项建设事业，为民族自治地方的繁荣发展起着重要作用。

5. 民族区域自治制度的实施，促进了少数民族经济文化教育等各项事业的巨大发展

近 70 年来，通过民族自治地方自治权的行使，少数民族根据本民族本地方的特点，充分发挥自己的优势，并且得到先进地区和国家的有力支持和帮助，民族地区经济、文化、教育、卫生、体育等各项事业都得到了史无前例的发展。

近 70 年来，不仅民族自治地方的工业生产改变了中华人民共和国成立前基本没有工业的落后面貌，农牧业生产现代化建设也已初具规模，形成了比较完整的国民经济体系。民族自治地方的教育事业在一系列特殊政策下，也得到了根本改观，自治区已建立起从初等教育、中等教育到高等教育，从专业教育到业余教育的民族教育体系，结束了一些民族因没有学校教育而举族文盲的历史。少数民族传统的文化艺术得到了继承和发扬，许多文化遗产正在发掘和整理，少数民族语言文字也获得了充分的发展和使用。体育卫生事业也有了很大进步，在党和国家的关怀和帮助下，少数民族发展了规模可观的医疗卫生队伍，设立了医疗卫生机构，民族传统体育活动广泛开展。民族自治地方各族人民的生活水平有了显著提高，各族人民的思想道德、精神生活出现了崭新的面貌。

下面用几个数字简明扼要地概说近70年来，我国少数民族地区在经济、文化、教育、科学等方面取得的成就。

（1）经济实力大幅提升，自我发展能力明显提高。“十一五”时期，民族地区经济发展明显加快，2010 年地区生产总值达到 41892 亿元，按可比价格计算比 2005 年增长了 89.2%，年均增长 13.6%。地方财政一般预

算收入从1330亿元增加到4098亿元，增长了208%。城镇居民收入达到15926元，增长了80.2%；农村人均纯收入4239元，增长了86.2%。民族地区的矿产资源开发、特色农牧业、民族文化旅游以及战略性新兴产业快速发展，初步形成了若干优势特色产业群。

（2）基础设施建设取得突破性进展，生态建设成效显著。“十一五”期间，民族地区重大基础设施项目建设加快推进。到2010年底，公路总里程达到91.4万公里，铁路总营业里程达到2.59万公里，完成了乌鲁木齐、银川等20多个机场改扩建和19个新支线机场建设，开工建设了一批重大水利工程。通过实施退耕还林、退牧还草、天然林保护等重大生态工程，生态环境明显改善。

（3）对外开放不断深化，外向型经济加快发展。2010年，民族地区进出口总额达到636亿美元，比2005年增长了147%；利用外资总额32.5亿美元，增长了149%。民族地区与周边国家和地区的合作取得实质性进展。

（4）社会事业加快发展，基本公共服务水平稳步提高。2010年，5个民族自治区已验收达标的“两基”县达到686个，占总数的98.1%。医疗卫生服务能力不断提高，民族地区每千人拥有卫生技术人员达到3.3人，比2005年提高了22.2%。覆盖城乡的社会保障体系稳步推进。少数民族传统文化抢救和保护工作明显加强，少数民族文学、艺术、体育、广播、影视、新闻出版等各项事业不断发展。

（5）扶贫工作取得显著实效。通过各方面的共同努力，特别是通过民族地区广大干部群众的艰苦奋斗和顽强拼搏，民族地区的贫困状况得到明显缓解。2000—2010年，8个民族省区的贫困人口从3144.1万人减少到1034万人，贫困发生率从23.01%下降到7%。少数民族重点贫困县农民人均纯收入从2001年的1219元增加到2010年的3131元，不考虑物价影响，年均递增12.5%。民族地区的生产生活条件进一步改善，群众的生活水平有了明显提高。

第四章

毛泽东与农业现代化

如何领导中国走上现代化的道路，是中国大时代的政治领袖们的政治理想。无论是孙中山、毛泽东还是邓小平以及之后的国家领导人，都执着于这一理想的实现。进入 21 世纪后，中国现代化的实现仍然是中国共产党和中国人民孜孜以求的理想和愿望，是中国梦的重要组成部分。

中国是一个农业大国，农业是中国国民经济的基础，这是不争的事实。农业问题不仅是一个经济问题，更是一个政治问题，农业问题的解决对中国经济的发展和政权的巩固，起着至关重要的作用。农业现代化的实现在实现中国现代化的道路中也显得尤为重要。

对于农业现代化的探索和构想，在孙中山时代就已经开始，但是真正将其付诸实践，并形成科学体系的，却是毛泽东和中国共产党人。在完成了推翻封建帝制的历史任务，奠定中国现代化的基本政治前提之后，孙中山一度认识到中国农业发展存在的问题，并萌生了改良的意愿，曾发出“仆向以我国农业之不修，思欲振兴而改良之，蓄志已久”的感叹。孙中山在自己的著作中就实现中国农业的现代化作出了种种规划，勾勒出一幅宏伟的蓝图，在改变中国封建土地所有制、建立农业现代化管理体系等方面都有详细的设计，但是由于种种原因，都没能够实现。

毛泽东始终将自己和中国共产党人看作孙中山事业的继承者和发展者，在为实现中国农业现代化的奋斗历程中承继了建国方略的设想。正如 1964 年他在《把我国建设成为社会主义现代化强国》一文中提到的：“中国大革命家，我们的先辈孙中山先生，在本世纪初就说过，中国将要出现一个‘大跃进’。他的这个预见，必将在几十年的时间内实现。”[①]可以说，毛泽东把将中国建设成为社会主义现代化强国的理论设想和实践探索一直延续下来，也将实现中国农业现代化的重任一并承担下来。毛泽东关于农业现代化的思想是一个完整的体系，它是如何形成和发展的，并怎样体现在社会主义建设的实践中，我国农业现代化探索道路的成就和影响以及不足，本章将作主要阐述。

第一节　毛泽东对我国农业现代化道路的探索过程

1949 年 8 月中华人民共和国成立前夕，美国政府在其对华政策白皮书中，称中国的革命是由于人口太多而耕地不足造成的，是吃饭问题不能解决，并幸灾乐祸地宣称即将取得全国胜利的中国共产党，像民国历届政府一样，解决不了中国人的吃饭问题。毛泽东和中国共产党人用实际行动证明了自己的能力。中华人民共和国成立后，毛泽东领导中国人民开始搞建设，并开始了实现农业现代化的艰难探索历程。

毛泽东领导的探索农业现代化的道路是从改变中国封建土地所有制开始的。要实现农业现代化，首先要通过土地改革，实现耕者有其田，改变封建土地私有制。中国延续数千年的封建土地私有制一直是阻碍中国农业实现现代化的生产关系方面的最大障碍。封建土地私有制抑或说地主土地所有制严重束缚了中国农业生产的积极性，制约了中国劳动生产力的发展。中华人民共和国成立后的一场大规模的土地改革运动标志着毛泽东实现中国农业现代化的实践探索的开始。

中华人民共和国成立后，以毛泽东为首的中国共产党领导中国人民继

① 《毛泽东文集》第 8 卷，人民出版社 1999 年版，第 341-342 页。

续完成民主革命尚未完成的任务，在新解放区进行了大规模的土地改革，改变了封建地主土地所有制。通过这场大规模的土地革命，将地主土地转移到农民手中，使三亿多无地少地的农民分到七亿多亩土地，极大地解放了生产力，调动了农民生产的积极性，改变了农民的社会地位，改造了农村的基层政权，为实现我国农业现代化的起步奠定了基础。

1953 年春，全国土地制度改革任务胜利完成。这场土地改革，毛泽东曾将它称之为近现代中国农村的“第一个革命”。1953 年 9 月，毛泽东开始领导中国实施包括农业社会主义改造在内的过渡时期的总路线。通过改造和消灭农村农业分散的个体经营方式，引导农民走社会主义集体经济的道路，以适应国家社会主义工业化的需要，实现农业合作化，完成中国农村、农民、农业的第二个重大变革，毛泽东将之理解为近现代中国农村的“第二次革命”。

土地改革运动完成之后，向西方的社会化大生产学习，克服中国小农经济的个体性和分散性，引导其向现代化和集体化的方向发展，是实现中国农业现代化的必然趋势和方向。毛泽东依据马克思主义关于合作化的理论，在土地改革完成后提出要把个体农民组织起来参加合作社，使中国农业走上社会主义的道路。毛泽东对农业合作化事业给予了特别的关心，投入格外多的精力，自始至终地具体指导着这场农村的巨大社会变革的进展。

农业社会主义改造，即农业合作化，在过渡时期总路线中占有特殊重要的地位，是实现农业现代化的社会基础。但是要把中国几千年来延续下来的分散、落后的小农经济改造成为与国家工业化相适应的社会主义的集体农业经济，其困难可想而知。

毛泽东领导的这场农业合作化运动，其发生有特殊的历史背景和原因。土地改革完成之后，分散的个体经济成为中国普遍存在的经济形式。这种形式经济规模较小、生产水平较低，带有很大的脆弱性和自发性，假如不及时地加以组织并引导它们走集体化的道路的话，不但农业生产力得不到发展，也会极大地阻碍农业现代化进程，甚至还会产生新的两极分化。毛泽东当时提出：“在最近的几年中间，农村中的资本主义自发势力一天天在发展，新富农已经到处出现，许多富农中农力求把自己变成富农，许多贫农则因生产资料不足，仍然处于贫困地位。有些人欠了债，有些人出卖了土地，或者出租土地。”这种两极分化的现象，在当时的农村较为普遍。根据河北省11个县的统计，农村买卖土地的情况，1949年是43850亩，1950年增加到54494亩，1951年又增加到115180亩。针对农村中这种两极分化的事实，毛泽东指出：“就农业来说，社会主义道路是我国农业唯一的道路，发展互助合作运动，不断提高农业生产力，这是党在农村工作的中心。”[①]并指出：“对个体经济实行社会主义改造，搞互助合作，办合作社，这不仅是个方向，而且是当前的任务。”由此拉开了农业合作化运动的序幕。

土地改革结束后，农民分得土地，政府鼓励农户组织起来成立互助组，互助组又在此基础上联合起来成立初级农业生产合作社。从1951年开始，毛泽东就对农村中正在兴起的互助合作事业给予高度重视和积极支持。在毛泽东的指导下，全国农业生产互助合作运动得到了很好发展。到1952年底，组织起来的农户，老解放区占65%以上，新解放区占25%左右，全国还成立了4000多个农业生产合作社（初级社），创办了几十个高级社（当时称集体农庄）。这年的农业生产也有很大发展，粮食总产达到3200多亿斤，比上年增产400亿斤。到1956年底，全国有96%的农户入了社，加入高级社的农户高达87%。原先计划18年完成的目标，提前了11年。

从1951年冬毛泽东主持制定第一个农业互助合作决议，到1956年底完成农业合作化，用了五年时间。这五年大致可划分为两个阶段。从1951年底到1955年上半年为第一阶段，从1955年下半年到1956年底为第二阶段。在第一阶段，主要是发展互助组和初级社，总的说来，基本上是在稳步而健康的情况下发展的（尽管也出现过一些波澜），互助合作的优越

①《在中共中央政治局会议上的讲话》（一九五三年六月十五日），《党的文献》2003年第4期。

性逐步显现出来，并且具有相当的吸引力，在全国许多地方都有这种情况，对农业生产起了积极的作用。

但是农业合作化运动后期出现了步骤过急、工作过粗、改变过快的问题，以致后来导致人民公社化运动的发动。尽管存在种种问题，从中华人民共和国成立到1956年农业合作化基本完成，总的说来，中国农村确实发生了翻天覆地的变化，完成了两次历史性社会变革，为实现农业现代化打下了很好的基础。实现了“耕者有其田”的民主主义革命目标，而且完成了对于分散落后的农民个体经济的社会主义改造。在这场广大而深刻的社会主义改造运动中，没有引起社会震荡，没有出现毛泽东所担心的牲口大批死亡和粮食减产的情况，相反，粮食连年增产。在集体经济的基础上，办了许多单家独户的个体农民根本办不了的事情，在抗御自然灾害中显示出力量，特别是在全国普遍开展规模不等的农田水利基本建设，为以后农业的发展提供了长期发挥效益的重要物质条件，为实行机械耕作、机械排灌和科学种田，创造了有利条件。

农业机械化是农业现代化的重要内容，毛泽东关于农业机械化的探索也经历了一个过程。1959年下半年，根据毛泽东在党的八届八中全会上的建议，农业机械部正式成立，极大地推动了农业机械化的进程，对我国技术革新和生产工具的改良发挥了巨大的作用。1959年10月18日，中央批转了农业机械部的报告，批示中说：“应该根据从1958年起以十年至十五年的时间实现农业现代化，即实现农业机械化、水利化、化学化、电气化。”这样，我国确立了以农业机械化、水利化、电气化和化学化为内涵的农业现代化的技术路线。农业机械化被放在首要位置，也是这一技术路线在实施过程中偏重抓的主要内容。毛泽东不仅在实现农业机械化的时间上有预见性，留有余地，并指出要按照时段制定计划，实行试点，逐步扩大。

1966年2月，中共湖北省委曾经提出关于逐步实现农业机械化的设想，毛泽东在2月19日的批语中指出：“农业机械化的问题，各省、市、区应当在自力更生的基础上做出一个五年、七年、十年的计划，从少数试点，逐步扩大，用二十五年时间，基本上实现农业机械化。至于二十五年以后，那是无止境的，那时提法也不同了，大概是：在过去二十五年的基础上再作一个二十五年的计划吧。目前是抓紧从今年起的十五年。已经过去十年了，这十年我们抓得不大好。”1966年4月，中央转发了这个文件以及毛泽东的批语，并指出：“毛泽东同志很早就指出了我国农业的发展道路，使要在集体化的基础上，逐步实现机械化和电气化。他最近又指出各省、市、区应当在自力更生的基础上做出一个五年、七年、十年的农业机械化计划，这是一个极为重要的战略任务……我们应当立即抓紧这项工作。”“中央认为，实现农业机械化的具体步骤应当由各中央局和省、市、自治区党委直接负责，特别是省一级要有必要的主动权。湖北现场会议以后，各地党委应当按照具体情况，做出一个五年、七年、十年农业机械化计划的初步草案，内容包括分批分期、分别轻重先后缓急、由点到面、由低到高、土洋并举等措施，并同国家统一计划相结合。这种计划草案经过酝酿，然后提交近年八九月间召开的中央工作会议讨论。”1966年7月，根据毛泽东的指示，国务院在武汉召开农业机械化湖北现场会议，布置了1980年基本实现机械化的任务。1966年中央工作会议于10月在北京召开，但是会议的主题是无产阶级“文化大革命”。毛泽东在会上的发言也是关于“文化大革命”的问题，对于最初计划提及的农业机械化问题并未涉及。而且这次会议以后，全国掀起了批判所谓“资产阶级反动路线”的高潮。可以说由于“文化大革命”的发动，阻碍了我国农业机械化的进程。这是毛泽东所始料未及的。

在毛泽东关于农业机械化思想的正确引导下，我们党和政府运用计划经济集中配置资源的手段，大力推进我国农业机械化事业的发展。如“一五”计划时期开始投资建设大中型拖拉机厂。1959年9月，成立了中华人民共和国农业机械部，全国上下都建立了抓农业机械化的工作机构。1966年7月，根据毛泽东的指示，国务院在武汉召开农业机械化湖北现场会议，布置到1980年基本实现机械化的任务。此后国务院于1971年8月和1978年1月，先后召开了第二次和第三次全国农业机械化会议，以加快实现农业机械化的进程。

毛泽东所说的农业机械化，不仅包括生产工具的机械化，还包括用机械制造化学肥料。1959年4月，他指出："提到机械化，用机械制造化学肥料这件事，必须包括在内。逐年增加化学肥料，是一件十分重要的事。"①针对这一指示，第一机械工业部大力发展化肥设备，支援农业生产。到1964年，累计生产10套年产2.5万吨合成氨设备；并与化工部联合研制了年产5万吨合成氨和8万吨尿素（以后实际年产6万吨合成氨和11万吨尿素）的成套设备，于1966年安装投产。自中华人民共和国成立到1974年，我国用于化肥工业的投资达90亿元，占化学工业投资总额的44%。特别值得一提的是，为了改变我国化肥生产落后的状况，1972年11月至1974年5月，我国先后与日本、西欧和美国签订了总值5亿美元的进口13套大型尿素生产设备的合同。这些工厂在1980年以前全部建成投产，使我国化肥供应量增加了一倍。

在毛泽东的领导下，我国的农业机械化运动取得很大成绩，进行了有益的探索，为后来农业的发展奠定了很好的基础。从1957年到1979年，中国农业机械的总动力从165万马力增加到18191万马力，大中型拖拉机从不到1.5万台增加到66.7万台，手扶拖拉机更是从无到有发展到167万台；与此相应，机耕土地面积也从264万公顷快速扩大到4222万公顷，机耕面积与总耕地面积的比例从24%增加到42%。

农业合作化以后，大量富余的农业劳动力和国家强大的动员能力，都使得20世纪50—70年代的农业现代化过程中，兴修水利和农田基本建设成为最重要的内容。农业水利化也是农业现代化的重要体现之一。

20世纪50年代初期起，全国各地按照"兴修水利，以中、小型为主"，"大

---

①《毛泽东文集》第8卷，人民出版社1999年版，第49页。

量举办小型农田水利和挖掘已有灌溉设施的潜在力量，有条件的地区可择要举办大型灌溉工程”的方针，在中共各级党委和人民政府的领导下，日夜奋战，挖河修堤，建造梯田，为中国农田水利建设事业谱写了光辉的一页。中华人民共和国成立初期，我国水利建设掀起了高潮。据统计，仅1950—1952年，全国就有2000多万人参加水利建设。

考虑到当时国家人力、物力、财力、技术等方面条件的限制，按照分清缓急、有先有后、保证重点的原则，首先解决了最迫切的淮河、永定河水患的燃眉之急。治淮、官厅水库以及稍后的荆江分洪、引黄济卫等大型水利工程，作为三年经济恢复时期和“一五”期间的四大水利工程，为以后的水利事业奠定了良好的基础。20世纪50年代后期和60年代，毛泽东研究了黄河流域、长江流域规划，批准修建了三门峡水库。70年代，万里长江第一坝——葛洲坝水利枢纽上马。这些水利设施为抗御自然灾害、保障和促进农业及国民经济的发展起了重要的作用，解决了百余年来中国历届政府未能解决的问题。农业水利化作为农业现代化的重要内容也取得了一定成绩。

农民的知识化也是农业现代化的重要内容。农民文化知识的缺乏，大量文盲的存在，势必会阻碍农业现代化的进程。毛泽东很明确地认识到提高农民文化素质水平对实现农业社会化的意义。他曾指出：“严重的问题是教育农民。农民的经济是分散的，根据苏联的经验，需要很长时间和细心的工作，才能做到农业社会化。”早在1945年，毛泽东就明确地指出，在80%的人口中扫除文盲，是中华人民共和国的一项重要工作。要让人民在政治上翻身的基础上实现在文化上的翻身。他在中华人民共和国成立初期，先后部署掀起了四次扫盲高潮，并取得了巨大成效。

1964年，我国对国民的文化素质进行了一次全面的调查。结果显示：15岁以上人口的文盲率，已经由中华人民共和国成立初期的80%下降到52%；1亿多人摘了文盲的帽子。可以说，由毛泽东倡导的扫盲运动，在实现农民知识化方面取得了很大的成就。

中华人民共和国成立以来，毛泽东领导中国人民为实现农业现代化，在非常困难的条件下，付出了艰辛的努力，并取得了一定的成绩。尽管在实践中存在一些缺陷和不足，但对中国农业现代化发展道路的探索是十分宝贵和值得肯定的。

第二节　毛泽东关于农业现代化思想的内容

（一）“全面实现农业、工业、国防和科学技术的现代化”

毛泽东的农业现代化思想，是在探索实现中国农业现代化的进程中对解决中国农业、农村、农民问题所作的战略思考和精辟论述，是对中国农业现代化实践经验的总结和升华。

中华人民共和国成立后，毛泽东先后规划出中国农业现代化的目标、方向，并提出了实现农业现代化的具体步骤、措施。这些设想体现了毛泽东对中国农业现代化发展道路的可贵探索。

改变旧中国积贫积弱的面貌，使中华民族屹立于世界民族之林，使中华人民共和国成为富强、民主、文明的国家，这是毛泽东自青年时代起就确立的奋斗目标。他投身和领导中国的革命与建设事业，历经几十年的奋斗，都是为了实现这个目标。农业现代化是富强、民主、文明的社会主义现代化国家的重要标准，而毛泽东关于这个目标的文字表述和思想体系，是在中国革命和建设的实践过程中逐步清晰明确起来的。

农业现代化与工业现代化、国防现代化、科学技术现代化共同构成毛泽东“四个现代化”思想的完整体系。这个体系的提出，有其历史过程，并非在起初就很完善。而农业现代化的历史地位，是毛泽东在领导中国人民进行社会主义建设的实践中逐步认识和摸索出来的。毛泽东关于农业现代化乃至四个现代化的思想的形成都是一个渐进、发展的过程。

毛泽东最初对现代化的理解基本上是从工业化的角度进行的。现代化在很大程度上被理解为以重工业为基础的工业化。工业化作为现代化的核心和主导，是任何一个现代国家都必须经历的历史发展过程。为把中国这样一个经济文化长期落后的农业大国建设成为社会主义工业化、现代化的强国，毛泽东和中国共产党人进行了不懈的努力。

早在1945年党的七大和1949年党的七届二中全会上，我们党就提出了“使中国由农业国变为工业国” 的奋斗目标。1945年，在党的七大的政治报告《论联合政府》中，毛泽东明确提出“在新民主主义的政治条件获得之后，中国人民及其政府必须采取切实的步骤，在若干年内逐步地建立重工业和轻工业，使中国由农业国变为工业国”。在这里“工业国”意味着拥有完备的重工业和轻工业、先进的生产力和强大的国力，几乎可以理解为现代化国家的代名词。1949年，在党的七届二中全会上的讲话中，毛泽东提出的是使中国“由落后的农业国变成先进的工业国”[①]的奋斗目标，这里他在“农业国”和“工业国”之前分别加上了“落后的”和“先进的”两个定语。改变落后的农业国，建成先进的工业国，是毛泽东这一时期对国家建设目标的表达方式，也是我们党领导中国人民为之奋斗的理想和目标。作为在中华人民共和国成立前夕召开的七届二中全会，“使中国稳步地由农业国转变为工业国，把中国建设成一个伟大的社会主义国家”可以看作是毛泽东为中华人民共和国的建设事业绘制的第一张蓝图。

中华人民共和国成立之初，由于我国工业基础极为薄弱，在经济建设方面仿效苏联模式，将很大的投入放在重工业建设方面。将国民经济的主要力量集中到发展重工业上，这在大力发展生产资料的生产等方面起到了一定的积极作用。要使中国由一个分散的个体农业经济和手工业经济占国

---

① 《毛泽东选集》第4卷，人民出版社1991年版，第1433页。

民经济总产值90%的农业国变为工业国，加大对工业尤其是重工业的投入力度是必然之举。但由于忽视农业和轻工业的发展，导致我国农、轻、重的比例关系失调，在一定程度上影响了国民经济的恢复和发展。“一五”计划期间，我国以重工业为中心的基本建设投资总额达到588亿余元。工业在工农业总产值中的比重，由1952年的43%提高至57%。农业和轻工业的发展受到了一定程度的影响。

认识到这一点之后，毛泽东果断地作出了调整国民经济结构的决定。1956年4月25日，毛泽东在中共中央政治局扩大会议上做《论十大关系》报告时，将正确处理农、轻、重的关系放在十大关系之首。同时他批评了苏联和东欧国家忽视农业的错误，说“在处理重工业和轻工业、农业的关系上，我们没有犯原则性的错误。我们比苏联和一些东欧国家做得好些。像苏联的粮食产量长期达不到革命前最高水平的问题，像一些东欧国家由于轻重工业发展太不平衡而产生的严重问题，我们这里是不存在的。他们片面地注重重工业，忽视农业和轻工业，因而市场上的货物不够，货币不稳定。我们对于农业、轻工业是比较注重的。我们一直抓了农业，发展了农业，相当地保证了发展工业所需要的粮食和原料。我们的民生日用商品比较丰富，物价和货币是稳定的。”①1957年2月27日，毛泽东在最高国务会议上做题为《关于正确处理人民内部矛盾的问题》的讲话时，明确提出：“必须充分注意发展农业和轻工业”，“发展工业必须和发展农业同时并举”。②1957年10月9日，毛泽东在党的八届三中全会上提出优先发展重工业的同时，提出“必须实行工业和农业同时并举，逐步建立现代化的工业和现代化的农业”。并明确指出：“过去我们经常讲把我国建成一个工业国，其实也包括了农业的现代化。现在，要着重宣传农业。”③这表明毛泽东对农业现代化的逐渐重视。

①《毛泽东文集》第7卷，人民出版社1999年版，第24页。
②《毛泽东文集》第7卷，人民出版社1999年版，第241页。
③《毛泽东文集》第7卷，人民出版社1999年版，第310页。

随着国民经济建设的发展，毛泽东逐渐认识到现代化不仅仅应重视发展工业，包括农业、科学技术、国防都应该注意发展。在1957年的最高国务会议上做的《关于正确处理人民内部矛盾的问题》报告和《在中国共产党全国宣传工作会议上的讲话》中，毛泽东两次提出要将我国建设成为“一个具有现代工业、现代农业和现代科学文化的社会主义国家”①。三个现代化的提法，离四个现代化的提法只差小小的一步。1959年底到1960年初，毛泽东在阅读苏联《政治经济学教科书》（第三版）时，将国防现代化加入了建设社会主义的要求。他说：“建设社会主义，原来要求是工业现代化，农业现代化，科学文化现代化，现在要加上国防现代化。”②至此，“实现社会主义四个现代化”的口号就全面地、完整地提出来了。1960年3月18日，毛泽东在同尼泊尔首相毕·普·柯伊拉的谈话中，再一次地对实现四个现代化的奋斗目标作了重申。他说：我们的任务“就是要安下心来，使我们可以建设我们国家现代化的工业，现代化的农业，现代化的科学文化和现代化的国防”③。

农业的地位乃至农业现代化的地位在特定历史时期被提上日程，也有其现实的原因。1959—1961年，我国遭遇了中华人民共和国成立以来最严重的经济困难，三年自然灾害使我国农业遭受了巨大损失。农业问题显得尤为重要，被摆到极为重要的位置。在吸取“大跃进”运动对国民经济造成严重挫折的教训后，毛泽东提出要重新确立农业在国民经济中的基础地位。1963年夏，他强调要把1963—1965年这三年作为一个过渡阶段，以“调整、巩固、充实、提高”的八字方针为这一时期国民经济计划的方针。三年过渡之后，搞一个15年的设想，就是基本上建成一个初步的独立的国民经济体系，或者说工业体系，然后再有15年左右，建成一个具有现代化农业、现代化工业、现代化国防和现代化科学技术的社会主义强国。④

①《毛泽东文集》第7卷，人民出版社1999年版，第268页。
②《毛泽东文集》第8卷，人民出版社1999年版，第116页。
③《毛泽东文集》第8卷，人民出版社1999年版，第162页。
④《毛泽东传（1949—1976）》（下），中央文献出版社2003年版，第1358页。

由此可见，毛泽东此时已将现代化的农业放在“四个现代化”之首，并且已经就实现农业现代化的战略步骤有了比较成熟的想法。1963年在《关于工业发展问题》的文件中毛泽东明确提出，要“在一个不太长的历史时期内把我国建设成为一个农业现代化、工业现代化、国防现代化和科学技术现代化的伟大的社会主义国家”[①]。这些设想，也为第三届全国人大第一次会议上周恩来在《政府工作报告》中提出“四个现代化”的奋斗目标做了准备。

根据毛泽东的“四个现代化”的思想，周恩来在1964年底至1965年初召开的第三届全国人大第一次会议上所作的《政府工作报告》中明确提出了“四个现代化”的战略目标，要求“全面实现农业、工业、国防和科学技术的现代化”，农业现代化被明确放到四个现代化之首的位置，充分体现了我们党认识到农业在国民经济建设中的突出地位。报告中还提出：“今后的国民经济主要任务，总的来说就是要在不太长的历史时期内要把我国建设成为一个具有现代农业、现代工业、现代国防和现代科学技术的社会主义强国，赶上和超过世界先进水平。”至此，农业现代化被提升到国家经济建设目标的层次，有了更高层次的意义。此外，《政府工作报告》还勾画了从第三个五年计划开始的关于促进中国国民经济发展的两步走战略。即：“第一步，建立一个独立的比较完整的工业体系和国民经济体系；第二步，全面实现农业、工业、国防和科学技术的现代化，使我国经济走在世界的前列”[②]。其中，第一步经过三个五年计划，即在1980年前完成；第二步是在第一步的基础上再经过20年，即在20世纪末完成。两步走战略也是实现我国农业现代化的战略步骤。

事实上，毛泽东关于四个现代化的奋斗目标，提出的当时并没有立即向外界公布，是以通过写进第三届全国人大第一次会议《政府工作报告》的形式正式公之于世的。正如邓小平曾明确指出的：“我们现在讲的四个

①《毛泽东传(1949—1976)》（下），中央文献出版社2003年版，第1358-1359页。

②《周恩来选集》下卷，人民出版社1984年版，第439页。

现代化，实际上是毛主席提出来的，是周总理在他的政府工作报告里讲出来的。”[①] 后来，“四个现代化”又一次写进了于 1975 年召开的第四届全国人民代表大会第一次会议的《政府工作报告》中。这样，“实现工业、农业、科学技术和国防现代化”的口号就更加广泛深入地传播开来，成为鼓舞我国亿万人民团结奋斗的目标基础和精神动力。

毛泽东关于“四个现代化”思想的形成过程我们清楚了，那么农业现代化的地位在“四个现代化”中是如何逐渐突显出来的？

1953 年过渡时期总路线提出后，毛泽东亲自修改和审定的《关于过渡时期的总路线学习和宣传提纲》明确地提出了农业现代化的任务问题，即“必须按照社会主义的原则来逐步改造我国的农业，使我国农业由规模狭小的落后的个体农业进到规模巨大的先进的集体农业，在农业中采用拖拉机和其他农业机器，采用化学肥料和科学耕作法，采用机器来进行灌溉和发展水利事业，扩大耕地面积，并在人口稀少、土地辽阔的地区进行移民垦荒，这样就可以提高农业生产，保证有计划经济建设的需要，保证工业化事业的发展，并使农民生活逐步地普遍地提高”。紧接着，1954 年 6 月 14 日，毛泽东在中央人民政府委员会第 30 次会议上做《关于中华人民共和国宪法草案》的讲话中再次明确指出：“我们的总目标，是为建设一个伟大的社会主义国家而奋斗。我们是一个六亿人口的大国，要实现社会主义工业化，要实现农业的社会主义化、机械化，要建成一个伟大的社会主义国家。”[②]

随着社会主义改造的基本完成，毛泽东关于社会主义建设目标的提法得到了进一步的发展和完善，把“工业化”的目标逐渐改提为“现代化”。与此相适应，也把农业发展的“社会化”目标进一步升华为“现代化”。1959 年，毛泽东在“读《政治经济学教科书》的谈话”中，正式提出了农业现代化的概念，并把它列为“四个现代化”中的一个。他认为：“在

①《邓小平文选》第 2 卷，人民出版社 1994 年版，第 311—312 页。
②《毛泽东文集》第 6 卷，人民出版社 1999 年版，第 329 页。

我国建立一个现代化的工业和现代化的农业基础……我们的国家（上层建筑），才算充分巩固，社会主义社会才算从根本上建成了。”在这里，他把实现农业现代化同建成社会主义的物质技术基础有机地联系起来了。为了这一目标的实现，毛泽东反复强调在发展农业的过程中，应不断提高农业的集约化水平，要采用先进的农业生产技术，对农业进行科学管理等。

后来，毛泽东和中共中央在确立“四个现代化”的战略目标时，更是把农业现代化放在了首位。20世纪五六十年代，当时世界的工业化理论界一般都将工业化仅仅看作是工业在国民收入和劳动就业中份额的不断上涨，并没有注意到工业过程中农业生产本身的变革。直到20世纪70年代以后，西方经济学界对农业与工业化关系的认识才又有发展，认识到农业发展本身也是经济发展的重要目的，认识到工业化不仅是工业的发展，还包括农业生产的现代化。而毛泽东在20世纪50年代中期探索中国工业化的道路时，就已明确地把农业现代化纳入工业化的范畴，科学地阐明了农业现代化在工业化过程中的地位。由此可见，毛泽东提出的这一思想，不仅在中国，而且在世界工业化发展史上，无疑也是具有超前意识的。概括地讲，毛泽东提出的农业现代化就是要组织起来，在农业合作化的基础上实现农业机械化和电气化，并大力发展农村工业，从而有力地推动中国农业现代化和工业化建设，提高广大农民的生活水平。

毛泽东的农业现代化思想体现了他对农业现代化新路子的可贵探索，是建立在以农业为基础、工业为主导的整体思想体系上的战略方针，对中国经济尤其是农业经济的发展产生了深远的影响。

毛泽东关于农业现代化的思想有着丰富的思想内容和完整的理论体系，本质上是关于如何将中国传统的小农经济改造为现代化的大农业经济的经济思想。它包括社会革命层次的所有制的改造以及技术革命层次的改造（包括农业的生产条件、生产技术以及生产管理的现代化）。具体体现在农业合作化、农业机械化、农业水利化、农村工业化、农民知识化等方面。

（二）“完成农业社会化，配合国家工业化”

1949 年 3 月，毛泽东在党的七届二中全会上的报告中指出：“古代有封建的土地所有制，现在被我们废除了，或者即将被废除，在这点上，我们已经或者即将区别于古代，取得了或者即将取得使我们的农业和手工业逐步地向着现代化发展的可能性。”① 改变封建土地所有制，这是中国农业实现现代化的根本所在。另一方面，毛泽东在此也指明了中国农业发展的现代化方向。在七届二中全会上，毛泽东还明确提出：“占国民经济总产值百分之九十的分散的个体经济的农业经济和手工业经济，是可能和必须谨慎地、逐步地而又积极地引导它们向着现代化和集体化的方向发展的，任其自流的观点是错误的。”虽然他没有把“农业”和“现代化”连起来使用，没有提出“农业现代化”这一命题，但“农业现代化”的含义显露在字里行间。

毛泽东把农业社会化作为实现农业现代化的重要途径。中华人民共和国成立初期的土地农业社会主义改造，即农业合作化，在过渡时期总路线中占有特殊重要的地位。农业社会主义改造是一项极为艰巨和复杂的任务。要把中国几千年来延续下来的分散、落后的小农经济，改造成为与国家工业化相适应的社会主义的集体农业经济，为农业现代化打下良好的社会基础，其艰巨程度可想而知。毛泽东对农业合作化事业给予了特别的关心，投入了大量的精力，自始至终地具体指导着这场农村的巨大社会变革。

1955 年毛泽东在亲自编辑的《中国农村的社会主义高潮》一书中说：“我看这就是我们国家的形象，难道六万万穷棒子不能在几十年内由于自己的努力，变成一个社会主义的富强的国家吗？”这里所说的“穷棒子”指的是河北农村的一个被戏称为“三条驴腿的穷棒子社”，是初级农业生产合作社的典型。它获得的成功充分说明，即使在没有实现机械化的情况

①《毛泽东选集》第 4 卷，人民出版社 1991 年版，第 1430 页。

■ 1955 年，毛泽东在南京郊区尧辰乡十月农业生产合作社视察。

下，即便是初级形式的农业生产合作社，在一定程度上也是能够促进生产力的发展的。而这一认识同样是被毛泽东所认可和肯定的。

其实早在 1949 年 6 月，毛泽东在《论人民民主专政》一文中最早提出了农业社会化的问题，但当时还认为这是一个“在很远的将来”[①] 才能完成的任务。在集体化的基础上向社会化前进，这可以看作是毛泽东对中国革命胜利后农业经济发展方向的科学预见。随着国民经济的逐渐恢复和发展，旧的封建土地所有制改革的完成使这一设想开始变成党和国家的现实目标。1951 年 12 月，毛泽东提出从 1953 年起我们要开始大规模的经济建设，准备以 20 年的时间完成中国的工业化，“为了完成国家的工业化，必须发展农业，并逐步完成农业社会化”[②]。1952 年 11 月，中共中央决定在省委以上领导机关成立农村工作部，规定其“中心任务是组织与领导广大农民的互助合作运动，以便配合国家工业化的发展，逐步引导农民走向

①《毛泽东文集》第 6 卷，人民出版社 1991 年版，第 80 页。
②《毛泽东文集》第 6 卷，人民出版社 1991 年版，第 207 页。

集体化的道路。”[①]1953年1月，邓子恢就任中央农村工作部部长时，毛泽东指出：“农村工作部任务，是在十年至十五年或更长些时间内，完成农业社会化，配合国家工业化。”[②]由此可见，当时成立的指导农村社会主义改造的专职机构农村工作部既是农业合作化的领导机关，也是农业社会化的领导机关。农业合作化在一定意义上就是农业社会化，二者是一个问题的两个方面，实为表里关系、手段和目的的关系。

农业合作化和机械化之间的先后关系，也是实现农业现代化的一个重要问题。中华人民共和国成立初期，我们党由于受苏联模式的影响，一度认同先实行机械化，后搞合作化的做法，但是这与当时中国的国情不相符合。中华人民共和国成立之初，百废待兴，机械化不是一朝一夕就能实现的。中华人民共和国成立后组织的大量的农业生产互助组织带来的生产产量的增加，也证明初级形式的农业生产合作社，即使在没有先进机械的情况下也能够促进生产力的提高。于是毛泽东逐渐产生了先实现合作化，再实现机械化的想法。1951年夏，毛泽东曾提出：既然西方资本主义在其发展过程中有一个工厂手工业阶段，即尚未采用蒸汽动力机械而依靠工场分工以形成新生产力的阶段，则中国的合作社，依靠统一经营形成新生产力，去动摇私有基础，也是可行的。[③]1953年2月，毛泽东在考察了农业互助合作情况后明确说：“农业不先搞机械化，也能实现合作化，中国不一定仿效苏联的做法。”[④]1953年11月，在第三次全国农业互助工作会议结束前夕，毛泽东在同中共中央农村工作部副部长陈伯达、廖鲁言谈话时指出：“发展农业生产合作社，现在是需要，又可能，潜在力很大。”[⑤]“对于个体经济实行社会主义改造，搞互助合作，办合作社，这不仅是方向，而且是当前的任务。”[⑥]

①《毛泽东传（1949—1976）》（上），中央文献出版社2003年版，第356页。
②《毛泽东传（1949—1976）》（上），中央文献出版社2003年版，第357页。
③薄一波：《若干重大决策与事件的回顾》上卷，中共中央党校出版社1991年版，第191页。
④《毛泽东传（1949—1976）》（上），中央文献出版社2003年版，第246页。
⑤《毛泽东文集》第6卷，人民出版社1999年版，第301页。
⑥《毛泽东文集》第6卷，人民出版社1999年版，第304页。

他指出农业社会化是社会主义工业化实现的必要条件。“社会主义工业化的一个最重要部门——重工业，它的拖拉机的生产，它的其他农业机器的生产，它的化学肥料的生产，它的供农业使用的现代运输工具的生产，它的供农业使用的煤油和电力的生产等等，所有这些，只有在农业已经形成了合作化的大规模经营的基础上，有使用的可能，或者才能大量的使用”；“在农业方面，在我国的条件下（资本主义国家内是使农业资本主义化），则必须先有合作化，然后才能使用大机器。”[①]毛泽东还将农业合作化与使用机器的大规模农业经营密切地结合起来，指出在中国如果“不能在大约三个五年计划时期内基本上解决农业合作化的问题，即农业由使用畜力工具的小规模的经营跃进到使用机器的大规模的经营，包括由国家组织的使用机器的大规模移民垦荒在内（三个五年计划期内计划垦荒四亿亩至五亿亩），我们就不能解决年年增长的商品粮食和工业原料的需要同现时主要农作物一般产量很低之间的矛盾，我们就不可能完成社会主义工业化”。可见，农业合作化的实现对机械化乃至社会主义工业化的实现是至关重要、紧密相连的。

在农业没有实现现代化的背景下，能否实行农业合作化的问题，其实质是关系在一个落后的农业国家中，能否建立社会主义经济制度的问题。就其可能性而言，从理论上讲，协作本身能够提供一种新的劳动生产力，而农业的现代化需要农业生产资料的公有化和生产规模的扩大；从实际来看，当时我国合作化的试点工作也表明，在没有现代化的条件下搞合作化，能够有效地促进农业生产的发展。根据农业部对当时华北、东北地区 40 个县的统计，1951 年各社单位面积产量平均超过当地互助组的 16.4%，超过单干户的 39.2%，最多的甚至超过单干户的一倍。客观事实充分说明了“农业合作化促进了生产力的发展”。[②]这也证明了毛泽东论断和决策的正确性。

①《毛泽东文集》第 6 卷，人民出版社 1999 年版，第 431-432 页。

② 薄一波：《若干重大决策与事件的回顾》，中央党校出版社 1991 年版，第 401 页。

■ 1958年3月，毛泽东在四川郫县红光农业生产合作社视察。

（三）“农业的根本出路在机械化”

农业机械化是农业现代化的重要内容，是毛泽东发动的对中国农业技术革命层次的变革。20世纪五六十年代，世界科技革命风起云涌，科学技术在各个领域中发挥着越来越显著的作用。毛泽东在当时敏锐地把握了这一历史发展的趋势，及时地向全党和全国人民发出了“向科学进军”的伟大号召。他明确提出要把党的工作重心转移到经济建设上来，转移到技术革命上来，要来一个“技术革命”，把包括农业和手工业在内的全国经济有计划有步骤地转到新的技术基础上。同时，他还号召在全国城市和农村中广泛地开展改良工具和革新技术的群众运动，使机器操作、半机械操作和必要的手工劳动适当地结合起来。他特别强调指出：“我们不能走世界各国技术发展的老路，跟在别人后面一步一步地爬行。我们必须打破常规，尽量采用先进技术，在一个不太长的历史时期内，把我国建设成为一个社会主义的现代化的强国”[1]。

广泛应用先进的科学技术，是农业现代化实现的基础。毛泽东十分重视科学技术在农业现代化过程中的作用，认为没有农业科学技术的现代化，就不可能有整个国民经济的现代化。1955年在《关于农业合作化问题》中，他指出：我国在“一五”“二五”计划期间，农村中的改革还是以社会改革为主、技术改革为辅。到“三五”时期，“农村的改革将是社会改革和技术改革同时并进，大型农业机械的使用将逐年增加”。“中国只有在社会经济制度方面彻底完成社会主义改造，又在技术方面，在一切能够使用机器操作的部门和地方，统统使用技术操作，才能使社会经济面貌全部改观。”“由于我国的经济条件技术改革的时间比较社会改革的时间，会要长一些”，“全党必须为了这个伟大的任务的实现而奋斗”，这里他把农业科技进步看作是全党必须为之奋斗的伟大任务。这一方面体现了毛泽东对发展农业科技的重视，另一方面也说明他认识到实现农业科技现代化是一个长期而艰巨的任务。

毛泽东一直强调搞农业学习科学技术的重要性，曾指出“我们要摸农业技术的底。搞农业不学技术不行了”[2]。为了学习农业科学技术，还提出建立专门的指导机构。1956年，他在对《一九五六年到一九六七年全国农业发展纲要（草案）》的修改和给周恩来的信中要求：“加强农业科学研究工作和技术指导工作，系统地建立、充实和提高农业科学研究工作和技术指导工作的机构。”[3]

毛泽东在重视科学技术的同时，还注意总结农民群众的实践经验，积极推广农业科学技术，亲自提出了许多指导性的意见和建议。如1958年，他在江苏、浙江、辽宁、河南等地视察后系统地总结了农民增产的经验，提出农业的八项增产技术措施，即“农业八字宪法”，包括土（深耕、改

①《毛泽东著作选读》下册，人民出版社1990年版，第849页。
②《毛泽东文集》第7卷，人民出版社1991年版，第309页。
③《建国以来毛泽东文稿》第6册，中央文献出版社1992年版，第5页。

良土壤、土壤普查和土地规划）、肥（合理施肥）、水（兴修水利和合理用水）、种（培育和推广良种）、密（合理密植）、保（植物保护、防治病虫害）、管（田间管理）、工（工具改革）八项内容。“八字宪法”概括了农业增产措施的各个方面，使人们能够从农业生产的总体及各项措施的相互联系上，用农业技术措施、工程技术措施、管理措施相结合的方法来指导农业生产。

农业生产工具和生产技术的现代化很大程度上决定了农业现代化的实现程度，即只能通过发展和推广农业科技才能实现由传统农业向现代农业的转变。当我国社会主义生产关系基本建立起来，开始全面进行社会主义建设的新时期，毛泽东又不失时机地提出要加强农村的技术改革，推广农业科技，强调科学技术是促进农业发展的强大动力。在他主持制定的有关农业条例及多次讲话中，都体现了他高度重视使用先进的农业生产工具和生产技术的思想。

毛泽东之所以如此重视科学技术在实现中国农业现代化进程中的作

■ 1958 年，毛泽东在浙江农村与农民亲切交谈时询问：“这机器好用吗？”

用，归根结底是与中国的基本国情分不开的。中国作为世界上第一人口大国，耕地资源少，农田亩产量低，农业生产长期不能满足经济建设和人民生活的需要。1959 年 4 月，毛泽东提出“农业的根本出路在于机械化”的著名论断，从而确立了机械化在农业现代化中的战略地位。机械化是我国社会主义建设的重要目标，也是发展我国农村生产力和解决农产品供求矛盾的重要手段。以现代化技术装备农业，在减轻农民的体力劳动强度、提高农业劳动效率和大大发展农业生产、促进农业与工业的相互适应等方面无疑会起到积极作用。

农业机械化既是中国工业化的根本要求，也是农业自身发展的现实需要。可以说，没有农业机械化，就没有农业现代化，农业机械化是农业现代化的物质基础。农业机械化，是指运用先进设备代替人力的手工劳动，在产前、产中、产后各环节中大面积采用机械化作业，从而降低劳动的体力强度，提高劳动效率，属于技术革命的范畴，本质要求是通过生产工具的改良促进生产力的提高。毛泽东曾提出：“什么是生产力呢？除人力以外就是机器。”[①]1958 年，在成都会议期间，毛泽东提到，改良农具，逐渐地实现农业机械化，“是一个伟大的革命运动，因为几亿农民在动手动脚，否定肩挑的反面，一搞就节省劳动力几倍，以机械化代替肩挑，就会大大提高劳动效率”。充分肯定了机械化对提高生产力、提高劳动效率的作用。1959 年 10 月 31 日，毛泽东在给吴冷西的题为《关于发展畜牧业问题》的信中提到“用机械装备农业，是农、林、牧三结合大发展的决定性条件”[②]。机械化对农业发展乃至整个国民经济的发展都有重要作用。毛泽东关于农业机械化的认识也是逐渐深化的过程。

1959 年 4 月 29 日，毛泽东在所写的《党内通信》中作出了根本论断：“农业的根本出路在于机械化。”[③]关于实现农业机械化，他提出了一系

①《毛泽东文集》第 8 卷，人民出版社 1999 年版，第 216 页。
②《毛泽东文集》第 8 卷，人民出版社 1999 年版，第 101 页。
③《毛泽东文集》第 8 卷，人民出版社 1999 年版，第 49 页。

列设想。他主张每省每地每县都要设一个农具研究所，集中一批科学技术人员和农村有经验的铁匠木匠，试制新式农具，加以运用和推广[①]；在中央成立第三机械工业部，来管农业机械，搞农业机械设计院[②]；在农业机械化完成的时间上，他主张宁愿设想长一点，不要急于求成，“第二个十年还不行，恐怕要第三个十年以至更长的时间”[③]。

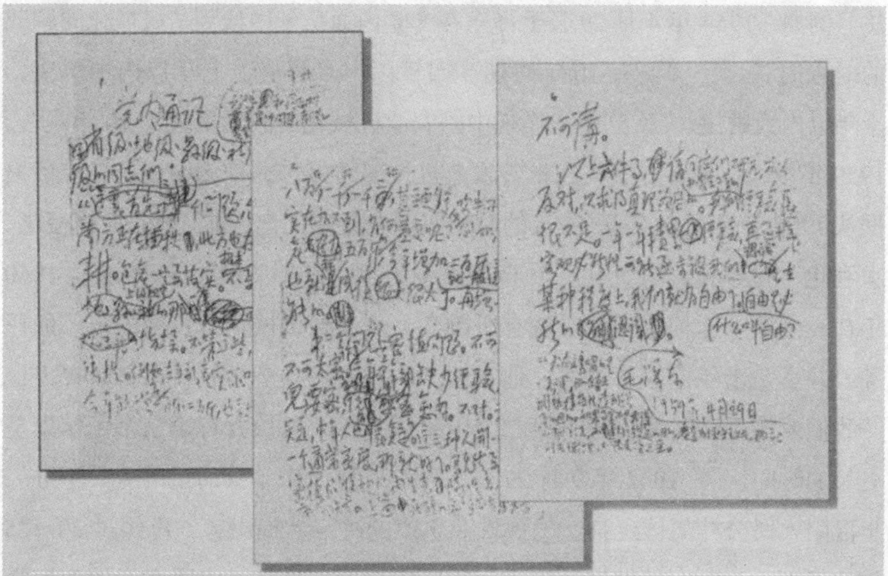

■ 1959年4月29日，毛泽东给省、地、县、社、队、小队级的同志们写的《党内通信》部分手稿。

农业机械化的实现不可能是一蹴而就的，而是渐进的、不断发展进步的过程。1955年7月，毛泽东在《关于农业合作化问题》的报告中，最早提出实现农业机械化的时限。他指出：“估计在全国范围内基本上完成农业方面的技术改革，大概需要四五个五年计划，即20年至25年时间。全党必须为实现这个伟大任务而奋斗。”从毛泽东讲话的1955年算起，按25年算，即为1980年。但是，这一时间仅是一般意义上的号召，而未作

①《毛泽东文集》第8卷，人民出版社1999年版，第49页。
②《毛泽东文集》第8卷，人民出版社1999年版，第78页。
③《毛泽东文集》第8卷，人民出版社1999年版，第125页。

为具体计划指标或行动纲领来指导或规范农业机械化的实践。1956 年 1 月 23 日，中共中央政治局通过的《一九五六年到一九六七年全国农业发展纲要（草案）》提出要“推广新式农具”，“随着国家工业的发展，逐步地实行农业机械化”。[①] 实现农业机械化，尤其是在中国这样的农业大国，是一项长期而艰巨的任务。其后，关于实现农业机械化时限也有不同的提法。例如，1959 年 4 月 29 日毛泽东在《党内通信》中谈到“机械化问题”的时限时指出：“要有 10 年时期。四年以内小解决，七年以内中解决，十年以内大解决。”[②] 这里把实现中国农业机械化的时间变成了 10 年左右。1959 年 10 月 18 日，中央在批转农业机械部的报告的批示中说：“应该根据从 1958 年起以 10 年至 15 年的时间实现农业现代化，即实现农业机械化、水利化、化学化、电气化。”将期限改为 10~15 年。而 1959 年底至 1960 年初，毛泽东这种乐观的看法有所改变，认识到机械化是长期的艰巨的任务，并不是十年能够解决的，他在读苏联《政治经济学教科书》时提出：“我们要实现全盘机械化，第二个十年还不行，恐怕要有第三个十年以至更长的时间。”[③]1962 年 9 月 27 日，中共八届十中全会通过的《关于进一步巩固人民公社集体经济、发展农业生产的决定》提出：“再经过 20—25 年的努力，就一定能够在基本上实现党中央所预见的、农民和全国人民盼望很久的农业现代化的目标。”尽管如此，农业机械化问题只是作为一项技术工作正常推进。农业机械化作为一个重要问题，重新提上中心议程是 1966 年初湖北省委写给中央的一份报告引起的。1966 年 2 月 19 日毛泽东写信给湖北省委书记王任重，重新提出 25 年基本实现农业机械化的问题。他在信中说：“目前是抓紧从今年起的十五年。已经过去十年了，这十年我们抓得不大好。”[④] 这是 1966 年全国第一次农业机械化会议把 1980 年确定为基本实现农业机械化时限的缘由。在 1971 年的全国第二次农业机

①《人民日报》1956 年 1 月 26 日。

②《毛泽东文集》第 8 卷，人民出版社 1999 年版，第 49 页。

③《毛泽东文集》第 8 卷，人民出版社 1999 年版，第 125 页。

④《建国以来毛泽东文稿》第 12 册，中央文献出版社 1992 年版，第 12 页。

械化会议上，确定到1980年农、林、牧、副、渔主要作业机械化水平达到70%以上，全国农用拖拉机达到80万台左右，手扶拖拉机达到150万台左右，排灌机械总动力达到6000万马力，平均每公顷耕地化肥施用量达到80市斤左右。在1978年1月全国第三次农业机械化会议上，提出了“全党动员，决战三年，为基本实现农业机械化而奋斗”的号召。为了1980年基本实现农业机械化，国家在投入、价格、经营体制及推行农业机械化的方式上，采取了一系列的政策和措施。但是由于种种原因，农业机械化并没有能够在计划的期限内完成，乃至今天，毛泽东关于农业机械化的设想还没有如愿实现，但这对我国农业现代化进程无疑起了巨大的推动作用。

毛泽东关于农业机械化的设想是美好的，然而轰轰烈烈的农业机械化运动并未如预期般取得成功。1980年基本实现机械化的目标未能实现的原因，农业机械部门曾对1980年以前的农业机械化的指导思想和工作方法概括为脱离实际、孤军深入、急于求成。农业机械化的发展应与整个经济发展相适应，这是经济技术发展规律，不可违反。1980年前我国推行的农业机械化运动急于求成，脱离了经济发展水平的要求，不符合技术经济演进的规律。

在传统计划经济体制下，把农业机械化政治化，强行推行农业机械化，尽可能动员和集中资源向农业机械化倾斜配置，不符合中国国情，而且由于强行推行而导致不符合国情的技术路线选择，造成了失误。由此可见农业机械化必须与经济发展相适应，即达到劳力替代的经济条件，否则，孤军深入，违反经济规律，必然失败。换言之，对于中国这样一个大国，不可能进口一个现代化，也不可能强行赋予农村、农业生产经济现代化，必须依靠广大农民，以市场为导向，才能引导农业机械化的健康发展。

（四）“水利是农业的命脉”

农业的水利化，水利设施的基础建设，也是农业现代化的重要内容。

早在1934年，毛泽东在江西瑞金召集的第二次全国工农兵代表大会上做《我们的经济政策》的报告时指出："在目前的条件之下，农业生产是我们经济建设工作的第一位，水利是农业的命脉，我们也应予以极大的注意。"这一思想在中华人民共和国成立初期进一步付诸实践。

中华人民共和国成立初期，我国农业生产的发展在很大程度上依赖于全国兴修水利的举措。正如毛泽东所下的定论："一九五九年以前，我们的农业生产，主要靠兴修水利。一九五九年我国七个省遇到很大的旱灾，如果没有过去几年的水利建设，要不减产而能增产，是不能设想的。"①

1950年，我国淮河流域发生特大洪水灾害。毛泽东在批阅淮北灾情的一些报告时，看到一份电报里说，有些灾民因躲水不及，爬到树上，有的被蛇咬死，难过得流下了眼泪。他从1950年的7月20日到8月31日，连续批了三份有关淮河灾情的报告给周恩来，提出要根治淮河。政务院于同年10月召开了治淮工作会议，作出了《关于治理淮河的决定》，确定了"蓄泄兼筹，以达根治之目的"的治淮方针。1951年5月2日，中央治淮视察团带着毛泽东题写的"一定要把淮河修好"的四面锦旗，分别颁发给治淮委员会及河南、皖北、苏北3个省区治淮指挥机关，广大农村干部和农民群众受到极大鼓舞。治淮工程的开展揭开了中华人民共和国大规模水利建设的序幕。

中华人民共和国成立初期，我国长江中下游地区也遭受了严重的洪涝灾害，对农业生产造成很大的危害。党中央组织力量进行长江中下游堤防堵口复堤，加高加固堤防，提高抗御洪水灾害的能力；紧接着又在平原湖区和丘陵山地大力兴建灌溉排涝工程和蓄洪垦殖工程，如荆江分洪工程和汉江分洪工程，有效地遏制了严重的自然灾害，战胜了1954年的特大洪水，对恢复工农业生产起到了重要的作用。同期，筹组治江机构——长江水利委员会，专门从事长江的治理开发工作。长江水利委员会全面开展了长江

①《毛泽东文集》第8卷，人民出版社1999年版，第127页。

流域综合利用规划，以长江流域防洪为治江的首要任务，以三峡水利枢纽等重大项目为关键工程。

1957年党中央、国务院针对水利建设提出“必须切实贯彻执行小型为主，中型为辅，必要和可能的条件下兴修大型工程”的水利建设方针。并提出：“还必须注意掌握巩固与发展并重，兴建与管理并重，数量与质量并重的原则。”但随后到了1958年“大跃进”的特殊历史时期，在“左”的口号和方针下，违反自然规律，无视基建程序，急于求成，高指标、瞎指挥，在淮北地区大搞河网化，使水利建设处于失控状态。这个时期虽然修建了一批水利工程，但在高速发展的同时，掩盖了工程设计标准低和质量比较差的问题。

20世纪60年代初期，1961年12月，中央在批转农业部和水电部《关于加强水利管理工作的十条意见》中指出，“当前水利问题不是再新建多少工程，而是如何巩固已得成就，完成尾工配套(包括平整土地)等工作，使它们充分发挥效益”。之后由于思想不一，造成了一灌、二堵、三淤、四涝、五碱的严重的涝碱灾害，在提出“大寨精神，小型为主，全面配套，狠抓管理，更好地为农业增产服务”的水利方针以后，才统一了思想。接着在“文化大革命”那个特殊的历史年代，修建了大型水库80多座，在一定程度上又重复了“大跃进”年代的一些错误，以致水利上遗留问题增多。尤其是三门峡水库的兴建，虽然在防洪、防凌、灌溉、供水等方面发挥了显著的效益，但由于对水土流失治理过于乐观，导致三门峡水库的泥沙淤积严重，被迫进行改建，教训十分深刻。

进入70年代，1970年12月26日，毛泽东和党中央决定兴建万里长江第一坝——葛洲坝水利枢纽，为加快水电建设和兴建三峡水利枢纽奠定了基础。

可以说，自中华人民共和国到“文化大革命”结束的28年中，在毛泽东和党中央的领导下，我国进行了大规模的农田水利建设，取得了辉煌的建设成就。通过江河治理和修建水库，实现了防洪排涝、抵御旱灾、灌溉农田的最基本的保障。中华人民共和国成立前我国只有大型水库6座，中型水库17座，小型水库1200座（含部分灌溉工程数），即大中小水库1223（1222）座（含部分灌溉工程数），总库容估计200亿立方米。1949—1976年，全国建成大型水库302座，中型水库2110座，小型水库8.2万多座，大中小水库8.4万多座，总库容4000亿立方米。截至1976年底，全国有大中小水库85400多座，总库容4200亿立方米。

在各地大力兴修水利设施的千千万万个先进事例中，最值得一提的是河南林县的“红旗渠”。河南省林县，原来是一个“光坡秃山头，沙石枯河沟”的穷地方。从农业合作化时起，林县人民发扬艰苦创业的精神，引漳入林，重新安排全县河山，逢山凿洞，遇沟架桥，走陡坡，过高崖，穿过50多处悬崖绝壁，闯过130多个山头，凿通了42个山洞，在太行山腰挖出了长达71公里的山间渠道，使一向缺水的山区土地得到了灌溉。1964年，全县粮食亩产上《纲要》(达到400斤)，林、牧、副业也有很大发展。

在毛泽东正确决策的指导下，中华人民共和国水利事业取得了巨大成就，为我国农业现代化的发展打下了基础。中华人民共和国成立初期，我

■ 河南省林县人民修建的红旗渠引入的漳河水盘回在太行山脉。

们兴建了治淮、官厅水库以及稍后的荆江分洪、引黄济卫等大型水利工程以及后来的三门峡水库、葛洲坝水利枢纽。这些水利设施在一定程度上为抗御自然灾害，为工农业发展，发挥了重大作用，同时也为农业现代化的实现打下了坚实的水利基础。

（五）“大办农业，使农民就地成为工人”

农村工业化是实现农业现代化的中心内容。1958 年 4 月，中共中央在《关于发展地方工业问题的意见》中第一次提出了农村工业这个概念。同年 11 月，毛泽东在《对十五年社会主义纲要四十条（1958—1972）初稿的批语和修改》中写道：我国人民面前的任务是经过人民公社这种社会组织形式，高速度地发展社会生产力，促进全国工业化、公社工业化、农业工业化。从此，中国开始了一场声势浩大的农村工业化实验。

1959 年，毛泽东曾提出：“在社会主义工业化过程中，随着农业机械化的发展，农业人口会减少。如果让减少下来的农业人口，都涌到城市里来，使城市人口过分膨胀，那就不好。从现在起，我们就要注意这个问题。要防止这一点，就要使农村的生活水平和城市的生活水平大致一样，或者还好一些。有了公社，这个问题就可能得到解决。每个公社将来都要有经济中心，要按照统一计划，大办工业，使农民就地成为工人。公社要有高等学校，培养自己所需要的高级知识分子。做到了这一些，农村的人口就不会再向城市盲目流动。”①

中国是个落后的农业大国，农村剩余劳动力多，农民增加收入难，这也是实现农业现代化的一大障碍。毛泽东认为这些问题要靠农村自己解决，具体解决办法是“要按照统一计划，大办工业，使农民就地成为工人”②。发展农村工业是解决农村、农民问题的比较好的途径，也是实现农业现代

①《毛泽东读社会主义政治经济学批注和谈话》上册，第 197 页。
②《毛泽东著作专题摘编》，中央文献出版社 2003 年版，第 1019 页。

■ 1958年，成都会议期间，毛泽东视察农村时与农民交谈。

化的较好措施。1958年3月，毛泽东在成都会议上第一次提出了“社办工业”“乡办工业”的概念。他认为社办工业的发展，不但将加快国家工业化的进程，而且将在农村中促进全民所有制的实现，缩小城市和乡村的差别。在人民公社化大潮中，通过大规模的群众运动，各省、县、乡的地方工业蓬勃地发展起来了。1962年以后农村工业化和公社工业化的进程虽然中止了，但毛泽东并没有因此动摇对社队企业的信念。1966年5月，他在“五七指示”中又提出：人民公社“在有条件的时候，也要由集体办些小工厂”①。从20世纪70年代起，因地制宜、不需国家投资的社队集体工业的出现和发展，也是以毛泽东“五七指示”中关于“亦工亦农”的设想为理论依据，在夹缝中艰难地走出了一条农村发展工业之路。后来出现的乡镇企业异军突起，也可以说受毛泽东这一思想的影响。

①《农业集体化重要文件汇编》下册，中共中央党校出版社1981年版，第860页。

（六）在农业合作化的过程中实现农民知识化

农业现代化还必须有高素质的农民这一主体来推进，没有农民自身素质的提高，要实现农业的现代化是不可能的。因为农业不仅要依靠现代的工业装备及先进的科学技术，而且还要依靠先进的管理手段在农业上的应用，而这些都要由农业生产的主体农民来实现。反过来，随着农业现代化的发展进程，必然要求农民素质的提高，使之同农业现代化的要求相适应，即农业现代化与农民素质是互相影响、互相促进的。总之，在农业生产经营过程中，先进的生产工具要靠劳动者去使用，先进的科学技术要靠劳动者去探索，先进的管理经验要靠劳动者去总结，先进的经营体制和运行机制要靠劳动者去应用。无论是农业增长方式的转变，还是生产绩效的提高，都必须靠劳动者发挥主观能动性来实现。离开劳动者，现代化是难以实现的。从这个意义上说，我们要实现的农业现代化，是以劳动者即农民为主体的现代化。那么，农民的知识化因此也成为农业现代化的一个重要内容。没有农民的知识化，就没有农业的现代化。提高农民素质，特别是实现科学技术知识在农民中的普及和应用，对于实现农业现代化是很关键的一个问题。毛泽东也很明确地认识到这一点。

20 世纪 50 年代，当我国对农业、手工业和资本主义工商业社会主义改造逐渐深入，社会主义建设的开展对人民的文化和技术水平提出了更高的要求。蓬勃兴起的农业合作化运动推动了文化教育的发展。农业合作化运动需要大批的办社骨干，如会计员、技术员、农具手和生产队长等，他们应当是具有一定文化水平的人。而当时我国农村中文盲仍有相当的数量，仅在一亿青年中，文盲和半文盲就有七千万。这种状况使许多地方在建设中遇到困难。有的社员由于没有文化，还在用芦柴、玉米、黄豆等原始的方法记工分，致使记分混乱而造成社内纠纷，影响了社员的团结和合作社的巩固。毛泽东看到了这一点，他希望借社会主义改造的春风来扫除文盲。于是，1955 年，扫盲教育工作再次成为全国工作的重点，这场运动取得了很好的成效。

1955年9月，毛泽东看到了《山东莒南县高家柳沟村青年团支部创办记工学习班的经验》，十分欣喜地表示："这个经验应当普遍推行。"毛泽东在这份报告的按语中，提出了消灭文盲的问题。他说："列宁说过：'在一个文盲充斥的国家内，是建成不了共产主义社会的。'我国现在文盲这样多，而社会主义的建设又不能等到消灭了文盲以后才去开始进行，这就产生了一个尖锐的矛盾。现在我国不仅有许多到了学习年龄的儿童没有学校可进，而且还有一大批超过学龄的少年和青年也没有学校可进，成年人更不待说了。这个严重的问题必须在农业合作化的过程中加以解决，也只有在农业合作化的过程中才能解决。"他认为在这方面，"山东莒南县高家柳沟村青年团支部做了一个创造性的工作"，很赞赏高家柳沟村青年团支部以本乡高小毕业生为教员，以合作社为单位办记工学习班的扫盲经验。他号召说："这种学习班，各地应当普遍地仿办。各级青年团组织应当领导这一工作，一切党政机关应当予以支持。"并就教学内容和教材作了详尽的指示："第一步，为了记工的需要，学习本村本乡的人名、地名、工具名、农活名和一些必要的语汇，大约两三百字。第二步，再学进一步的文字和语汇。要编这样两种课本。第一种课本应当由从事指导合作化工作的同志，帮助当地的知识分子，各就自己那里的合作社的需要去编，每处自编一本，不能用统一的课本。这种课本不要审查。第二种课本也应由从事指导合作化工作的同志，帮助当地的知识分子，根据一个较小范围的地方（例如一个县，或者一个专区）的事物和语汇，加上一部分全省（市、区）的和全国性的事物和语汇编出来，也只要几百字。这种课本，各地也不要统一，由县级、专区级或者省（市、区）级的教育机关迅速地加以审查。做了这样两步之后再做第三步，由各省（市、区）教育机关编第三种通常应用的课本。以后还要有继续提高的课本。中央的文化教育机关应当给这件事以适当的指导。"

首先是从扫盲入手，毛泽东对农民扫盲工作的方针、政策、形式、步骤以及基本保证作了详尽的论述，并亲自制定了一揽子对农民实施文化教育的计划。如结合农村生活的实际需要，编写反映本村本乡的人名、地名、

■ 从 1950 年开始，全国性的扫盲运动在农村和城市大规模地推展开来。

农活名和一些必要的语汇的识字课本。组织农民识字，力争“在七年内，基本上扫除文盲，每人必须认识一千五百字到两千个字”。其次，创办农村技术夜校。每个乡都应办一个农民技术夜校，由青年团负责，将扫除文盲和普及农业生产技术相结合。其三，创建发展农村农民文化的各种必需的基础设施，如办小学，办适合农村需要的中学，中学里面增加一点农业课程，出版适合农民需要的通俗读物和书籍，发展农村广播网、电影放映队、组织文化娱乐等。

在中华人民共和国成立之初的 20 世纪 50 年代，政府多次开展和组织了识字夜校等有相当规模的扫盲运动，提高了农村、城市人口的文化水平，为实现农民的知识化起到了积极的作用，对国民经济的恢复及随后的生产建设、文化建设高潮的到来，起了重要作用；但由于指导思想上存在贪大求快的急躁情绪，致使某些地区出现了不同程度的“走过场”现象。

后来由于“大跃进”运动，很多地方的农民业余学习陷于停顿，各地扫盲学员回生、复盲现象相当普遍。1959 年 5 月，中共中央、国务院颁布了《关于在农村中继续扫除文盲和巩固发展业余教育的通知》，号召“大搞群众运动，把各方面的力量都充分动员起来”，再次掀起了一次群众扫盲高潮。这一年，农村青壮年参加学习的曾达到11530余万人，职工业余学校在校生也增加到1700余万人。此时，片面追求“高指标、高速度”的浮夸现象更加严重。1960年以后，除职工教育仍有所发展外，农民教育基本处于停顿状态。

第三节　毛泽东对中国农业现代化的贡献和影响

毛泽东是中国农业现代化事业的开拓者和奠基人。他关于农业现代化的思想观点，是符合中国农业发展要求的，反映了中国农业现代化的一般规律。无论是他的农业现代化思想还是对中国农业现代化道路的大胆探索，都有着深远的影响。在毛泽东农业现代化思想的指导下，中国农业走上了社会主义道路，解放和发展了农村生产力，农业现代化取得了巨大的成就。正如邓小平所说：“三十年来，不管我们做了多少蠢事，我们毕竟在工农业和科学技术方面打下了一个初步的基础，也就是说，有了一个向四个现代化前进的阵地。”①

十一届三中全会以来，中国农业取得了持续快速的发展，农业现代化取得很大进步，这与中华人民共和国成立以来毛泽东和党中央领导中国人民历经20多年打下的基础密不可分。

首先，土地革命在中国农村彻底消灭了封建土地制度，建立了社会主义集体经济，初步显示出社会主义制度在促进农业现代化中的优越性。农业集体化的实现，为消灭剥削、消除两极分化，实现社会公平和共同富裕，

---

①《邓小平文选》第2卷，人民出版社1994年版，第232页。

维护社会稳定提供了保障。同时也为在发展生产的基础上实现农村工业化提供了可能。由于实现了小农与土地的分离，私有土地变成了集体所有，从而为农业合作社以及后来的人民公社对土地进行合理使用、统一规划、规模经营以及大规模地实行机械耕种创造了条件。在此期间，中国农业生产得到了较大增长，在人口大幅度增加的情况下，基本保持了城乡人民对农产品的基本需求，在原料、资金等方面为国家工业化做出了较大贡献。

其次，中国农村开展了大规模的农田基本建设和技术改造，改善了农业生产条件。农村实行合作化以后，国家集中和动员了一切可动员的财力、物力、人力，大规模地进行了农业基础设施的建设和改造，如整治了大江大河、兴修了农田水利、进行了植树造林和防沙治沙、发展了农用交通等。在此期间，国家大力发展了现代农业科学教育，培养了大约 100 万名农业科技人才，使现代农业科学技术被较为广泛地运用于中国农业。中国农业生产的机械化、电气化、水利化、化肥化、科技化都取得了较大的成就。这些重大成果不仅对当时的农业生产发挥了重要作用，也为以后中国的农业现代化建设奠定了基础。

值得一提的是，农业机械化作为农业现代化的基本内容取得了巨大的成就，对中国农村生产力的发展起到了推动作用。在毛泽东的领导下，这场以改造、改良、革新生产工具为主要内容的农业机械化运动持续了几十年，提高了我国农业机械化的作业程度，促进了我国粮食和农林牧副业的增产增收，在农村培训和锻炼了一大批机械技术人员，为我国农业现代化建设做出了巨大贡献。

20 世纪 60 年代初期，我国调整了农业机械化发展的步骤，把推广半机械化农具和发展小型动力机械提到了首要地位。1960—1962 年，国家每年拿出 20 万吨钢铁制造小农具。1960—1964 年上半年，农机系统共推广各种半机械化农具 2000 多万件。在发展农村动力机械方面，重视手扶拖拉机和小机械排灌机械、农副产品加工机械的推广应用，改变了只重视大马力动力机的倾向。[①] 同时第一机械工业部还大力发展化肥设备，支援农业生产。到 1964 年，累计生产 10 套年产 2.5 万吨合成氨设备；并与化工部联合研制了年产 5 万吨合成氨和 8 万吨尿素（以后实际年产 6 万吨合成氨和 11 万吨尿素）的成套设备，于 1966 年安装投产。[②]

然而，必须承认的是，由于认识中国农业现代化的本质和规律需要长期的历史过程，也由于当时不利的国际国内环境的影响以及缺乏社会主义建设经验，毛泽东个人主观认识上的偏差和失误，使得他的农业现代化思想存在着某些局限性。因而在指导中国农业现代化的实践中又不可避免地出现了重大失误，这是由于历史条件和个人主观认识的局限造成的。

一方面，毛泽东在农业制度和农业技术方面尤其是农业机械化方面进行了农业现代化的探索，取得了很大的成就；另一方面，由于急躁冒进和忽视了生产力的发展等诸多原因，我国的农业现代化并未达到最初设想的结果。为了实现农业现代化的伟大目标，毛泽东试图通过变革生产关系和发动群众运动来推进农业现代化的进程，先后领导全党和全国人民发动了“大跃进”运动、农村人民公社化运动、农村社会主义教育运动和“农业学大寨”运动等，由于脱离了中国农村的实际，也由于违背了经济发展的客观规律，这些运动并没有像毛泽东所预期的那样极大地促进农业现代化的进程，相反在一定程度上甚至延缓了农业现代化的进程。

从中华人民共和国成立到 1956 年农业合作化基本完成，总的说来，中国农村确实发生了翻天覆地的变化，完成了两次历史性社会变革。不仅实现了“耕者有其田”的民主主义革命目标，而且完成了对于分散落后的农民个体经济的社会主义改造。在这场广大而深刻的社会主义改造运动中，没有引起社会震荡，没有出现毛泽东所担心的牲口大批死亡和粮食减产的

①《当代中国的农业机械化》，中国社会科学出版社 1991 年版，第 36-37 页。
②《当代中国的机械工业》，中国社会科学出版社 1990 年版，第 39-40 页。

情况，相反，粮食连年增产。在集体经济的基础上，办了许多单家独户的个体农民根本办不了的事情，在抗御自然灾害中显示出力量，特别是在全国普遍开展规模不等的农田水利基本建设，为以后农业的发展提供了长期发挥效益的重要物质条件，为实行机械耕作、机械排灌和科学种田，创造了有利条件。这些，都是有着深远影响的。

中国的高级农业生产合作社受到苏联集体农庄的明显影响，这在当时是难以完全避免的。但是，中国的高级社又有不少有别于苏联集体农庄的自己的特点和新的创造，特别是采取了与苏联明显不同的逐步实现合作化的道路，并不是简单照搬苏联的模式。在实现高级合作化这一目标上，中共领导人是没有分歧的，分歧在于后期的发展速度，集中表现在毛泽东与邓子恢之间的争论上。实践证明，毛泽东对邓子恢的批评是错误的，邓子恢在合作化步骤上的逐渐演进的主张是比较符合中国农村实际的。中共中央办公厅 1981 年 3 月 9 日《转发国家农委党组〈关于为邓子恢同志平反问题的请示报告〉的通知》，对邓子恢在农业合作社发展问题上的所谓“错误”，也给予了平反。

回顾和再现毛泽东对中国农业现代化问题的思考和实践，他在理论上所期待的目标与客观实际进程产生了巨大的反差。造成这一反差的原因可以从理论与实践两个层面去分析。

从理论层面看，在 20 世纪 50 年代，毛泽东规划了中国农业现代化的目标、方向，并且提出了实现农业现代化的具体步骤、途径，这些思想体现了他对中国农业现代化发展道路的可贵探索。他的农业现代化思想也存在一定的局限性。首先，体现在对农业的社会主义改造过程中，片面强调农业所有制的变革，认为只要生产资料公有程度提高，农业就能社会化，割断了生产的商品化、社会化、现代化的联系，结果是无论生产资料公有化程度多么高，农业经济不仅走不上现代化的道路，而且也摆脱不了自然经济的封闭、落后的状况。其次，片面地、过高地估计了农村中的资本主义势力，强调发动贫农、下中农向富农和其他资本主义因素作斗争。未能尝试利用农村中的资本主义因素这一“中间环节”去发展农村生产力，严重脱离中国的实际国情，在实践中导致农业经营模式的僵化、农村经济结构的单一，甚至滋生了“一大二公”“平均主义”等观念，制约了农业体制创新。

从实践层面看，毛泽东在引导农民走社会主义道路、推动农业的发展和农业现代化的进程中尽管反复强调要尊重实践，尊重人民群众的创造性，但他在指导中国农业和农村的社会变革中，存在着严重的脱离实际的倾向。片面强调人的主观能动性，以发动群众运动的方式方法去发展农业，照抄苏联农业集体化的做法而脱离中国基本国情。

毛泽东的农业现代化思想和实践，对于我们当前建设社会主义现代化国家和发展现代农业是一笔宝贵的财富，有很多重要的启示。他的许多思想观点，被实践证明完全符合中国农业发展的实际，具有深远的指导意义，可以说奠定了新时期我们党解决“三农”问题的思想理论基础。毛泽东关于农业的社会主义现代化理论，开辟了解决中国“三农”问题的途径；关于农业是国民经济基础的思想，奠定了新时期我们党制定国民经济发展战略的理论基础；关于科学技术是促进农业现代化的动力的思想，揭示了新时期解决“三农”问题的核心问题；关于农业的根本出路在机械化的思想，揭示了新时期大力发展农业生产力的根本途径；关于通过农村工业化来解决农村、农民问题，指明了新时期解决“三农”问题的正确方向；还有农民知识化等。所以，对于毛泽东关于农业现代化思想的合理内核与精辟内容，我们要在建设社会主义新农村的伟大实践中，进行新的发掘与总结。

从毛泽东的农业现代化思想还可以看出我国“三农”问题的由来。当今中国的“三农”问题，是半殖民地半封建社会中国向社会主义现代化中国转变过程中的一个不可回避的课题。由半殖民地半封建社会的农村、农民和农业向现代化的农村、农民、农业转变是一个漫长的渐进的历史过程。当今中国的“三农”问题在过去农村社会两次革命解决的基础上，已经进入了通过发展生产力加以根本解决的阶段。因此，对当今“三农”问题的任何悲观失望和急于求成的心理都是不妥当的。它可以使人们最终明了当今“三农”问题解决的努力方向。这个方向就是农业机械化的方向、农业生产商品化的方向、农业生产管理科学化的方向、农村人口城市化的方向、农村人口知识化的方向。

中华人民共和国成立近70年、改革开放40余年来，我国的农业生产和发展都取得了举世瞩目的成就。中国的国情决定了实现农业现代化是一个漫长的历史过程，需要几代中国人不懈的努力，不可能一蹴而就。当前面临由传统农业到现代农业的转型时期，如何吸取毛泽东农业现代化思想和实践的精髓，探索适合中国国情的实现农业现代化的道路，因地制宜地促进中国农业大发展，使中国农业现代化水平达到新的阶段，是我们长期而艰巨的任务。2010年7月出台的《国务院关于促进农业机械化和农机工业又好又快发展的意见》，进一步彰显了我国实现农业现代化的决心，并指明了发展方向。“意见”明确指出，当前中国正处于从传统农业向现代农业转变的关键时期，加快推进农业机械化和农机工业发展，对于提高农业装备水平、改善农业生产条件、增强农业综合生产能力、拉动农村消费需求等具有重要意义。

2012年党的十八大报告再次强调解决好“三农”问题是全党工作的重中之重，并提出了“四化同步”、城乡一体的战略要求。2004年以来，九个中央一号文件，连续锁定“三农”，构建起强农惠农富农政策体系，农业农村发展进入又一个“黄金期”。2013年第十个中央一号文件继续锁定“三农”，并且确定了加快发展现代农业、进一步增强农村发展活力的主题。加快发展现代农业，应抓住转变农业发展方式、培育新型农民、推进“四化同步”几个关键环节，这无疑也是对毛泽东农业现代化思想的继承和发展。全面建成小康社会，农村是难点；“四化”同步，农业是短板。第十个一号文件继续锁定“三农”，充分体现中央持之以恒强化农业、惠及农村、富裕农民的坚定决心。更好地理解毛泽东的农业现代化思想对于我们理解文件的精神，解决好我国农业、农村、农民“三农”问题，具有举足轻重的作用。

第五章

毛泽东
与工业现代化

工业现代化，是国家富强和人民富裕之根本，是任何一个现代国家都必须经历的发展过程。中国的工业现代化进程是在西方殖民者的枪炮声中被迫启动的。自鸦片战争以来，由于帝国主义侵略和封建专制主义统治，中国逐步沦为半殖民地半封建社会。为摆脱外国列强侵略和封建压迫，挽救国家民族的危亡，近代中国许多志士仁人前赴后继，探索中国工业化强国富民之路，但却一再失败。如果说魏源提出“师夷之长技以制夷”，标志着中国人开始把工业化作为自己奋斗目标的话，那么，直到孙中山在《建国方略》中提出“实业计划”，都没有能找到一条使中国实现工业化的可行之路。于是，历史就把这一重任交给了以毛泽东为代表的中国共产党人。

中华人民共和国成立后，在以毛泽东为核心的第一代党中央领导集体的领导下，中国人民开始了大规模的社会主义工业化建设，经过近三十年的艰苦奋斗，实现了中国工业化的初步目标，建立了一个基本独立的完整的工业体系和国民经济体系，同时也为改革开放后我国经济和社会的迅速发展奠定了坚实的基础。

第一节　工业现代化的发展过程与战略形成

中华人民共和国成立初期，是一个工业基础薄弱的落后的农业大国，毛泽东从当时的实际国情出发，提出优先发展重工业的指导方针，通过

“一五”时期的建设，奠定了工业现代化的初步基础。“以苏为鉴”，从中国的国情出发，调整国民经济，在优先发展重工业的条件下，发展工业和发展农业同时并举。在经受了“大跃进”的严重挫折后，毛泽东对加强农业的基础地位、正确处理国民经济发展中的农轻重三者之间的关系有了更深刻的认识，并逐步形成了“以农业为基础，以工业为主导”的中国社会主义工业化道路。

（一）从国情出发，优先发展重工业，通过“一五”时期的大规模建设，奠定了我国工业现代化的初步基础

中华人民共和国成立初期，我国的工业基础十分落后，主要是一些轻工业，虽然也有些重工业，但大多是帝国主义国家在中国的修理厂和为帝国主义国家提供原料与半成品的矿山和工厂，残缺不全，钢铁工业也极为薄弱，没有真正的机器制造工业，没有现代的国防工业。到1949年，使用机器工业的产值只占整个工农业生产总值的17%左右。[①]从主要工业品的人均占有量来看，中华人民共和国成立前最高年产量为：钢92.3万吨，原煤6188万吨，石油32万吨，电60亿度。按1949年全国人口5.4167亿人计算，人均只有钢1.7公斤，原煤114.1公斤，石油0.6公斤，电11度。

由于工业特别是重工业的落后，交通运输也不发达。1949年，全国铁路营业里程仅有21800公里，火车头要进口，钢轨大部分也从外国输入；公路通车只有80700公里，货运、客运汽车为数很少，而且都是从外国进口的；内河航道只有73600公里，几乎完全没有远洋运输。

经过中华人民共和国成立后三年的恢复，虽然我国的经济有所发展，但到1952年，使用机器的现代工业的产值，也只占工农业生产总值的28%左右，现代工业在工农业生产中所占比重仍不及30%，从总体上说，

①《建国以来重要文献选编》第4册，中央文献出版社2011年版，第604页。

■ 1952年，毛泽东视察新建成的天津塘沽新港。

我国还是一个落后的、贫穷的农业国。试想，在这种情况下，如果我们不重点发展钢铁、机器制造、能源和化学等重工业，现有的一点轻工业由于得不到新的装备，会一天天地破败下去；农业由于得不到新式农具和农业机器，没有化学肥料，粮食的增产也是困难重重；交通运输也会停留在现有的破旧和封闭半封闭状态上。这样，整个经济的正常运转都将很困难，从何发展呢？

党中央和毛泽东在制定"一五"计划时，通过对苏联和资本主义国家发展工业化的道路进行比较，特别是对我国的经济、政治以及所处的国际环境诸多方面因素的反复权衡和深入讨论之后，明确提出"重工业是我国建设的重点"，认为我国进行工业化建设，必须优先发展原材料、能源、机械制造等重工业，这是根据我国的具体国情所做出的正确选择。

当时，有人提出可以从外国进口设备和原料，但这是不可能的。一是我们没有足够的资金，由于我们的经济基础差，没有能力购买重工业设备和原料。二是美国等西方国家也不会援助我们，这一点，毛泽东在《论人民民主专政》中已经明确指出。由于意识形态的冲突，特别是朝鲜战争爆发后，从 1950 年 10 月起，美国等西方资本主义国家先后对我国实行贸易禁运和技术封锁，实行各种歧视政策，并从政治上孤立我国。我们无法从西方国家取得援助和支持。三是完全靠苏联等社会主义国家支援也不现实。这一方面是因为苏联等国本身也要进行经济建设，无力进行大规模的援助，在“一五”时期，苏联等国虽给予了大量的无私的援助，但其援助的 5.2 亿卢布 (约 3 亿美元) 也只占整个建设资金的 1%。另一方面，当时我国的人口太多，近六亿人，比苏联的人口多两倍，让苏联搞重工业，我们搞轻工业，苏联是担负不起的。

关于这一点，周恩来在全国政协第四十九次扩大会议上作总结发言时，说得更清楚、更具体。他说：毛主席说过，我们的国家在政治上已经独立，站起来了，但要完全独立，就要实现国家工业化，否则还要依靠人家。工业不发展，甚至已经独立了还有可能变成人家的附庸……对于社会主义国家，我们能否存依赖心理？譬如说，苏联搞重工业、国防工业，我们搞轻工业，这样行不行呢？若是一个小国家，是可以的。但我们是一个近六亿人口的大国，地下资源很丰富，如果不努力建设工业，特别是建设重工业，那就不敢设想了……他还指出：如果说我们的兄弟国家重工业有基础，让它们搞重工业，我们搞轻工业，这样的分工是不可能的，这不等于让苏联背上一个比它更重的包袱？我国的人口是 5.8 亿，比苏联的人口多两倍，苏联怎么能担负得起呢！我们不应该这样想，苏联也不希望我们这样，它希望我们也成为一个强大的工业国，而且是有重工业的国家。这样，才能满足共同发展经济的愿望，才能团结得更坚强更强大。发展重工业才能使我们的国家工业化。这一个道理，连资产阶级都懂得。在两三百年以前，资产阶级革命时期，凡是能站起来的像样的资本主义国家，如英国、法国、美国、德国，都搞了重工业。当然，现在的国际形势变化了，有些原来是工业发达的国家也依靠美国了。但资产阶级革命时期它是走这一条路的。我们处在社会主义革命时期，应该走更近的路，因为我们是社会主义工业化，集体力量就更大，更有计划，这是资本主义国家做不到的……有了重工业以后，才能使国防现代化。经过抗美援朝战争，我们的国防力量强大起来了。

可是，我们还不能制造一架飞机、一辆坦克、一门高级的炮（如一五二加农榴弹炮、一三零海岸炮）。在运输上，我们自己也还不能制造一辆汽车。你们曾经在工业展览会上看到有一辆汽车，那是人家的料子，我们装配的，不是我们自己真正制造的。既然我们不能制造一辆坦克、一架飞机、一门高级的大炮和一辆汽车，那我们的国防力量怎么能算强大呢？我们的这些东西都是从苏联购入的，这就先天让苏联在国防上还要背这么一个大包袱。这也是不应该的。我们要自己生产这些东西，就要搞重工业。因此，我们要首先集中力量来发展重工业。这样才能建立国家工业化、国防现代化的基础。这是不可动摇的。

当时，也有一些工商业者提出了国家与私营工商业分工合作，分别搞重工业和轻工业的观点，这也是不现实的。这不但与社会主义过渡时期总路线是不相容的，违反了建立社会主义经济的方向，而且在具体的经济利益上也是不可取的。1953 年 8 月，毛泽东在全国财经工作会议上指出："在恢复和发展生产的问题上，必须确定：国营工业生产第一，私营工业生产第二，手工业生产第三。"为此毛泽东还批评了"新税制"的做法。陈云当时就指出："现在有些资本家有这样的想法：政府搞重工业，他们搞轻工业，政府接原料工业，他们搞制造工业，包袱都要你背，他们赚钱，我们当然不能这么办。"[①] 因此，试图划分投资经营范围也是不可能的。

我们究竟要不要实行优先发展重工业的方针，对此，也许最有发言权的是落实执行计划过程的人。当时身为建委主任的薄一波在 1956 年 6 月 28 日写给中央的《目前重工业生产中的几个重要问题》的报告就明确谈到了日益显现的优先发展重工业的重要性："我国原有工业基础十分落后，在国民经济建设全面展开的情况下，各工业部门在供需和生产协作配合上，呈现一种日益紧张的形势。突出表现在：地质工作薄弱；煤、电、油供应紧张；钢铁、有色金属、基本化学、建筑材料等产品，数量不足，品种不够，

①《陈云文选》第 2 卷，人民出版社 1995 年版，第 136 页。

规格不多，质量不高；机械工业尚处在由修配到独立制造的转变过程中，还谈不到以最新技术装备国民经济各部门的任务。”事实胜于雄辩，薄一波在报告中陈述了这些事实之后，向党中央明确提出：“上述问题的解决，直接关系到‘一五’计划的完成。”可以肯定地说，无论在“一五”时期，乃至以后一个相当长的时期内，如果没有钢铁、有色金属、机械制造、能源、交通等重工业的建立和发展，要想大力发展轻工业，要使工业给农业以更大的支持，是办不到的。[①]

作为世界上第一个社会主义国家，苏联通过优先发展重工业，取得了工业现代化建设的巨大成功。无疑，对于同样是社会主义国家的中国来说，苏联榜样的感召作用是巨大的，在当时的情况下，“苏联过去所走的道路正是我们今天要学习的榜样”[②]。

西方资本主义国家一般是从发展轻工业开始，经过漫长的资本原始积累阶段，花了50~100年的时间，才逐步实现了工业化的。但处在20世纪20年代的苏联由于国际政治环境的影响，走这条工业化道路是绝对行不通的。这是因为：第一，苏联当时还是一个经济比较落后的大国，重工业基础薄弱，尤其是矿山、冶金、运输机械和机器制造业等重要工业部门数量少，生产技术落后，在国民经济中所占的比例小，给整个国民经济的技术改造和扩大再生产都带来了困难。第二，西方资本主义国家通常是用掠夺殖民地、发动侵略战争、向战败国索取赔款的办法来积累资金，实现工业化的。苏联是社会主义国家，显然不能用上述办法来积累工业化所需要的资金。第三，更主要的是当时的苏联是世界上唯一的社会主义国家，从其诞生时起就处在世界资本主义的包围之中，帝国主义不但在军事上采取各种方式向苏联发起攻击，而且在政治上孤立、经济上封锁苏联，这一切都不允许苏联以缓慢的速度来实现工业化，必须加速扩展自己的经济实力，使自己成为一个具有牢固基础的工业和军事强国。

① 薄一波：《若干重大决策与事件的回顾》上卷，中共中央党校出版社1991年版，第292-293页。
②《建国以来重要文献选编》第4册，中央文献出版社2011年版，第607页。

苏联实行新经济政策，到1925年，工农业生产基本上恢复到战前的水平，这年的12月，联共（布）第十四次代表大会通过决议，确立了优先发展重工业来开始进行经济建设的社会主义工业化方针。斯大林在1931年的一次演说中说：苏联比西方先进国家落后50~100年，但只用10年时间就跑完人家一个世纪才走完的路程。由于采取优先发展重工业的方针，苏联从一个落后的农业国变成了一个强大的社会主义工业国，这个成就是举世公认的。在头几个五年计划中，苏联经济的各项指标都是相当高的，工业生产以15%左右的年平均增长速度发展，这在世界历史上是前所未有的。而且，正是在苏联第一个五年计划时期，西方资本主义世界爆发了空前的经济危机，许多国家由此走上了穷兵黩武的法西斯道路。两种制度，两个世界，一个埋头建设，蓬勃向上，一个矛盾重重，相互争斗，形成了鲜明的对照，这种对照的影响力是不言而喻的。

我国在工业化建设的初期，与苏联有许多相似的情况：一是国家经济基础薄弱。实际上，比起苏联来，我国的基础更差。二是周边局势紧张。美国等西方国家在支持蒋介石发动内战失败后，对中华人民共和国仍采取敌视态度，朝鲜战争爆发后，更是公开对抗。与此同时，美国还派兵霸占着我国的领土台湾，干涉我国的内政。国内暗藏的一些反革命分子也蠢蠢欲动。这一切都使得我们迫切需要发展重工业和军事工业来巩固国防力量。三是由于我国长期遭受帝国主义的欺压，人民强烈要求摆脱殖民地、半殖民地经济的羁绊，取得经济上、政治上的独立。而“没有动力工业、钢铁工业、机器工业和化学工业等重工业，国家的经济就不能完全独立”①，“经济上不能独立，国防不能巩固，帝国主义国家都来欺侮我们，这种痛苦我们中国人民已经受够了。如果现在我们还不建立重工业，帝国主义是一定还要来欺侮我们的”②。因此，同样作为社会主义国家，“采用社会主义工业化的方针，从重工业建设开始”，已成为中国工业化建设的必然选择，

① 1953年9月11日，周恩来在全国政治协商会议第四十九次会议上的讲话。
②《建国以来重要文献选编》第4册，中央文献出版社2011年版，第606–607页。

“我国实现国家的社会主义工业化，正是依据苏联的经验从建立重工业开始”[1]。

所有这一切都说明，我国的社会主义工业化建设首先必须是发展重工业。

在确立优先发展重工业方针的同时，中共中央宣布从1953年开始实施第一个五年经济建设计划。实际上，在中共中央于1951年2月发出《政治局扩大会议决议要点的党内通报》中，提出“三年准备，十年计划经济建设”思想时，编制“一五”计划的工作就已经开始了，当时成立了由周恩来、陈云、薄一波、李富春、聂荣臻、宋劭文等六人组成的“一五”计划编制领导小组。

1952年5月，中央财经委员会召开全国财政会议，比较详细地研究了第一个五年计划，李富春在会上报告了“一五”计划的指导思想。他说，建设的重点应放在重工业，尤其是钢铁、燃料动力、机械、军工、有色金属和化学工业上。[2]同年8月，中财委颁发了《关于编制五年计划轮廓的方针》及《中国经济状况和五年建设的任务及附表》，提出五年建设的方针是：工业建设以重工业为主，轻工业为辅。农业、轻工业、交通围绕重工业这个中心，按实际需要和人力物力可能来发展。五年计划的主要指标为：工农业总产值增长78%，工业总产值增长156%（即每年递增20%强），其中生产资料增长230.5%（即每年递增27%）。[3]

1952年12月22日，中共中央发出了《关于编制1953年计划及五年建设计划纲要的指示》，要求编制计划在贯彻执行中央的“边打、边稳、边建”的方针的基础上，要突出重点，把有限的资金和建设力量，首先保证重工业和国防工业的基本建设，特别是那些对国家起决定作用的、能迅速增强国家工业基础和国防力量的主要工程。

①《建国以来重要文献选编》第4册，中央文献出版社2011年版，第607-608页。

②《中华人民共和国国民经济和社会发展计划大事辑要（1949—1985）》，红旗出版社1987年版，第27页。

③《中华人民共和国国民经济和社会发展计划大事辑要（1949—1985）》，红旗出版社1987年版，第29页。

■ 1954 年 9 月，毛泽东在第一届全国人民代表大会第一次全体会议上致开幕词，号召全国人民为建设一个工业化的具有高度现代文化程度的伟大社会主义国家而奋斗。

随着苏联援助我国项目的基本确定，特别是有关项目的设计和设备安装的时间也大致安排好的情况下，1954 年 4 月，中共中央调整成立了以陈云为组长的八人小组，开始了“一五”计划最后的全面编制工作。这样，在毛泽东和党中央的直接指导下，经过中财委、计委和文教各部等共同努力，前后经过四年的时间，五易其稿，到 1954 年 10 月，“一五”计划草案终于制定出来。此后，又经过各地区和各部门的讨论和修改，1955 年 3 月 31 日，党的全国代表会议讨论并通过了“一五”计划草案。7 月 30 日，全国人大一届二次会议审议通过了《中华人民共和国发展国民经济的第一个五年计划》，并下达各地和各部执行。

“一五”计划提出了五年建设的基本任务是：“集中主要力量进行以苏联帮助我国设计的 156 项建设单位为中心的、由限额以上的 694 个建设单位组成的工业建设，建立我国的社会主义工业化的初步基础；发展部分集体所有制的农业生产合作社，并发展手工业生产合作社，建立对于农业和手工业的社会主义改造初步基础，基本上把资本主义工商业分别地纳入各种形式的国家资本主义的轨道，建立对于私营工商业的社会主义改造的基础。”

苏联援助的“156项工程”是“一五”计划的核心，后来实际施工的为150项，其中在“一五”时期施工的有146项。这150项施工项目的构成是：冶金工业企业20个，其中钢铁工业7个、有色金属工业13个；机械加工企业24个；能源工业企业52个，其中煤炭工业和电力工业各25个、石油工业2个；军事工业企业44个，其中航空工业12个、电子工业10个、兵器工业16个、航天工业2个、船舶工业4个；轻工业和医药工业各3个。

不难看出，苏联援建的这些项目，主要是根据优先发展重工业的方针，帮助我国建立比较完善的基础工业体系和国防工业体系的骨架，奠定我国工业化的初步基础。

为了完成“一五”计划的各项任务，国家投入了大量的资金，在五年内，全国经济建设的支出总数为766.4亿元，折合黄金7亿两以上。属于基本建设投资的有427.4亿元，工业部门占了248.5亿元，为总数的58.1%，

■ 1955年3月21日，毛泽东在中国共产党全国代表会议上致开幕词。这次会议原则通过发展国民经济的第一个五年计划草案。

其中，作为国家建设重点的冶金工业和机械工业累计完成投资85亿元，占同期整个工业基本建设投资总额的34%左右，占重工业投资的40%左右；其中冶金工业完成投资46.6亿元，机械工业完成投资38.47亿元。按照“一五”计划的规定，工业不仅在基本建设投资总额中占了大部分，而且在限额以上和限额以下的建设单位中也占了很大比重。“一五”期间，全部限额以上的基本建设单位共有1600个，其中工业占694个，为总数的43.4%；限额以下的建设单位为6000多个，其中工业方面的约有2300个，约为总数的38.3%。

通过“一五”时期的大规模建设，极大地改变了旧中国国民经济的技术面貌和部门结构，过去所没有的一些重要工业部门，包括飞机、汽车制造业、新式机床制造业、发电设备制造业、冶金和矿山设备制造业，以及高级合金钢、重要有色金属冶炼业等，都从无到有地建立起来了。数量众多的重要建设项目的投产，大大促进了许多重要工业产品生产能力的增长，其中：铁的年产能力为575万吨；钢为610吨；原煤为9310万吨；载重

■ 1958年5月，毛泽东观看并试坐了长春第一汽车制造厂生产的“东风”牌轿车。

汽车为 9 万辆；拖拉机为 15000 辆；化学肥料为 91 万吨；水泥为 360 万吨；棉纺锭为 1890 万枚；机制纸为 56 万吨；机制糖为 56 万吨；发电 (以发电机容量计算) 为 246.9 万千瓦；天然石油为 131.2 万吨；人造石油为 52.2 万吨；硫酸为 32.3 万吨；合成氨为 13.7 万吨；金属切削机床为 13549 台。除了少数产品以外，大部分产品的新增生产能力都超过了计划规定的指标。旧中国只能生产 100 多种碳素钢，到 1957 年，生产钢材已达 4000 种，钢材的自给率达到 86%。过去不能生产的钢轨、无缝钢管、各种大型钢材、薄板和合金钢等，均已开始生产。

经过"一五"时期的建设，工业总产值占工农业总产值的比重，由 1952 年的 43.1% 上升到 1957 年的 56.7%；现代工业产值占工业总产值的比重，由 64.2% 上升到 70.9%，主要生产生产资料的重工业在全部工业中的比重由 35.5% 上升到 45%；与此相对应，主要生产消费品的轻工业比重由 64.5% 下降到 55%。在重工业中，采掘工业和原料工业有了进一步的发展，特别是制造工业得到了加强。"一五"期间，采掘业和原料工业生产大大增长了，但比重下降了。采掘工业的比重由 1952 年的 15.3%下降到 1957 年的 13.1%，原料工业的比重由 42.8%下降到 39.5%，制造工业的比重由 41.9% 上升到 47.4%。其中生产机器的机械工业由 31.9%上升到 37.7%。改变了旧中国留下的那种工业主要是提供燃料和原材料，机械工业主要是从事修配的畸形发展状况。

同时，社会主义性质的或基本上是社会主义性质的工业在全部工业中占了主要地位。社会主义国家所有制工业产值占工业总产值的比重，由 1952 年的 41.5%上升到 1957 年的 53.8%，社会主义集体所有制工业产值的比重由 3.3%上升到 19%，基本上是社会主义性质的公私合营工业产值由 4%上升到 26.3%，资本主义私营工业产值的比重则由 30.6%下降到 0.1%，个体工业产值的比重由 20.6%下降到 0.8% [①]。

上述情况表明，通过以重工业为中心的建设，奠定了我国工业现代化

① 王海波：《新中国工业经济史》(1949.10—1957)，经济管理出版社 1994 年版，第 562-566 页。

的初步基础，为国民经济进行技术改造提供了物质技术基础。这也进一步表明毛泽东和党中央确定的优先发展重工业的方针是正确的。

（二）“以苏为鉴”，从中国的国情出发，调整国民经济，在优先发展重工业的条件下，发展工业和发展农业同时并举

从1953年起，“一五”计划开始实施，我国开始了全面工业化的进程。按照优先发展重工业的战略，我国开展了大规模的工业化建设，取得了巨大的成就。工农业总产值平均每年递增11.9%，其中工业18%，农业4.5%，轻工业12.9%，重工业在工业总产值中的比重由1952年的35.5%提高到45%。1956年，我国工业产值达到642亿元，在工农业生产总值中达到51%，第一次超过农业产值。这是中国生产力发展历史上的一个转折，说明大规模的工业建设开始后，我国由传统的农业社会向工业化社会转型的趋势已经形成并将不断推进。应当说，这种以发展重工业为中国工业化起点的指导思想是符合中国当时实际情况的。

毫无疑问，苏联的工业化道路是社会主义的工业化道路，它从本质上体现了工业化与社会主义化的一致性。1953年确定中国工业化的任务时，因为没有经验，“在经济建设方面，我们只得照抄苏联，特别是在重工业方面，几乎一切都抄苏联，自己的创造性很少”[①]。但在当时的情况下，学习苏联的经验是不可避免的。这是因为，一方面，以美国为首的西方国家对我国进行了全面的封锁和禁运，我们无法向西方资本主义国家学习并取得援助；另一方面，也是更主要的，苏联经过20多年的建设，不但有丰富的经验，而且经济技术也达到了相当高的水平，特别是在当时的情况下，作为同是社会主义阵营的国家，苏联从各个方面都给予了我国无私的援助和指导。

①《毛泽东文集》第8卷，人民出版社1999年版，第305页。

但毋庸讳言，由于没有经验，第一个五年计划基本上都是照搬苏联的办法，许多弊端逐渐暴露出来。片面发展重工业造成资金材料紧张、日用商品奇缺，市场紧张，人民生活需要的许多消费品都出现了严重的供不应求现象，1953 年和 1955 年都出现了粮食风波。

对于这种情况，毛泽东认为“这在当时是完全必要的，同时又是一个缺点，缺乏创造性，缺乏独立自主的能力”[①]。毛泽东对此“总觉得不满意，心情不舒畅”。1956 年我国社会主义改造基本完成，初步建立起了社会主义的基本制度。此时苏共二十大揭露了苏联社会主义建设中的严重问题，毛泽东指出，“最近苏联方面暴露了他们在建设社会主义过程中的一些缺点和错误，他们走过的弯路，你还想走？过去我们就是鉴于他们的经验教训，少走了一些弯路，现在当然更要引以为戒”[②]。因此，毛泽东得出了“以苏为鉴”的理性认识，开始探索适合中国具体国情的工业化道路。

毛泽东强调向外国学习，但必须有分析有批判地学，必须与中国具体实践相结合。“即使是好的经验，也不一定同别的国家的具体情况相适合。照抄是很危险的，成功的经验，在这个国家是成功的，但在另一个国家如果不同本国的情况相结合而一模一样地照搬就会导向失败。照抄别国的经验是要吃亏的，照抄是一定会上当的。这是一条重要的国际经验。”[③]“任何外国的经验，只能作参考，不能当作教条。一定要把马克思列宁主义的普遍真理和本国的具体情况这两个方面结合起来。”[④]

毛泽东对苏联问题做了实事求是的分析和总结：苏联优先发展重工业的工业化道路，在实践中取得了显著成绩，也是符合苏联当时的社会经济条件的。但苏联后来“过分强调了重工业的优先增长，结果在计划中把农业忽略了”[⑤]，片面强调优先发展重工业，忽视轻工业，更忽视农业，从

①《毛泽东文集》第 8 卷，人民出版社 1999 年版，第 305 页。
②《毛泽东文集》第 7 卷，人民出版社 1999 年版，第 23 页。
③《毛泽东文集》第 7 卷，人民出版社 1999 年版，第 64 页。
④《毛泽东文集》第 7 卷，人民出版社 1999 年版，第 133 页。
⑤《毛泽东文集》第 8 卷，人民出版社 1999 年版，第 121 页。

而致使人民必需的日用消费品非常奇缺；片面强调增加积累，忽视群众消费和群众利益，尤其是农民的利益。关于中国的国情，毛泽东抓住了突出的两点：第一，中国人口多，我们做计划、办事、想问题都要从我国有几亿人口这一点出发；第二，中国社会主义建设的基础是“一穷二白”，要谦虚谨慎。因此，他提出了独立自主的方针，“中国的面貌，无论是政治、经济、文化，都不应该是旧的，都应该改变，但中国的特点要保存。应该是在中国的基础上面，吸取外国的东西”。[①] 正是基于这种思想，毛泽东在对苏联传统模式进行批判性分析和审视我国社会主义工业化中问题的基础上，从实践中形成了一套适合我国国情的做法。

1955 年 7 月，毛泽东在中共中央召开的省、市、自治区党委书记会议上的讲话中指出：农业合作化后，可以促进农业生产的发展，从而为工业

■ 1956 年，毛泽东视察南京无线电厂，仔细询问生产流程。

①《毛泽东文集》第 7 卷，人民出版社 1999 年版，第 121 页。

发展提供更多的原料、资金、劳动力和市场，另一方面随着工业化的发展，国家可以从农业机械、运输工具、化学肥料、电力和资金等多方面支援农业，由此，他提出：“我们对于工业和农业、社会主义的工业化和社会主义的农业改造这样两件事，绝不可以分割起来和互相孤立起来去看，绝不可以只强调一方面，减弱另一方面。”他特别强调：“为了完成国家工业化和农业技术改造所需要的大量资金，其中有一个相当大的部分是要从农业方面积累起来的。”

1955 年底至 1956 年初，毛泽东去南方部分省市做调查研究回京后，听薄一波说刘少奇正在听取一些部委的汇报，毛泽东非常感兴趣，于是他前后花费两个多月的时间，逐个认真地听取了中央工业、农业、运输业、商业、财政等 34 个部委的汇报，之后提出了《论十大关系》。在《论十大关系》中，毛泽东首先从中国的实际出发，提出要正确处理重工业与农业、轻工业的关系。

1957 年 1 月，毛泽东在全国省市自治区党委书记会议上的讲话中进一步指出：“在一定意义上可以说，农业就是工业。”他号召大家重视农业，工业部门要面向农业，支援农业。在这次讲话中，他从农业提供粮食、工业原料、市场、资金、出口创汇和积累等方面具体阐述了农业在整个国民经济发展中的重要作用。

这里，我们可以清楚地看出，毛泽东在领导我国工业化建设时，并不是纯粹从工业的角度出发，而是联系农业来进行工业化，反复强调发展农业对于加快工业化进程的极端重要性。他依据我国的具体情况，确定了在优先发展重工业的条件下，工农业同时并举的方针。

实际上，当时党中央的一些领导同志都重视农业生产的恢复和发展，重视农业对工作化的重要基础作用，这已经在全党达成共识。

还在中华人民共和国成立前夕召开的全国工会工作会议上，周恩来就指出：“我们要恢复生产，首先就得恢复农业生产……农业生产提高了，原料增加了，工业生产就更有基础。”①

刘少奇在中华人民共和国成立初期召开的第一次全国宣传工作会议上说：“我们的建设方针是什么？工业农业都要发展。现在首先要恢复和发展农业。发展农业才有原料和粮食，工业才有市场。”②在春耦斋的讲话中，他再次解释了先发展农业、轻工业的必要性。他说：“因为农业是工业的基础，没有很好的农业，工业就没有基础。如果农业不发展，工业的发展就不大。还因为人民生活要迅速提高一步。要迅速提高人民生活，就要发展农业和轻工业。巩固人民民主专政，改善人民生活是个重要问题。要依靠农业来积累工业的资金。”我们不能采用帝国主义靠掠夺殖民地、赔款、借款、剥削来积累资金建立重工业，我们“筹集重工业资金的办法，就是在提高人民生活的基础上要求人民节省，再加上少数向苏联等国家的贷款”。因为，“农业是工业的基础，农村是工业的市场，依靠农业发展提高人民生活水平，依靠农业积累资金。我们要先发展农业。”③

陈云在七届三中全会上也强调指出：“中国是个农业国，工业化的投资不能不从农业上出主意。搞工业投资，必须拿出一批资金来，不从农业上出主意，这批资金转不过来。但是，也绝不能不照顾农业，把占国民经济将近 90% 的农业放下来不管，专门去搞工业……我们是要在粮食、棉花上打算盘。中国从大清帝国开始，就从外国买棉花、粮食、石油，现在我们如果还把外汇都用来买这些东西，哪里有钱买机器搞工业建设？要先解决棉花、粮食的问题。”④

毫无疑问，在当时的情况下，在我们这样一个经济基础落后的国家进行大规模的工业化建设，在有限的财力和物力范围内，用在重工业上的资金多了，很自然地用在农业、轻工业上的资金必然就会少了，反之亦然。而且，这种情况还将在一段时间内持续下去，也就是说，在整个工业化建

①《周恩来选集》上卷，人民出版社 1980 年版，第 361 页。
②《刘少奇论新中国经济建设》，中央文献出版社 1993 年版，第 181 页。
③《刘少奇论新中国经济建设》，中央文献出版社 1993 年版，第 204-205 页。
④《陈云文选》第 2 卷，人民出版社 1995 年版，第 97-98 页。

设过程中，重工业同农业、轻工业争资金、争物资的现象会时有发生。如何处理好它们之间的关系就显得尤为重要。从一个较短的时期来看，用前一种办法也会使重工业有所发展，甚至是很快发展，苏联工业化初期的实践就产生了这种效果。但是这种方式本身也潜含着内在的矛盾，事实上变成了打击和牺牲农业、轻工业。从长远来看，农业、轻工业的长期停滞不前，会阻碍重工业的发展，当时的苏联就已经产生了这种困境。因此，毛泽东说几十年后算起来划不来，而且基础不稳固，后患无穷。如果用后一种办法，多发展轻工业和农业，似慢实快，因为发展农业、轻工业和加速发展重工业之间是内在统一的。毛泽东以一个伟大战略家的远大目光，有力地指导了我国工业化建设的发展。

（三）经过"大跃进"的挫折后，毛泽东进一步认识到农业基础地位的重要性，提出了"以农业为基础，以工业为主导"的总方针，标志着"中国工业化的道路"正式形成

为了正确处理重工业和农业、轻工业的关系，毛泽东反复强调在优先发展重工业的同时，要重视农业和轻工业的发展，重视农业的基础地位。但是，究竟如何来安排农轻重的比例，处理好各种经济关系，却是一个相当复杂的问题，尤其是我们缺乏经济建设和管理经济的经验，为此，毛泽东和其他中央领导同志通过实践进行了认真的探索。

苏联在"一五"期间，重工业与轻工业的投资比例为9：1，我国在"一五"计划中规定为8：1，较好地处理了两者的关系，但各部在编制第二个五年计划中工业投资要求过大，进一步挤农业投资；在工业投资中，重工业各部的胃口又特别大，又挤轻工业。按照各部编制的"二五"计划草案汇总，工业全部投资中，重工业投资占91.5%，轻工业投资只占8.5%，重工业与轻工业的投资比例将扩大到11：1。计委认为，由于我国现代工业在国民经济中所占的比重很小，重工业的基础更是薄弱，因此，当时坚持以重工业建设为中心是正确的，但过分突出重工业，脱离合理的比例关系，

将会产生不良的后果，对此，苏联、东欧一些国家已有这方面的教训。例如，匈牙利“一五”期间，重工业与轻工业投资比例为 10 ：1，结果不得不中途改变计划。捷克斯洛伐克原计划 1953 年的平均工资比 1948 年提高 35%，后因为重工业比例过重，1953 年的实际工资水平反而比 1948 年还低。①

对此，毛泽东明确指出，东欧的教训值得我们注意，既要重工业，又要人民，我们搞工业化，搞社会主义，就是为人民谋长远利益。你不关心人民的利益，让人民过分地束紧了裤带，重工业搞起来还得停。

在听取轻工业部和纺织工业部的汇报时，毛泽东要求他们放开手脚，大力发展，他批评说：“你们野心不大，斗争性不强”，“王道太多，霸道太少，像小媳妇不敢斗争。”他特别强调：“重工业部门都积极抓，你们也要积极搞。你们有理由，要有些霸道。”此后不久，他对主管经济工作的同志说：如果你们再不重视农业和轻工业的发展，我就要把“重轻农”的次序改为“农轻重”！②

周恩来在八届二中全会上作的关于 1957 年国民经济计划的报告中也专门提出了有关农、轻、重的比例问题。他说：“农、轻、重的比例究竟如何才恰当？现在还不可能回答得很完满，必须经过多次反复摸索，才能使这三者的比例安排得比较恰当。一个时候恰当了过一个时候还要修改。”③周恩来具体分析说，“一五”计划所定的农、轻、重的各项指标基本上是正确的，大体上也是符合当时情况的，但 1955 年和 1956 年的计划部分地发生了偏低或者偏高的缺点，造成了工作上的一些困难。1955 年有些部门和地方在工业建设上到处铺摊子，造成了财政上的困难；1956 年在执行《1956 年到 1967 年全国农业发展纲要（草案）》时，又发生了冒进的偏向，有些部门和地方企图把 7 年或者 12 年才能做完的事情，急于在三年、五年甚至一两年内做完，造成了某些农具的生产过量而积压。为此，周恩

① 薄一波：《若干重大决策与事件的回顾》上卷，中共中央党校出版社 1991 年版，第 474 页。
② 薄一波：《若干重大决策与事件的回顾》上卷，中共中央党校出版社 1991 年版，第 294 页。
③《周恩来选集》下卷，人民出版社 1984 年版，第 231-232 页。

来指出要根据需要和可能，使重点建设和全面安排相结合，正确处理好农、轻、重等各种比例关系。

陈云在向中央汇报“一五”计划的情况时也指出：重工业、轻工业和农业等“各生产部门之间的具体比例，在各个国家，甚至一个国家的各个时期，都不会相同的。一个国家，应根据自己当时的经济状况，来规定计划中应有的比例。究竟几比几才是对的，很难说。唯一的办法只有看是否平衡。合比例就是平衡的；平衡了，大体上也会是合比例的”。因此，一定要遵守按比例发展的法则。陈云专门分析了当时的农业、轻工业和重工业的生产。他说，“一五”时期农产品的供需是紧张的，“农业生产同工业建设和人民生活的需要相比，即使完成计划，也是很紧张的”。在目前的情况下，应主要通过开荒、修水利、合作化等方法增产。因为，对农业的投资已经不少了。当然，“对农业，可以准备几个后备计划，争取在年度中增加投资”。[①]轻工业的增产，主要不是增加投资的问题，而是原料的问题。重工业存在的问题是国防工业突出，石油工业落后，煤电紧张，而这种状况目前还无法改变。铁路运输是紧张的，由于投资所限，修建铁路应首先保证重点工程建设的需要。他具体提到了四大比例、三大平衡。四大比例是：农业与工业的比例、轻重工业之间的比例、重工业各部门之间的比例、工业发展与铁路运输之间的比例。三大平衡是：财政收支平衡、购买力与商品供应之间的平衡、主要物资的供需平衡。此外，他还强调了技术力量的供需平衡。在平衡问题上，他提出有多少钱办多少事。有钱不用，是保守，妨碍建设；但财政收入不能分光，要保留一定数目的预备费，以应急需。购买力和商品供应之间有一定的差额，除了增加生产、适当进口原材料弥补外，应适当调整工农业产品的价格，烟、酒、糖等消费品可以涨点价，某些农产品可以降点价。主要物资的平衡要努力搞，但为了保持外汇的收支平衡，应压缩不必要的进口。

---

①《陈云文选》第2卷，人民出版社1995年版，第237-239页。

薄一波后来在党的“八大”讲话中，根据“一五”建设的经验，总结出了“二、三、四比例”关系，即：国民收入中积累部分的比重(即积累率)不低于20%，或者略高一点；国民收入中的国家财政预算收入的部分不低于30%，或者略高一点；国家预算中基本建设支出的部分不低于40%，或者略高一点。

应该说，提出和总结的这些基本经验和国民经济的比例关系，是符合我国当时的实际情况的，也对以后的经济建设产生了有益的指导作用。

然而，正确的理论在实践中的运用和发展往往需要一个过程，因为实践的发展并非想象的那么一帆风顺。以加速工业化建设为初衷的“大跃进”，由于“左”倾思想的影响，最终却以农轻重等国民经济比例关系严重失调、经济陷入困境而告终。为此，1959年7月，中共中央在庐山召开了扩大的政治局会议，要求纠正实际工作中的“左”的错误。在此前召开的中央会议上，毛泽东明确指出，“大跃进”的主要缺点是对农业、轻工业和重工业等的综合平衡重视不够，破坏了有计划按比例地发展国民经济。他说：“不晓得讲了多少年的有计划按比例发展，就是不注意，横直是一样，就是高炉、平炉、小高炉、小转炉，各个工业部的联系，重、轻、农的联系，就没有顾到。”“说了两条腿走路、并举，实际上还是没有兼顾。在整个经济中平衡是个根本问题，有了综合平衡，才能有群众路线。”“现在是6月13号，今年还可以抓7个月，这7个月就要搞平衡。”“有三种平衡：农业内部农、林、牧、副、渔的平衡；工业内部各个部门、各个环节的平衡；工业和农业的平衡。整个国民经济的比例关系，是在这些基础上的综合平衡。”

在谈到会议需要讨论的18个问题时，毛泽东再次指出：“过去是两条腿，去年丢掉一条，重挤掉农、轻，也挤掉了商。过去安排是重、轻、农，这个关系要反一下，现在是否提农、轻、重？”“农、轻、重问题，把重放到第三位，放它四年，不提口号，不作宣传。”这样并不违反马克思主义，这样还是优先发展生产资料的原则。农业中也有生产资料，重工业是不会放松的。“过去陈云同志提过：先市场，后基建，先安排好市场，再安排基建。黄敬同志不赞成。现在看来，陈云同志的意见是对的。要把衣、食、住、用、行五个字安排好，这是六亿五千万人民安定不安定的问题。”①他具体举出辽宁省的例子说，这个省的工业很多，城市人口已经占全省人口的1/2。过去因为总是把工业放在第一位，没有同时注意大力发展农业，结果本省的农业不能保证给城市粮食、肉类、蔬菜的充足供应，总是要中央从外省往那里运粮，运肉类，运蔬菜，这当然不利于经济的发展。②

据此，毛泽东提出了按照农轻重的次序安排国民经济计划的思想。他说，之所以出现国民经济综合平衡被打破的情况，主要是套用了苏联那种优先安排重工业再安排轻工业、农业的办法造成的。他以“一五”计划时期的1956年为例，由于当年基本建设规模过大挤了生产，结果市场供应很紧张，人民生活也产生了许多困难。他说这个安排就是以重工业为主，轻工业和农业放在其次。也就是说，给轻工业和农业多少钱和物要看安排重工业以后有没有剩余和剩余多少，这样一来，轻工业和农业的需要当然就不容易保证了。所以，他提出今后要采取另一种办法，制定国民经济计划时，先搞农业和轻工业，再搞重工业。

毛泽东解释说，先搞轻工业、农业，是指以发展农业为出发点，在分配资金、物资和劳动力时，先安排农业，再安排保证市场供应的轻工业，然后根据农业、轻工业的情况，安排重工业的规模和速度。而在安排重工业生产时，又要首先安排好同农业、轻工业有关的机器、化肥、农药、建筑材料、燃料、动力、运输工具等生产资料的生产，使工业的发展建立在可靠、稳固的基础上。当然，这样做并不是说农业和轻工业的发展不受制约，而是说要保证农业和轻工业的必需的最低限度的需要，保证农业发展的资金、物资、劳动力不被挤掉。在整个投资中，重工业还是多数，所谓并举，不否认重工业优先增长，不否认工业发展快于农业，同时并举也不是要平均使用力量。毛泽东说，是以农轻重次序还是重轻农次序，这不仅是计划

① 薄一波：《若干重大决策与事件的回顾》下卷，中共中央党校出版社1993年版，第845-849页。
②《中共党史教学参考资料》第23册，第264页。

1958年8月12日，毛泽东在天津市工业技术革命展览会上观看新产品太阳灶。

工作的方法问题，而且是计划工作的指导思想问题，是关系到是否走一条符合国情的工业化道路。

由于多方面的原因，庐山会议并没有从根本上纠正“大跃进”的错误，相反，在后期错误地批判彭德怀，掀起了批“右”运动，反而进一步加剧经济发展的不平衡。到1960年，农业生产在1959年已大幅度下降之后，继续大幅度下降，粮食产量只有1435亿公斤，比1957年的1950亿公斤还下降了26.4%，跌到了1951年1437亿公斤的水平，棉花、油料也大面积减产。中共中央和国务院不得不决定从国外进口粮食，“从1961年开始至1964年，每年进口50亿公斤左右”[①]。轻工业也出现了从未有过的下降情况，1960年轻工业产值只有550亿元，比1959年减少了9%，人

①方留名：《周恩来在国民经济调整时期为粮食工作辛勤劳动》，《文献与研究》1984年第3期，第24页。

民生活日用品奇缺。与之相对应，重工业却单兵“冒进”，1960 年重工业产值 1100 亿元，比 1957 年增长了 2.3 倍，钢、原煤、发电量、水泥等均有大幅度的增长。由于重工业的高速增长，不但与农业基础的状况完全脱离，与轻工业的情况不相适应，也为重工业自身所无法承担。重工业严重排挤了农业和轻工业，造成了比例的进一步失调，1960 年与 1957 年相比，农业的比重由 43.3% 下降到 21.8%，轻工业由 31.2% 下降到 26.1%，重工业则由 25.5%猛增至 52.1%，积累率分别高达 33.9%、43.8%和 39.6%。整个国民经济临近崩溃的边缘。①

为了克服严重的经济困难，党中央于 1960 年 7 月至 8 月在北戴河召开工作会议，主要讨论经济问题，会议通过了根据毛泽东批示起草的《关于全党动手，大办农业、大办粮食的指示》，指出：“农业是国民经济的基础，这个思想应当成为全体干部全党全民一致的认识，并且真正贯彻到各方面的实际工作中去”，并要求压缩基本建设战线，认真清理劳动力，加强农业生产第一线，保证农业生产。

1960 年底至 1961 年初，党中央在北京召开工作会议，进一步研究经济问题。会上，李富春汇报了计划工作，当讲到计划工作的四个主要缺点(即忽视农业、指标偏高、权力下放偏多、检查不够)时，毛泽东插话说：“不仅没有注意农业，而且是挤了农业，挤了农业的人力、物力，工业战线过长，面过广……挤了农业。”随之召开的八届九中全会正式通过了“调整、巩固、充实、提高”的八字方针，开始对国民经济实行调整，会议要求全党必须集中力量加强农业战线，发展国民经济必须以农业为基础，全党全民大办农业、大办粮食，加强各行各业对农业的支援。

为了使调整的方针落在实处，在党的八届九中全会上，毛泽东号召全党大兴调查研究之风。会后，毛泽东率先身体力行，安排田家英、胡乔木、陈伯达各带一个调查组分赴湖南、广东农村调查。在大量调查研究的基础

① 丛进：《曲折发展的岁月》，河南人民出版社 1996 年版，第 268-270 页。

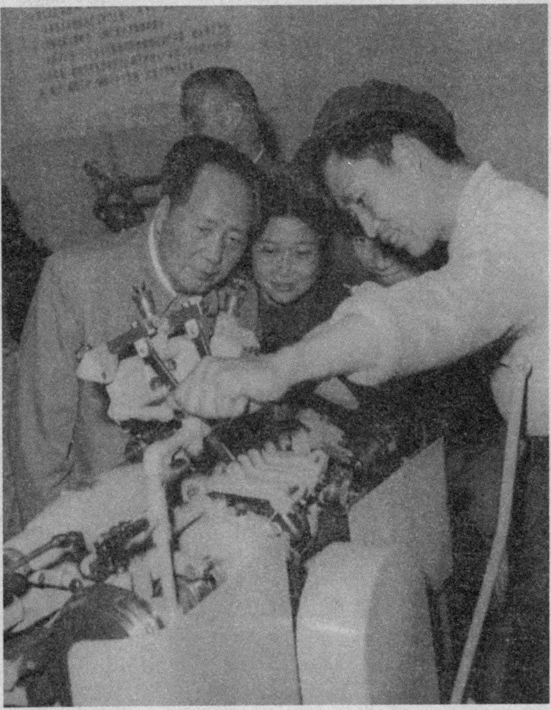

■ 1960年4月，毛泽东在中南海参观工业展览。

上，毛泽东主持制定了《农村人民公社条例》（即《农村六十条》），对调动广大农村干部、群众的积极性，恢复和发展农业生产起到了积极作用。在此基础上，经过1962年初召开的“七千人大会”，在中共中央召开的八届十中全会上，毛泽东正式提出了“以农业为基础，以工业为主导”的思想，标志着符合我国国情、符合客观经济规律的中国式的社会主义工业化道路的形成。

“以农业为基础，以工业为主导”的总方针，不仅是对正确处理农业、轻工业和重工业关系思想的具体化和新概括，也是对“以农、轻、重为序安排国民经济计划”思想的进一步深化。农业是基础，这是由我国的基本国情所决定的，由于农村人口占全国总人口的80%以上，农业在国民经济中占举足轻重的地位，工业劳动力的来源和工业化资金的来源以及工业品的市场主要在农村。因此，必须以农业为基础，将发展农业放在当前各项工作的首要位置，加快农业的发展就成为保证国民经济有计划按比例地、高速度地发展的关键。虽然农业在国民经济中的比重，农业在当前工作中的地位是会改变的。比如，经过一个相当长时期的努力，我国农业劳动生产率大大提高了，只占全国总人口的20%甚至10%不到的农业人口，他们生产的农产品就足够供应全国的需要。那时，无论从劳动力来源来看，或是从工业品市场和国民经济建设资金的来源来看，农业就不一定再占主要的比重了。即使这样，也仍然不能否定农业是国民经济基础这一普遍真理，因为这样高的经济水平，必然是在巩固了的农业基础上发展起来的，必然是农业劳动生产率高度发展的结果。

在国民经济中，以工业为主导，是针对农业为基础而言的。我们知道，在一定生产关系条件下，提高农业劳动生产率的关键在于实现农业的技术改造。而在整个国民经济中，只有重工业能够向农业提供现代化的生产工具和其他生产资料，以帮助农业实现技术改革。因此，以工业为主导，在实质上就是指重工业在国民经济中所发挥的作用。根据这一方针安排国民经济，一方面要求国民经济一切部门的发展必须建立在农业发展的基础上，即把农业放在首位；另一方面，又要求工业部门，尤其是重工业部门，为农业和国民经济各部门提供技术装备，以社会化大生产和先进的经济形式逐步改造整个国民经济，促进农业和整个经济的发展。片面强调农业或工业，都不符合其本意。

根据毛泽东提出的“以农业为基础，以工业为主导”的思想，党的八届十中全会通过的《中共中央关于进一步巩固人民公社集体经济、发展农业生产的决定》再次重申：我国的国民经济计划，必须以发展农业为出发点。安排经济计划的次序，是农业、轻工业、重工业。就是说，要从发展农业着手，来开展我国的社会主义工业化建设事业。

会议最后要求：全国人民当前的迫切任务，是贯彻执行以农业为基础、以工业为主导的发展国民经济的总方针，把发展农业放在首要地位，正确处理工业和农业的关系，坚决地把工业部门的工作转移到以农业为基础的轨道上来。

第二节　毛泽东对中国工业现代化道路的理论论述及其贡献

（一）“没有独立、自由、民主和统一，不可能建设真正大规模的工业”

实现中国工业化，是近代中国许多志士仁人的理想追求。从林则徐的“开眼看世界”到魏源的“师夷长技以制夷”，从康有为的“定为工国”到孙中山的“实业计划”，然而，“在一个半殖民、半封建的、分裂的中国里，要想发展工业，建设国防，福利人民，求得国家的富强，多少年来多少人做过这种梦，但是一概幻灭了”[①]。近代中国的历史发展无情地证明，单纯依靠技术进步不可能使中国走上工业化的道路，而只有经过革命，在社会主义制度下，才能使中国实现工业化，彻底改变中国落后的状况。

在领导中国革命和建设的实践中，毛泽东都非常重视中国的工业化问题。早在抗日战争时期，1944 年 5 月，毛泽东在中共中央办公厅为陕甘宁边区工厂厂长及职工代表会议举行的招待会上的讲话中指出：“中国落后的原因，主要是没有新式工业。日本帝国主义为什么敢于这样欺负中国，就是因为中国没有强大的工业，它欺侮我们的落后。”[②]“要打倒日本帝国主义，必须有工业；要中国的民族独立有巩固的保障，就必须工业化。我们共产党是要努力于中国的工业化的”[③]。8 月，他在给秦邦宪的信中指出：“民主革命的中心目的就是从侵略者、地主、买办手下解放农民，建立近代工业社会。”[④]“新民主主义社会的基础是工厂（社会生产，公营和私营的）与合作社（变工队在内），不是分散的个体经济。分散的个体经

①《毛泽东选集》第 3 卷，人民出版社 1991 年第 2 版，第 1080 页。
②《毛泽东文集》第 3 卷，人民出版社 1996 年版，第 146-147 页。
③《毛泽东文集》第 3 卷，人民出版社 1996 年版，第 146 页。
④《毛泽东文集》第 3 卷，人民出版社 1996 年版，第 206 页。

济——家庭农业与家庭手工业是封建社会的基础，不是民主社会（旧民主、新民主、社会主义，一概在内）的基础，这是马克思主义区别于民粹主义的地方。简单言之，新民主主义社会的基础是机器，不是手工。我们现在还没有获得机器，所以我们还没有胜利。如果我们永远不能获得机器，我们就永远不能胜利，我们就要灭亡。现在的农村是暂时的根据地，不是也不能是整个中国民主社会的主要基础。由农业基础到工业基础，正是我们革命的任务。"①

1945年毛泽东在中共七大上指出："没有独立、自由、民主和统一，不可能建设真正大规模的工业。没有工业，便没有巩固的国防，便没有人民的福利，便没有国家的富强。"②因此，"在新民主主义的政治条件获得之后，中国人民及其政府必须采取切实的步骤，在若干年内逐步地建立重工业和轻工业，使中国由农业国变成工业国。"③"中国工人阶级的任务，不但是为着建立新民主主义国家而斗争，而且是为着中国的工业化和农业近代化而斗争。"④

在走什么样的工业化道路问题上，毛泽东在深刻总结了近代中国历史教训的基础上，系统阐述了通过发展资本主义在中国实现工业化的道路根本行不通的思考。他深刻指出：在中国发展资本主义，首先是帝国主义不允许；其次社会主义国家，特别是社会主义苏联不容许；第三，是国民党蒋介石代表的大地主、大资产阶级不容许；第四，根本原因是中国民族资产阶级的本身的软弱性，决定其不能实现建立资产阶级共和国的方案。毛泽东从理论上否定了资本主义的建国方案，也就是否定了在中国通过发展资本主义走工业化道路的错误观点。在1949年3月的七届二中全会上，毛泽东又提出"在革命胜利以后，迅速地恢复和发展生产，对付国外的帝国主义，使中国稳步地由农业国转变为工业国，把中国建设成为一个伟大

①《毛泽东文集》第3卷，人民出版社1996年版，第207页。
②《毛泽东选集》第3卷，人民出版社1991年第2版，第1080页。
③《毛泽东选集》第3卷，人民出版社1991年第2版，第1081页。
④《毛泽东选集》第3卷，人民出版社1991年第2版，第1081页。

的社会主义国家”的任务。这段论述伟大的历史意义就在于它在中国近现代历史上第一次把“中国稳步地由农业国转变为工业国”与“建设成一个伟大的社会主义国家”的任务联系在一起，提出了走社会主义工业化道路的伟大思想。

（二）“重工业是我国建设的重点”

实现中国的工业化，使中国由一个农业国变为现代化的工业国家，是毛泽东毕生为之奋斗的目标。1944 年 5 月 22 日，毛泽东在一次会议上说：“我们共产党是要努力于中国的工业化的。”因为工业化“是决定一切的，是决定军事、政治、文化、思想、道德、宗教这一切东西的，是决定社会变化的。”[①] 这是毛泽东第一次在公开讲话中使用“工业化”这个概念并从理论上指出了工业化的意义。以后，他多次强调这一点，并在中共七大的政治报告《论联合政府》以及在七届二中全会上的讲话中宣布，要将中国由一个农业国转变为一个工业国。

如何进行中国的工业化建设，毛泽东当时曾经设想，从中国的国情出发，在农业和轻工业发展的基础上积累资金，再来发展重工业，这样可能对中国的工业化更为有利。1945 年，毛泽东在延安会见美国驻华大使馆二等秘书谢伟思，在谈到中国战后的建设时，毛泽东非常明确地说道：“中国不具备建设大规模重工业的必要条件。”因为“中国的生活水平这么低，不能采用进一步降低生活水平的办法来筹措所需要的资金”。毛泽东说，需要发展农业，因为“农民必须要为这种工业化的产品提供真正的市场”。在发展农业的基础上，“中国必须建立轻工业以满足本国市场的需要，并提高本国人民的生活水平”。[②] 毛泽东在这里表示的，显然是认为中国应该走农、轻、重的发展道路。刘少奇当时就多次说到与毛泽东原来的想法

①《毛泽东文集》第 3 卷，人民出版社 1996 年版，第 147 页。

②《毛泽东等中共中央领导人与谢伟思的六次谈话》，《党史通讯》1983 年第 8 期，第 15 页。

一致的意见。他认为，“工业农业都要发展，现在首先还是要恢复和发展农业；其次是发展工业，重工业和轻工业，开始还是要搞一些轻工业”[①]。

但是，旧中国的落后突出地反映为工业的落后，正如毛泽东在七届二中全会上所分析的，就全国范围来说，现代工业只占10%左右，农业和手工业占90%左右。而工业的落后又突出地反映为重工业的落后。旧中国的全部资本存量中，80%是商业资本和金融资本，工业资本比重很少。在仅有的工业资本中，又集中分布在轻工业，尤其是纺织工业和粮食工业。在部门结构中，70%以上是生产消费资料的轻工业，重工业和原料工业不到30%。当时我国的主要重工业产品不仅大大低于美国，而且低于印度，特别是钢铁产量，1949年只相当于印度的1/8还不到。对此，毛泽东曾形象地说：“我们能造什么？能造桌子椅子，能造茶碗茶壶，能种粮食，还能磨成面粉，还能造纸，但是，一辆汽车、一架飞机、一辆坦克、一辆拖拉机都不能造。”他深感，“中国是一个庞然大国，但工业不如荷兰、比利时，汽车制造不如丹麦”，“工业水平比印度还低”。

20世纪50年代初，美帝国主义正严重地威胁着我国的安全，国内被打倒的阶级还企图勾结帝国主义进行复辟。国内的落后情况和国际的复杂环境，使毛泽东认识到，一个国家要获得真正的独立，必须建立自己强大的工业体系，必须尽快启动并完成自己的工业化过程。面对必须迅速增强国防实力和改变贫穷落后面貌的情况，毛泽东逐渐明确了优先发展重工业的思想。

“资本主义国家从发展轻工业开始，一般是花了50年到100年的时间才实现工业化，而苏联采用了社会主义工业化的方针，从重工业建设开始，在十多年中(从1921年开始到1932年第一个五年计划完成)就实现了国家的工业化。苏联因为采取了社会主义工业化的方针，从建立重工业开始，所以在1941年到1945年的卫国战争中，能够击败德日法西斯主义的侵略，成为世界上第一个强大的社会主义国家”[②]。正如薄一波所说，“经

①《刘少奇论新中国经济建设》，中央文献出版社1993年版，第181页。

②《建国以来重要文献选编》第4册，中央文献出版社2011年版，第607页。

过对政治、经济、国际环境诸多方面利弊得失的反复权衡和深入讨论，大家认为必须从发展原材料、能源、机械制造等重工业入手”[①]。因此，改变原来的设想，优先发展重工业，是毛泽东借鉴了世界有关国家的历史经验，从中国工业化面临的实际出发作出的战略决策。历史证明，这一决策是正确的。

1951 年初，毛泽东提出了中国“三年准备、十年建设”的发展思路，其中很重要的一点就是要优先发展重工业。2 月 18 日，毛泽东在中央政治局扩大会议讨论第一个五年计划的编制时第一次明确提出要以重工业为中心。[②]当年 12 月，毛泽东在审阅《中共中央关于实行精兵简政，增产节约，反对贪污、反对浪费和反对官僚主义的决定》这一文件时又明确写道：“为了完成国家工业化，必须发展农业，并逐步完成农业社会化。但是首先重要并能带动轻工业和农业向前发展的是建设重工业和国防工业。”[③]

（三）“必须充分注意发展农业和轻工业”

毛泽东决定优先发展重工业，但同时提出，要重视和发展农业和轻工业。在“一五”计划编制过程中，毛泽东曾有针对性地提出计划对农业关注不够，是一个缺口，要求不能忽略农业。[④]1952 年 12 月 22 日中共中央发出的《关于编制 1953 年计划及长期计划纲要的指示》中，对此做了明确阐述。“指示”指出：要“集中力量保证重工业的建设”，但“绝不能理解为可以忽视轻工业的发展、农业和地方工业的发展、贸易合作事业和运输事业的发展及文化教育卫生事业的发展，以致放松对这些事业的领导。如果那样，显然也是错误的”[⑤]。根据中央的指示精神，“一五”期间国家基本建设投资用于重工业的占 36.2%，用于轻工业的占 6.4%，用于农

① 薄一波：《若干重大决策与事件的回顾》上卷，中共中央党校出版社 1991 年版，第 290 页。
② 苏星：《新中国经济史》，中共中央党校出版社 1999 年版，第 202 页。
③《毛泽东文集》第 6 卷，人民出版社 1999 年版，第 207 页。
④ 李富春：《关于我国五年计划的方针任务的意见》，《党的文献》1989 年第 4 期，第 7 页。
⑤《建国以来重要文献选编》第 3 册，中央文献出版社 2011 年版，第 399 页。

业的占 7.1%，其余的用于国防建设、运输邮电、商业、文教卫生、科研、城市建设和购置车船，以及现有企业的改建和扩建。这样的安排，在当时的条件下，大体是合适的。

在工业建设开始之后，毛泽东自己更把主要精力用来抓农业和农村工作。他看到了苏联存在的问题，认为“苏联的办法把农民挖得很苦。他们采取所谓义务交售制等办法，把农民生产的东西拿走太多，给的代价又极低。他们这样来积累资金，使农民的生产积极性受到极大的损害。你要母鸡多生蛋，又不给它米吃，又要马儿跑得好，又要马儿不吃草。世界上哪有这样的道理”！“我们对农民的政策不是苏联的那种政策”。[①]根据毛泽东的意见，在优先发展重工业的“一五”期间，我国对农业是比较重视的。1953 年 9 月 3 日，李富春在向中央政府委员会报告“一五”计划的任务和方针时，特别说道：“在五年当中，对发展农业特别是增产粮食，应给予很大注意。”[②]“一五”计划中也明确提出：“发展农业是保证工业发展和全部计划完成的基本条件。”“我们要发展工业，但绝不能够减轻发展农业的意义。相反，实际生活已经更加证明农业对于发展工业的极端重要性。没有农业的相应的发展，我们的工业化事业是不可能实现的。”[③]

1955 年底至 1956 年初，毛泽东在调查研究的基础上，认真地听取了国务院 34 个部、委、办负责人的汇报，于 1956 年 4 月写出中国社会主义工业化建设的指导性文献《论十大关系》。在这一篇文章中，毛泽东把重工业、轻工业和农业的关系列为十大关系之首，指出了“重工业是我国建设的重点。必须优先发展生产资料的生产，这是已经定了的。但是绝不可以因此忽视生产资料尤其是粮食的生产。如果没有足够的粮食和其他生产必需品，首先就不能养活工人，还谈什么发展重工业？所以，重工业和轻工业、农业的关系，必须处理好”[④]，“我们现在的问题，就是还要适当

①《毛泽东文集》第 7 卷，人民出版社 1999 年版，第 29-30 页。
②《建国初期 156 项建设工程文献选载》，《党的文献》1999 年第 5 期，第 11 页。
③《建国以来重要文献选编》第 6 册，中央文献出版社 2011 年版，第 414 页。
④《毛泽东文集》第 7 卷，人民出版社 1999 年版，第 24 页。

地调整重工业和农业、轻工业的投资比例，更多地发展农业、轻工业。这样，重工业是不是不为主了？它还是为主，还是投资的重点。但是，农业、轻工业投资的比例要加重一点。”这样做，“一可以更好地供给人民生活的需要，二可以更快地增加资金的积累，因而可以更多更好地发展重工业”[①]。因为重工业虽然也可以积累，但是，在我们现有的经济条件下，轻工业、农业积累得更多更快些。

毛泽东从辩证的角度进一步对比了两种发展重工业的办法，即一种是少发展一些农业、轻工业，一种是多发展一些农业、轻工业，说：“你对发展重工业究竟是真想还是假想，想得厉害一点，还是差一点？你如果是假想，或者想得差一点，那就打击农业轻工业，对它少投点资。你如果是真想，或者想得厉害，那你就要注重农业轻工业，使粮食和轻工业原料更多些，积累更多些，投到重工业方面的资金将来也会更多些。”[②]“从长

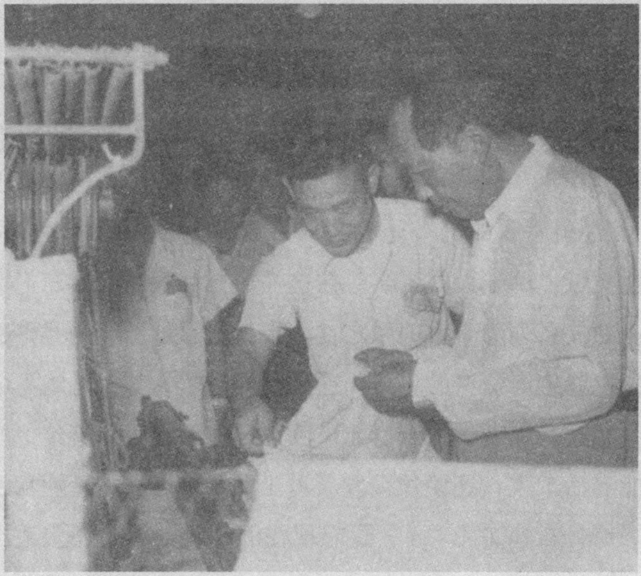

■ 1958年8月12日，毛泽东在天津市工业技术革命展览会上观看无梭织布机。

①《毛泽东文集》第7卷，人民出版社1999年版，第25页。
②《毛泽东文集》第7卷，人民出版社1999年版，第25页。

远观点来看，前一种办法会使重工业发展得少些和慢些，至少基础不那么样稳固，几十年后算总账是划不来的。后一种办法会使重工业发展得多些和快些，而且由于保障了人民生活的需要，会使它发展的基础更加稳固。”①毛泽东联系农业、轻工业来考察重工业，首次把三者的关系作为中国工业化道路的核心内容，提出要在优先发展重工业的同时，更多地发展农业、轻工业。尽管实际工作中遇到了许多矛盾，毛泽东后来在《论十大关系》中说：“在处理重工业和轻工业、农业的关系上，我们没有犯原则性的错误……我们一直抓了农业，发展了农业，相当地保证了发展工业所需要的粮食和原料。我们的民生日用商品比较丰富，物价和货币是稳定的。”②

1957年1月，毛泽东在全国省市自治区党委会议上的讲话中，从农业提供粮食、工业原料、市场、资金、出口创汇和积累等方面阐述了农业在整个国民经济发展中的重要作用，提出了“农业就是工业”的命题，并号召大家重视农业，工业部门要面向农业，支援农业。2月，在最高国务会议第11次（扩大）会议上做题为《关于正确处理人民内部矛盾的问题》的讲话时，毛泽东第一次明确提出了“中国工业化的道路问题”。他说：“这里所讲的工业化的道路问题，主要是指重工业、轻工业和农业的发展关系问题。我国的经济建设是以重工业为中心，这一点必须肯定。但是同时必须充分注意发展农业和轻工业。”发展经济必须从国情出发，毛泽东具体分析道：“我国是一个农业大国，农村人口占全国人口的80%以上，发展工业必须和发展农业同时并举，工业才有原料和市场，才有可能为建立强大的重工业积累较多的资金。大家知道，轻工业和农业有极密切的关系。没有农业，就没有轻工业。重工业要以农业为重要市场这一点，目前还没有使人们看得很清楚。但是随着农业的技术改革逐步发展，农业的日益现代化，为农业服务的机械、肥料、水利建设、电力建设、运输建设、民用

①《毛泽东文集》第7卷，人民出版社1999年版，第25页。
②《毛泽东文集》第7卷，人民出版社1999年版，第24页。

建筑材料等等将日益增多，重工业以农业为重要市场的情况，将会易于为人们所理解。在第二个五年计划和第三个五年计划期间，如果我们的农业能够有更大的发展，使轻工业相应地有更多的发展，这对于整个国民经济会有好处。农业和轻工业发展了，重工业有了市场，有了资金，它就会更快地发展。这样，看起来工业化的速度似乎慢一些，但是实际上不会慢，或者反而可能快一些。”[①]

1957年10月，毛泽东在八届三中全会上指出：“以重工业为中心，优先发展重工业，这一条毫无问题，毫不动摇。但是在这个条件下，必须实现工业和农业同时并举，逐步建立现代化的工业和现代化的农业。过去我们经常讲把我国建成一个工业国，其实也包括了农业的现代化。”

1959年底到1960年初在读苏联《政治经济学教科书》时，毛泽东重申了必须在优先发展重工业的条件下，发展工业和发展农业同时并举。“农业不发展，轻工业不发展，对重工业的发展是不利的”[②]，“工业的发展当然要快于农业。但是，提法要适当，不能把工业强调到不适当的地位，否则一定会发生问题”[③]，“我们的提法是在优先发展重工业的条件下，发展工业和发展农业同时并举。所谓并举，并不否认重工业优先增长，不否认工业发展快于农业；同时，并举也并不是要平均使用力量”[④]。

可见，毛泽东直接把中国工业化道路归结为重工业、轻工业、农业的关系，主张我国经济建设在以重工业为中心的同时，必须充分注意发展农业和轻工业，肯定了农业在工业化中的重要基础作用，提出发展工业与发展农业并举的思想。这表明他对重、轻、农三者关系的认识以及在对中国社会主义工业化道路探索中又前进了一大步。

---

①《毛泽东文集》第7卷，人民出版社1999年版，第241页。
②《毛泽东文集》第8卷，人民出版社1999年版，第121页。
③《毛泽东文集》第8卷，人民出版社1999年版，第122页。
④《毛泽东文集》第8卷，人民出版社1999年版，第123页。

（四）“以农业为基础，以工业为主导”

1958 年以大炼钢铁为中心的“大跃进”运动，使农业和轻工业受到了严重影响，加上当时的自然灾害，我国国民经济在 1959—1961 年遭遇了严重困难，工农业生产出现了严重的问题：不仅工农业生产连年急剧下降，而且比例严重失调。在“以钢为纲”的方针指导下，片面追求重工业的高速发展，挤了农业和轻工业，挤了人民生活，人民温饱所需的物质生活资料成为当时物质生产发展急需解决的首要问题。严峻的现实迫使毛泽东冷静思考中国所走过的曲折的建设道路，认识到了社会主义建设的艰巨性和实事求是的必要性，继续探寻中国实现工业化的道路。

针对 1960 年夏收之后粮食供应仍然紧张的局面，中共中央于 8 月 10 日发出《关于全党动手，大办农业、大办粮食的指示》，要求全党动手大办农业，大办粮食，全力以赴解决粮食短缺问题。该指示明确指出，农业是国民经济的基础，加强农业工作是全党的长期的首要任务。在工业生产方面，主张缩短基本建设战线，压缩重工业生产，精减职工人数，但要求努力增加日用品和农业生产资料的生产，以稳定市场。这表明全党也是毛泽东对工农业生产关系的认识又深入了一步。

在 1961 年的八届九中全会上，毛泽东提出“以农业为基础，以工业为主导”的思想①。在 1962 年 1 月召开的扩大的中央工作会议即“七千人会议”上，毛泽东把“以农业为基础，以工业为主导”叫作发展国民经济的总方针②，肯定了以农业为基础来发展国民经济，是我们的一个根本方针。从 1961 年八届九中全会到 1962 年八届十中全会，由于全党贯彻执行对国民经济的“调整、巩固、充实、提高”的方针，加强农业生产，取得了显著成效，1962 年夏季作物的实际收获量比 1961 年略有增加。在工业方面，由于采取了有效的调整措施，也产生了积极效果。支援农业的生产

① 中国共产党第八届中央委员会第九次全体会议公报，《人民日报》1961 年 1 月 19 日。
② 中国共产党第八届中央委员会第十次全体会议公报，《人民日报》1962 年 9 月 28 日。

资料，以工业产品为原料的轻工业产品，不少的手工业产品及某些当时最急需的重工业产品，1962 年 1—8 月的产量，都比 1961 年同期有较大的增长。许多企业的经营管理有了改进，产品的质量有所提高，品种有所增加，成本有所降低，劳动生产率有一定提高。因此，在 1962 年 9 月召开的八届十中全会上，把继续贯彻执行毛泽东提出的“以农业为基础，以工业为主导”的发展国民经济的总方针作为当时全国人民的迫切任务，把发展农业放在首要地位，正确处理工业和农业的关系，坚决把工业部门的工作转移到以农业为基础的轨道上来。1963 年，中共中央发出《关于工业发展问题(初稿)》，进一步提出我国工业发展的总方针是：工业和农业密切结合，发展工业和发展农业同时并举。二者的关系是以农业为基础，以工业为主导。

以农业为基础，这是由我国的基本国情决定的。我国是农业大国，工业劳动力的来源、工业化资金和工业品的市场主要在农村，因此，必须以农业为基础，把发展农业放在首位，加快发展农业是国民经济有计划按比例高速发展的保证和关键。以工业为主导，是针对农业为基础而言的，是指工业特别是重工业的发展为农业和国民经济各部门提供技术装备，促进农业和整个经济的发展。

毛泽东提出的“以农业为基础，以工业为主导”的思想，不仅是对正确处理农轻重关系思想的具体化和新概括，也是对以农轻重为序安排国民经济计划的思想的进一步深化、理论化和系统化，是毛泽东工业化道路思想的集中概括，标志着符合我国国情的具有中国特色的社会主义工业化道路的最终形成。

总之，毛泽东对中国社会主义工业化道路的探索经过了一个十分艰难曲折的过程。在这个过程中，毛泽东对重工业、轻工业、农业之间的关系的认识，经历了一个由浅入深、由片面到全面的逐渐深化的过程，而每次认识的提升往往以挫折为代价，但每次又都较大地促进了中国社会主义工业化的进程。同时，毛泽东对社会主义工业化道路的探索昭示：在中国实现社会主义工业化，必须从中国国情出发，走自己的工业化道路。

第三节　毛泽东时期对中国工业现代化的建设成就和影响

（一）中华人民共和国成立以后，中国的工业化建设取得了举世瞩目的成就

1. 我国的工业生产有了巨大的发展

1976 年与 1952 年相比，工业总产值由 340 亿元增加到 3158 亿元，增长了 9 倍多 (其中重工业增长 8 倍多，轻工业增长 11 倍多)，工业生产平均年增长 11%，工业在工农业总产值中的比重由 30% 上升到 70%。能源、钢铁和机械等基础工业有了相当的发展，在这二十多年间，原煤的产量由 1952 年的 6649 万吨增至 1976 年的 48300 万吨，增长了 7 倍多；原油产量由 43.6 万吨增至 8716 万吨，增长 200 倍多；钢产量由 135 万吨增至 2046 万吨，增长 15 倍多；其他如金属切削机床、水泥、化学农药、化肥、塑料、棉布、拖拉机、自行车等均有大幅度增长，同时也为中国经济建设在改革开放后的快速发展奠定了基础。全民所有制工业企业的固定资产原值 1952 年为 240.6 亿元，1976 年增加到 3728.1 亿元，在 24 年里增长了 15.5 倍，这一时期兴建的几千个大中型工业企业，在今天的现代化建设中仍然在发挥着重要作用。

2. 初步形成了门类齐全的现代工业体系

通过大规模的工业化基本建设和技术改造，在原来那种设备技术极端落后和工业部门残缺不全的基础上，建立起飞机、汽车、拖拉机、重型机械、稀土金属、石油化工、电子集成电路、计算机、新型材料、航天和核工业等新的工业部门和新兴工业部门，使我国工业体系趋向完整，从而把我国的工业化进程推向了一个新的阶段。

3. 工业布局有了明显改善

从1953—1976年，国家在内地的基本建设投资总额为3160亿元，占全部投资的60%，内地国有工业的固定资产占全国国有工业固定资产的比重由1952年的28%，上升到1976年的57%。在内地的中心城市，形成了一大批新的原材料工业和机械电子工业基地。

4. 建立了独立的并具有一定水平的现代国防工业

到1976年，已基本建成从常规武器到尖端武器、战略武器的科研和生产体系，奠定了我国航天工业、航空工业、电子工业、兵器工业和造船工业的基础。

5. 农业也有了很大程度的发展

随着工业的发展，特别是重工业的发展，农业生产的机械化水平有了较大的提高。1976年与1952年相比较，农业机械总动力增长了485倍。1952年，我国的农业总产值是461亿元，1976年达到1378亿元（其中粮食由3595亿公斤增至28630亿公斤，增长近8倍），商业也由113亿元增至307亿元，初步改变了农业生产手工操作的局面，保证了人民的基本生活。

（二）毛泽东领导的我国工业化建设，在世界工业化进程中、在中华民族伟大复兴的道路上、在中国工业化建设史上具有重要的历史地位，具有不可磨灭的历史功绩

1. 基本形成了具有中国特色的工业化道路

从世界工业化发展进程看，提供了一条中国式的工业化道路，缩小了我国与世界上发达国家间的差距。从中国工业化的发展道路看，它既根本不同于资本主义国家的工业化道路，即以血腥的资本原始积累为起点，采用残酷剥削本国工人和农民、使无数小生产者和中等企业主破产，依靠掠夺殖民地、军事赔款、奴役性借款和租让等办法筹集资本，而使劳动人民

的生活水平不能相应提高，使国家最后不能不变成帝国主义，去侵略其他民族和国家，甚至不惜发动世界大战来取得原料和市场来维持已经发展起来了的工业化，也不同于苏联的工业化道路，即采取工农业产品“剪刀差”的办法实现高积累，通过损害农业和农民的利益来片面发展重工业和军事工业，而是一条具有中国特色的工业化道路，即采取节约和引进的办法，自力更生地逐步解决工业化所需要的资金和技术，同时相应地提高劳动人民的生活水平，避免失业、饥饿和破产的痛苦，达到既发展工业又发展农业，既实现资金和技术的积累又不断提高人民生活水平，并且不需要侵略其他民族和国家，更不需要战争。从实践上看，这条道路基本上是成功的。当今发达国家一般是在 18 世纪末或 19 世纪下半叶开始工业化进程的，以第二产业和制造业为主导的整个进程历时 200 多年，而我国实际上是在 20 世纪 50 年代才向工业化转轨，因而中国工业化的大规模发动比先期工业化国家晚了 100~150 年。然而，经过 28 年的工业化建设，我国在工业生产和科学技术水平方面与这些发达国家的差距缩短为大约 20 年，农业生产的差距为 40~50 年。就是说，我国用 28 年的时间走过了先期工业化国家需要 100 年左右的时间才能走过的工业化路程。特别是原子弹、氢弹爆炸成功，火箭、导弹和人造卫星上天，更标志着科学与技术的巨大进步，并已达到世界先进水平。从这个意义上讲，这是世界历史上最伟大的工业化、现代化时代之一，与苏联、德国、日本等现代工业舞台上的主要后起之秀在工业化过程中的上升时期相比毫不逊色。

2. 开启了中国工业现代化的进程

从中华民族伟大复兴的历史进程看，开启了中国奔向工业化、现代化的行程。始于近代中国的工业化，由于旧中国半殖民地半封建社会的制约，一直进展缓慢，直到 1949 年，中国基本上还是一个农业社会。然而，经过中华人民共和国成立后 28 年的工业化建设，我国已从农业社会迅速进步到工业化社会。钢铁、煤炭、电力等基础工业部门的生产能力不仅实现了巨大提升，有的已跃居世界前列，飞机、汽车、拖拉机制造业、新式机床制造业、发电设备制造业、冶金和矿山设备制造业，以及高级合金钢、重要有色金属冶炼业、石油化工、电子等一批新的工业部门也不断发展起来，从而建立起独立的比较完整的工业体系，根本改变了我国工业的落后面貌。工业为改善人民生活提供了大量的日用消费品，为国民经济其他部门和国防建设提供了大批燃料、动力、原材料和技术装备，大幅度提高了工业产品的国产化率，也为出口提供了相当数量的产品。同时，在辽阔的内地和少数民族地区兴建了一批新的工业基地，工业布局发生重大突破。国防工业从无到有地逐步建设起来。铁路、公路、水运、空运、邮电事业以及资源勘探业也都有很大的发展。以重工业发展为标志的工业化在中国取得了实质性进展，这是中国工业化史上值得歌颂的光辉的一页。不仅如此，《1956—1967 年科学技术发展远景规划纲要》等的实施，推动我国能够生产雷达、电子计算机、广播电视发射设备、电视中心设备、无线电通信设备、电视机、航天航空设备、遥感器械等高新技术产品，使以知识化、信息化为主要特点的第二次现代化在我国适时起步，使我国成为发展中国家中较早重视第二次现代化的国家之一，因而缩小了我国与世界发达国家第二次现代化水平的差距。正是这个时期的现代工业建设，启动了我国从农业化向工业化、现代化加快转轨的进程，使我国从一个完全的农业国家变成了一个以工业为主导的国家。工业在国民经济中的主导地位日益显著，为实现中华民族的伟大复兴提供了巩固的基础。

3. 奠定了中国现代经济发展初步而巩固的基础

从我国社会主义事业的历史发展看，为进行改革开放和社会主义现代化建设、为中国现代经济发展奠定了初步而巩固的基础。应当说，我们现在赖以进行现代化建设的物质技术基础，很大一部分是在中华人民共和国成立后 28 年的工业化建设中建立起来的；改革开放 20 年中全国经济文化建设等方面的各类专门人才与领导人才以及他们的工作经验，大部分也是在这一期间培养和积累起来的，其中大部分人经受住了政治考验，成为领导改革开放和现代化建设事业的中坚力量。正如邓小平 1979 年 11 月所说："三十年来，不管我们做了多少蠢事，我们毕竟在工农业和科学技术方面打下了一个初步的基础，也就是说，有了一个向四个现代化前进的阵地。"①1982年5月，邓小平又说："建国以来，我们做了一些事情，基本上解决了吃饭穿衣问题，粮食达到自给。这是很了不起的事情，旧中国长期没有解决这个问题。在工业方面，我们已经建立了一个比较好的基础，尽管还很落后，但比过去好多了。"②1987年10月，他又指出："我们总结了我国革命和建设正反两个方面的经验，从1978年党的十一届三中全会开始，制定了一系列新的方针政策。这些方针政策，归根到底就是恢复和坚持毛泽东同志提出的实事求是的思想路线，根据这条思想路线来探索中国怎样建设社会主义。"③

以毛泽东为核心的第一代中央领导集体，对中国社会主义工业化进行了不懈的追求和探索，使中国在较短的时间内建立了较为完整的工业体系和国防体系，"使中国稳步地由农业国转变为工业国"，为中华民族向现代化的跃进奠定了最初的物质和技术基础。

①《邓小平文选》第2卷，人民出版社1983年版，第232页。

②《邓小平文选》第2卷，人民出版社1983年版，第405页。

③《邓小平文选》第3卷，人民出版社1993年版，第254页。

第六章

毛泽东
与科学技术现代化

科学技术是实现现代化的关键。科学技术在人类社会发展历史中表现出不同寻常的作用，生产力的每一次大发展都离不开科学技术的重大突破。特别是16世纪以来的世界历史更加证明了科学技术和社会发展的密切关系。蒸汽机和煤、铁技术使英国插上腾飞的翅膀，电气化和重化工技术使德、日、美、俄、苏驶上了经济与社会发展的快车道。第二次世界大战以后，科学技术在各国社会发展中所起的作用更不待言。

中华民族在历史上曾经创造了灿烂的古代文明，自秦统一中国之后至少1800年间中国在经济文化方面一直处于领先地位。1840年的鸦片战争改变了中国社会历史发展的轨迹。鸦片战争以后，在资本主义和封建主义的联合压迫下，中国逐步沦为半殖民地半封建社会，中国的社会发展受到严重阻碍。以毛泽东为代表的中国共产党人一直十分重视科学技术在中国革命和建设中的作用。他们一方面为求得民族独立和人民解放而奋斗，另一方面积极发展科学技术，为实现国家繁荣富强和人民共同富裕而不懈努力。特别是中华人民共和国成立后，毛泽东为实现科学技术现代化作出了一系列指示，发表了很多重要的思想观点，为中国科技事业的发展做出了重大贡献。

第一节　毛泽东对新中国科学技术现代化道路的探索历程

（一）孕育萌芽阶段

毛泽东出生在一个内忧外患、多灾多难的时代。毛泽东的青少年时代正值世纪之交，世界文化相互交融，广泛传播；自然科学突飞猛进，日新月异；重大发现层出不穷，方兴未艾。神州大地上开展了轰轰烈烈的新文化运动。旧的教育体制受到猛烈冲击，新的学制在艰难而又顽强地生长。各种新思想、新文化纷纷涌入中国。1910 年秋天，毛泽东到湘乡东山小学堂求学。这是一所深受外来文化影响的新式学校，除教圣贤之书外，还设有数学、自然、地理等课程，传授基本的科学知识。这是毛泽东接触自然学知识的开始。1912 年秋到 1913 年春，毛泽东集中了一段时间在省立图书馆自修，广泛阅读了近代欧洲资产阶级学者关于自然科学和社会科学的

■ 1919 年，在长沙求学时期的毛泽东。

名著，特别是潜心钻研了严复翻译的《天演论》和《物种起源》。这时，毛泽东更深入地接触了自然科学的基础知识。从1913年到1918年间，毛泽东到湖南第一师范读书。在这里，他除了以主要精力学习社会科学知识外，也更多地接触到了自然科学知识。随着毛泽东对自然科学知识了解的深入，他坚信：不信科学便死，只有不断学习科学、发展科学，中国才有强盛发达的希望。

这一时期，马列主义的科技思想和近代中国的科技现代化理论对毛泽东产生了重要的影响。马克思和列宁都非常重视科学技术在生产力发展中的作用。鸦片战争以后，中国的一些进步的知识分子主张学习西方先进的科学技术，“师夷长技以制夷”，康有为等主张学习西方的政治体制，进行变法，以解放人们被束缚的思想，为科学技术的发展扫除体制障碍。这些思想成为毛泽东科技思想的重要理论来源。1920年，毛泽东接受了科学社会主义理论后，进一步认识到了学习和研究自然科学的重要性。他意识到自己过去较多地学习和研究社会科学知识是很不够的。因此他提出“因缺乏数学、物理、化学等自然的基础科学的知识，想设法补足”。这时毛泽东已明确认识到自己在知识结构上的缺陷，希望集中时间学习自然科学加以弥补。

毛泽东对科学技术知识具有执着的追求精神。他最早是从郑观应的《盛世危言》中得到关于西方世界的知识的，从此开始注意阅读介绍新学、呼吁救国图存的时务文章。1912年秋至1913年春，毛泽东在长沙时，经常去省立图书馆，用他后来回忆此段读书生活的话来讲：“我忘记了疲劳，忘记了饥饿和寒冷，贪婪地读，猛烈地读。正像牛闯进了人家菜园初次尝到了吃菜的味道，就拼命地吃个不停。”他阅读了达尔文的《物种起源》，涉猎了18—19世纪欧洲社会科学和自然科学的一些代表作，包括严复翻译的一些著作，对《天演论》读得尤其认真。毛泽东读了《群学肄言》后，对自己过去只爱好哲学、历史、文学而不重视自然科学知识的偏颇深感懊悔。1921年在新民学会长沙会员新年大会后，毛泽东提到：“自身决定30年内只求普遍知识，因缺乏数学、物理、化学等自然科学的基础知识，想设法补足。”[①] 以后，毛泽东在各个历史时期，都注意搜集、阅读科学研究著作。他在把马克思主义理论应用于中国革命和建设实际的过程中，对自然科学和技术的性质、特点、社会功能和发展规律等都有着独具慧眼的真知灼见，丰富和发展了马克思主义的科学技术观。

在这一阶段，青年毛泽东形成了以下初步的科学观：

科学是哲学的基础。毛泽东在李大钊担任主任的北京大学图书馆当助理员期间，积极参加北京大学哲学研究会的活动，并旁听北大的课程，对蔡元培“哲学之研究离不开科学”的思想极其崇敬。青年毛泽东逐渐认识到自然科学的发展状况制约着哲学家的哲学思想，哲学家只能从自然的知识、规则或原理中，概括和推导出哲学结论，而不是相反，因此，科学的发展制约着哲学世界观的形成。毛泽东认为李达的观点是对的，即“世界观是个别科学的诸结果的概括，它与个别科学的发展水准有极密切的关系。在个别科学还没有发展到高级水准之时，科学的世界观是不能成立的”[②]。毛泽东指出，唯物辩证法“是一切具体科学中的一切有价值的一般内容，及人类的其一切科学认识之总计、结论、加工和普遍化”[③]。在这里，毛泽东强调了哲学的科学基础是具体科学特别是自然科学。

哲学的科学基础特征，要求学习、传播、接受哲学必须具备科学特别是自然科学素养。青年毛泽东认为，大哲学家要精通数学、物理学等学科，研究哲学不注意以自然科学为基础，就难以成为世界性的大哲学家。毛泽东举例说：“柏格森所以为大哲学家，因为他科学的根柢很好。”[④]1921年，新民学会在长沙的会员召开新年大会。毛泽东提醒会员在治学时要注意加强自然科学和各门科学的研究。他说：“觉得普通知识要紧，现在号称有专门学问的人，他的学问，还止算普通或还不及。自身决定三十以内只求普通知识，因缺乏数学、物理、化学等自然的基础科学的知识，想设法补

①《新民学会会务报告》（第2号），《新民学会资料》，人民出版社1980年版，第32页。
②《毛泽东哲学批注集》，中央文献出版社1988年版，第236页。
③ 毛泽东：《辩证法唯物论（讲授提纲）》，第12页。
④《毛泽东早期文稿》，湖南人民出版社1990年版，第563页。

足。”[①] 正是毛泽东等青年俊杰自觉接受自然科学的知识，为马克思主义在中国的传播做了铺垫。1919 年五四运动以后，随着中国无产阶级自觉地走上了政治舞台及“科学水平之提高，发生了与发展着马克思主义的哲学运动”[②]。可以说毛泽东是把提高中华民族科学素养作为马克思主义在中国传播的前提条件之一。

科学方法的思想。严复原原本本地介绍西方的名著，着重介绍了近代自然科学的方法论，使中国人比较系统地了解西方学术，给维新派提供了新的有力武器。毛泽东认为，严复翻译的《群学肄言》，即“社会科学方法研究”，不只是社会学，对各个学科的研究都是有益的。通过阅读严复翻译的西方名著，毛泽东接受了近代自然科学的方法论，培养了自己的科学精神，完成了其现代科技思想的启蒙。

（二）探索形成阶段

在新民主主义革命时期，中国共产党并未掌握全国的政权，主要精力集中在实现国家独立和民族解放的历史任务上，因此难以系统发展科学技术。尽管如此，毛泽东依然十分重视科学技术的作用，并对此进行了有益的探索。红军长征到达陕北后，建立了以陕甘宁为中心的抗日根据地，建立了抗日民族统一战线，实现了国共第二次合作。之后，政治军事环境比较稳定，边区的经济建设和文化建设成了主要工作。毛泽东在繁忙的工作之余研读了大量社会科学和自然科学书籍，他的科技思想在延安时期逐步形成。

①《新民学会会务报告》（第 2 号），《新民学会资料》，人民出版社 1980 年版，第 32 页。
② 毛泽东：《辩证法唯物论（讲授提纲）》，第 10 页。

1. 对科学进行分类，把科学分为自然科学和社会科学，阐释二者的本质、职能和社会作用

1940 年 2 月，毛泽东在陕甘宁边区自然科学研究会成立大会上做了即席讲话。在讲话中，他把科学分成两类，一类是自然科学，一类是社会科学，对这两类科学的功能做了很好的说明。他指出："自然科学是人们争取自由的一种武装。人们为着要在社会上得到自由，就要用社会科学来了解社会，改造社会，进行社会革命。人们为着要在自然界里得到自由，就要用自然科学来了解自然，克服自然和改造自然，从自然里得到自由。"[①]在这里，毛泽东指出了科学的两种功能，一种是认识和改造自然的功能，另一种是认识和改造社会的功能，与前者相对应的是自然科学，与后者相对应的是社会科学。改造自然和改造社会是无产阶级政党的两大任务，改造社会要以社会科学、以马克思主义为武装，改造自然则要以自然科学为工具。劳苦大众要做社会的主人，就要在马克思主义指导下进行社会革命；而人类要成为自然的主人，就要进行科技革命，发展生产力。毛泽东认为，在新民主主义革命时期，在我国经济还很落后的情况下，人们要从自然里获得自由，就必须重视自然科学的学习和研究。1941 年 1 月，他在给毛岸英、毛岸青的信中指出："惟有一事向你们建议，趁着年纪尚轻，多向自然科学学习，少谈些政治。政治是要谈的，但目前以潜心多习自然科学为宜，社会科学辅之。""只有科学是真学问，将来用处无穷。"[②]总之，无论是自然科学认识和改造自然的功能，还是社会科学认识和改造社会的功能，都是人类征服自然、获得自由的武器。

2. 阐释了自然科学与生产力发展、经济发展的关系

民主革命时期战事频仍，社会动荡，给国家经济的发展造成了巨大损失。如果在战争期间不发展经济，中国共产党势必无法坚持抗战，也不能

①《毛泽东文集》第 2 卷，人民出版社 1993 年版，第 269 页。
②《毛泽东文集》第 2 卷，人民出版社 1993 年版，第 327 页。

取得胜利。因此，发展经济对于抗日战争和解放战争的胜利具有至关重要的意义。要发展经济，就离不开科学技术，离不开毛泽东科技思想的指导。马克思主义认为，由于自然科学“能解决衣、食、住、行等生活问题，所以每一个人都应赞成它，每一个人都要研究自然科学”[①]。毛泽东进一步解释，自有人类生活以来都要吃饭，要吃饭就要进行生产，就有自然科学的萌芽，后来逐渐发达。这就初步阐发了自然科学对于发展社会生产力的重要作用。针对当时边区经济的落后状况，毛泽东指出，其根本原因在于科学技术的落后，经济要发展，关键在于发展科学技术。因此，所有的共产党员，都应该学习经济工作，其中许多人，应该学习工业技术。只要大家努力，集中智慧，开展自然科学理论与应用问题的研究，一定可以加速经济的发展，把边区改造成为一个更好的地方。在这一思想的指导下，根据地和解放区经济获得了一定程度的发展，不仅给军队提供了给养，而且保证了人民的基本生活。

毛泽东十分重视技术工作和经济工作的结合。早在抗日战争时期，毛泽东就强调农业技术对于农业生产的作用，要求把农业技术和农业生产结合起来。他指出，要从现有的“农业技术与农业生产知识出发，依可能办到的事项从事研究，以便帮助农民对于粮棉各项主要生产事业有所改良，以达到增产的目的”[②]。同样，工业生产也要与工业技术结合起来。1944年8月31日，毛泽东在给博古的信中指出：“新民主主义社会的基础是工厂（社会生产，公营的与私营的）与合作社（变工队在内），不是分散的个体经济。”[③]“新民主主义社会的基础是机器，不是手工。我们现在还没有获得机器，所以我们还没有胜利。如果我们永远不能获得机器，我们就永远不能胜利，我们就要灭亡。”[④]实行独立自主的方针政策，发展

①《新中华报》1940年3月5日。

②《抗日战争时期解放区科学技术发展史料（第2辑）》，中国学术出版社1984年版，第704页。

③《毛泽东书信选集》，人民出版社1983年版，第238页。

④《毛泽东书信选集》，人民出版社1983年版，第239页。

根据地的工业，“关键在于资本和技术”[①]，毛泽东指出了工业对于新民主主义社会的决定性意义，因此，要大力发展工业。而要发展工业，时刻不能离开科学技术，工业和科学技术是密切地联系在一起的。总之，发展农业和工业，以及发展其他事业，都离不开技术工作，要把技术工作同经济建设结合起来，以技术工作促进经济建设的发展。

3. 阐释了改造自然科学与改造社会制度的关系

在阶级社会中，一定的社会的政治和经济制度主要反映占统治地位的阶级的利益和要求。毛泽东明确提出：自然科学要在社会科学的指挥下去改造自然界。这里讲的“指挥”实质上是要坚持马克思主义的指导。因为自然科学作为一种特殊的社会意识形态，它的研究不能不受到一定的世界观、方法论所支配，它的应用与发展不能不受到社会科学的影响和制约。而且，只有在马克思主义的社会科学指导下，改造了不合理的社会，人们成了社会的主人，才真正谈得上做自然的主人。显然，自然科学的发展也要受到社会制度的制约和影响。毛泽东指出，落后的、不合理的社会制度阻碍了自然科学的发展，先进的、合理的社会制度有利于自然科学的发展。资本主义社会阻碍了自然科学的发展，所以要改造这种不合理的社会制度。陕甘宁边区在中国共产党的领导下，进行了社会的改造，改变了生产关系，因此就有了改造自然的先决条件。在当时以改造社会为主要任务的历史条件下，毛泽东突出强调资本主义社会制度对科学发展的阻碍作用，以及边区建立的新生产关系为科学和生产发展所创造的有利条件，极大地鼓励了科技工作者积极地投身到生产建设和发展创造中去。

4. 开始重视科技人才队伍建设

抗战前后，随着时局的变化和环境的改善，毛泽东又开始从百忙中抽

①《陕甘宁边区参议会文献汇辑》，科学出版社 1958 年版，第 191 页。

空读书，他在继续学习社科知识的同时，特别注意学习和充实自然科学知识，以便更深刻地理解马克思主义经典著作。毛泽东不仅自己注重学习，还影响和号召党内高级干部都开始认真学习科学知识。1936年10月22日，毛泽东写信指示当时在西安搞统战工作的叶剑英等同志，请他们务必帮助买“一批通俗的社会科学、自然科学”书籍，这些书一定要“经过选择真正是通俗的而又有价值的”，“每种买五十部”。[①] 当时，中国革命斗争的实践迫切需要马列主义理论的指导，而马列主义理论中包含了不少自然科学的知识，如经典著作《自然辩证法》、《反杜林论》等。所以，不了解自然科学知识，不真正理解马克思主义的理论，是无论如何担负不起指导中国革命的重任的。

毛泽东十分重视科技人才对革命和建设的作用。对紧缺的人才，一方面，采取各种措施，提供各种可能的优惠条件，吸引他们来为我们的事业服务；另一方面，努力发展科学文化教育事业，培养我们需要的各方面人才，并使其达到需要的规模和数量。1941年，毛泽东、朱德、叶剑英签署命令，要求“尽可能吸引广大后方与广大沦陷区技术水平高深的医务人才，不惜其津贴予以任用，政治上作非党干部看待，生活上作专门家待遇之”[②]。为了满足经济建设对科技人才的需要，党中央和毛泽东在主张引进人才的同时，也注意创办科学技术学校，培养需要的科技人才，如延安自然科学院、中国医科大学等都是在这个时期创办的。

这一时期，在毛泽东的积极倡导下还成立了一系列科技团体，建立了科技人才培养体系，可以说为我国后来的科技发展提供了有力的组织和人才的保障。延安当时就成立了自然科学研究会，会员达到了300多人，同时在研究会的组织下，还先后成立了农学、化学、生物、医学、航空、气象、土木工程、地质矿冶、机械电机等十几个学会，在其他根据地也成立了许多自然科学学会和学术团体。与此同时，毛泽东还积极支持创办各种学校，

①《毛泽东书信选集》，人民出版社1983年版，第80页。

②《抗日战争时期解放区科学技术发展史料（第3辑）》，中国学术出版社1984年版，第36页。

著名的自然科学院、中国医科大学边区医药学院和农业学校等都是那个时期建立的。这些院校培养的人才，许多人都成为中华人民共和国科技战线上的骨干力量。

（三）成熟完善阶段

从 1949 年中华人民共和国成立到 1966 年“文化大革命”爆发，是中华人民共和国科技事业的创建时期，尤其是 1956—1966 年被称为中华人民共和国科技事业的“黄金时期”。毛泽东的科技思想在这一时期更加成熟完善。

1956 年 9 月，党的八大会议确定把党的工作重心转移到社会主义建设上来。为了适应工作重心转移的需要，毛泽东将马克思主义科技思想与中国科技发展、国家建设紧密结合，提出了适合中国实际的科技思想，指导和推动了中国现代科技事业的奠基和开拓。毛泽东敏锐地发出了“向自然开战”、实行“技术革命”“向科技进军”等富有远见卓识的号召，提出了把党的各项工作重点转移到技术革命上来，掀起了创建科技事业的伟大实践，力图把一个经历了几千年农业社会的民族，带入学习现代科技、钻研现代科技、发展现代科技和运用现代科技的现代社会。

1. 领导建立科学研究体系，制定科技发展规划

中华人民共和国刚刚成立，毛泽东即着手发展科技事业。经毛泽东批准，1949 年 11 月 1 日，中国科学院正式成立。国家科技发展新方针确立为：努力发展自然科学，服务于工业、农业和国防建设。科技发展新方针的提出和中国科学院的建立，使中国科技事业有领导、有计划地开展起来。之后，逐步形成由中国科学院、高等院校、产业部门和地方研究机构四个方面组成的科学技术研究工作系统，其中：科学院是能够确实领导全国科学研究的中心；高等院校是科学研究的重要基地；产业部门的科研机构，以使自己成为本专业领域内全国科研的中心为目标；地方科研部门是国家科技发

展不可缺少的助手。这样，合理分工合作的科学研究工作体制形成了。

科技的发展进步离不开各种高级专门人才。中华人民共和国成立后，一大批海外的中国科学家回国参加建设。毛泽东对这些科学家十分关心，他亲自指示安排了一大批归国科学家的工作，和他们中的不少人结为知己，相互探讨共同关心的问题。经常成为毛泽东座上客的科学家有：周培源、李四光、竺可桢、钱学森、钱三强、谈家桢等。每当回忆起和毛泽东交谈的情景，这些科学家无不为他对科学知识的执着追求和对科学事业发展的关心所感动。他们在毛泽东的关怀下从事科学研究，成果累累，成了一批学科的拓荒者或奠基人。谈家桢曾说："毛主席在世时，十分关心祖国科学技术的发展。"他以自己为例说明，"许多学科的研究都是在老人家的直接关怀下发展起来的。""我可以说：没有毛主席的亲切关怀和热情支持，也就没有中国遗传学的今天。"①

随着国民经济的恢复和从1953年开始的国民经济第一个五年计划的基本提前完成，制定科学技术发展规划的任务被提上了国家议事日程。1955年夏，国务院召开北戴河会议，讨论15年远景规划的编制。会后，不同领域均开始着手制定远景规划。7月，根据毛泽东"全面规划，加强领导，这就是我们的方针"②的指示，国家计委主任李富春要求中科院把科学远景规划工作抓起来。随后，200多位科技工作者齐聚北京，讨论12年内中国科学技术在国民经济中所必须承担的几十项重要任务及为完成这些任务所涉及的中心问题。毛泽东和中共中央高度重视编制科技发展远景规划。1956年1月，毛泽东在关于知识分子问题的会议上发表重要讲话，强调："中国要培养大批知识分子，要有计划地在科学技术上赶超世界水平。"③1月25日，毛泽东在最高国务会议第六次会议上说："我国人民应该有一个远大的规划，要在几十年内，努力改变我国在经济上和科学文

①《难忘的回忆——怀念毛泽东同志》，中国青年出版社1985年版，第128页。
②《毛泽东文集》第6卷，人民出版社1999年版，第442页。
③薄一波：《若干重大决策与事件的回顾》（上），中共党史出版社2008年版，第357页。

■ 1956年6月14日，毛泽东（前排左5）等在中南海与参加制定全国十二年科技发展远景规划的全体学部委员和科学家合影。

化上的落后状况，迅速达到世界上的先进水平。为了实现这个伟大的目标，决定一切的是要有干部，要有数量足够的、优秀的科学技术专家。"[①] 毛泽东的讲话，再次强调了制定远景规划、使中国科技发展迅速达到世界先进水平的重要性。《1956—1967年科学技术发展远景规划》在内容上从13个方面确定了57项重要科技任务和616个中心问题，其中重点任务是12项，最重要的是确定了加速科学发展的"四项紧急措施"，重点发展原子能、喷气式火箭、计算机、半导体、电子学和自动化技术。此外，还部署了两个更重大的项目：原子能与导弹，构成了发展尖端科学技术的关键性措施。《1956—1967年科学技术发展远景规划》是中华人民共和国第一个长期科学技术发展规划，它比较全面地反映了中国社会主义建设对科学技术的要求。它的制定和实施，拉开了中国向科学进军的序幕，使中国的科学技术开始走上在国家统一领导下的远景规划和近期计划相结合的发展

①《毛泽东文集》第7卷，人民出版社1999年版，第2页。

道路。规划中的主要任务大多提前5年，即到1962年就完成了。在此基础上，1962年，国家科学技术委员会开始着手制定《1963—1972年科学技术发展规划》。

2. 提出并制定了实现科学技术现代化的思想和发展目标

经济振兴要靠科学技术进步，科学技术工作要面向经济建设。这是我国现代化建设的一个基本方针。20世纪50年代中后期，随着我国大规模经济建设的全面铺开，党中央逐步感受到，我国经济发展对先进科技的急需与科技落后现状之间的尖锐矛盾，已经严重制约了我国经济发展的步伐。1956年1月，在《关于知识分子问题》的报告中，周恩来系统地分析了科学技术对发展生产、繁荣经济、巩固国防所起的决定作用，明确地把实现科技现代化作为社会经济发展的战略目标之一，为此后变工业化的目标为四个现代化的目标并提出关键在于科技现代化，提供了思想前提。随后，在最高国务会议第6次会议上，毛泽东指出："我国人民应该有一个远大的规划，要在几十年内，努力改变我国经济和科学文化上的落后状况，迅速达到民办上的先进水平。"①1957年和1958年毛泽东先后三次谈及要把我国建设成为具有现代工业、现代农业和现代科学文化的社会主义国家的问题。②到1959年12月，毛泽东读苏联《政治经济学教科书》时谈道："建设社会主义，原来要求是工业现代化，农业现代化，科学文化现代化，现在要加上国防现代化。"③这样，毛泽东就形成了比较完整的"四个现代化"的思想。1963年1月29日，在上海市科技工作会议上的讲话中，周恩来代表中央集体再次重申："我们要实现农业现代化、工业现代化、国防现代化和科学技术现代化，把我们祖国建设成为一个社会主义强国，关键在

①《建国以来重要文献选编》第8册，中央文献出版社1994年版，第76页。

②《毛泽东文集》第7卷，人民出版社1999年版，第207、208页；《建国以来毛泽东文稿》第7册，中央文献出版社1992年版，第570页。

③《毛泽东文集》第8卷，人民出版社1999年版，第116页。

于实现科学技术现代化。”[①] 在1964年12月的三届人大一次会议上，科技现代化正式被列为我国今后的战略目标之一。至此，我党形成了农业是基础、工业是主导，国防是保障，科技是关键的现代化思想。在这个现代化思想的框架中，科技在社会主义经济建设中的地位和作用充分体现出来。

实现科技现代化，是以毛泽东为核心的党中央领导集体立足国情，在丰富的感性认识的基础上，经过深思熟虑的理性升华得出的重要结论；同时，也是在中国这样一个经济文化比较落后的国家实现现代化动力之所在。这不仅深刻阐释了发展科技的目标和意义，而且增强了向现代科技进军的神圣使命感和历史责任感。

3. 逐渐形成“在技术上起一个革命”的思想，正式提出“技术革命”的概念

针对建国初期，我国工业生产和科技落后的现状，毛泽东清醒地认识到：中国经济面貌的全面改观，一方面是要在社会经济制度方面彻底完成社会主义改造，另一方面则取决于科学技术。1953年12月毛泽东提出“在技术上起一个革命”的思想。他指出：“在技术上起一个革命，把在我国绝大部分社会主义经济中使用简单的落后的工具农具去工作的情况，改变为使用各类机器直至最先进的机器去工作的情况，借以达到大规模地出产各种工业和农业产品，满足人民日益增长的需要，提高人民的生活水平，确有把握地增强国防力量，反对帝国主义的侵略，以及最后地巩固人民政权，防止反革命复辟这些目的。”[②] 在此，毛泽东把“在技术上起一个革命”的思想与生产工具的改造、革新、工农业产品的增长、提高人民生活水平、巩固政权、防止复辟等相联系，这就明确了我国科技发展的目的。对于如何在技术上起一个革命，毛泽东明确指出：“我们现在不但正在进行关于社会制度方面的由私有制到公有制的革命，而且正在进行技术方面

①《周恩来经济文选》，中央文献出版社1994年版，第503页。

②《毛泽东文集》第6卷，人民出版社1999年版，第316页。

的由手工业生产到大规模现代化机器生产的革命，而这两种革命是结合在一起的……中国只有社会经济制度方面彻底地完成社会主义改造，又在技术方面，在一切能够使用机器操作的部门和地方，统统使用机器操作，才能使社会经济面貌全部改观。”[①]这些论述明确地表达了毛泽东对生产力与科学技术、生产力与生产关系的历史唯物主义观点，体现了发展生产力，在技术上起一个革命与变革生产关系的有机统一。

1956年生产资料私有制的社会主义改造基本完成，党决定把工作重心转移到经济建设上来，在1956年1月召开的知识分子问题会议上，毛泽东正式提出了“技术革命”的概念。他指出：“要进行技术革命，文化革命，革技术落后的命，革没有文化、愚昧无知的命。”同时，号召全党努力学习科学知识，同党外知识分子团结一致，为迅速赶上世界科学先进水平而奋斗。这一时期，党中央形成了一致共识：在社会主义时代，比以前任何时代都更加需要充分地提高技术，发展科学和利用科学知识。科学是关系国防、经济和文化各方面的决定性因素。现代科技正在一日千里地突飞猛进，人类面临着一个新的科技和工业革命的前夕，我们必须急起直追，“向现代科学进军”。为了在思想上切实引起党的各级领导干部对技术革命的重视并加强对科技工作的组织领导，在八大预备会议第二次全体会议上，毛泽东明确提出：“现在的中央委员会是一个政治中央，还不是科学中央，将来，中央委员会就是科学委员会。”“现在搞这些新技术我们还没有经验”，“世界上新的工业技术、农业技术我们还没有学会，虽然我们已经有了六年的经验，学会了许多东西，但是从根本上说，我们还要作很大的努力”。[②]

为了贯彻党的八大会议的决定，1957年3月，毛泽东明确指出：“现在处在转变时期：由阶级斗争到向自然界斗争，由革命到建设，由过去的

①《毛泽东文集》第6卷，人民出版社1999年版，第432页。

②《党的文献》1991年第6期，第15页。

革命到技术革命和文化革命。”[①] 为了实现这一转变，全党必须努力学习科学技术。“过去我们有本领，会打仗，会搞土改，现在仅仅有这些本领就不够了，要学新本领，要真正懂得业务，懂得科学和技术，不然就不可能领导好。”“提出技术革命，就是要大家学技术，学科学。”“我们一定要鼓一把劲，一定要学习并且完成这个历史所赋予我们的伟大的技术革命。”[②] 为了进一步落实工作重心的转移，1958 年初，在南宁会议、最高国务会议和成都会议期间，毛泽东明确向全党提出：“从今年起，要在继续完成政治战线上和思想战线上社会主义革命的同时，把党的工作着重点放到技术革命上去。”[③] 这就提出了党的工作着重点转移的任务，这一主张丰富和发展了八大正确的决策，是八大路线的继续和发展，对发展我国科技事业有着极其深远的指导意义。

4. 确立并制定优先发展尖端科学技术的战略决策

第二次世界大战后，随着原子能技术、电子技术、空间技术、激光技术的蓬勃兴起，毛泽东意识到这些最新的成就，使人类面临着一个新的科学技术和工业革命的前夕。在规划和实施中国社会主义经济建设与科技发展宏伟蓝图的过程中，毛泽东根据国际形势和国内情况，审时度势，确立了重点发展尖端科技的战略方针，从而极其深刻地影响了中国当代科学事业的历史进行及其发展模式。

为了改变我国科技基础薄弱的现状，为了摆脱我国饱受帝国主义欺凌压迫的局面，毛泽东提出要下决心，搞尖端技术，搞以原子弹、导弹为标志的尖端技术，以此带动全国科技的发展。对此，毛泽东强调指出：原子能事业“这件事总是要抓的。现在到时候了，该抓了。只要排上日程，认真抓一下，事实上可以搞起来”[④]。1955 年 3 月，毛泽东在党的全国代表

①《毛泽东文集》第 7 卷，人民出版社 1999 年版，第 289 页。
②《毛泽东文集》第 7 卷，人民出版社 1999 年版，第 350 页。
③《毛泽东文集》第 7 卷，人民出版社 1999 年版，第 350-351 页。
④《当代中国的核工业》，中国社会科学出版社 1987 年版，第 14 页。

会议上宣布："我们进入这样一个时期，就是我们现在所从事的，所思考的，所钻研的，是钻社会主义现代化，钻社会主义改造，钻现代化国防，并且开始要钻原子能这样的历史的新时期。"①为了加强对原子能事业的领导，7月，中央决定由陈云、聂荣臻、薄一波组成三个领导小组，负责指导原子能事业的发展工作。1956年，在制定12年国家科学技术发展的第一个远景规划中，原子能的和平利用被列为第一次重点任务。同时，原子弹和导弹的研制也提上日程。

优先发展尖端科技的战略决策，直接导致了"两弹一星"的科研成果，促进了我国核工业、核能利用、航天工业的长足进步，迅速掀起向尖端科技进军的热潮，从整体结构上推动了我国科技事业的发展。

5. 确立发展科学技术的"双百"指导方针

科学研究、技术创新是一种探索未知世界的创造性劳动，它需要一种既有生机和活力的、又是和谐宽松的社会环境。对此，毛泽东提出了"百花齐放、百家争鸣"的方针，成功地解决了如何创造良好的运行机制以促进我国科技繁荣发展的问题。

在自然科学发展的过程中，人们对某一客观现象的研究，由于理论依据不同，研究的角度、层次、方法和实验手段的不同，往往得出不同的结论，形成不同的理论体系和不同的学派。即使对同一现象也有多种假说并存，因此，各种学说间的相互争论必然形成"百花齐放、百家争鸣"的局面。由此，科学思维和科学实验将得到进一步发展和完善，科技进步也找到了长足的推动力量。循此规律，毛泽东在1956年4月的最高国务会议第七次会议上指出："在中华人民共和国宪法范围之内，各种学术思想，正确的、错误的，让他们去说，不去干涉他们。李森科、非李森科，我们也搞不清，有那么多学说，那么多的自然科学，就是社会科学，这一派，那一派，

①《建国以来毛泽东文稿》第6册，中央文献出版社1992年版，第395页。

让他们去说。在刊物上，报纸上可以说各种意见。”基于此，毛泽东正式宣布将“百花齐放、百家争鸣”作为科学和文化工作的指导方针。“双百”方针的确立，在宏观方面，创造了自由讨论的环境和气氛，遵守以理服人的原则；在微观方面，坚持政学分离，在学术问题上不要当权者作结论。其目的在于通过不同的学派之间的讨论，深入地揭露事物的内部矛盾，认识它的客观规律性，从而促进科技的进步。在具体的实践操作上，主张采取“民主的方法”，“自由讨论的办法”，采取“放”的方针。毛泽东指出："正确的东西总是在同错误的东西作斗争的过程上发展起来的。真的、善的、美的东西总是在同假的、恶的、丑的东西相比较而存在，相斗争而发展的。”[①] 因此，对待科学中的是非问题，应该通过科学界的“自由讨论”去解决，通过“科学的实践”去解决，在实践中达到真理愈辩愈明的效果。历史已经证明：“双百”方针是促进我国科技进步的方针，是科技发展的一条规律，是发展科学的必由之路。党什么时候全面正确地贯彻这一方针，什么时候我们的科技事业发展就快，就迅速，就繁荣；什么时候我们对“双百”方针作了任意解释或贯彻执行中走偏、滑坡、转向，我们的科技事业就呈现出曲折、艰难的发展态势。

毛泽东科技思想的发展历程，反映了中国共产党人对现代科技巨大作用的深刻认识，体现了共和国开国元勋们奋发图强的创业精神和追赶世界先进水平的宏图大志。正是在他们的科技思想的指导下，我国的科技事业在几十年内取得巨大突破，获得了长足的发展。同时也为我们今天进行社会主义现代化建设，奠定了良好的基础。毋庸讳言，由于毛泽东晚年“左倾”思想萌发和冷战时代复杂国际环境的影响，党在指导思想上发生了偏差，发展科技的宝贵思想未能得以贯彻始终，使我国科技事业的发展历经磨难，遭受了难以弥补的损失。但是无论怎么讲，这些科技思想及其指导下的科技实践对于当前发展我国的科技事业和赶超世界先进科技水平，都

①《毛泽东文集》第7卷，人民出版社1999年版，第230页。

是宝贵的精神财富和难得的历史教训。

第二节　毛泽东关于科学技术现代化思想的内涵及其贡献

（一）“不搞科学技术，生产力无法提高”—— 强调科学技术在经济社会中的地位和作用

毛泽东历来十分重视科学技术在人类历史发展中的地位和作用，他在领导中国革命和建设的过程中，紧密结合中国的实际，从理论上深刻阐述了科学技术的性质、特点、社会功能和发展规律等，提出了许多真知灼见，丰富和发展了马克思主义的科学技术观。“不搞科学技术，生产力无法提高”这一论断，就是毛泽东在长期的革命和建设过程中逐渐总结出来的。

1. 明确指出自然科学是人们争取自由的一种武装，提倡重视学习自然科学

自由来自对必然的认识，人类在没有认识自然规律前，与自然作斗争处于盲目的被动地位，行动没有自由。当人类认清了自然规律，并用它去改造自然时，行动就有了自由。早在抗战时期，毛泽东就十分重视科学技术的作用。1940 年 2 月，他在陕甘宁边区自然科学研究会成立大会上的讲话中就指出：“自然科学是人们争取自由的一种武装。人们为着要在社会上得到自由，就要用社会科学来了解社会，改造社会，进行社会革命。人们为着要在自然界里得到自由，就要用自然科学来了解自然，克服自然和改造自然，从自然里得到自由。自然科学是要在社会科学的指挥下去改造自然界，但是自然科学在资本主义社会里却被阻碍了它的发展，所以要改造这种不合理的社会制度。”“自然科学是很好的东西，它能解决衣、食、住、

行等生活问题，所以每一个人都要赞成它，每一个人都要研究自然科学。”①毛泽东强调了自然科学的认识自然和改造自然的功能，显示了他对自然科学的重视。毛泽东还特别重视子女学习自然科学知识。1941 年，他在给毛岸英的信中说：“惟有一事向你们建议，趁着年纪尚轻，多向自然科学学习，少谈些政治。政治是要谈的，但目前以潜心多习自然科学为宜，社会科学辅之。将来可倒置过来，以社会科学为主，自然科学为辅。总之注意科学，只有科学是真学问，将来用处无穷。”②

毛泽东认为，学习科学是认识事物本质的需要。中华人民共和国成立之初，毛泽东便号召全党同志要加强科学学习，争取成为经济建设的专家。要想成为专家，就应该有科学精神，虚心向科学求教，“我们除了科学之外，什么都不要相信”。当时，我们的干部刚进城不久，习惯于军事斗争，对于学习科学的重要意义认识不足。1955 年，在中国共产党全国代表会议上的讲话中，毛泽东指出：“只要我们更多地懂得马克思列宁主义，更多地懂得自然科学，一句话，更多地懂得客观世界的规律，少犯主观主义错误，我们的革命工作和建设工作，是一定能够达到目的的。”③而不懂得自然科学，就不可能懂得客观规律，就不可能搞好社会主义建设。他还强调：“人们必须通过对现象的分析和研究，才能了解到事物的本质，因此需要有科学。不然，用直觉一看就看出本质来，还要科学干什么？”④没有科学知识和理论做后盾，没有实证态度，没有精确的数据，一叶障目，不见泰山，难保不“被假象所迷惑”。可见，自然科学直接关系我们事业的成败，所以，毛泽东多次强调政治家也要通业务、学科学。

毛泽东一贯主张，学习科学知识是严肃认真的事情，来不得半点马虎。因此要振作精神，下苦功夫学习。在 1957 年的《做革命的促进派》一文中，毛泽东指出：“下苦功，三个字，一个叫下，一个叫苦，一个叫功，一定

①《毛泽东文集》第 2 卷，人民出版社 1993 年版，第 269 页。
②《毛泽东文集》第 2 卷，人民出版社 1993 年版，第 327 页。
③《毛泽东文集》第 6 卷，人民出版社 1999 年版，第 393 页。
④《毛泽东文集》第 6 卷，人民出版社 1999 年版，第 401 页。

要振作精神，下苦功。”我国进入全面建设社会主义时期后，他又指出：同志们无论如何应当养成学习的好习惯，学习的对象主要就是技术科学和自然科学等。他特别强调：在自然科学方面，我们比较落后，特别要努力向外国学习。至于资本主义国家的先进科学技术和企业管理方法中合乎科学的方面，更要去学。他还严厉批评了那种不分青红皂白盲目排外的做法：“对外国的科学、技术和文化，不加分析地一概排斥……不是马克思主义的态度，都对我们的事业不利。”①

2. 全面论述科学技术对于推动生产力发展和社会进步的重要作用

发展科学技术，是发展经济、改变中国贫穷落后面貌的需要。近代中国没有在几千年灿烂文明的基础上率先实现现代化。对于其中原因，很多学者从不同的角度进行了研究，也得出了不同的结论。毛泽东以政治家的眼光对此问题加以分析。1963年9月6日，他在审阅《关于工业发展问题（初稿）》时曾经加写过一段文字，其中谈道：“我国从十九世纪四十年代起，到二十世纪四十年代中期，共计一百零五年时间，全世界几乎一切大中小帝国主义国家都侵略过我国，都打过我们，除了最后一次，即抗日战争，由于国内外各种原因以日本帝国主义投降告终以外，没有一次战争不是以我国失败、签订丧权辱国条约而告终。其原因：一是社会制度腐败，二是经济技术落后。”②这就是毛泽东对近百年中国落后挨打原因的深刻总结。

中华人民共和国成立后，反动腐朽的社会制度已被彻底推翻，但我国的科学技术相对西方国家来说，仍然十分落后。因此，毛泽东告诫全党和全国人民：“如果不在今后几十年内，争取彻底改变我国经济和技术远远落后于帝国主义国家的状态，挨打是不可避免的。”③为了避免历史悲剧的重演，我们必须打破常规，尽量采用先进技术，尽快把我国建设成为一

①《毛泽东文集》第7卷，人民出版社1999年版，第43页。
②《毛泽东文集》第8卷，人民出版社1999年版，第340页。
③《毛泽东文集》第8卷，人民出版社1999年版，第340页。

个社会主义的现代化的强国。

旧中国经济技术落后，只有用先进的科学技术去改造，才能使社会经济面貌全部改观。毛泽东根据社会主义革命和社会主义建设的实际需要，全面深刻地论述了科学技术对推动生产力发展和社会进步的巨大作用。1955年初，毛泽东从生产力发展的角度阐述了科学技术的重要性。毛泽东表示："过去几年，其它事情很多，还来不及抓这件事，这件事总是要抓的。现在到时候了，该抓了。"他在《关于农业合作化问题》的报告中写道："中国只有在社会经济制度方面彻底地完成社会主义改造，又在技术方面，在一切能够使用机器操作的部门和地方，统统使用机器操作，才能使社会经济面貌全部改观。"[①]1955年夏，社会主义改造还在如火如荼地进行之际，毛泽东又及时指出："我们现在不但正在进行关于社会制度方面的由私有制到公有制的革命，而且正在进行技术方面的由手工业生产到大规模现代化机器生产的革命，而这两种革命是结合在一起的。"[②]

通过中华人民共和国成立以来的艰辛探索，毛泽东逐渐形成了依靠科学技术发展社会生产力的明确认识，并将科技发展与社会主义现代化进程紧密联系在一起，给予很高关注。为了充分发挥科学技术在社会主义建设中的重要作用，他向全国发出了"向科学进军"的号召。进入20世纪60年代以后，随着社会主义革命和社会主义建设的发展，迫使我国人民必须迅速地发展科学事业。1963年12月16日，毛泽东在听取聂荣臻和中央科学小组汇报科技工作十年规划时，明确地指出："科学技术这一仗，一定要打，而且必须打好。过去我们打的是上层建筑的仗，是建立人民政权、人民军队。建立这些上层建筑干什么呢？就是要搞生产。搞上层建筑、搞生产关系的目的就是解放生产力。现在生产关系是改变了，就要提高生产力。不搞科学技术，生产力无法提高。"[③]毛泽东的讲话，事实上已经包

①《毛泽东文集》第6卷，人民出版社1999年版，第438页。
②《毛泽东文集》第6卷，人民出版社1999年版，第432页。
③《毛泽东文集》第8卷，人民出版社1999年版，第351页。

含了“科学技术是生产力”的命题。在这里，他把科学技术与生产力的发展，与社会主义建设事业的兴旺发达紧密联系起来，对于科技在发展生产力中的作用，对于发展生产力在革命和建设中的任务，作了极高的估计。毛泽东明确提出了建设社会主义现代化强国依靠科学技术。

（二）提倡开展群众性的技术革新和技术革命，指出提高科技发展水平的方法和手段

中华人民共和国成立后，随着三年经济恢复和“一五”计划的执行，毛泽东开始思考通过技术革命来提高生产力的问题。1953 年 12 月，毛泽东在修改《关于党在过渡时期总路线的学习和宣传提纲》时，提出“在技术起一个革命”① 的思想，第一次把技术与革命联系起来。1956 年 1 月 20 日，在中央召开的知识分子问题会议上，毛泽东正式提出了“技术革命”的概念。毛泽东说：“现在我们是革什么命呢？现在是革技术的命，叫技术革命，叫文化革命，要搞科学，要革愚蠢无知的命。”② 然而，20 世纪 60 年代中期前，毛泽东并没有严格区分技术革命和技术革新两个概念，而是将两者并用。直到 1968 年 8 月 22 日，毛泽东批评“史无前例的文化大革命”的提法时说：“以后不要说史无前例。历史上最伟大的几次文化大革命是发明火、发明蒸汽机和建立马克思列宁主义，而不是我们的革命。”③ 这说明，毛泽东已经对文化革命、技术革命这两个概念的内涵进行了思考。1969 年 5 月 4 日，空军党委给中央军委办事组的报告在开头和结尾两次把“技术革命”和“技术革新”并用，一处说“群众性的技术革新和技术革命空前活跃”，另一处说“以革命带动技术革新、技术革命工作”。毛泽东在《对空军部队技术革新情况报告的批语》中明确指出，对具体技术改

①《建国以来毛泽东文稿》第 4 册，中央文献出版社 1990 年版，第 406 页。
②《毛泽东传（1949—1976）》（上），中央文献出版社 2003 年版，第 469 页。
③《建国以来毛泽东文稿》第 12 册，中央文献出版社 1998 年版，第 526 页。

革称为技术革新，不再说技术革命。技术革命是能够引起社会历史改变的重大技术改革，“例如用蒸汽机代替手工，后来又发明电力，现在又发明原子能之类”[①]。这是最高层次的技术革命，是由于重大科学原理的发现，导致重大技术原理的突破，从而产生新的技术群，并引起整个社会技术体系巨变的技术改革。毛泽东在这里并非随意列举蒸汽机、电力、原子能这三种技术，而是在新的思考上高度概括了人类科技发展中三次技术革命的本质特征。毛泽东这里所讲的“技术革命”，在主体精神上与当代世界新技术革命有着深层的共通点，而且毛泽东提出得更早、更自然，从而更准确地把握了科技革命的内在规律和革命性质。

1. 把党的工作的着重点放到技术革命上去

毛泽东把技术革命作为一种伟大的革命运动，就是要推动党的工作重点的转变，使其成为党的中心工作。1956 年 9 月召开的党的八大，在分析确定社会主义三大改造基本完成以后中国社会主要矛盾的基础上，提出了全国人民的主要任务是集中力量发展社会生产力，实现工业化，逐步满足人民日益增长的物质和文化的需要，并确定把党的工作重点转移到社会主义建设上来。为了适应党的工作重点转移的需要，毛泽东先后提出钻研科学技术的要求，发出了“向自然界开战”的号召，提出了技术革命工作重点转移的任务。1957 年 3 月 19 日，《在南京上海党员干部会议上讲话的提纲》中，毛泽东首先提出了时期转变问题，他说：“现在处在转变时期：由阶级斗争到向自然界斗争，由革命到建设，由过去的革命到技术革命和文化革命。”[②] 在这里，毛泽东把技术革命提到了党和国家乃至社会整体的发展高度，来确定技术革命的重要历史地位。1958 年 1 月，在《工作方法六十条（草案）》中，毛泽东又指出：“不断革命。我们的革命是一个接一个的。”“现在要来一个技术革命，以便在十五年或者更多一点的时间

①《建国以来毛泽东文稿》第 13 册，中央文献出版社 1998 年版，第 49 页。
②《建国以来毛泽东文稿》第 6 册，中央文献出版社 1992 年版，第 403 页。

内赶上和超过英国。”[①] 在毛泽东看来，整风反右运动是一场社会主义的思想政治革命，是中华人民共和国成立以来继土地革命、“三大改造”之后的又一次革命，这个革命不久即可以基本上告一个段落，随之而来的应该是开展对自然的改造，要来搞建设，搞技术革命，因此，必须把党的工作重点转向技术革命。毛泽东强调：“时间过去了八年。这八年中，革命一个接着一个，大家的思想都集中在哪些问题上，很多人来不及学科学，学技术。从今年起，要在继续完成政治战线上和思想战线上的社会主义革命的同时，把党的工作的着重点放到技术革命上去。这个问题必须引起全党注意。各级党委可以在党内事先酝酿，向干部讲清楚，但是暂时不要在报上宣传，到七月一日以后我们再大讲特讲，因为那时候基层整风已经差不多了，可以把全党的主要注意力移到技术革命上面去了。”[②] 毛泽东提出把党的主要注意力转移到技术革命上面，要求中共领导干部鼓一把劲，学技术、学科学，学习并完成这个历史所赋予的伟大的技术革命的任务的思想，丰富和发展了党的八大提出的党的工作重点转移的决策，具有重要的理论和实践意义，这一思想使技术革命突破了其领域的局限，上升到了政治的高度。

毛泽东勾画了中华人民共和国技术革命的基本框架，使得中国共产党的政治任务更加具体，社会革命的目标更加科学。在毛泽东看来，技术革命的目的是推动产业革命，建立与新技术相适应的国民经济的产业体系，即强大的物质技术基础。刘少奇也提出：“全党必须在领导全国人民继续完成政治上、思想上的社会主义革命的同时，逐步实现技术革命和文化革命。这个革命的目的是要在我国建立起强大的物质技术基础，从根本上改变由于经济上贫穷和文化上落后所造成的被动地位。”[③] 这实际上是一个改变中国社会面貌的方案，是政治革命的继续。因此，毛泽东在中共正式

①《建国以来毛泽东文稿》第7册，中央文献出版社1992年版，第51页。
②《建国以来毛泽东文稿》第7册，中央文献出版社1992年版，第52页。
③《建国以来重要文献选编》第11册，中央文献出版社1995年版，第372页。

会议上的文件中，将技术革命的目的具体化为主要任务。1958年5月13日、24日，经毛泽东两次修改的刘少奇代表中共中央在中共八届二次会议上的工作报告指出：在技术革命方面，主要的任务是：把包括农业和手工业在内的全国经济有计划有步骤地转到新的技术基础上，转到现代化大生产的技术基础上，使一切能够使用机器的劳动都使用机器，实现全国城市和农村的电气化；使全国的大中城市都成为工业城市，并在那些条件具备的地方逐步建立新的工业基地，使全国的县城和很多乡镇都能有自己的工业，使全国各省、自治区以至大多数专区和县的工业产值都超过农业产值；在全国范围内建立一个以现代工具为主的四通八达的运输网和邮电网。在尽可能地采用世界上最新的技术成就的同时，在全国的城市和农村中广泛地开展改良工具和革新技术的群众运动，使机械操作、半机器操作和必要的手工劳动适当地结合起来。[①] 可以看出，毛泽东关于技术革命的思想已经成为中国共产党人的共识。

2. 开展以机械化和半机械化为中心的技术革新运动

中华人民共和国建立初期，中国社会的生产力水平极其低下，全国的生产力都还没有经过世界先进国家那种大规模的机械化、电气化的技术改造。因此，技术革新的首要任务就是：要采取各种各样的办法，其中包括尽可能地利用最新科技成就，来完成中国的机械化和电气化。在一些重要的工业部门要用最新的技术装备起来。技术革新的实质，就是国民经济的技术改造，建立起由现代化先进技术装备起来的新的工业，同时要用现代先进的技术来逐步地改造原有的工业。为此，毛泽东发动了一个以大搞半机械化和机械化为中心的技术革新的群众运动。1960年1月23日，毛泽东要求转发太原市委关于技术革新和技术革命的决议。根据毛泽东的提议，1月30日中共中央要求："所有大城市和中等城市的市委，都应当根据当

①《建国以来重要文献选编》第11册，中央文献出版社1995年版，第304页。

地的具体条件，像太原市委那样，立即做出开展以机械化和半机械化为中心的技术革新和技术革命运动的规划，并且付诸实施。”①《批示》要求，技术革新应当从各类企业的具体情况出发，根据可能的条件，实事求是地进行。对于“大跃进”以来新建的以手工劳动为主的中、小型企业，要积极地实现半机械化以至机械化。对于老企业，要继续有计划地改进设备，消除薄弱环节，使费力的手工劳动实行半机械化和机械化。对于新建或者改建的现代化大型企业，也要在改进工艺、改进设备、改进生产线、改善劳动组织、提高设备利用率等方面进行技术革新和技术革命。总之，不论哪一种企业，都要进行技术革新和技术革命，都应当根据各自的需要和可能，能洋就洋，不能洋就土，主要采取自力更生的办法，来积极地实现半机械化和机械化。②由此，一场技术革新运动在全国展开。

中国农业生产力发展的道路，是通过改良农具、半机械化、机械化而达到现代化。只有把农业置于现代化的先进的农业生产技术基础上，中国

1958年4月，毛泽东视察广州市郊棠下农业生产合作社，这是毛泽东在观看适合广大农村使用的手扶拖拉机。

①《建国以来重要文献选编》第13册，中央文献出版社1996年版，第19页。
②《建国以来重要文献选编》第13册，中央文献出版社1996年版，第19—20页。

的农业生产力才能获得彻底的解放和无限的发展。因此，毛泽东指出："农业的根本出路在于机械化。"[①]由于中国农业生产组织的规模较小、农业机械购买力很低、农业机具的生产能力有限，因此，发展半机械化农机具对于节约农业劳动力、提高劳动生产率、进行农田基本建设、实行精耕细作、发展多种经营，对于逐步实行农业技术改革、实现农业的机械化和电气化，都有重要意义。毛泽东提出，农业技术革新要一手抓机械化，一手抓半机械化，坚持机械化半机械化并举、在相当长的时期内以半机械化为主的方针。[②]自1960年到1964年，农机工业部门生产的主要半机械化农具在2000万件以上，全国的保有量为3000万件左右，农民欢迎的半机械化农机具有六十几个品种。而在农业技术革新中，推广改良农具又是农业生产力提高的中心环节，因此，毛泽东提出"不要坐等农业机器而放松了新式畜力农具和改良农具的推广"[③]，他要求把改良农具的研究、制造、推广、供应、使用、修理等各方面的力量统一组织起来，使半机械化农具的推广工作更好地开展起来，以促进农业生产的发展。

3. 把技术革新和技术革命引导到全民的轨道上去

把技术革命运动引导到全民的轨道上去，既要求全民参与技术革命，又要求技术革命渗透到全社会各行各业中。从1960年开始，毛泽东亲自领导了全国规模的技术革新和技术革命运动，使其成为一个全民的政治运动。1960年3月18日，中共中央转发了《全国总工会党组关于当前技术革新、技术革命情况的报告》和《关于技术革命大丰收》一文，毛泽东亲自撰写批语，要求一切城市党委、工矿党委和农村公社党委一律研究和参考，明确提出要把技术革命作为全民运动。毛泽东指出："技术革新和技术革命运动现在已经成为一个伟大的运动，急需总结经验，加强领导，及时解决

①《建国以来重要文献选编》第19册，中央文献出版社1998年版，第271页。
②《建国以来重要文献选编》第19册，中央文献出版社1998年版，第266页。
③《建国以来重要文献选编》第19册，中央文献出版社1998年版，第266-267页。

运动中的问题，使运动引导到正确的、科学的全民的轨道上去。”[①]1960年3月25日，毛泽东再次强调技术革命是全民运动的思想，指出：“聂荣臻同志给中央的信，对于当前的技术革命运动，做了一个很好的系统的总结，发给同志们研究、参考和仿行。我国工业交通战线，农林牧副渔战线，财政贸易流通战线，文教卫生战线和国防战线的技术革命和文化革命的全民运动，正在猛烈发展，新人新事层出不穷，务请你们精心观察，随时总结，予以推广。”[②]无论这种全民技术革新和技术革命做法的效果如何，但是，可以看出毛泽东已经不再把技术革新简单地理解为工具的改造，而是渗透到了社会生活的各个领域、各个方面。

（三）提出科学实验是一种伟大的革命运动的论断

毛泽东指出：“阶级斗争、生产斗争和科学实验，是建设社会主义强大国家的三项伟大革命运动。”[③]毛泽东不仅把科学实验视为科技革命的动力，而且作为社会革命的动力，推动了中华人民共和国科技和社会的巨大发展。

1. 科学理论和科学认识只能从科学实验的实践中来

科学实验是人们根据一定的科学研究目的，运用一定的物质手段，获得科学事实的方法。科学实验比生产实践能够提供更为可靠而必要的事实材料，以丰富和完善原有的科学理论，推动科学的发展。科学实验借助各种仪器设备以提高人的感官能力，可以在生产实践所无法达到的更深层次和更大范围内，探知自然界的一些新现象和新规律。因此，毛泽东说：“你要知道原子的组织同性质，你就得实行物理学和化学的实验，变革原子的

①《毛泽东文集》第8卷，人民出版社1999年版，第152—153页。
②《毛泽东文集》第8卷，人民出版社1999年版，第153页。
③《建国以来毛泽东文稿》第10册，中央文献出版社1996年版，第293页。

情况。”[①]

20世纪30年代，毛泽东就开始把科学实验、科学实践与生产实践相区别。中华人民共和国成立后，在领导宏大的科技事业的实践中，毛泽东越来越认识到科学实验的时代特征，明确提出要把科学实验与生产实践区分开来，反复强调科学实验在科学研究、工业生产和农业生产中的重要作用，提出了“人的正确思想，只能从社会实践中来，只能从社会的生产斗争、阶级斗争和科学实验这三项实践中来”[②]的著名论断，强调“三大革命运动中的科学实验，主要是指自然科学”[③]。在这里，毛泽东从哲学的高度，从认识论的角度，把科学实验从生产实践中分离出来，是对现代科技发展特征的准确把握和深刻分析的结果，对中华人民共和国科技事业的发展产生了重大的指导作用。根据毛泽东的思想，中国社会发动了广泛的科学实验运动，政府部门对“科学实验”的现代化问题作出了专门的规划，建立了不同类型、各种规模的科学实验基地，为中华人民共和国科技事业的发展奠定了坚实的基础。

科学预见、科学假说是对事物本质和规律有一定科学依据的猜测。这种猜测是否正确，不能由其自身来解决；一般说来，也不能从生产实践中直接得到验证，而必须依靠科学实践来判断。毛泽东指出：“许多自然科学理论之所以被称为真理，不但在于自然科学家们创立这些学说的时候，而且在于为尔后的科学实践所证实的时候。”[④]毛泽东强调：“抓着了世界的规律性的认识，必须把它再回到改造世界的实践中去，再用到生产的实践、革命的阶级斗争和民族斗争的实践以及科学实验的实践中去。这就是检验理论和发展理论的过程，是整个认识过程的继续。”[⑤]因此科学实验是促使科学假说、科学预见上升为科学理论的最直接、最有效的手段，

①《毛泽东著作选读》上册，人民出版社1986年版，第126页。

②《毛泽东著作选读》下册，人民出版社1986年版，第839页。

③《毛泽东文集》第8卷，人民出版社1999年版，第352页。

④《毛泽东著作选读》上册，人民出版社1986年版，第131-132页。

⑤《毛泽东著作选读》上册，人民出版社1986年版，第131页。

是检验科学假说、科学预见真理性的客观标准。

科学实践检验科学假说，不仅是复杂的而且是长期的过程。毛泽东认为："许多时候须反复失败过多次，才能纠正错误的认识，才能到达于和客观过程的规律性相符合，因而才能够变主观的东西为客观的东西，即在实践中得到预想的结果。"[①]同时，科学实践的无限性，赋予了科学理论发展的永无止境的特征。正如毛泽东所说："根据于一定的思想、理论、计划、方案以从事于变革客观现实的实践，一次又一次地向前，人们对客观现实的认识也就一次又一次地深化。""实践、认识、再实践、再认识，这种形式，循环往复以至无穷，而实践和认识之每一循环的内容，都比较地进到了高一级的程度。"[②]通过科学实践而发现科学真理，又通过科学实践而检验和发展科学真理，科学实践、科学理论、实践检验、完善理论……如此循环往复，以至无穷，由此推动科学不断完善，修正错误，深化认识，发展自身。

2. 科学实验要与工业、农业相结合

20世纪30年代中期，毛泽东就从苏联的哲学教科书中接触到现代科学实验的国家规模概念。由西洛可夫、爱森堡等著，李达、雷仲坚译的《辩证法唯物论教程(中译本第四版)》指出：在苏联，实验越发失掉其实验室的规模与"纯粹"科学的性质。实验越发带有半工场的及工场的性质，与工业及农业的实践直接一致。并且，稀有的高等工业学校——工场，实验——研究工场及国营农场，是近的将来的科学的实验的事业之"中坚"。[③]在研读这本书时，毛泽东从理论上接受了科学实验的观点。

中华人民共和国成立后，毛泽东将科学实验发展到"科学试验""试验田"的中试环节和国家规模。20世纪50年代后期，毛泽东批准建立的

①《毛泽东著作选读》上册，人民出版社1986年版，第133页。
②《毛泽东著作选读》上册，人民出版社1986年版，第135-136页。
③《毛泽东哲学批注集》，中央文献出版社1998年版，第445页。

■ 1959 年 4 月 14 日，毛泽东视察天津市武清县豆张庄小麦试验田，察看麦子长势。

几个科研基地，就组织了数以万计的人员直接参与建设。在青海省海晏县金银滩进行的原子弹研制基地的建设中，参与的人员有 2000 名专业干部和战士，7000 多名民工和 2000 多名建筑工人。1958 年 2 月 25 日，中央军委关于在甘肃省鼎新以北建设导弹实验基地（即酒泉卫星发射中心）的报告，得到毛泽东同意。参与罗布泊核试验基地建设的，有第一、九工程兵团和第三十六汽车团等 1 万多人。农业科技领域的“试验田”“样板田”，是农业科学实验室实验到大规模农业生产的中间环节，毛泽东将这项活动发展到全国范围。1957 年 10 月 9 日，毛泽东说：“种试验田的经验，值得普遍推广。”[①] 在毛泽东的倡导下，全国掀起了大办试验田的热潮。虽然在实践过程中出现了假高产典型，败坏了试验田的声誉，但是，试验田作为一种科学方法，本身是无可非议的。1966 年 3 月，《人民日报》发表了《积极开展群众性的农业科学实验运动》的社论。由此，农业科研机构开展了毛泽东倡导的以样板田取代实验田，大办样板田为内容的科学实验

①《毛泽东文集》第 7 卷，人民出版社 1999 年版，第 309 页。

运动。样板田强调农业科学实验的科学性，克服了试验田的局限性，在更大规模上展示了农业科学成果的作用。1965 年 3 月，国务院召开了“农业科学实验工作会议”，再次号召农业科技工作者上山下乡，积极开展以样板田为中心，以专业科技队伍为骨干，以广大农民群众科学实验为基础的农业科学实验运动。农业科学实验运动，是 1963 年到 1966 年中国农村经济和农业生产恢复和发展的积极因素。

（四）提倡自力更生为主、争取外援为辅的科技发展原则

自力更生与争取外援是一个矛盾的两个方面，两者相互依存，又相互转化。在中国探索自己的现代化道路中，前者是主，后者是辅。毛泽东在 1958 年 6 月的一个批示中指出：“自力更生为主，争取外援为辅，破除迷信，独立自主地干工业、干农业、干技术革命和文化革命，打倒奴隶思想，埋葬教条主义，认真学习外国的好经验，也一定研究外国的坏经验，引以为戒。”①

1. 坚持自力更生的原则，发展中华人民共和国的科学技术

毛泽东在探索中国的社会主义建设道路进程中，始终坚持的一个原则是独立自主。他反复强调的一个经验是：“各国应根据自己国家的特点决定方针、政策，把马克思主义同本国特点结合起来。”“照抄别国的经验是要吃亏的，照抄是一定会上当的。这是一条重要的国际经验。”② 在探索中国的科技发展道路时，毛泽东指出：“我们不能走世界各国技术发展的老路，跟在别人后面一步一步地爬行。我们必须打破常规，尽量采用先进技术，在一个不太长的历史时期内，把我国建设成为一个社会主义的现

① 张素华等：《说不尽的毛泽东》，辽宁人民出版社 1993 年版，第 206 页。
②《毛泽东文集》第 7 卷，人民出版社 1999 年版，第 64 页。

代化的强国。”[①]

中华人民共和国的科技事业在起步阶段曾经得到苏联的友好援助，但在1960年中苏分歧公开化之后，苏联单方面撕毁了同中国签订的技术合同，一个月内撤走了在华的全部专家。这让中国科技工作者深刻体会到受制于人的痛处，也真正明白：只有立足于自力更生基础上的发展才是真实和可持续的。为此，在制定第二个科技规划时，就明确了总的指导思想是：自力更生，迎头赶上。[②]事实表明：中国的现代科技体系和重大成就都是依靠自己的力量完成的。

从最能体现一个国家科技实力的航空航天事业来看，中国在五六十年代的自主发展曾取得骄人的成就。中国航空工业从1951年起步，1956年就制成高亚音速喷气式歼击机，跻身世界少数能制造喷气式飞机的国家之列。不过五年多的时间，在极其薄弱的基础上实现中国航空工业如此巨大的飞跃，至今依然鼓舞人心。在此之后，中国的航天事业开始起步，明确采取“自力更生为主，力争外援和利用资本主义国家已有的科学成果”的方针。[③]当时在研制P-2导弹时，原本有苏联专家帮助，但到后期苏联专家突然撤走并中断全部技术资料供应，中国的导弹研制人员依然发愤图强，到1960年底将中国第一枚国产近程导弹送上天。毛泽东非常强调民族自信心的重要性。他曾举例说：“有些人做奴隶做久了，感觉事事不如人，在外国人面前伸不直腰，像《法门寺》里的贾桂一样，人家让他坐，他说站惯了，不想坐。在这方面要鼓点劲，要把民族自信心提高起来，把抗美援朝中提倡的‘藐视美帝国主义’的精神发展起来。”[④]

2. 鼓励洋为中用，引进国外先进技术

毛泽东强调独立自主地探索中国的社会主义现代化道路，但并不是盲

---

①《毛泽东文集》第8卷，人民出版社1999年版，第341页。
②陈建新、关前：《当代中国科学技术发展史》，湖北教育出版社1994年版，第169页。
③陈建新、关前：《当代中国科学技术发展史》，湖北教育出版社1994年版，第113页。
④《毛泽东文集》第7卷，人民出版社1999年版，第43页。

目地拒绝国外先进的东西。在《论十大关系》中，他专门列出一节讲如何处理中国和外国的关系，指出："对外国的科学、技术和文化，不加分析地一概排斥，和前面所说的对外国东西不加分析地一概照搬，都不是马克思主义的态度，都对我们的事业不利。"[①] 他还特别强调："自然科学方面，我们比较落后，特别要努力向外国学习。但是也要有批评地学，不可盲目地学。在技术方面，我看大部分先要照办，因为那些我们现在还没有，还不懂，学了比较有利。但是，已经清楚的那一部分，就不要事事照办了。"[②]1965 年 9 月 30 日，毛泽东会见来访的印尼客人，当外宾讲到现代科学技术已不为帝国主义所垄断时，他兴奋地说："是嘛，全部开放，全部交流，不要垄断。"[③]

一个国家想要发展，想要强大，闭关自守、盲目自大是不行的。毛泽东对这一点有着深刻的认识，他说："一切民族、一切国家的长处都要学习，政治、经济、科学、技术、文学、艺术的一切真正好的东西都要学。"他还指出："要向外国学习科学的原理，用来研究中国的东西。自然科学、社会科学的一般道理都要学。""要把外国的好东西都学到。"1960 年，苏联撕毁合同、撤离专家，我国经济和技术发展面临严重困难。毛泽东一方面强调自力更生，另一方面仍提出应该尽量向外国学习，参考国外经验，扩大国际合作范围，绝不能封锁自己，要求运用"要""买""学""钻"等各种方法，获取必要的技术，指出"社会制度的差异并不妨碍我们去学习资本主义国家的先进的科学技术和企业管理方法中合乎科学的方面"。毛泽东的这个指示精神，对于开辟与西方国家交流具有重要意义。我国逐步开始从资本主义国家进口石油、化工、冶金、机电等多方面的设备和技术共 84 项。兰州化学工业公司先后引进苏联、西欧技术，建成我国第一个石油化工基地。1960—1966 年，我国引进西方技术用去外汇达 2.8 亿美

①《毛泽东文集》第 7 卷，人民出版社 1999 年版，第 43 页。

②《毛泽东文集》第 7 卷，人民出版社 1999 年版，第 42-43 页。

③ 张素华等：《说不尽的毛泽东》，辽宁人民出版社 1993 年版，第 209 页。

元。1964年8月21—31日，国际科学讨论会在北京召开，44个国家和地区的367名科学家参加。毛泽东等中共中央领导人接见了中外科学家，会议宣读和讨论了200多篇科学论文。这是我国科学事业对外开放的一个盛举，加强了中外科学家之间的团结和了解，以及中外科技的促进和交流。

毛泽东以马克思主义的态度对待世界上一切优秀的科学技术和文化，在倡导自力更生的同时，坚持洋为中用，用以研究中国的东西，发展我们的科学事业，增强了自力更生的基础和能力。

（五）"再穷也要有一根打狗棒"，重视发展尖端科技

对中国这样一个实行社会主义制度的发展中国家来说，集中精力搞建设的前提是要有一个强大的国防基础。中华人民共和国建立后，美国利用手中的核武器不断实施核威慑，台湾国民党政府多次利用高空飞机闯入大陆领空，这些都使党的第一代领导人清醒地认识到，中国必须依靠自己的力量掌握先进的武器，腰板才能真正硬起来。毛泽东在领导中华人民共和国的科技实践活动中，对中国的科技，尤其是对中国的尖端科技事业倾注了大量的心血，带头钻研原子能知识，在当时经济条件十分困难的情况下仍然支持"两弹一星"的研制，而"两弹一星"的成功发射大大缩短了中国科技与发达国家科技的距离。

1954年10月，在国防委员会第一次会议上，毛泽东明确表示："中国是个大国，要有强大的陆、海、空军。"他还动情地说，"一九五四年，我们国家自己出产了一架飞机，自从盘古开天地，三皇五帝到如今，这是一件惊天动地的大事，虽然还只是一架教练机。"① 从今天来看，当时这架教练机的技术水平并不高，而且是模仿苏联初级教练机制造的，但毛泽东把它的问世看得如此之重，其情之所牵，就是因为它代表了中国自行研

①《毛泽东文集》第6卷，人民出版社1999年版，第358页。

制现代国防武器的开端。1955年，毛泽东在一次党的代表会议上指出："我们进入了这样一个时期，就是我们现在所从事的、所思考的、所钻研的，是钻社会主义工业化，钻社会主义改造，钻现代化的国防，并且开始要钻原子能这样的历史的新时期。"[①]

同年1月，毛泽东在中南海主持中央书记处扩大会议，向李四光、钱三强等科学家了解有关铀矿资源及原子能工业的情况，指出："我们的国家，现在已经知道有铀矿，进一步勘探一定会找出更多的铀矿来"，并强调我国的原子能工业"总是要抓的。现在到时候了。该抓了"[②]。就在这年7月，中央指定陈云、聂荣臻、薄一波组成领导小组，全面负责指导原子能事业发展。

1956年4月，毛泽东在其著名的《论十大关系》一文中，强调中国必须掌握尖端国防科学技术，先进武器必须搞，这对中国获得平等的国际地位和和平的发展环境具有战略意义。"我们现在已经比过去强，以后还要比现在强，不但要有更多的飞机和大炮，而且还要有原子弹。在今天的世

1956年2月，钱学森出席全国政协二届二次全体会议。2月1日，毛泽东设宴招待全体委员，特地将钱学森安排在自己旁边。

①《毛泽东文集》第6卷，人民出版社1999年版，第395页。
②《钱三强科普著作选集》，上海教育出版社1990年版，第100页。

界上，我们要不受人家欺负，就不能没有这个东西。”[①]

20世纪60年代初，由于“大跃进”和自然灾害的影响，中国的经济发展受到极大冲击，为此，围绕原子弹、导弹等国防科技项目上马还是下马，形成尖锐矛盾。1961年7月，聂荣臻、贺龙等在北戴河召开国防工业会议，经过讨论，决定坚决上马。这一意见得到了毛泽东和周恩来的明确支持。事实上，老一辈革命家对拥有自己的尖端武器给予极高的期盼，在对原子弹等工程是否继续做产生争论的时候，主管国防科技工作的张爱萍将军曾经对科技人员说过一句意味深长的话：“再穷也要有一根打狗棒。”[②]这形象地表达了以毛泽东为核心的老一辈革命家对发展国防尖端武器的态度。

毛泽东在1958年6月曾经作出“搞一点原子弹、氢弹，我看有10年功夫完全可能”的预言。1964年10月16日，我国第一颗原子弹成功爆炸；1967年6月17日，我国第一颗氢弹成功爆炸。从1964年中国第一颗原子弹实验成功到1967年中国第一颗氢弹实验成功，其间只间隔了两年零八个月的时间，而苏联用了4年，美国用了7年，法国用了8年。我国发射的第一颗人造卫星与世界上第一颗人造卫星升空时间仅距13年。这不能不归功于毛泽东对尖端科技的高度重视。这些成就的取得，是我国科技工作者奋力拼搏的结果，也充分体现了决策者的坚强意图。当原子弹爆炸成功后，毛泽东再次指示：“原子弹要有，氢弹也要快！”在这一号召下，参与原子弹研制的科研人员又转到氢弹研究工作上，不分昼夜，连续苦战。中央的决心与科研人员的拼搏紧密结合，终于实现了我国重大武器装备研制工作一个又一个突破。

正是在毛泽东的发展先进武器装备建设强大国防的战略思想指引下，中国在一穷二白的基础上，集中精力实施一系列重大军事产品计划，用不太长的时间研制出以“两弹一星”为代表的尖端军事武器，极大地巩固了

①《毛泽东文集》第7卷，人民出版社1999年版，第27页。

②陈建新、关前：《当代中国科学技术发展史》，湖北教育出版社1994年版，第170页。

中国的军事实力与国际地位，为中国赢得了较长时间的和平发展环境。同时，“两弹一星”的实验成功，不仅提高了我国的国际地位，而且带动了我国技术工业的建立和壮大，加速了中国工业化建设的有效进程。1988年邓小平视察北京正负电子对撞机工程时指出：“如果六十年代以来中国没有原子弹、氢弹，没有发射卫星，中国就不能叫有重要影响的大国，就没有现在这样的国际地位。这些东西反映一个民族的能力，也是一个民族、一个国家兴旺发达的标志。”[①] 历史充分证明，对中国这样一个大国来说，不掌握几项尖端国防技术，不具有自己的“打狗棒”，就无法真正获得民族的地位与国际的尊重。这是我们在任何发展阶段都不能忽视的重要指导思想，也是毛泽东科技思想给我们的深刻启示之一。

中国科技事业的发展，是在毛泽东科技思想的指导下进行的，也是在毛泽东的密切关注和直接领导下进行的。毛泽东科技思想是毛泽东思想体系的一个重要组成部分。毛泽东为中国科技事业的发展做出了重大贡献。他的科技思想，通过中国科技发展实践对中国社会发展产生巨大的影响，对中国社会主义建设全局产生了重大的影响。主要表现在：

第一，明确了中国科技事业在整个国家建设中的战略地位，确定了中国科技事业发展的道路和指导方针，制定了中国科技事业发展的长远规划，建立了门类比较齐全、资源配置比较合理的科研机构体系和科学技术管理机构、管理体制。

第二，通过改造原有的科技知识分子和大力培养中国的科技人才，造就了一支具有较高政治素质和科研能力的、结构比较合理、层次比较齐全的科技人才队伍，尤其是形成了一支特别能战斗的尖端科技研究的人才队伍，还形成了群众性的技术革新热潮和散布在各个部门的技术革新标兵队伍，为社会主义现代化的进一步发展准备了人才资源。1949—1978年全国各类高等学校毕业生累计达294.63万人，中等专业学校毕业生累计达

①《邓小平文选》第3卷，人民出版社1993年版，第279页。

520.65万人，1949—1965年毕业研究生达1.6万人。到1978年底，全民所有制和集体所有制单位自然科学技术人员达434.5万人，是1952年(42.5万人)的10. 22倍；平均每万职工拥有科技人员593人，是1952年(269人)的2.2倍；平均每万人口中拥有科技人员达45.1人，是1952年(7.4人)的6.1倍。这个时期培养出来的人才以及他们获得的工作经验成为改革开放时期的宝贵财富，对以后经济、文化的迅速发展所起的作用是不可估量的。

第三，推出了一大批具有世界影响的重大科技成果，其中包括：两弹一星、人工合成胰岛素、银河计算机、电子显微镜、射电望远镜、高度照相机、能精确授时的氨分子钟、12500吨的自由锻造水压机、30万千瓦双水内冷发电机，还有各种新型材料、电子元器件、精密机床和仪器仪表等。科学技术在各个领域均取得突破。工业方面，我国有能力设计建造大型钢铁基地、大型水电站、万吨远洋轮、重型机械制造厂等；农业方面，完成了全国耕地土壤普查、改良土壤和各种合理施肥试验、防治病虫害试验、改良品种和增产试验、治沙治碱试验，制定了对黄河、长江、淮河的治理规划；卫生方面，建立了比较合理的卫生防疫体系，消灭了许多长期影响人民身体健康的疾病，如血吸虫、天花等；基础科学理论方面，在数论、计算科学、核物理、化学、射电天文学、地学、生物学等领域，也取得了很骄人的成绩。

第四，毛泽东的科技思想为党的第二代、第三代领导核心以及以胡锦涛为总书记的党中央所继承，并不断发展，推动了我国社会主义现代化事业的进一步发展。毛泽东的科技思想虽然在他的晚年因为犯了“左倾”错误而没有贯彻到底，但值得庆幸的是，以邓小平为首的第二代领导核心通过拨乱反正，继承和发展了毛泽东的科技思想。邓小平高举毛泽东思想伟大旗帜，高瞻远瞩，准确把握时代脉搏，精辟地提出了“科学技术是第一生产力”[①]的马克思主义论断，为我国制定科技发展的方针政策奠定了思想理论基础。

①《邓小平文选》第3卷，人民出版社1993年版，第274页。

毛泽东科技思想中的许多观点，比如关于组织全国科技力量，瞄准世界先进水平，关于科技发展要有长远规划，关于科技发展必须与国家需要和经济发展相结合，关于不能跟在别人后面爬行，必须打破常规、实现跨越式发展，关于积极开展群众性技术革新运动，关于重点发展、大力协同、集体攻关的思想，等等，对于我们今天发展科技事业的实践，实现科教兴国，仍具有着重要的指导意义。

第七章

毛泽东
与国防现代化

国防是保卫国家安全的策略、举措和行动。自古以来，有国就有防。然而从 1840 年中国开始进入半殖民地半封建社会，直至 1949 年国民党统治的崩溃而结束，中国近代历史上的国防篇章中写满了屈辱。从那时起，振兴武备的强国之梦，成为中国近代历史交响曲中的主旋律。林则徐、魏源首倡“师夷长技”，提出在军事上开眼看世界，昏愦的清政府却无动于衷；曾国藩、李鸿章等以“西学为用”，用西式装备打造起来的陆海军，却在甲午之战中灰飞烟灭；梁启超、康有为进行“戊戌变法”，试图用改良的方法进行变革，在军事上提出革新武备，然而短短“百日”便被扼杀；孙中山一生图中国之富强，虽苦心奔走推翻了清王朝，换来的却是革命成果被窃、军阀混战的结局。毛泽东在 1963 年 9 月修改《关于工业发展问题（初稿）》时，曾深刻地总结我国近现代的历史，他写道：“我国从十九世纪四十年代起，至二十世纪四十年代中期，共计一百零五年时间，全世界几乎一切大中小帝国主义国家都侵略过我国，都打过我们，除了最后一次，即抗日战争，由于国内外各种原因以日本帝国主义投降告终以外，没有一次战争不是以我国失败、签订丧权辱国条约而告终。其原因：一是社会制度腐败，二是经济技术落后。”同时，毛泽东也尖锐地提出，“如果不在今后几十年内，争取彻底改变我国经济和技术远远落后于帝国主义国家的状态，挨打是不可避免的。”

感受过民族压迫和历史屈辱的毛泽东，当他和中国共产党一道经过 28 年的艰苦卓绝的奋斗后，能够深刻地感受国防强大对一个国家、一个民族意味着什么。因此，中华人民共和国诞生不久，毛泽东就发出号召：“为建设强大的国防军而奋斗。”[①] 作为中华人民共和国军事的最高统帅，从中华人民共和国成立至 1976 年逝世，如何建立强大的国防这件“大事”，一直是毛泽东考虑的重要问题，并为此始终努力不懈。

第一节 毛泽东对中国国防现代化道路的探索

毛泽东的国防现代化思想萌芽于革命战争年代，其主要内容体现在中国共产党和毛泽东为反抗日本帝国主义的侵略和建设新中国的伟大历史任务而提出的国防方针、政策、原则之中，以及建设和巩固国防的措施和方法之中。然而，由于受到当时社会历史条件的限制，尤其是蒋介石国民党政府的阻挠和破坏，毛泽东国防思想未能在实践中实施。随着中国革命战争的胜利发展，特别是中华人民共和国的成立，毛泽东国防思想逐步完善并成为中国国防建设的指导思想，以毛泽东为代表的中国共产党人也亲自领导了国防建设的伟大实践。

（一）革命战争年代毛泽东国防思想的设想与构建

早在抗日战争时期，毛泽东就对国防问题进行了积极的理论探索，提出了抗日救国的国防思想。其主要内容包括：成立全国统一的国防政府，领导中国的抗日战争。要求这个政府必须吸收各党各派各界各武装队伍的代表，构成真正能够决定抗日救国大计的权力机关。为全面抗战，提出政治上、军事上、经济上、教育上的国防准备，强调进行全国军队总动员、全国人民总动员，要改革政治机构，实行抗日外交和抗日的财政经济政策，

①《人民日报》1950 年 9 月 27 日。

并使之适合于国防的利益。要厉行国防教育，以提高和普及人民大众的抗日的知识技能和民族自尊心。在军事问题上，亦要实行全盘的改革，努力建设新军，把不统一的指挥，改变为统一的指挥；把脱离人民的无纪律状态，改变为建设在自觉原则上的秋毫无犯的纪律；把单单正规军作战的局面，改变为发展广泛的人民游击战争配合正规军作战的局面等。在国防基础建设方面，提出建立国防工业、发展军事工业。毛泽东的上述国防构想，虽然没有完全被国民党政府接受和采纳，但是对于建立巩固的抗日民族统一战线，对于团结一致，共同夺取抗日战争的伟大胜利，起到了重要的指导作用。同时，作为理论探索，这些构想在中华人民共和国的国防建设中也得到了不断的完善和发展。可以说，这些思想是中华人民共和国国防思想的最初构想。

随着抗日战争的胜利，以毛泽东为代表的中国共产党人及时敏锐地认识到必须肩负起建设中国的伟大历史任务，适时地就国防问题做了进一步的科学的思考。在毛泽东亲自领导制定的《和平建国纲领》以及《在中国共产党第七届中央委员会第二次全体会议上的报告》《论人民民主专政》等文献中，对中国的国防方针、政策、原则做了全面系统的阐述。

1. 强化国防建设的地位

毛泽东运用马克思列宁主义的阶级分析方法考察了革命胜利后国内外的形势，对中华人民共和国国防建设的地位给予了科学阐述。他在《论人民民主专政》一文中指出，由于国际帝国主义和国内阶级的存在，加强武装力量建设，强化人民的国家机器，借以巩固国防和保护人民的利益，是使中国在共产党领导下由农业国进入到工业国、由新民主主义社会进入到社会主义乃至共产主义社会的前提。1949 年 9 月 21 日，毛泽东在中国人民政治协商会议第一届全体会议上，向全党、全军和全国人民发出了建设强大国防的号召。他告诫说，帝国主义和国内反动派决不甘心于他们的失败，他们还会以各种方式从事破坏和捣乱，他们将每日每时企图在中国复辟，这是必然的、毫无疑义的，我们务必不要松懈自己的警惕性。他强调：

"我们的国防将获得巩固，不允许任何帝国主义者再来侵略我们的国土。在英勇的经过了考验的人民解放军的基础上，我们的人民武装力量必须保存和发展起来。我们将不但有一个强大的陆军，而且有一个强大的空军和强大的海军。"[①] 毛泽东的这段讲话，实际上是中国国防建设的宣言，不仅强烈表达了中国人民要求建设强大国防的愿望，而且对如何建设中国的国防事业提出了具体要求，规定了基本任务，成为革命胜利后党领导军事工作的理论基石。

2. 制定科学的国防政策

国防政策是国家政策的一个组成部分，是指导国防建设的一个重要依据。由毛泽东起草的中国人民政治协商会议第一届全体会议宣言阐明了新中国的国防政策，即："加强人民的陆海空军，巩固国防，保卫领土主权完整，反对任何帝国主义国家的侵略。""联合一切爱好和平自由的国家、民族和人民，首先是联合苏联和各新民主主义国家，以为自己的盟友，共同反对帝国主义者挑拨战争的阴谋，争取世界的持久和平。"这种以反对侵略、维护和平为核心的国防政策，既是维护我国国家安全的需要，也体现了我们国家的社会政治性质，成为我国长期的基本国策之一。实行这样一种政策，不仅维护了我们国家和民族的安全利益，而且也为维护亚洲乃至世界的和平做出了贡献。依据这样的国防政策，党中央和毛泽东进一步确定了我国国防建设的基本目的："巩固国防，保卫我国的沿海和边疆不受帝国主义及其走卒的侵犯，巩固人民民主专政，保证我国社会主义建设的顺利进行，这是国防建设的基本目的。"[②]

这一时期，国防现代化问题还没有明确地提出，但毛泽东的这些思想，随着中华人民共和国的成立而与国防建设的实践相结合，成为指导中国国防建设的重要思想。

---

①《毛泽东军事文集》第6卷，军事科学出版社、中央文献出版社1993年版，第4页。
②《彭德怀军事文选》，中央文献出版社1988年版，第494页。

（二）中华人民共和国成立后毛泽东国防现代化的实践和探索

中华人民共和国成立后，鉴于历史的沉痛教训，党中央、毛泽东对于建设强大的国防，进行了深入的思考和全面科学的规划和探索，为中国国防现代化事业的发展指明了方向和途径。

1. 确立国防建设总目标

实现国防现代化，这是毛泽东为中华人民共和国规定的国防建设总任务、总目标。国防现代化目标的提出和确立有一个历史形成过程。

朝鲜战争爆发后，现代化战争的现实促使毛泽东更加重视加速推进国防现代化。1953 年 8 月 26 日，毛泽东在给军事工程学院的训词中，明确提出了现代化国防的概念。他指出：为了建设现代化的国防，我们的陆军、空军和海军都必须有充分的机械化的装备和设备。根据毛泽东的这一思想，党在过渡时期的总路线把实现国防现代化规定为国家建设的重要内容。1954 年 9 月召开的第一届全国人民代表大会，把建设现代化的国防同建设现代化的工业、现代化的农业、现代化的交通运输业并列，首次提出了“四个现代化”的问题。在这次会议上还决定设立国防委员会，毛泽东亲自担任主席。10 月，在第一次国防委员会会议开幕式上，毛泽东指出：国防现代化是一个艰苦的长期的战略任务，需要全党、全军共同努力来实现。1959 年底，毛泽东在读了苏联《政治经济学教科书》社会主义部分后，深有感触地说：建设社会主义，原来要求是工业现代化、农业现代化、科学文化现代化，现在要加上国防现代化。接着，3 月 18 日毛泽东在接见尼泊尔首相毕 · 普 · 柯伊拉腊的谈话中，将他关于“四个现代化”的思想公之于世。1961 年 9 月 15 日，中共中央发出的关于当前工业问题的指示对四个现代化做了新的表述，提出：“把我国建设成为一个具有现代工业、现代农业、现代国防和现代科学文化的社会主义国家。”但是，在八大提出现代化建设的任务后不久，党的工作指导方针开始“左”转，在经历了“大跃进”和三年自然灾害后，国民经济陷入了困境。经过一段时期的恢复，到1964年12月召开的第三届全国人民代表大会第一次会议时，周恩来在《政府工作报告》中又一次把实现包括国防现代化在内的“四化”大业提了出来。从此，包括国防现代化在内的四个现代化，一直作为国家建设的整体目标，鼓舞着全党、全军和全国各族人民为之奋斗。在实现国防现代化这个目标指引下，毛泽东开始了他长达27年的国防现代化的实践和探索，逐步形成了具有中国特色的国防现代化思想。

2. 确立军队建设总目标、总任务

建设现代化国防，首先要有一支强大的现代化国防军，这是建设现代化国防最核心的任务。只有使军队的战斗力符合战争、国防的需要，战争才能胜利，国家安全才有保障。早在战争年代，毛泽东就一直在为提高我军的现代化水平、提高战斗力费尽心机，并为此付出了大量的心血。

抗日战争时期，毛泽东在这方面留下了许多重要的论述。1938年5月毛泽东在著名的《论持久战》一文中指出，日本军队虽然人员比中国军队少，但却能够节节深入，除了我方政治原因外，一个主要的原因就是由于我方技术太落后。因此，要提高军事技术，增加飞机、大炮、战车等先进武器装备的数量和技术人才。1939年1月，毛泽东在《八路军军政杂志》发刊词中分析了八路军存在的弱点，指出：首先是技术装备不如敌人，这是一个基本缺点。因此，如何加强技术装备以便战胜敌人，成为八路军在抗战新阶段中的严重任务。其次是一般干部尤其是新提拔的干部，对于现代新式军队的管理与指挥缺少初步的研究。解决这个问题是八路军的第二个任务。

解放战争时期，随着形势的发展，客观条件的改善，中共中央和毛泽东提出人民解放军应加紧建设，要逐步正规起来。1948年9月召开的政治局会议提出了今后的工作任务，指出：目前的形势要求战争由游击战争的形式过渡到正规战争的形式。过去两年中，军队和作战的正规性是增长了一步，但是还不够，必须在第三年内再进一大步。1949年1月，毛泽东为中共中央起草的党内指示指出：必须使各野战军进一步地正规化，这主要

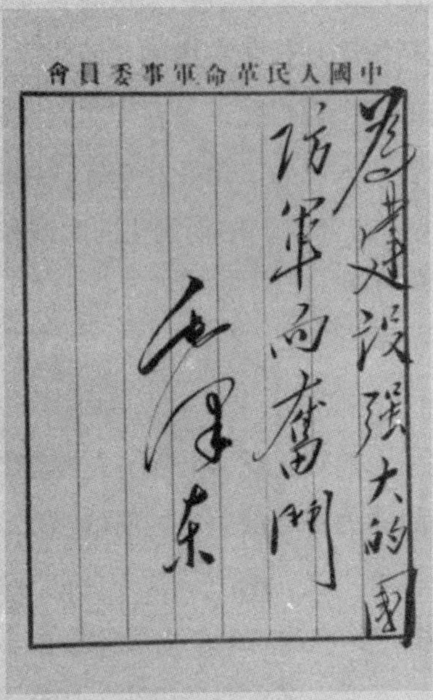

■ 毛泽东题词："为建设强大的国防军而奋斗。"

的是加强炮兵和工兵，使用铁路、公路和水路的近代运输工具，加强军队的组织性和纪律性，坚决地克服相当严重地存在于军队中的某些无纪律状态，并加强司令部的工作。解放战争时期我军最突出的发展是特种兵的建设，新诞生的特种兵在战争中发挥了威力。毛泽东在 1949 年新年献词《将革命进行到底》中自豪地说：自从人民解放军形成了超过国民党军的炮兵和工兵以后，国民党的防御体系，连同它的飞机和坦克就显得渺小了。在建设陆军特种兵的同时，中央已在考虑建设海军、空军。1949 年 1 月的政治局会议提出：我们应当争取组成一支能够使用的空军及一支保卫沿海沿江的海军。1949 年 4 月 23 日，在百万雄师过长江的时刻，华东军区海军宣告成立。7 月，中共中央决定建立中国人民解放军空军。民主革命时期人民解放军在单一步兵的基础上，已逐步建立并开始着手建立新的军兵种。尽管当时技术兵种数量有限、技术不高，但这一事实本身就表明毛泽东等老一辈无产阶级革命家已经对军队现代化的重要性、必要性有了一定的认识。

中华人民共和国成立后，国际国内客观形势发生了极大的变化。中国共产党成为执政党，党领导的人民解放军同时成为国家的武装力量。人民解放军的根本任务由夺取政权转变为巩固国防，抵抗侵略，保卫人民的和平劳动，为国家建设创造一个安全的环境。因此，中华人民共和国成立后，毛泽东根据形势的发展变化，适时发出了建设现代化、正规化国防军的号召。他在全国政协第一次全体会议上提出，中国必须有强大的陆军、空军和海军。1950 年 9 月，他为全国战斗英雄代表会议题词——为建设强大的国防军而奋斗。朱德在全国战斗英雄代表会议和全国工农兵劳动模范代表会议上指出："我们必须建设一支十分强大的、足以击退任何侵略者进攻的现代化的国防军。只有这样，我们才能保卫已经获得的胜利果实，才能保卫正在进行的和平建设。"[①]

军队现代化思想的确立在某种意义上也得益于抗美援朝战争。抗美援朝战争是我军经历的现代化程度最高的一场战争，美国使用了除原子弹以外的一切现代化武器装备。我军直接感受了现代化战争的气息，经受了现代战争的锻炼。战争期间毛泽东曾指出：抗美援朝战争是个大学校，我们在那里实行大演习，这个学习比办军事学校好。毛泽东在给总高级步兵学校的训词中就明确指出：为了保卫祖国免受帝国主义者的侵略，依靠我们过去和较为落后的国内敌人作战的装备和战术是不够的了，我们必须掌握最新的装备和随之而来的最新的战术。在与现代化之敌血与火的较量中，毛泽东和我军其他领导人充分认识到要战胜现代化之敌，必须加速现代化建设，提高自己的现代化程度。可以说，抗美援朝战争大大增强了我军实现军队现代化的紧迫感。

在中国人民志愿军入朝参战几个月后，中央军委就发出了"为建设正规化现代化的国防军而奋斗"的号召。1951 年 3 月 10 日，中央军委决定出版机关刊物《八一杂志》，以指导正规化、现代化国防军的建设。朱德

①《朱德军事文选》，解放军出版社 1997 年版，第 765 页。

在发刊词中指出：如果中国人民志愿军有了飞机、坦克和更多的大炮，具有充分现代化的装备条件，那么美帝国主义将必然遭到更大的歼灭和更快的失败。在深化理论思考的同时，党中央和毛泽东提出“边打边建”的方针，一方面坚决进行抗美援朝战争，一方面加紧国家经济建设和军队现代化建设，在战争中求得军队现代化的发展、武器装备的改善。

抗美援朝战争开始以后，全军上下在“边打边建”中，对军队现代化问题展开探讨。由战争前笼统地、原则地提要建设现代化、正规化的国防军，发展到对为什么要由建军的初级阶段向高级阶段转变，为什么必须建立一支现代化、正规化的国防军，怎样建设现代化正规化国防军等问题进行探索。毛泽东在这一时期对这些问题也予以格外重视。1952—1953 年，毛泽东为军事学院、总高级步兵学校、后勤学院、军事工程学院发布训词，提出了军队现代化的一系列思想。毛泽东的这些重要思想，为不久以后召开的全国军事系统党的高级干部会议对军队现代化问题进行系统的理论概括，提供了重要的思想基础和准备。

从中华人民共和国成立到抗美援朝战争取得胜利，毛泽东在军事上主要关注朝鲜战场情况以及建立健全国防体制、调整军队编制、创办军事院校。在这期间，人民解放军现代化建设取得了很大成绩，建立了一支相当规模的、现代化的特种兵部队，逐渐建立了统一领导全国军队的组织机构，基本上统一了全军的各项制度，创办了一批正规的军事、政治、文化和技术院校，为我军全面的现代化建设打下了良好的基础。抗美援朝战争胜利后，我军全面的现代化建设即将展开，军队现代化建设的实践，呼唤现代化思想的指导，现实迫切要求我军对现代化思想进行理论概括。为了总结经验教训，统一思想认识，确定我军今后的建军方针，研究和解决军队现代化建设的重大问题，1953 年 12 月 7 日至 1954 年 1 月 26 日，召开了全国军事系统党的高级干部会议，系统检查总结了中华人民共和国成立 4 年来的军事工作，对今后军队建设的一系列重大问题进行了全面深入的讨论与研究。

会议确定，把建设一支优良的现代化革命军队，以保卫我国社会主义

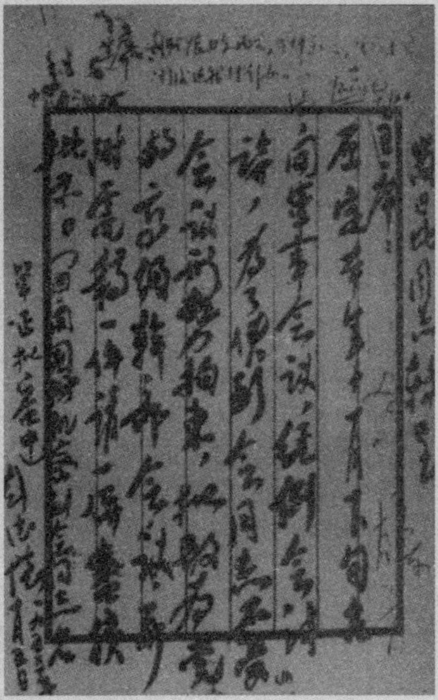

■ 1953年12月，毛泽东批准并指导召开了全国军事系统党的高级干部会议。这是彭德怀为召开这次会议给毛泽东的请示信。

建设，抵御帝国主义侵略，作为我军军事建设的总方针和总任务。根据精简、统一、效能、节约和反对官僚主义的五项目的，确定了军队的总员额，规定各特种兵部队以在现有基础上继续巩固提高为主，减少国外订货，选择重点建设，减少现有部队数量，节约开支，用于发展工业，打下国防现代化的工业基础，从而明确了建设现代化军队应该走的正确道路。会议明确，现代化军队建设中长期的、经常的中心工作是训练部队，特别是训练干部。会议强调，要以正式的规格，即条令的规定把全军各方面统一起来，实行正规化；要逐步改变某些不合理的现行制度，建立符合我军当前及今后建设需要的新制度，如用义务兵役制代替志愿兵役制，用薪金制代替供给制，颁布军官服役条例，实行军衔制等；学习外军经验要与我军特点，与我军的战争经验特别是抗美援朝战争经验结合起来，并加以发展；要加强党对军队的领导，采取党委集体领导下的首长分工负责制。会议还就军队的编制体制、院校建设、政治工作、后勤组织与建设等进行了讨论，作出了相应规定。

这次会议，是中华人民共和国成立后军事系统召开的一次极其重要的会议，它及时、正确地回答了如何把我军建设成为强大的现代化正规化革命军队的一系列重大现实问题，为和平时期的军队建设指明了方向，规划了蓝图，对于统一全军思想、整齐步伐，加快我军现代化正规化建设进程，完成由低级阶段向高级阶段的转变，具有深远的意义。以这次会议为契机，我军的现代化正规化建设开始大步前进。此后数年，毛泽东等在具体指导军队建设实践中，对这次会议提出的一些思想又进一步做了阐述，使之更加丰富、完整。

从20世纪50年代初毛泽东提出建设强大的现代化正规化国防军这一总目标，经过全国军事系统党的高级干部会议，到50年代中期，毛泽东军队现代化建设思想基本形成。

3. 确立积极防御军事战略方针

实行积极防御，反对消极防御，这是毛泽东一贯的战略指导思想。中华人民共和国成立后，制定保卫祖国的战略方针被提到议事日程，如何制定和实行一个正确的战略方针至关重要。在抗美援朝战争期间，以毛泽东为首的中央军委便将积极防御作为朝鲜战争的作战方针。彭德怀担任国防部部长后，把战略方针和国防建设问题摆在军事工作的重要位置。但是在1956年军委扩大会议之前，“积极防御战略方针”这一表述尚未见诸正式文字，更没有对其加以系统完整的阐述。彭德怀1955年4月下旬在中共中央书记处会议上发言说：“为了切实执行宪法赋予我军的光荣任务，保卫人民革命和国家建设成果，保卫国家的主权、领土完整和安全，在我们武装力量统帅部机关面前，就首先提出必须解决战略方针的问题。”[①]到1955年底，彭德怀考虑到军队内部建设各方面的工作已基本走上正常轨道，

①《彭德怀传》，当代中国出版社1993年版，第535页。

应当适时地把军事工作重点转移到国家防务建设上来。于是，他写信给毛泽东，建议召开中央军委扩大会议讨论战略方针问题。毛泽东批准了这个建议。

1956 年 3 月 6—15 日，中央军委在北京召开扩大会议，着重讨论保卫祖国的战略方针和国防建设问题。彭德怀代表中央军委向大会所作的报告中，依据毛泽东的积极防御战略思想，明确提出了积极防御的战略方针。次年 7 月 16 日，彭德怀在第三次国防委员会全体会议上，对积极防御战略方针又做了进一步的阐述。中央军委 1956 年制定的积极防御战略方针，体现了毛泽东的积极防御思想，反映了我国政治、经济制度的本质和内在要求，为国防和军队建设提供了正确依据。后来，随着世界战略格局和我国周边安全环境的发展变化，有关军事战略方针的提法先后作过几次调整，1959 年末至 1963 年表述为“北顶南放”，1964 年至 1971 年表述为“诱敌深入”，1972 年至 80 年代初表述为“积极防御，诱敌深入”。上述提法，都贯穿了毛泽东的积极防御战略思想，因而与中央军委 1956 年制定的积极防御战略方针在本质上是一致的。

4. 确立国防工业建设总目标

国防建设是一个庞大复杂的系统工程。要建立一支强大的现代化正规化革命军队，除了必须有强大的经济基础，还必须建立独立完整的国防工业体系。中华人民共和国成立之初，现代国防工业几乎是一片空白。因此，夺取全国政权后，建立和发展现代国防工业即成了一个比较突出的问题。中共中央、毛泽东对这一问题十分重视，在思考国家总体发展战略中，及时提出了以自力更生为主建立完整的国防工业体系的思想。

20 世纪 50 年代初，毛泽东指出，为了建设现代化国防军，把我军用现代化装备武装起来，就必须加快国防工业建设。那么，应该如何建立和发展新中国的国防工业？是以自力更生为主，还是以争取外援为主？这是在指导思想上必须首先解决的问题。独立自主、自力更生是毛泽东思想的一个基本方面，是我党进行革命和建设一贯的出发点和基本方针。毛泽东认为，搞国防工业也应遵循这一方针。中华人民共和国成立初期，我国从苏联购进了数量不小的武器装备，使部队的装备水平有了很大的提高。但毛泽东对此保持着清醒的认识，指出：过去武器装备的加强，基本上是依靠向苏联购入的，如飞机、大炮、坦克、汽车（包括牵引汽车、运输汽车），都是输入的，这样不能从根本上解决加强国防的问题，要从根本上解决就必须自己制造。

1951年5月，毛泽东在同即将赴苏谈判购买武器装备的徐向前谈话时指出，要学习苏联，把先进技术拿到手，自力更生，建设一支强大的国防力量。1951年6月20日，以周恩来为主任的兵工委员会作出《关于兵工建设问题的决定》，指出兵工建设是国防建设的重要组成部分，应当予以极大的重视。1952年7月，周恩来又以兵工委员会的名义向中央写了《关于兵工工业建设问题的报告》，强调兵工要提早建设，改造老厂，建设新厂，用三五年时间，迅速建立中国自制陆军武器及陆海空军弹药的基础。毛泽东、刘少奇、朱德等批准了这个报告。“一五”计划期间，国防工业被列为国家建设重点之一。1954年，中共中央为国防科技工业制订了“自力更生为主，争取外援为辅”的指导方针。1958年6月，毛泽东在一项批示中又强调：“自力更生为主，争取外援为辅，破除迷信，独立自立地干工业、干农业、干技术革命和文化革命……经济战线上如此，军事战线上也完全应当如此。”①

当时担任国务院副总理并主管科学技术工作的聂荣臻也明确指出：“谁也不可能把最先进的东西交给别人，这一点不但应该作为我们思考问题的出发点，而且应该成为我们制定国防科研方针、政策、任务的依据。”②由于我们从一开始就是站在独立自主、自力更生的基点上认识问题、筹划各项建设的，因此，当后来国际形势发生重大变化，苏联撕毁合同、撤销援助时，我们的国防工业始终能以较快的速度发展起来。

①《毛泽东文集》第7卷，人民出版社1999年版，第380页。
②《聂荣臻回忆录》下册，解放军出版社2007年版，第787页。

毛泽东不仅为中华人民共和国确立了发展国防工业的基本方针，而且为国防工业规定了发展的总目标，那就是建立现代化的独立完整的国防工业体系。1956年，党的八大规定的国家建设总方针，提出了建设一个基本上完整的工业体系的设想。所谓完整的工业体系，包括能够制造新式的保卫自己的武器，像国防方面的原子弹、导弹、远程飞机。也就是说，完整的工业体系，实际上就包括了完整的国防工业体系。1957年初，周恩来在确定我国核工业引进项目的规模时也曾提出，我国的核工业要有完整的一套，能够形成独立的核力量。由此可见，至20世纪50年代中期，在毛泽东关于我国国防工业发展战略的思考中，建立独立完整的国防工业体系的思想就已初步形成。50年代末，这一思想得到了进一步的明确和强调，并被确定为我国国防工业建设的总目标。1959年12月31日，中共中央、国务院《关于经济建设与国防建设关系中若干问题的指示》提出，我们不但要建立一个独立的完整的现代化的经济体系，而且也要建立一个独立的完整的现代化的国防工业体系，以适应我们疆域辽阔、人口众多的大国情况。

5. 发展尖端武器

尖端武器主要指原子弹、氢弹、人造地球卫星等高科技武器。它是科学现代化的集中体现和国防现代化的主要标志。第二次世界大战后，美苏两国大力发展核武器。鉴于核武器对国防政治、军事格局有重大影响，中共中央从维护国家根本利益出发，及时作出了发展原子弹、导弹等尖端武器的重大决策。

1955年1月15日，毛泽东在中南海主持召开了中共中央书记处扩大会议，听取著名地质学家李四光、著名科学家钱三强等人介绍有关情况，作出了着手发展我国原子能事业的决定，从而揭开了我国核武器发展的序幕。同年12月，著名科学家任新民提出了研制火箭武器和发展火箭技术的建议。1956年2月，钱学森又提出了要建立中国国防航空工业的意见。他们的建议和意见引起中共中央和毛泽东的高度重视。同年10月15日，聂荣臻写报告给周恩来等，强调要加强导弹研制，从此我国的导弹研制工

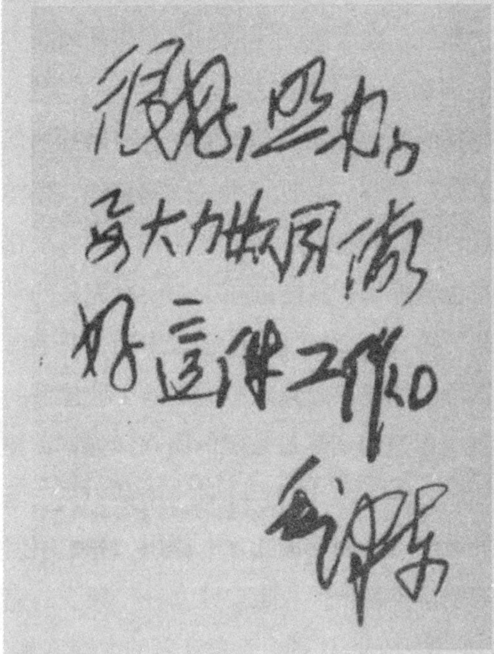

■ 1962年11月3日，毛泽东批准二机部关于争取两年内实现爆炸我国第一颗原子弹的规划，及国防工业办公室建议在中央直属领导下成立一个专门委员会。这是毛泽东的批示手迹。

作提上了日程。1958年5月，毛泽东在中共八大二次会议上发出了“我们也要搞一点卫星”的号召。

6月，毛泽东在军委扩大会议上又进一步明确提出：“我还是希望搞一点海军，空军搞得强一点。还有那个原子弹，听说就这么大一个东西，没有那个东西，人家就说你不算数。那么好，我们就搞一点。搞一点原子弹、氢弹、洲际导弹，我看有十年功夫是完全可能的。一年不是抓一次，也不是抓两次，也不是抓四次，而是抓它七八次。”[1] 根据中共中央和毛泽东的有关指示，1960年2月召开的军委扩大会议把大力加强国防工业建设，特别是尖端技术的科学研究和基本建设规定为我国国防建设的第一项任务，提出要争取在三年内突破尖端技术这一关，并明确了今后我国国防工业建设的方针：在建立独立完整的国防工业体系的目标下，应以原子弹、

①《毛泽东军事文集》第6卷，军事科学出版社、中央文献出版社1993年版，第374页。

这是毛泽东与出席八大二次会议的彭德怀、陈毅等交谈。

导弹为主，而以导弹为第一，同时注意发展电子技术。1961年6月，聂荣臻提出，研制导弹要有战略眼光，洲际的一定要搞，防空导弹将来要向反导弹系统发展，还要考虑“通过搞探空火箭，为将来向星际航行开辟道路”[①]。20世纪60年代初，因经济等方面的严重困难，有人提出尖端武器的研制要下马。毛泽东明确指示：“对尖端武器的研究试制工作，仍应抓紧进行，不能放松或下马。”[②]后来，毛泽东又进一步指出，原子弹要有，氢弹也要快，管他什么国，管他什么弹，原子弹、氢弹我们都要超过他们。[③]在中共中央和毛泽东的正确决策下，经过自力更生的实践和艰辛努力，仅用十几年的时间，我国就先后研制出了导弹、原子弹、氢弹和人造卫星，不仅使我国的国防现代化水平取得了历史性的飞跃，也使我国的国际地位得到了极大的提升。

①《聂荣臻军事文选》，解放军出版社1992年版，第448页。
②《毛泽东军事文集》第6卷，军事科学出版社、中央文献出版社1993年版，第392页。
③《聂荣臻军事文选》，解放军出版社1992年版，第531页。

6. 确立“以我为主”的指导方针

全军军事系统党的高级干部会议后，军队全面展开了现代化、正规化建设，逐步调整了军队的体制编制，建立了正规化的军事制度，开展了正规统一的教育训练，各项工作呈现出勃勃生机，军队面貌迅速发生了重大变化。正当军队建设沿着既定方针稳步前进的时候，1958 年发动的一场反对所谓“教条主义”的斗争，给它带来了严重干扰。

在我国国防事业刚刚起步的时候，由于缺少经验，毛泽东提出要向苏联学习，将苏联的一切先进经验都学到手，改变军队的落后状态，将我军建设成为世界上第二支最优良的现代化的军队。从总体上看，在如何学习苏联的问题上，从一开始就采取了比较正确的态度。从几年学习实际效果看，成绩是主要的，对推动军队和国防建设起到了积极的作用。但是其中也存在一些缺点，主要表现在，有时过于强调学习苏军“不能走样子”，要“死学活用”，没有很好地照顾我军的历史特点和现实情况，“军事工作中搬了一部分教条，但基本原则坚持了，还不能说是教条主义”[①]。毛泽东、中央军委发现这一问题后，及时做了纠正。

1956 年 4 月，毛泽东在《论十大关系》一文中，批评了照搬照抄外国经验的做法，强调学习外国的东西一定要与我们的实际相结合。彭德怀、谭政在中国共产党第八次全国代表大会上的发言中做了检讨。会后，全军对部队中存在的搬教条、搞形式主义的现象进行了清理。但是 1958 年 5 月至 7 月间召开的军委扩大会议，在用整风方法检查总结中华人民共和国成立以来的军队建设工作时，却错误地发动了一场反“教条主义”斗争。这次会议把过去出现过的、但当时已基本解决了的问题重新提出来作为现实的错误倾向加以批判，作出了错误的处理，严重干扰了军队的良好发展势头。

在纠正教条主义过程中，毛泽东提出了“以我为主”的方针。他多次

①《毛泽东文集》第 7 卷，人民出版社 1999 年版，第 368 页。

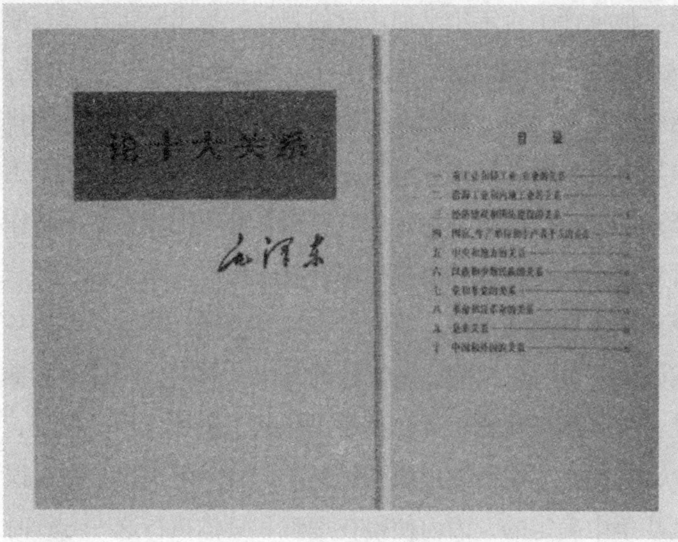

■ 毛泽东《论十大关系》单行本。

指出，我们要熟悉外国的东西，但是并不等于中国人要完全照外国办法办事，任何外国的经验只能作参考，不能作教条，一定要把马克思列宁主义的普遍真理和本国的具体情况这两个方面结合起来，“中国人还是要以自己的东西为主”[①]。如何看待苏联的经验？向苏联学习应采取什么样的态度？毛泽东指出：“苏联经验是一个侧面，中国实践又是一个侧面，这是对立的统一。苏联的经验只能择其善者而从之，其不善者不从之。把苏联的经验孤立起来，不看中国实际，就不是择其善者而从之。”“我们要学习苏联，但首先要考虑到我们自己的经验，以我们自己的经验为主。”[②]他还特别强调学习要有独创精神，指出“学习有两种方法：一种是专门模仿；一种是有独创精神，学习与独创结合”[③]。1958 年 6 月，毛泽东在军委扩大会议上分析了我军建设要经过的三个阶段：第一阶段是小米加步枪，从 1927 年到 1949 年；现在是步枪加飞机大炮；几年后还有新发展，是常

①《毛泽东文集》第 7 卷，人民出版社 1999 年版，第 77 页。
②《毛泽东文集》第 7 卷，人民出版社 1999 年版，第 366、389 页。
③《毛泽东文集》第 7 卷，人民出版社 1999 年版，第 366 页。

规武器加特种武器。他批评了否定小米加步枪的观点，指出只讲导弹、原子弹、氢弹不行，人民解放军搞现代化，既要搞洋办法，也应该搞点土办法。根据毛泽东的讲话精神，这次军委扩大会议确定了以我为主加强军队现代化正规化建设的指导方针。根据该方针要求，在中央军委领导下，全军迅速掀起了学习毛泽东军事著作的热潮。各部队普遍开办了毛泽东军事著作学习班，分期分批轮训干部。各级各类院校都开设了毛泽东军事思想课。全军指战员以毛泽东军事思想为指导，研究解决现实问题，推动了军队各项建设的发展。实践表明，“以我为主”方针的提出及贯彻，对探索和推进建设中国特色社会主义的现代化正规化革命军队起了重要作用。但是，由于“以我为主”方针是在“左”倾思想开始滋长的背景下提出、在错误地发动反教条主义斗争中确定的，因而使得在理解和具体执行这一方针时不可避免地出现了某些偏差，特别是林彪主持军委日常工作后，竭力推行他的一套极“左”的错误做法，把“以我为主”变成了自我封闭，给军队建设造成了严重不良影响。

回顾我国国防现代化建设的历程，20 世纪 50 年代，是国防建设发展非常好的一个历史时期。在毛泽东、彭德怀制定的战略方针、军队建设总目标、总任务的指引下，国防军领导体制基本建立，诸军兵种合成军队初步形成，国防建设、军队“三化”建设的方针原则基本确立，军队的现代化、正规化建设蓬勃发展，社会主义时期的国防现代化思想体系开始形成，取得了和平时期国防现代化建设的初步经验，是我国国防现代化建设的良好开端。然而，1959 年庐山会议后，受到了党内“左”的指导方针的影响，国防现代化建设开始在曲折中发展。特别是 1966—1976 年的 10 年，是国防现代化建设的低潮时期。在林彪主管军队工作的后期，国防和军队建设遭受严重干扰和破坏。林彪事件后，按照毛泽东“军队要统一”“军队要整顿”“要准备打仗”的指示，叶剑英与邓小平及其他几位军委副主席等一起在坚决同“四人帮”进行斗争的极其困难的条件下，国防和军队建设得到一定的恢复与发展。但是，在粉碎“四人帮”以前，国防和军队建设仍在党内“左”的方针制约下，并受到江青反革命集团的干扰破坏。特别是“批林批孔”和“批邓、反击右倾翻案风”运动，打断了军队整顿的进程。1976年9月毛泽东的逝世，喻示着他对中国国防现代化的探索和实践宣告结束。随着党的十一届三中全会的召开，我国国防现代化建设走出低谷，进入一个全面建设的新时期。

第二节　毛泽东国防现代化思想的主要内容

从中华人民共和国建立到毛泽东去世，他始终关注着我国的国防现代化事业，依据国际形势变化和我国国情进行思考和探索，就如何实现国防现代化阐述了许多重要思想，为我国国防现代化事业的发展奠定了扎实的基础，积累了宝贵的经验。正如《关于建国以来党的若干历史问题的决议》指出的那样，毛泽东在中华人民共和国成立以后，就提出了“必须加强国防，建设现代化革命武装力量（包括海军、空军以及其他技术兵种）和发展现代化国防技术（包括用于自卫的核武器）的重要指导思想”。

（一）建设强大的现代化国防军

中华人民共和国成立初期，毛泽东就注意到要实现部队正规化、现代化建设的问题。1952年7月10日，毛泽东在给军事学院第一期毕业学员的训词中写道：“希望你们在建设正规化、现代化的国防部队的光荣事业上，继续努力；并希望通过你们的努力，把建设正规化、现代化的国防部队的精神，贯彻到所有部队中去。”[①] 在他看来，部队建设的正规化、现代化是通往国防现代化的一个必由之路。

①《毛泽东文集》第6卷，人民出版社1999年版，第235页。

1. 我军的体制编制应该“符合现代战争的要求”

在指导我军向正规化、现代化迈进的初期，毛泽东就强调，为使我军的体制编制符合现代战争的要求，特别要注意两个方面的问题：第一，要建设合成军队。建设合成军队，发展现代化军兵种是前提条件。毛泽东多次指示，要加快海、空军和其他技术军兵种的建设。他曾经深有感慨地说，我们打了几十年的仗，建立了很强大的陆军。但是我们没有空军，对付头上的飞机，就是凭不怕死，凭勇敢，凭敢于牺牲的精神。今天，我们有了建立海、空军的条件，应当着手建立一支强大的海军和一支强大的空军。尤其是空军，对于国防极其重要，应当赶快建立。后来，他又进一步强调：“中国是个大国，要有强大的陆、海、空军。我国有那样长的海岸线，一定要建设强大的海军。”[①]第二，要建立精干的指挥管理机构。为了打赢现代化战争，必须要有精干的指挥管理机构，发挥大脑的指挥作用。“为了组织这种复杂的、高度机械化的、近代的战役和战斗，没有健全的、具有头脑作用的、富于科学的组织和分工的司令机关不行”。因此，“今后必须挑选优秀的、富于组织和指挥才能的指挥员到各级司令部来，以创造司令机关新的作风和新的气象。这同样是建设正规化、现代化的国防部队所不可缺少的重要的条件之一”[②]。

在中央军委、毛泽东的关怀下，人民解放军在中华人民共和国成立后短短的几年时间里，就调整了军队体制和编制，建立和健全了各级领导指挥机构，实现了人民解放军由战争年代的单一陆军向诸军兵种的现代合成军队的重大转变。正如朱德所说：“我们建立了海军、空军和坦克部队、工兵部队、防空部队、铁道兵部队以及大量的炮兵部队，有了这样复杂的军兵种和大量使用复杂的战斗器材，这就是现代化的标志。”[③]

---

①《毛泽东军事文集》第 6 卷，军事科学出版社、中央文献出版社 1993 年版，第 359 页。
②《建国以来毛泽东军事文稿》中卷，军事科学出版社、中央文献出版社 2010 年版，第 39 页。
③《朱德军事文选》，解放军出版社 1997 年版，第 807 页。

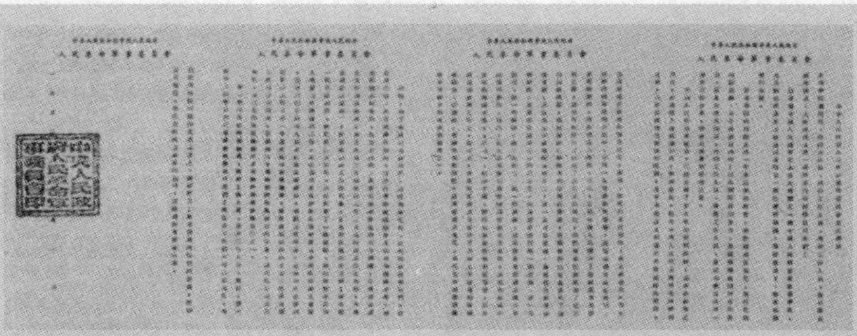

■ 1952年7月10日，毛泽东对军事学院第一期毕业学员的训词。

2. “一定要搞出我们自己的战斗条令来”

军队条令、条例是军队开展各项工作的基本依据，制定和颁发条令条例，是军队正规化建设的重要内容。1951年2月1日，解放军总参谋部奉毛泽东命令，颁布了中国人民解放军《内务条令》《队列条令》《纪律条令》三个草案，建立了人民解放军共同条令的雏形。

1958年5月，叶剑英向毛泽东书面报告军队工作时提出：编写适合我军的作战条令已成为当务之急，要“采取批判的学习态度研究苏军的各种条令，以便吸取其先进经验，充实我军现代战争的知识，编写出我军的作战条令”。毛泽东批示：“一定要搞出我们自己的战斗条令来！”不久，他在军委扩大会议上再次提出：“军队训练已经八年多了，连一本战斗条令都没有搞出来，这次要集中一些有丰富工作经验和战斗经验的同志，搞出一本自己的战斗条令来。”[①] 经过两年多的艰苦努力，我军第一批战斗条令即《合成军队战斗条令概则》和《连以下步兵战斗条令》编写出来，此后，《合成军队军师战斗条令》《合成军队团营战斗条令》以及各军兵种的战斗条令也相继颁发。至此，我军初步形成了以共同条令为基础，以战斗条令为中心的人民解放军条令条例体系，改变了自己没有条令多半采

①《毛泽东军事文集》第6卷，军事科学出版社、中央文献出版社1993年版，第376页。

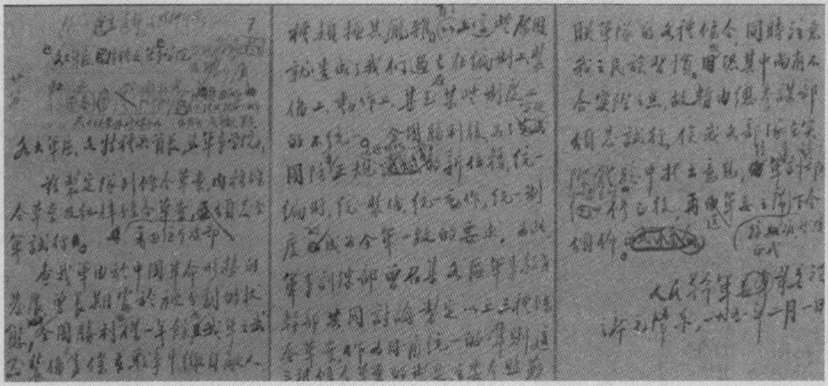

■ 1951 年 2 月，毛泽东以人民革命军事委员会主席名义颁布《内务条令》《队列条令》《纪律条令》草案。

用苏军条令的历史，使部队正规化建设有了新的标准和依据。正如 1955 年 11 月彭德怀在观看辽东军事演习时所说的那样，“共同条令是建立我军正规生活、巩固军队纪律、保证部队训练的根本法典。贯彻执行共同条令，是我军走向正规化的重要关键……学习与执行各兵种战斗条令，对我军掌握现代化军事技术和先进的军事科学，具有重大的意义”①。

3. “迅速把我军提高到足以在现代化的战争中取胜的水平”

中华人民共和国成立以后，毛泽东依然重视军队训练工作，并将训练目标放在如何提高部队战斗力这一基点上，“以便迅速把我军提高到足以在现代化的战争中取胜的水平”②。

第一，学习苏联，开展正规化训练。20 世纪 50 年代初，毛泽东指示：“各大军区部队应在干部训练上有所准备。因此，应采取分期轮训干部的办法，从明年一、二月间开始，实行军事干部的轮训，预习部队军事训练的各种

①《彭德怀军事文选》，中央文献出版社 1988 年版，第 532-533 页。

②《建国以来毛泽东军事文稿》中卷，军事科学出版社、中央文献出版社 2010 年版，第 108 页。

科目，为开展部队军事训练准备条件。”[1]人民解放军随即从1953年开始进行正规化训练，当时主要是学习苏联，训练重点是干部训练。正规训练开始后，参照苏军的办法，各部队普遍建立了一整套军事训练的正规制度，统一了训练方法，各部队认真执行各项规定和要求，正规训练取得了显著成绩，技术战术水平和指挥协同能力有了很大提高。为检验训练效果，在1955年11月，经毛泽东批准，人民解放军在辽东半岛地区举行了首次陆、海、空三军联合登陆战役演习，取得了良好效果。

第二，从难从严训练部队。在训练内容方面，毛泽东充分肯定“练思想，练作风，练战术，练技术”的原则。他肯定野营训练是一种好方法，提出应该在全军推广。1964年，部队军事训练掀起高潮，开展了全军性的大比武活动。在军队大比武期间，毛泽东特别强调，锻炼部队一是靠打仗，一是靠平时训练。在训练方法与手段上，毛泽东提出部队训练“要注意多搞夜战、近战……训练部队晚上行军，晚上打仗”。提出“军队无非是要学会两个东西，一个是会打，一个是会走。会打、会走，军队都要学会”。[2]他还在《对部队军事训练的若干指示》中强调，部队要学会游泳，要搞大规模的游泳训练，要整营、整团地学会全副武装泅渡，并指出要学会在江海里游，不经过大风大浪不行。[3]“文化大革命”期间，毛泽东对军队忽视军事训练的现象表示担忧，他认为现在是只搞文不搞武，军队成了文化的军队。他指示全军进行长途野营训练，并强调如不这样训练，就会变成老爷兵。

第三，在实战中锻炼部队、培养干部。抗美援朝期间，毛泽东提出：“抗美援朝战争是个大学校，我们在那里实行大演习，这个演习比办军事学校好。如果明年再打一年，全部陆军都可以轮流去训练一回。”[4]抗美援朝战争中，解放军官兵以志愿军名义，投入到朝鲜战场中的部队有200

①《建国以来毛泽东军事文稿》中卷，军事科学出版社、中央文献出版社2010年版，第71页。
②《建国以来毛泽东军事文稿》下卷，军事科学出版社、中央文献出版社2010年版，第227页。
③《毛泽东军事文集》第6卷，军事科学出版社、中央文献出版社1993年版，第400页。
④《建国以来毛泽东军事文稿》中卷，军事科学出版社、中央文献出版社2010年版，第50页。

■ 1970 年，毛泽东倡导利用冬季实行长途野营训练。此后，全军普遍进行长途野营拉练，使多年处于低潮的军事训练进入恢复阶段。

多万，以 1952 年解放军全军定编的部队计算，先后参战的部队分别占野战军的 73%，炮兵部队的 67%，坦克部队的 55%，铁道兵的 100% 和空军师的 52%。后来因为朝鲜停战，这一设想未能完全实现，但是通过这种在实际战争中学习的“大演习”，我国空军、炮兵和其他一些兵种的战术技术水平在当时得到了迅速提高。

此外，毛泽东根据未来国防和建设现代化的需要，对部队建设的正规化提出了具体标准，就是“五统”“四性”。毛泽东提出，“与现代化装备相适应的，就是要求部队建设的正规化，就是要求实行统一的指挥、统一的制度、统一的编制、统一的纪律、统一的训练，就是要求实现诸兵种密切的协同动作”，“从教育训练上来培养的那种组织性、计划性、准确性和纪律性”。[①]

①《毛泽东文集》第 6 卷，人民出版社 1999 年版，第 234 页。

4. 要培养大批“能够掌握和驾驭技术的人”

人员素质状况是国防现代化建设中起主导作用的方面，是国防现代化取得成功的先决条件之一。没有现代化的高素质的军事人才，建设现代化军队就无从谈起。中华人民共和国建立不久，毛泽东在给军事工程学院的训词中就强调：“今天我们迫切需要的，就是要有大批能够掌握和驾驭技术的人。”

第一，开展大规模的文化教育运动。由于中国革命的历史原因，人民解放军是以农民为主体发展起来的，官兵的文化知识水平普遍比较低，这种实际状况成为学习掌握现代军事科学和军事技术，进行军队现代化建设的一大障碍。对此，毛泽东指出：“没有文化的军队是愚蠢的军队，而愚蠢的军队是不能战胜敌人的。” 中华人民共和国成立以后，为使人民解放军适应正规化、现代化建设的需要，首先进行了以文化教育为主的训练。1950年8月，毛泽东署名颁发了《关于在军队中实施文化教育的指示》。“鉴于人民解放军的指挥员战斗员一般的文化水平太低的情况，为了要完成伟大的新任务，就必须提高全体指挥员战斗员的文化科学与技术水平，并从军队中培养大批的从工农出身的知识分子”，“必须在今后一个相当时期内着重学习文化，以提高文化为首要任务，使军队形成为一个巨大的学校，组织广大指挥员和战斗员，尤其是文化水平低的干部，参加文化学习。”“指示”还对于进行文化教育的要求、时间、方法等项做了明确和详细的规定。这种文化教育运动虽然因抗美援朝战争未能全面予以落实，但是学习教育效果是非常明显的。从1952年6月到1953年下半年，仅仅一年多时间，部队文盲半文盲由占全军总人数的67.4%下降为30.2%，官兵的总体科学文化水平有了明显提高，大大提高了军事训练、掌握现代化军事技术的水平。

第二，加强院校建设，培养合格人才。毛泽东对于开办军事院校，加强军队院校建设，给予了极大的关注。20世纪50年代初，毛泽东先后在对几所军队院校颁发的训词中，阐述了军队院校建设在和平时期军队建设中的地位与作用，强调了军队院校培养合格人才的重要作用。他提出，人

■ 毛泽东（前排左7）与军事学院各部、系、教授会的领导及苏联顾问的合影。

民解放军要根据形势发展要求和未来现代化战争的需要，迅速建设一支强大的现代化的国防军；要完成这一艰巨而光荣的历史任务，我们迫切需要大批现代化的军事人才，在这方面，军事院校负有重大的责任；大力创办并办好军事院校，也是人民解放军建设由低级阶段进入高级阶段的一项重要标志；必须认真地借鉴苏联的军事科学，以促进我军军事科学的发展；破除轻视后勤的思想，牢固树立后方保障前线的观念。

根据毛泽东的一系列指示精神，我军加快了军队院校正规化前进的步伐，从1951年1月正式成立南京军事学院到1959年，全军建立、重建、改建院校共计129所，总人数25万余人，逐步形成了一个包括军事、政治、后勤和各种专业技术院校在内的比较完整的军队院校体系，共培养了各级军事指挥、政治工作、后勤工作和各种专业技术人员26万多人，为提高军队的军政素质，促进我军正规化现代化建设做出了重大贡献。

5. 要组成一支“强大的理论队伍”

开展军事科学研究，不断提高军事科学研究水平，既是军队建设的重要内容，也是促进国防现代化建设的重要保证。毛泽东作为集军事统帅和军事战略家于一身的伟大军事家，不仅写出了许多不朽的军事理论著作，极大地丰富了马克思主义军事理论宝库，而且对于开展军事科学研究问题也作过深刻的论述。

毛泽东对军事理论研究十分重视。早在革命战争年代，他就明确指出：“研究军事的理论，研究战略和战术，研究军队政治工作，不可或缓。”1951 年，毛泽东、中央军委决定出版《八一杂志》，由朱德等 27 人组成刊物委员会，根据中华人民共和国成立初期我军在抗美援朝战争中遇到的新情况、新问题，专门从事对抗美援朝战争的研究，以此推动我军军事理论的研究。在 1955 年 3 月召开的中国共产党全国代表会议上，他深刻地提出：“我们现在有许多做理论工作的干部，但还没有组织理论队伍，尤其是还没有强大的理论队伍。而没有这支队伍，对我们全党的事业，对我国的社会主义工业化、社会主义改造、现代化国防、原子能的研究，是不行的，是不能解决问题的。”因此，“我们要作出计划，组成这么一支强大的理论队伍”。1958 年，为进一步推动军事理论研究，毛泽东批准成立了以叶剑英为院长兼政委的军事科学院，并强调要把专门研究机构同群众性的研究活动结合起来，力求用先进的军事科学理论指导我军的正规化现代化建设。

毛泽东还特别强调研究军事理论要从实际情况出发，同时注意军事理

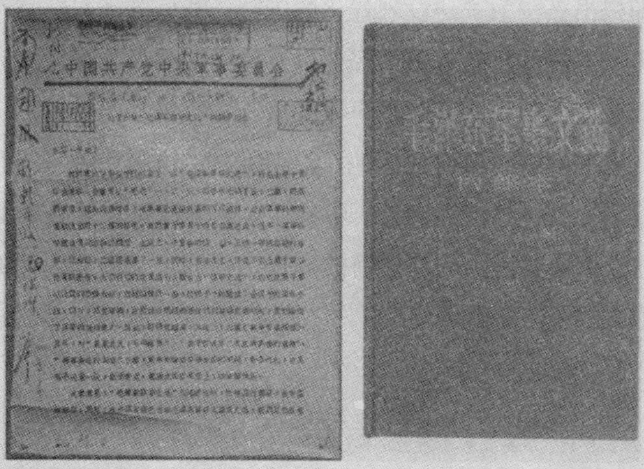

■ 1961 年 4 月，毛泽东、邓小平对军事科学院关于出版《毛泽东军事文选》报告的批示。

论的创新。他在1958年论十大军事原则时指出，马列主义不是停止的，是向前发展的，十大原则也要根据今后战争的实际情况，加以补充和发展，有的可能要修正。这就是说，进行军事科学研究，必须以辩证唯物主义和历史唯物主义为根本指导方法，要在发展创新上下功夫。停止的观点、僵化的观点，都是不可取的。

（二）建立独立完整的国防工业体系

国防工业直接为国家武装力量提供现代化武器装备，它既是实现国防现代化和进行战争准备的主要物质技术基础，又是促进国家国防经济建设的重要力量。正如1977年12月叶剑英在军委全体会议上所说的那样："发展国防科学技术和国防工业，改善武器装备，是准备打仗的物质基础，也是实现国防现代化的一项战略任务。"我国国防科技工业从成立时的"一穷二白"，到逐步发展并最终建立起较为独立完整的国防工业体系，毛泽东进行了艰辛探索，并阐发了许多重要思想。

1."必须有充分的机械化的装备和设备"

我国的国防科技工业发展是从军队的机械化起步的。中华人民共和国刚刚成立，毛泽东即提出："为了建设现代化的国防，我们的陆军、空军和海军都必须有充分的机械化的装备和设备。"[①] 抗美援朝战争爆发后，在与拥有现代化武器装备的美军的实际军事较量中，我军武器装备落后、后勤补给线不畅等弱点表现得十分明显。他在给斯大林的电报中说："我军在朝鲜作战八个月来，深感敌我装备的悬殊和急于改善我军装备的必要。"[②] 他在给赴苏寻求装备援助的徐向前的电报中强调："没有现代的装备，要战胜帝国主义的军队是不可能的。""六十个师的新编制和装备，

①《毛泽东著作专题摘编》（下），中央文献出版社2003年版，第1465页。

②《建国以来毛泽东军事文稿》上卷，军事科学出版社、中央文献出版社2010年版，第504页。

■ 毛泽东端起神枪手使用的国产步枪瞄准。

可能成为我军首先现代化的骨干。”[①] 这一论述，一方面表达了毛泽东迫切希望改善志愿军武器装备现状的愿望，同时也阐明了现代化的军队要有现代化的武器装备的重要思想。

鉴于抗美援朝战争的迫切需要，毛泽东最初是希望通过学习苏联的先进经验，争取苏联的物质技术援助来推进武器装备的现代化。但是，在同苏联的军事交往和合作中，毛泽东深感用这种方式发展我国武器装备会受制于人。他深有感触地说，“一个国家的武器专靠外国是很危险的”，“自己搞，有个十年八年，最多十几年，就可以有个初步基础。要树立自力更生的思想。什么都靠外国顾问，什么都要进口，我看不是办法”。[②]

因此，毛泽东坚持并主张武器装备的发展需要依靠自身的力量，并始终同国防科技工业的发展紧密联系，同步推进。在这种思想的主导下，在第一个五年计划期间，我军的装备建设进入仿制武器装备阶段；到 20 世纪 60 年代，我军的装备建设跨入自行设计、自行制造阶段；进入 70 年代，

①《建国以来毛泽东军事文稿》上卷，军事科学出版社、中央文献出版社 2010 年版，第 506 页。
②《建国以来毛泽东军事文稿》下卷，军事科学出版社、中央文献出版社 2010 年版，第 343 页。

不仅常规武器实现了国产化，而且导弹、核武器等尖端武器也先后装备了部队。

2.“钻原子能这样的历史的新时期”

“钻原子能”是毛泽东关于发展国防科技、搞尖端技术思想的代名词。他认为要敢于跨越国防现代化建设的一些发展阶段，力争尽快在尖端技术方面赶上世界先进水平，进而带动整个国防现代化建设的快速发展。

1954 年，当苏联领导人赫鲁晓夫等前来中国访问时，毛泽东向赫鲁晓夫提出帮助中国搞原子能、核武器。赫鲁晓夫却以“这个大家庭有了保护伞就行，无须都来搞它”[①]为由而回绝。可是中共中央、毛泽东仍然下决心搞原子能。

1955 年 1 月，在中共中央书记处扩大会议上，面对当时国家经济困难、技术落后、经验缺乏的情况，毛泽东毅然决定着手发展我国的原子能事业。同年，在中国共产党全国代表会议上，毛泽东明确指出：“我们进入了这样一个时期，就是我们现在所从事的、所思考的、所钻研的，是钻社会主义工业化……钻现代化的国防，并且开始要钻原子能这样的历史的新时期。”[②]

需要特别指出的是，毛泽东之所以主张发展有限的核力量，目的是为了打破核垄断，制止核战争。他指出，人民群众是战争胜负的决定因素，原子弹“是美国反动派用来吓唬人的一只纸老虎”。当然，它也是一种大规模屠杀武器，对于战争形态及其指导规律有着深刻的影响。因此，毛泽东明确提出关于核武器的思想：我们对待原子战争的态度有两条，一是不要核战争；二是如果有人侵略我们，我们就坚决予以回击。我们发展极为有限的核力量，目的是要打破核垄断，制止核战争。在相当长一个时期内，还只是体现别人有，我也有；谁想毁灭我们，谁就也要受点报复。但是，

---

① 师哲：《在历史巨人身边》，中央文献出版社 1991 年版，第 572-573 页。

②《毛泽东文集》第 6 卷，人民出版社 1999 年版，第 395 页。

在任何时候、任何情况下，我们都绝不首先使用核武器。

3．“两条腿走路”

“两条腿走路”，就是武器装备发展要实行尖端武器与常规武器同时并举。坚持两条腿走路，是毛泽东等分析世界军事技术的发展及其影响，于20世纪50年代中期提出的。第二次世界大战后，美苏两国大力发展核武器，对其他各国提出了严峻挑战。对此，毛泽东运用辩证唯物主义观点进行科学分析，得出了两点结论：第一，原子弹是反动派用来吓人的纸老虎，样子可怕，实际并不可怕。“这个东西是不会用的，越造得多，核战争就越打不起来。要打还是用常规武器打。”① 原子弹不能解决战争，最终决定战争胜负的是人民。第二，原子弹作为一种大规模屠杀武器，被帝国主义用来搞讹诈。我们要不受欺负，要说话算数，又必须发展核武器，打破超级大国的核垄断。

在高度重视发展尖端武器的同时，毛泽东等又反复强调，不能忽视常规武器的作用，要实行尖端与常规并举。在1958年的军委扩大会议上，毛泽东指出：发展核武器，不能因此否定常规武器。因为，在中国革命战争的历史上，我们用低级的落后的武器打败过用高级的先进的武器装备起来的强大敌人，我们靠的是人民战争。将来的反侵略战争，我们还是要打人民战争，有大量的民兵参加，只讲导弹、原子弹、氢弹，民兵是否也能每人发一个原子弹呢？所以洋的土的要结合，常规武器加特种武器。毛泽东这些生动的论述，包含着“土洋”结合，发展尖端技术与研发常规武器技术并举的思想。既符合国情、军情，又切实可行、行之有效。

据此，中央军委确定了“突破尖端，加强常规”的发展方针。为使这一方针落到实处，毛泽东、中央军委在20世纪50年代末期又确立了多研制、少生产的原则。1959年10月，中央军委明确提出，常规武器生产，主要

①《建国以来毛泽东军事文稿》下卷，军事科学出版社、中央文献出版社2010年版，第127页。

是适当满足当时部队装备的需要和极少量储备，重点是要研究改进武器装备的技术战术性能。1960年起，军委又先后规定，在今后若干年内，常规武器的生产，除供应担负作战任务部队的战斗需要、学校和部队的训练需要以及少量储备外，不应大量生产。新型号的常规武器制成后，也不要大量生产。实践证明，“两条腿走路”的思想和实践是完全正确的。几十年来，由于发展尖端武器和发展常规武器并重、并举的方针，我们在尖端武器的发展上不断取得重大突破的同时，军队的常规武器也取得长足发展，从而使作战能力也得以不断提高。

■ 毛泽东视察南京无线电厂时指出：要自力更生为主，争取外援为辅。一定要自己设计制造出更好的通信装备来。

4. 实行军民兼顾、平战结合

国防工业是国家工业体系的组成部分，是经济建设的重要力量。在我国经济发展水平较低、国防费用有限的情况下，处理好国防工业建设和国家经济建设的关系十分必要。中华人民共和国成立初期，国家就提出兵工企业要贯彻“军需与民用生产相结合”的原则。1953年，毛泽东在中央人民政府委员会第24次会议上的讲话中就指出，所谓仁政有两种：一种是为人民的当前利益（如改善人民生活），另一种是为人民的长远利益（如抗美援朝、建设重工业），“两者必须兼顾，不兼顾是错误的”[1]。进入

①《毛泽东著作专题摘编》（上），中央文献出版社2003年版，第988页。

20世纪50年代中期以后，国际形势出现缓和，我国进入以经济建设为主的全面建设时期，随着抗美援朝战争的结束，对军品的需求随之减少。在这种情况下，党中央、毛泽东关于军民兼顾、平战结合的思想逐渐明确。1956年1月，毛泽东经过深思熟虑，对国防工业的发展作出重要决策，要求国防工业在生产上也要注意军民两用，一旦有事，就可能把民用生产转为军用生产。只要物质、粮食有储备，同样是加强国防力量。同年4月，他在听取第二个五年计划汇报时又强调，要学习两套本事：在军事工业中练习民用产品生产的本事，在民用工业中练习军事产品生产的本事的办法是好的，必须如此做。毛泽东关于军民两用、平战结合的重要指示，不仅为国防工业找到了出路，而且也为整个国家工业的发展指明了方向。随后，中共中央和国务院提出"两重任务、两套本领、平战结合"的方针。第二机械工业部也根据中央要求，提出了"军民结合，平战结合，以军为主，寓军于民"的16字方针。1959年11月，中央军委在给党中央的一份报告中提出，现在生产常规武器的工厂，除完成规定的武器生产任务外，应最大量地改制民用产品，增加国民经济力量。遗憾的是，自20世纪60年代起，这一方针未能坚持贯彻下去。直到进入社会主义建设的新时期后，军民兼顾、平战结合才重新提出，国防工业由单纯生产军品向以军品为主、兼顾民品生产、管理模式的转换才真正完成。

（三）积极防御的军事战略方针

在20世纪50年代初期，毛泽东和中央军委对战略指导思想做过指示和决定，提出了一系列指导方针和原则，进一步丰富和发展了在指导革命战争中形成的积极防御战略思想。其主要内容包含以下几个方面。

1. 重点设防，重点守备

毛泽东认真分析我国边海防形势，指出我们国家比较大，仅大陆海岸线就有一万多公里。面对这么长的防线，到处修工事，到处设防，一方面我们没有那么多兵力，另一方面也不可靠。平均使用兵力，没有重点，形不成拳头，敌人到处可以发展进攻，我们只能被动挨打，这不是高明的办法。根据这种分析，他于20世纪50年代初就强调，构筑防御工事，只择十分必要者好好设计修建之，不要到处建。除重要海岛外，一般的海岸线与内地，根本不要修筑什么工事或要塞。如果敌人来攻，要让他进来，并须诱其深入。他批评说："许多共产党员打了二十几年仗，忽然把经验都忘了，到处修工事，畏敌如虎，你们应加教育，叫他们不要如此。"[①]20世纪60年代后，从应付全面战争着想，毛泽东进一步明确提出了重点设防、重点守备的战略指导原则。他多次指出：我们要重点设防，重点守备。在前沿重点设防，在纵深也是重点设防。工事不要那么多，大部分兵力用于野战，少部兵力用于守备。

重点设防，重点守备，体现了战争指导上的重心论，比较符合大国反侵略防御作战的实际，也是战争实践反复证明了的行之有效的办法。

2. 诱敌深入，顶放结合

诱敌深入是毛泽东在革命战争中指挥人民军队以弱胜强的有效战法。在思考我国反侵略战争作战指导方针时，毛泽东一直认为仍要坚持这一传统战法。他指出，我们国家边海防线长，完全不让敌人进来不可能。与其守不住让敌人打进来，不如主动放敌进来，有计划有目的地将其诱至我有把握打胜仗的地区，将其歼灭。他说，第一次世界大战期间，德国人在青岛设了防，日本人就从龙口登陆，从背后占领了青岛。第二次世界大战时，法国在法德边界设置了马其诺防线，德军则绕道瑞士，让这道防线无用武之地。根据这些经验教训，毛泽东认为，御敌于国门之外，从来就不是好办法，还是诱敌深入才好打。因为只有把敌人放进来，才便于发挥我们的长处，大打人民战争。只有把敌人放进来，才能使其分散兵力，便于我们

①《毛泽东文集》第6卷，人民出版社1999年版，第136页。

集中兵力打歼灭战，消灭敌人的有生力量。

毛泽东主张诱敌深入，但并非完全照搬革命战争时期的一套，而是根据国家政权已经建立的实际情况，强调要顶放结合。他曾明确指出，诱敌深入不是不要防御，摊开两手，让敌人长驱直入。我们不能学蒋介石，让日本人很快打到了南京、长沙；不能学斯大林，让希特勒一下就逼到了莫斯科、列宁格勒城下。该顶的地方还是要顶，而且要顶相当一段时间。但顶的目的是为了消耗敌人，打乱敌人的战略部署，使我们后边有时间作些准备。顶到适当机会，就要把敌人放进来，诱其进入我预设战场，将其消灭。总的方针是诱敌深入，不是顶住不放。

3. 以运动战为主，阵地战、游击战相配合

毛泽东指出，今后的作战，根本的办法还是打运动战。打运动战，基本的要求是两条：你打你的，我打我的。他还具体解释了这两句话的含义：什么叫“你打你的”呢？就是你打我时，叫你找不到，到处扑空；什么叫“我打我的”呢？就是打得赢就打，打不赢就走。

实行以运动战为主，并不排斥一定时机、一定地点上的阵地战。毛泽东曾提出，战争初期，先打些小规模的阵地防御战，主力则藏起来，等看清情况，时机成熟了再使用。他还认为，利用城市打也是个办法，不能把城市空起来，要打像斯大林格勒那样的战役，并作为反攻的出发阵地。此外，还要广泛发动游击战。为此，毛泽东强调要大抓民兵建设，普遍武装民众；要加强地方部队，作为本地区对敌作战的骨干，以便在被敌分割的情况下，率领本地区的广大群众，长期有效地开展敌后游击战。

4. 集中优势兵力，各个歼灭敌人

根据抗美援朝战争中我军同美军作战的经验，毛泽东强调，在未来反侵略战争初期，我们口不能张得太大，每次吃得不要太多。要先打小的，集中十倍八倍的兵力，消灭敌人个把两个营，个把两个团，个把两个师。有了经验之后，再逐步扩大，逼着敌人逐步增兵，一个一个吃掉他。仗要

越打越大。他特别强调要打歼灭战，敌人来了，只是沿途敲敲打打，不打歼灭战就不能解决根本问题。

（四）国防建设要服从经济建设大局，与经济建设协调发展

中华人民共和国成立后，一方面国家财政经济严重困难，经济建设任务繁重；另一方面由于强敌压境，以往长期被废弛的国防建设亟待加强。国防建设与经济建设构成了一对较为突出的矛盾。中共中央、毛泽东根据国内外形势的发展变化，审时度势，确定了以经济建设为中心，国防建设要服从服务于经济建设大局并与经济建设协调发展的指导思想。1956 年毛泽东《论十大关系》一文的发表，标志着这一思想的成熟。其基本内容包括以下四个方面。

1. 降低军政开支，增加经济建设费用

经济建设是国防建设的基础，为了加强国防建设，首先必须加强经济建设。国家处在和平发展时期，经济建设是中心，国防建设首先应当服从经济建设大局，为经济建设服务。中华人民共和国成立后，中共中央、毛泽东等在许多场合反复阐述了这一观点。1951 年秋天朝鲜战局稳定后，经毛泽东批准的军队整编计划，便要求在保证朝鲜前线作战需要的前提下，尽可能地减少军费开支，挤出钱来搞建设。朝鲜战争结束后，以毛泽东为首的中共中央又一再提出降低军政开支在国家财政支出中的比例。1956 年毛泽东在《论十大关系》一文中，谈到国防建设与经济建设的关系时指出："可靠的办法就是把军政费用降到一个适当的比例，增加经济建设费用。只有经济建设发展得更快了，国防建设才能够有更大的进步。""你对原子弹是真正想要、十分想要，还是只有几分想、没有十分想呢？你是真正想要、十分想要，你就还是按老章程办事。""我们一定要加强国防，因此，一定要首先加强经济建设。" 毛泽东的论述，正确指明了在经济落后的条件下加强国防建设的最佳途径，成为此后全党全军认识这一问题的基本依据。

2. 建立强大的国防军和经济力量，“这是两件大事”

我国各项建设起步之初，中共中央、毛泽东就提出了要一手抓经济、一手抓国防的方针。1950 年 9 月，毛泽东在致全国战斗英雄代表会议和全国工农兵劳动模范代表会议的祝词中说：“中国必须建立强大的国防军，必须建立强大的经济力量，这是两件大事。” 这一方针既体现了和平时期国防建设与经济建设是国家建设的两个重要组成部分，也是国防建设必须与经济建设协调发展的客观要求。和平时期在强调国防建设必须服从经济建设大局的同时，容易出现另外一种倾向，即把国防建设看得无足轻重。解决这一矛盾的主要方式，便是搞军民结合、平战结合。1959 年 12 月 31 日，中共中央、国务院发出《关于经济建设与国防建设关系中若干问题的指示》，强调在集中力量发展经济建设的同时，必须对国防建设给予足够的重视。“指示”还明确指出，必须把国防建设纳入国家建设总体规划之中。军队方面要提出关于国防建设的长期规划和年度规划交国家计委统一平衡，全面安排。1964 年，周恩来在第三届全国人民代表大会政府工作报告中，从整个国家建设的角度提出了“两结合”问题。他说：“如果民用工业没有为军事服务的观点，军事工业没有为民用服务的观点，各自为政，互不联系，互不协作，甚至相互牵制，那么，这不论对国防建设还是经济建设来说，都是不利的。”

3.“两个拳头、一个屁股”

国防建设与经济建设相互联系，不可分割。经济建设是国防建设的物质基础，国防建设是经济建设的重要保障。毛泽东于 1952 年 2 月 1 日签发的《军委关于部队集体转业的命令》便指出：“中华民族和人民要彻底解放，必须实现国家工业化”，“在新民主主义建设中，以及将来过渡到社会主义的建设中，国内外的敌人会千方百计地进行破坏和抵抗，我们还必须大力加强国防建设，巩固人民民主专政，巩固国防，来保障祖国的建设；而发展工农业生产，又是加强国防建设的物质基础。” 1964 年 8 月，毛泽东提出了“两个拳头、一个屁股”的建设方针，就是要一手抓农业，一手抓国防，特别是加强基础工业。农业与国防是“拳头”，基础工业是“屁股”。“屁股”坐稳了，打出去的拳头就有力量。这一思想论述，既指明了国防建设在国家总体建设中的重要地位，又摆正了国防建设与经济建设的关系。20 世纪 60 年代，周恩来在讲到“四化”各方面的相互关系时又进一步明确提出：“我们的四个现代化，要同时并进，相互促进，不能等工业现代化以后再来进行农业现代化、国防现代化和科学技术现代化。”

第三节　毛泽东领导国防现代化取得的成就与影响

从 1949 年 9 月到 1976 年 9 月的 27 年中，毛泽东领导了我国的国防现代化事业。他为我国国防现代化事业的起步奠定了必要的物质基础和思想理论基础，为我国的国防现代化开辟了道路，为寻求适合中国特点的国防现代化建设道路作出了可贵探索，积累了宝贵的经验。

（一）开创了我国国防现代化事业，为建立巩固的国防奠定了坚实的基础

中华人民共和国成立之初，摆在毛泽东面前的是一个百废待兴的烂摊子。当时，世界发达国家的军队已经跨入了核武器、喷气式飞机的时代，新生的中华人民共和国却连一架飞机、一艘战舰、一辆坦克和一台机动车都不能生产。按毛泽东在七届二中全会上所说，中国还有 90% 的经济形态停留在古代。正是在这样的国防建设的条件和背景下，毛泽东和老一辈无产阶级革命家一道，经历了 27 年的艰辛探索和努力，使我国国防现代化事业有了突破性的进展。中华人民共和国成立初期，在不到三年的时间内，我军在原有强大陆军的基础上，相继成立了海军、空军、防空军、公安军

以及炮兵、装甲兵、工程兵、铁道兵、通信兵、防化兵等军兵种领率机关和相应的部队，还组建了一百多所正规的军事院校，用来系统地培训各类各级干部。随后又及时组建了战略导弹部队。并在总结我军建军作战经验的基础上，制定了各种条令条例，实行了统一的规章制度。全军按照统一的编制，更换了新式武器装备，开展了严格正规的教育训练，全面提高了官兵素质，使我军以飞快的速度，由以步兵为主的单一兵种的军队，发展成为诸军兵种合成的军队，从而把我国的国防现代化建设推进到了一个新阶段。1954—1965 年，这一时期是我国国防现代化建设快速发展的时期。抗美援朝战争的胜利，为我国集中力量进行经济建设提供了有利环境，国家进入了全国经济建设时期，国防现代化也进入了和平时期的发展轨道。中央军委制定了积极防御的战略方针，采取精简常备军，节省军费开支，发展工业，实行三大制度改革，大办军队院校，加强军事研究，调整大军区，成立海军舰队，建设国家基本防御体系，爆炸了第一颗原子弹等，建立了初具中国特色的国防体系，某些军事工业和科技发展接近世界先进水平。1966—1976 年，尽管是国防现代化建设的低潮时期，但在这一期间，毛泽东、周恩来等主要领导人仍然警觉地注意维护我国的安全，顶住了霸权主义的压力，对国防尖端技术的发展始终抓得较紧，因而保证了我国氢弹试验和人造卫星发射回收的成功。

我国的国防现代化事业，正是在毛泽东的倡导和领导下，遵循富国强兵的原则，在抓国家经济建设的同时，认真地抓了国防现代化建设，才使我国国防得到了巩固和加强，进而使我军在 20 世纪 50 年代初，赢得了抗美援朝战争的胜利；在 50 年代中期，解放了除金门、马祖以外的沿海岛屿；在 60 年代初期，粉碎了台湾国民党军窜犯大陆的企图，在中印边境、中苏边境、中越边境以及海上和空中屡挫入侵之敌；并在平息叛乱、制止动乱和抢险救灾中完成了各种危难险重任务。正是在毛泽东创立的中华人民共和国巩固和强大国防的基础上，年轻的中国才能确保国家领土主权的完整和人民群众的安宁，维护了我国神圣不可侵犯的主权和国家社会秩序的稳定，告别了一百年来国家无防、任人欺凌的历史。

■ 1964年10月，我国第一颗原子弹爆炸成功。

（二）巩固了我国的国际地位，为维护世界和平发挥了重要作用

中华人民共和国成立后，我国国际地位的恢复、威望的提高，就是国防力量，特别是国防科研和国防工业获得了突飞猛进的发展的结果。在毛泽东国防现代化思想的指引下，1953年造出了新式步兵武器，1954年造出了螺旋桨式轻型飞机，1955年造出了汽车和火炮，1956年造出了喷气式飞机，1957年造出了轻型舰艇，1958年造出了火箭炮，1959年造出了坦克……到60年代中期，我国已能自己设计制造除航空母舰之外的全部国防装备，尤其是冲破了美苏两霸的封锁破坏，成功地研制出核弹和导弹，70年代初又成功地发射了人造地球卫星，标志着我国已掌握了运用导弹、核武器向全球任何地方实施反击的能力，使我国一跃成为世界军事强国之一，引起世人瞩目，也为我国如今成功发射载人航天飞船奠定了坚实的基础。

国防力量的不断发展壮大，使我国在国际上有着举足轻重的地位。随着我国经济实力和国防实力的不断增强，我国的国际地位不断提高，在反

对帝国主义和霸权主义、维护世界和平的斗争中，发挥出重要的作用。同时，国防现代化对于我国的政治外交、经济建设、科技发展等方面也发挥了重要作用，使国防现代化事业成为我国社会主义现代化建设的可靠保证，也为社会主义建设的方方面面发挥着重要作用。正如邓小平所说：“如果60年代以来中国没有原子弹、氢弹，没有发射卫星，中国就不能叫有重要影响的大国，就没有现在这样的国际地位。这些东西反映一个民族的能力，也是一个民族、一个国家兴旺发达的标志。”①

（三）进一步丰富了毛泽东军事思想，为新时期国防现代化建设奠定了思想和理论基础

一个国家实现现代化的过程，是一项极其复杂艰苦的社会整体系统的再造过程。作为其中重要组成部分的国防现代化，也只有在整个社会现代化的进程中才能完成，而这一完成又必须很好地把握历史传统与未来要求二者的结合。尤其是在中国这样一个历史悠久的国度，在革命战争造就的这样一支人民军队的基础之上，迫切需要注重继承和发展并重。在这方面，中华人民共和国成立后毛泽东在探索和实践我国的国防现代化事业中，逐渐形成的毛泽东国防现代化思想，是马克思主义原理同中国国防实践相结合的产物，是毛泽东军事思想在中华人民共和国成立后的重大发展，是毛泽东军事思想的重要组成部分。毛泽东国防现代化思想，主要在于毛泽东以辩证唯物主义观察、认识和对待军事问题的方法。不论时代如何变化，武器技术和战争样式如何发展，这些基本立场、观点和方法是长久适用的。一是要坚持毛泽东关于国防现代化建设的唯物论思想，从我国的具体实际出发，实事求是地安排国防现代化建设；二是要坚持毛泽东关于国防现代化建设的辩证思想，正确处理国防建设与国家建设的关系；三是要坚持毛

①《邓小平军事文集》第3卷，军事科学出版社、中央文献出版社2004年版，第294页。

泽东国防现代化建设的唯物史观，依靠人民办国防的方针；四是要坚持毛泽东关于国防现代化建设的开放性原则，正确处理借鉴国外经验与立足国内实际的关系。正是由于能够处理好坚持与发展的关系，在此后新时期的国防现代化建设中，在继承和发展了毛泽东国防现代化思想的同时，创造性地解决了新时期我国国防现代化建设中的一系列重大理论和实践问题，从而使毛泽东国防现代化思想在建设有中国特色的国防现代化的伟大实践中，更加具有重大的理论指导价值。

抚今追昔，毛泽东无愧为我国国防现代化事业的开拓者和奠基人。

第八章

毛泽东
与文化繁荣

文化囊括了人类创造的所有物质文明和精神文明，是民族的血脉，是人民的精神家园。中国共产党是一个具有高度文化自觉的马克思主义政党，在革命、建设、改革的各个历史时期，都高度重视文化建设，充分运用文化引领前进方向、凝聚奋斗力量、推动事业发展。

毛泽东是党内最重视文化的领导人之一。早在革命战争年代，他就明确指出了文化的重要作用，强调："文化是反映政治斗争和经济斗争的，但它同时又能指导政治斗争和经济斗争。文化是不可少的，任何社会没有文化就建设不起来。"[①] 在八卷本的《毛泽东文集》中，第一卷的开篇和第八卷的终篇都是有关文化的文章。"以'文化'始，以'文化'终，对于《毛泽东文集》的编选者来说，自是偶然之事。但作为革命家和政治家的毛泽东，在一生的探索中和文化课题结下不解之缘，却是事实。"[②]

1940 年 1 月，毛泽东在《新民主主义论》中，系统地论述了中国近代文化革命的进程和特点，提出了"建立中华民族的新文化"[③] 的历史任务。他指出："所谓新民主主义的文化，就是人民大众反帝反封建的文化；在今日，就是抗日统一战线的文化；这种文化，只能由无产阶级的文化思想即共产主义思想去领导，任何别的阶级的文化思想都是不能领导了的。所谓新民主主义的文化，一句话，就是无产阶级领导的人民大众的反帝反封

①《毛泽东文集》第 3 卷，人民出版社 1996 年版，第 109-110 页。
② 陈晋、王均伟：《毛泽东邓小平江泽民与中国先进文化》，广东教育出版社 2003 年版，第 28 页。
③《毛泽东选集》第 2 卷，人民出版社 1991 年第 2 版，第 663 页。

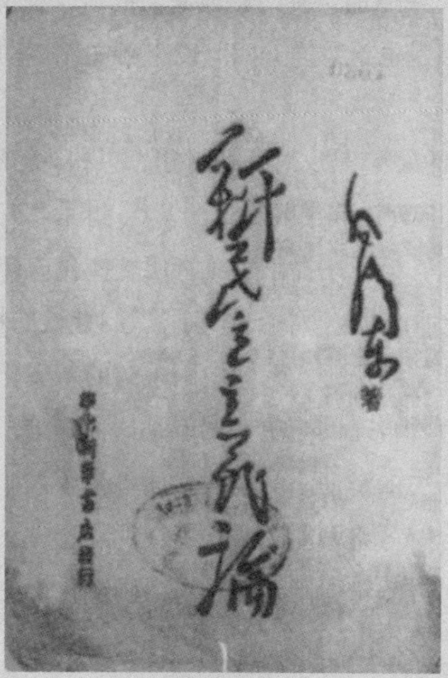

■ 1940年2月，毛泽东发表《新民主主义论》，提出了“建立中华民族的新文化”的历史任务。

建的文化。”[①] 这成为我国新民主主义文化建设的纲领。

毛泽东指出，新民主主义文化首先是民族的，“它是反对帝国主义压迫，主张中华民族的尊严和独立的。它是我们这个民族的，带有我们民族的特性”[②]。他同时指出，在世界革命的意义上来说，强调文化发展的民族特性并不是要建立一种狭隘的民族主义的封闭的文化，相反，中华民族新文化的建设应该是开放的，并且与世界其他民族的社会主义文化和新民主主义文化相联合，建立起相互吸收和相互发展的关系，共同形成世界的新文化，它是革命的民族文化。毛泽东提出了一个著名的原则：“一切外国的东西，如同我们对于食物一样，必须经过自己的口腔咀嚼和胃肠运动，送进唾液胃液肠液，把它分解为精华和糟粕两部分，然后排泄其糟粕，吸

①《毛泽东选集》第2卷，人民出版社1991年第2版，第698页。
②《毛泽东选集》第2卷，人民出版社1991年第2版，第706页。

收其精华，才能对我们的身体有益，决不能生吞活剥地毫无批判地吸收。"[①] 这既是对中国革命经验的历史总结，也是对"五四"以来新文化运动发展方向的正确把握。

其次，新民主主义文化是科学的，"它是反对一切封建思想和迷信思想，主张实事求是，主张客观真理，主张理论和实践一致的"[②]。继承"五四"以来所高扬的崇尚科学理性的精神，毛泽东提出了对待历史文化遗产的科学方法论原则。即在清理古代文化遗产时，要做到"剔除其封建性的糟粕，吸收其民主性的精华"，同时不能割断历史，因为中国现时的新文化是从古代的旧文化发展而来，因此要尊重自己的历史。"但是这种尊重，是给历史一定的科学的地位，是尊重历史的辩证法的发展，而不是颂古非今，不是赞扬任何封建的毒素。"[③] 运用马克思主义的立场、观点和方法，毛泽东成功地提出了继承文化传统的方法论原则，这是对中国文化历史运动的规律性总结。

最后，"这种新民主主义的文化是大众的，因而即是民主的。它应为全民族中百分之九十以上的工农劳苦民众服务，并逐渐成为他们的文化"[④]。新民主主义的文化建设必须考虑到中国广大民众的实际状况和要求，并为他们服务，这是毛泽东"实事求是"思想路线的又一生动体现。一方面文化建设要服务于革命的根本目的，另一方面文化建设又为革命奠定了思想与文化基础。

毛泽东所确立的新民主主义文化纲领，标志着马克思主义中国化历史进程完成了一个重要的理论环节，它在近代以来中国文化革命的历史线索中找到了中国文化发展的基本方向，为我国文化事业的发展奠定了理论基础。

①《毛泽东选集》第2卷，人民出版社1991年第2版，第707页。
②《毛泽东选集》第2卷，人民出版社1991年第2版，第707页。
③《毛泽东选集》第2卷，人民出版社1991年第2版，第708页。
④《毛泽东选集》第2卷，人民出版社1991年第2版，第708页。

第一节 毛泽东文化建设思想与实践的发展历程

建设一个文化繁荣的新中国，是毛泽东的梦想。他在《新民主主义论》中提出："不但要把一个政治上受压迫、经济上受剥削的中国，变为一个政治上自由和经济上繁荣的中国，而且要把一个被旧文化统治因而愚昧落后的中国，变为一个被新文化统治因而文明先进的中国。"[①] 中华人民共和国成立时，毛泽东又庄严宣告："中国人被人认为不文明的时代已经过去了，我们将以一个具有高度文化的民族出现于世界。"[②] 从此，一个四分五裂、积贫积弱的旧中国迎来了崭新的发展阶段，中国文化发展也开启了新的纪元。

中华人民共和国成立初期，中国共产党面临着严峻考验，国内百废待兴，国外有帝国主义的颠覆和渗透，文化领域的问题既反映国内的政治经济问题，也与国际上的风云变幻息息相通，呈现出十分复杂的状况。中国共产党坚定地将建设民族新文化、复兴中华文化作为自己矢志不渝的奋斗目标，在百废待举的情况下，进行了前所未有的大规模的文化建设。

（一）思想改造运动与文化建设指导思想的确立

中国革命的胜利，是马克思列宁主义基本原理同中国具体实际相结合的毛泽东思想的胜利，用马列主义、毛泽东思想教育人民，成为我国文化建设的必然要求。1949—1956 年，中国共产党在思想文化领域开展了一系列宣传和学习马克思主义、毛泽东思想，批判各种旧思想的运动，确立了马克思主义、毛泽东思想在意识形态领域的指导地位。

1950 年 6 月 6 日，毛泽东在中共七届三中全会上的书面报告和讲话中

①《毛泽东选集》第 2 卷，人民出版社 1991 年第 2 版，第 663 页。
②《毛泽东文集》第 5 卷，人民出版社 1996 年版，第 345 页。

提出，要“有步骤地、谨慎地进行旧有学校教育事业和旧有社会文化事业的改革工作，争取一切爱国的知识分子为人民服务”；[①] 对知识分子“要团结他们”；“要使用他们，同时对他们进行改造”。[②] 由此，确立了对知识分子“团结、教育、改造”的政策。这个政策是新民主主义革命时期就已形成的对知识分子的科学认识与正确政策的继续和发展。

毛泽东指出：“对知识分子，要办各种训练班，办军政大学、革命大学，要使用他们，同时对他们进行教育和改造。要让他们学社会发展史、历史唯物论等几门课程。就是那些唯心论者，我们也有办法使他们不反对我们。他们讲上帝造人，我们讲从猿到人。”[③] 中华人民共和国成立前后，各地军管会、各级人民政府十分重视这项工作，纷纷举办军政大学、革命大学和各种训练班、学习班。青年知识分子和旧知识分子接受了革命的政治教育，参加了新政权的各项工作。还为部队和地方，为新解放区输送了大批军政干部。1950 年约有 100 万人参加了各种培训学习。华北大部解放后，半年内在北平先后招收新学员 15000 多人，分批进行政治教育；北平市 1949 年夏天举办暑期学习班，组织中小学教职员 5800 多人学习；清华大学运用上大课的形式举办专题讲座，对在校学生和部分教职员进行政治教育。通过这些方式，对广大知识分子进行政治教育，把他们团结在党的周围，使他们的思想和工作适应新社会的要求。

1951 年 10 月，《毛泽东选集》第 1 卷出版发行，1952 年 3 月、1953 年 2 月,《毛泽东选集》第 2 卷和第 3 卷也相继出版。全国上下掀起了阅读“毛选”、学习毛泽东思想的热潮。通过读《毛泽东选集》学习新民主主义革命史和毛泽东哲学思想蔚然成风，大大提高了知识分子的思想觉悟和理论水平。为了配合马克思主义的学习运动，《人民日报》从 1949 年 10 月 9 日开始连载王学文的《政治经济学教程绪论》，《中国青年》从 1950 年 1

①《毛泽东文集》第 6 卷，人民出版社 1999 年版，第 71 页。
②《毛泽东文集》第 6 卷，人民出版社 1999 年版，第 74-75 页。
③《毛泽东文集》第 6 卷，人民出版社 1999 年版，第 74 页。

月第30期开始连载《中国社会发展史讲话》。政治理论学习在全社会，特别是在知识分子中形成了习惯，并逐步走上制度化轨道。

在建国初期确立马克思主义在意识形态领域指导地位的过程中，一场对知识分子的思想改造运动尤其发挥了重要的作用。1951年9月，北京大学校长马寅初带领北京大学12位知名教授发起了政治学习运动，并写信请毛泽东、刘少奇、周恩来、朱德等中央领导做学习报告。10月，毛泽东在政协一届三次会议的讲话中对此予以高度肯定。他说："在我国的文化教育战线和各种知识分子中，根据中央人民政府的方针，广泛地开展了一个自我教育和自我改造的运动，这同样是我国值得庆贺的新气象。在全国委员会第二次会议闭幕的时候，我曾提出了以批评和自我批评方法进行自我教育和自我改造的建议。现在，这个建议已经逐步地变为现实。思想改造，首先是各种知识分子的思想改造，是我国在各方面彻底实现民主改革和逐步实行工业化的重要条件之一。"[①] 这次会议决定，"广泛开展思想改造运动，有系统地组织对马克思列宁主义与中国革命实践相结合的毛泽东思想的学习运动"是全国知识分子的主要任务。从此，知识分子思想改造学习运动不再仅仅局限于京津高等学校，而发展成为一场全国性的运动。

1951年11月30日，中共中央发出《关于在学校中进行思想改造和组织清理工作的指示》，进一步提出了运动的目的和程序。1952年1月和3月，中央指示宣传文教部门、高等学校参加"三反"运动。5月，在总结北京部分高校组织清理工作经验的基础上，中央发出《关于在高等学校中进行批判资产阶级思想运动和准备进行清理中层工作的指示》，此后，各地各类学校普遍转入组织清理阶段，集中进行忠诚坦白、交清历史、检举揭发。全国高等学校教职员的91%、大学生的80%、中等学校教职员的75%参加了这一阶段的思想改造运动。这次思想改造运动，同土改、镇反、抗美援朝、增产节约等相配合，被称为建国初期的五大运动。

---

①《毛泽东文集》第6卷，人民出版社1999年版，第183–184页。

思想改造工作的主要内容，一是学习马克思列宁主义毛泽东思想，参加抗美援朝、土地改革、镇压反革命等政治实践；二是开展批评和自我批评，抛弃各种资产阶级思潮和封建、买办、法西斯思想；三是建立经常性的思想政治工作制度和机构，加强党对知识分子工作的领导。基本方法是：依靠党组织和群众，要求党团员模范带头，先党内团内，后党外团外。

知识分子的思想改造运动不是脱离社会孤立进行的。抗美援朝、土地改革、镇压反革命运动的胜利极大地激发了中国人民的政治热情，提高了中国共产党和马列主义毛泽东思想的威信。1951 年底，在党政机关公职人员中开展的“三反”“五反”斗争，给思想改造运动注入了新内容，在教师队伍中批判各种资产阶级思想，使思想改造进入新阶段。同时，中央要求在高等院校中建立经常的政治工作制度和政治工作机构，加强党对高等院校的领导，巩固和扩大马克思列宁主义阵地，保证高等教育工作顺利进行。1952年秋，全国已有90%的高校、70%的中专完成了思想改造学习任务，小学也广泛试点。原定 1954 年完成的各项思想工作计划，到 1953 年初基本完成。

从1951年到1955年5月，中共中央先后发动了对电影《武训传》的批判、对梁漱溟思想的批判、对俞平伯的《红楼梦》研究的批判、对胡适资产阶级唯心论的批判以及对胡风文艺思想的批判。这一系列的学术批判运动，提出了一些具有重大意义的问题，对这些问题的思考和争论，进一步推动了知识界学习马克思列宁主义和毛泽东思想的自觉性。但是，在具体进行过程中，有的地方或部门过分强调文艺为现实政治服务，把文化思想领域内的学术问题变成了政治问题，用政治压制学术。不少知识分子的学术观点被冠以“资产阶级唯心主义”的帽子，并被提到革命与反革命的高度而受到政治批判。这样做，不但不利于区分真理与谬误，而且不利于进行真正深入的学术思想批判，给清理和批判反动思想和错误思想造成了障碍。学术思想因此而得不到正常发展，甚至有时被扭曲或禁锢，造成知识分子的紧张心理，带来许多消极影响。

建国初期思想领域组织和开展的一系列学习和批判运动，尽管出现了一些简单粗暴的现象，使一些知识分子受到伤害，但从总的方面看，促进了广大知识分子的思想适应新社会的要求，牢固确立了马克思主义在意识形态领域的指导地位。1954 年 9 月 16 日，毛泽东在一届全国人大上宣布："领导我们事业的核心力量是中国共产党。指导我们思想的理论基础是马克思列宁主义。"①

（二）知识分子问题会议与党对知识分子政策的调整

知识分子是文化传承的载体，是文化建设的主导者。建国初期，在相当一段时间内，我们党在知识分子问题上是比较谨慎的。如何发挥知识分子的作用，推动社会主义文化建设，是毛泽东建国初期思考的一个重要问题。对于知识分子在社会主义事业建设中的作用，毛泽东给予了充分认可，他说："建设工业要有工程师，办学校要有教授，要团结他们，没有他们是不行的。"②

在生产资料私有制的社会主义改造基本完成后，根据毛泽东的提议，1956 年 1 月 14 日，中共中央在中南海怀仁堂召开了知识分子问题的会议。会议讨论了加强党对知识分子和整个科学、文化工作的领导问题。在广泛深入调查研究、全面考察知识分子现状的基础上，周恩来代表党中央作《关于知识分子问题的报告》，郑重宣布：我国的知识分子的面貌六年来已经发生了根本的变化，他们中间的绝大部分已经成为国家工作人员，已经为社会主义服务，已经是工人阶级的一部分。为充分发挥知识分子的作用，报告要求：要改善对他们的使用和安排；给他们以应得的信任和支持；给他们以必需的工作条件和适当的待遇。同时，还需要给他们以教育和改造，给他们以政治上和业务上的领导。

1 月 20 日，毛泽东做了讲话。他说："会议开得很好。听了各位同志

①《毛泽东文集》第 6 卷，人民出版社 1999 年版，第 350 页。
②《毛泽东文集》第 6 卷，人民出版社 1999 年版，第 359 页。

讲话，很高兴，可以看出同志们的水平很不低，很高，许多讲话是很好的。”他最后强调：“现在叫技术革命、文化革命，革愚蠢无知的命，没有他们是不行的，单靠我们老粗是不行的。这些话是聪明的话，要向广大干部讲清楚。现在打仗，飞机要飞到一万八千公尺的高空，超音速，不是过去骑着马了，没有高级知识分子是不行的。现在我们看出这件事，就可以开始主动，要有大批的高级知识分子。”[①] 他指出，我国在经济上还没有独立，科学上也没有独立，文化落后，要实现现代化科学技术革命，必须充分尊重知识和知识分子。

■ 1956 年 1 月 20 日，毛泽东在关于知识分子问题的会议上发表讲话。

这次会议，对知识分子的核心问题，即知识分子的阶级属性作出了明确判断，也对“最充分地动员和发挥知识分子力量”的政策作出了明确的指示，标志着党的知识分子政策的重大调整。它是党的知识分子政策的一个里程碑，大大调动了广大知识分子发展科学、繁荣文艺的积极性和创造

① 毛泽东：《在知识分子问题会议上的讲话》，1956 年 1 月 20 日。

性，对我国文化事业的发展产生了深远影响。

1962年的科学工作会议上，周恩来、陈毅再次肯定了1956年的正确估计，并强调了在社会主义建设中应发挥科学和科学家的作用，极大地鼓舞了广大知识分子。1964年，周恩来在全国人大会议上再次强调了科学文化和知识分子的重要作用，为知识分子各项待遇和条件的改善，做了许多工作。在党的领导下，由于有了正确的知识分子政策，建国初期我国科学教育文化事业取得了历史上从未有过的重大发展。

但也应看到，在对待知识分子问题上，也存在着种种“左”的错误倾向。第一，没有正确、充分地认识知识分子在社会生活中的地位和作用。知识分子是由掌握科学文化知识的脑力劳动者组成的阶层，脑力劳动是其从事社会劳动的主要形式，为社会生产精神产品和物质产品，是其谋生的工具。他们有独立的把感性知识上升到理性知识的思维能力，能独立地应用自己的思维能力去继承、发展和传递科学文化知识。这种个体独立思考的能力，需要在深入实践基础上进行长期的知识积累，需付出更艰苦的劳动。针对这些特点，我们对他们政治上要充分信任，工作上要用其所长，要重视改善其待遇和工作条件，使之更好地发挥作用。但在30年的文化建设中我们经常忽略了这一点。第二，没有正确、充分地估计中国的知识分子尤其是旧知识分子的特点。从旧社会过来的高、中级知识分子，是建国初期知识分子中最重要的组成部分。这部分人绝大部分在旧中国是处于受压迫地位，是反帝反封建统一战线中的生力军，是党在文化统一战线中的可靠朋友和依靠力量，如俞平伯、胡风等人皆是民主革命时期的进步分子。建国后，他们真诚地拥护共产党，迎接中华人民共和国的到来。他们努力学习马列主义毛泽东思想，积极参加革命工作，为我国建设做出了重要贡献。当然，作为旧知识分子，由于其生活在旧社会的时间较长，不可避免地带有旧社会的痕迹，思想上有许多与新社会不相适应的东西，因此，“团结、教育、改造”的政策是正确的。但我们在实际中却片面强调了“教育和改造”，忽略了“团结和依靠”，看不到他们强烈的改造愿望和爱国热忱，因而产生了不信任情绪，这种情绪的发展，最终导致“文化大革命”悲剧的产生。

这种倾向，从20世纪50年代后期开始，随着阶级斗争的逐步扩大，越来越偏离正确轨道，最终在“文化大革命”中发展到荒谬绝伦的地步。由于毛泽东对知识分子状况作了不切实际的分析估计，因而每次开展运动，首当其冲的就是知识分子，尤其是旧知识分子。他们本来应是文化建设的先锋，却被排斥在文化“发展”的外围，甚至被当成文化“革命”的对象，被当成“臭老九”。由于遭到不合理的排斥和打击，受到吹毛求疵、罗织罪名、无限上纲、剥夺民主权利的批判，使许多知识分子遭受压抑，蒙受冤屈，历经磨难。胡乔木在总结党在知识分子问题上的“左”的失误时指出：“应该承认，毛泽东同志对当代的作家、艺术家以及一般知识分子缺乏充分的理解和应有的信任，以至在长时间内对他们采取了不正确的态度和政策，错误地把他们看成资产阶级的一部分，后来甚至看成是‘黑线人物’和‘牛鬼蛇神’，这使林彪、江青反革命集团得以利用这种观点，对他们进行残酷的迫害。这个沉痛的教训我们必须永远牢记。”①

十一届三中全会之后，在知识分子问题上进行拨乱反正，中国知识分子才真正摆脱了“左”倾错误的束缚，迎来了科学的春天。正如《关于建国以来党的若干历史问题的决议》中指出的：“要坚决扫除长期存在的，而在‘文化大革命’期间登峰造极的那种轻视科学文化和歧视知识分子的完全错误的观念，努力提高教育科学文化在现代化建设中的地位和作用，明确肯定知识分子同工人、农民一样是社会主义事业的依靠力量，没有文化和知识分子是不可能建设社会主义的。”②

（三）“双百”方针的提出与文化建设的高潮

中华人民共和国成立初期，国内关于京剧的发展问题出现了争论，有的主张全部继承，有的认为是封建糟粕主张全部取消。党中央为加强戏曲

① 胡乔木：《中国为什么犯二十年的“左”的错误》，《中共党史研究》1992年第5期。
②《三中全会以来重要文献选编》（下），人民出版社1982年版，第842页。

研究工作，决定成立中国戏曲研究院。1951 年 4 月 3 日，以著名京剧表演艺术家梅兰芳为院长的中国戏曲研究院在北京成立，毛泽东应邀为其题词："百花齐放，推陈出新。" 这成为当时戏曲改革的方针，目的是使京剧和全国各种地方戏曲都繁荣起来。

也是在这一时期，著名历史学家郭沫若和范文澜对中国古代史分期问题存在不同看法。为此，1953 年中央责成中宣部组织一个中国历史问题研究委员会加以研究，当委员会向毛泽东请示历史研究工作的方针时，毛泽东说要"百家争鸣"。1955 年，中宣部部长陆定一向毛泽东请示关于中共党史编写问题的意见，毛泽东也回答要"百家争鸣"。1956 年 2 月，在毛泽东主持召开的一次会议上，陆定一汇报了当前学术界的情况，谈到在学术研究中存在着抬高某个学派、压制另一个学派的现象，毛泽东还是回答要"百家争鸣"。

"百花齐放，百家争鸣"被完整地确定为我们党在科学文化工作中的一条基本方针，并加以宣传和贯彻执行，是在 1956 年四五月间。1956 年 4 月 25 日，毛泽东在中共中央政治局扩大会议上做了著名的《论十大关系》的报告。4 月 28 日，毛泽东在政治局扩大会议上做讨论总结，提出了"艺术问题上的百花齐放，学术问题上的百家争鸣，我看应该成为我们的方针"[①]。5 月 2 日，毛泽东在最高国务会议第七次会议上正式提出，"双百"方针是党发展科学、繁荣文学艺术的指导方针。毛泽东说："现在春天来了嘛。一百种花都让它开放，不要只让几种花开放，还有几种花不让它开放，这就叫百花齐放。百家争鸣，是说春秋战国时代，二千年以前那个时候，有许多学派，诸子百家，大家自由争论。现在我们也需要这个。"[②]

毛泽东对"双百"方针作出全面、系统的阐述，是在 1957 年 2 月《关于正确处理人民内部矛盾的问题》的讲话和 3 月《在全国宣传工作会议上的讲话》。在这两篇讲话中，毛泽东对"双百"方针提出的背景和必要性，对"双

---

①《毛泽东文集》第 7 卷，人民出版社 1999 年版，第 54 页。

②《毛泽东文艺论集》，中央文献出版社 2002 年版，第 144-145 页。

1960年，毛泽东亲切会见著名作家老舍、著名京剧艺术家梅兰芳、著名剧作家田汉。

百”方针的性质、内涵和政策原则，作了深刻、具体的论述，并且针对部分人的不理解、疑虑，着重说明这个方针是一个基本性的、长期性的方针。

在《关于正确处理人民内部矛盾的问题》中，毛泽东指出：“百花齐放，百家争鸣，长期共存，互相监督，这几个口号是怎样提出来的呢？它是根据中国的具体情况提出来的，是在承认社会主义社会仍然存在着各种矛盾的基础上提出来的，是在国家需要迅速发展经济和文化的迫切要求上提出来的。百花齐放、百家争鸣的方针，是促进艺术发展和科学进步的方针，是促进我国的社会主义文化繁荣的方针。艺术上不同的形式和风格可以自由发展，科学上不同的学派可以自由争论。利用行政力量，强制推行一种风格、一种学派，禁止另一种风格、另一种学派，我们认为会有害于艺术和科学的发展。艺术和科学中的是非问题，应当通过艺术界、科学界的自由讨论去解决，通过艺术和科学的实践去解决，而不应当采取简单的方法去解决。为了判断正确的东西和错误的东西，常常需要有考验的时间。历史上新的正确的东西，在开始的时候常常得不到多数人承认，只能在斗争中曲折地发展。正确的东西，好的东西，人们一开始常常不承认它们是香花，反而把它们看作毒草。哥白尼关于太阳系的学说，达尔文的进化论，都曾经被看作是错误的东西，都曾经经历艰苦的斗争。我国历史上也有许多这样的事例。同旧社会比较起来，在社会主义社会中，新生事物的成长条件，和过去根本不同了，好得多了。但是压抑新生力量，压抑合理的意见，仍然是常有的事。不是由于有意压抑，只是由于鉴别不清，也会妨碍新生事物的成长。因此，对于科学上、艺术上的是非，应当保持慎重的态度，提倡自由讨论，不要轻率地作结论。我们认为，采取这种态度可以帮助科学和艺术得到比较顺利的发展。”[①] 他同时强调，“实行百花齐放、百家争鸣的方针，并不会削弱马克思主义在思想界的领导地位，相反地正是会加强它的这种地位。”[②]

1957 年 3 月，在中国共产党全国宣传工作会议上的讲话中，毛泽东指出：“我们的政权是人民民主政权，这对于为人民而写作是有利的环境。百花齐放、百家争鸣的方针，对于科学和艺术的发展给了新的保证。如果你写得对，就不用怕什么批评，就可以通过辩论，进一步阐明自己正确的意见。如果你写错了，那末，有批评就可以帮助你改正，这并没有什么不好。在我们的社会里，革命的战斗的批评和反批评，是揭露矛盾，解决矛盾，发展科学、艺术，做好各项工作的好方法。”[③] 毛泽东强调要允许批评和争论的自由，他指出：“领导我们的国家可以采用两种不同的办法，或者说两种不同的方针，这就是放和收。放，就是放手让大家讲意见，使人们敢于说话，敢于批评，敢于争论；不怕错误的议论，不怕有毒素的东西；发展各种意见之间的相互争论和相互批评，既容许批评的自由，也容许批评批评者的自由；对于错误的意见，不是压服，而是说服，以理服人。收，就是不许人家说不同的意见，不许人家发表错误的意见，发表了就‘一棍子打死’。这不是解决矛盾的办法，而是扩大矛盾的办法。两种方针，放还是收呢？二者必取其一。我们采取放的方针，因为这是有利于我们国家巩固和文化发展的方针。”[④] 毛泽东还进一步拓展“双百”方针的作用范围：

①《毛泽东文集》第 7 卷，人民出版社 1999 年版，第 229-230 页。
②《毛泽东文集》第 7 卷，人民出版社 1999 年版，第 232 页。
③《毛泽东文集》第 7 卷，人民出版社 1999 年版，第 278 页。
④《毛泽东文集》第 7 卷，人民出版社 1999 年版，第 278-279 页。

“百花齐放是一种发展艺术的方法，百家争鸣是一种发展科学的方法。百花齐放、百家争鸣这个方针不但是使科学和艺术发展的好方法，而且推而广之，也是我们进行一切工作的好方法。这个方法可以使我们少犯错误。”①

“双百”方针的提出，极大地激发了文艺工作者的创作热情，为文化界注入了一缕春风。1956年6月，文化部召开第一次全国戏曲剧目工作会议，决定实行剧目开放。全国各地挖掘出大量的传统剧目，不少剧目经过整理加工获得了新生。一大批传统剧目被发掘、整理和上演，仅北京市就先后开放了京剧传统剧目20余出，同时收到老艺人献出和收集的京剧剧目1000多个本子、1060余出戏。诸多著名作家如周作人、沈从文等，在沉寂了很长时间后，开始积极写作。王蒙的《组织部新来的年轻人》、梁斌的《红旗谱》、吴强的《红日》、曲波的《林海雪原》、艾芜的《百炼成钢》、杨沫的《青春之歌》和周而复的《上海的早晨》等一大批优秀的文学作品相继问世。1956年秋天的北京，还自中华人民共和国成立后第一次上演了莎翁著名悲剧《罗密欧与朱丽叶》。首都文艺界还开展了纪念莫扎特诞生200周年、荷兰画家伦勃朗诞辰350周年、爱尔兰作家萧伯纳诞生100周年和挪威剧作家易卜生逝世50周年等一系列纪念活动，这都是中华人民共和国成立后所少见的。

为了贯彻“双百”方针，《人民日报》还改四版为八版，以接纳党外的声音。时任中国作协党组书记的邵荃麟等积极主张文学期刊应当“多样化”，不赞成清一色“机关刊物”的倾向。1957年举办的比较重要的全国性学术会议有50多次，特别是中国科学院和高教部共同主持的遗传学座谈会打破了长期以来遗传学界米丘林学派“一家独鸣”的局面。此外，教育界关于尊师重道的讨论，哲学界关于真理的阶级性、真理的标准的讨论等，都体现了“百家争鸣”的精神。由此，形成了我国文化艺术事业发展的第一个高潮。

---

①《毛泽东文集》第7卷，人民出版社1999年版，第279页。

（四）我国文化事业的曲折发展

1956 年中共八大前后，中国共产党探索文化发展道路开局良好，成效显著。但随后在 1957 年的“反右派”斗争中，“左”的指导思想和错误逐渐发展，大批有才华的文艺工作者被错划成“右派分子”，一大批优秀作品受到批判。在“大跃进”期间，出现文化“大跃进”局面。由于忽视客观规律，片面强调主观能动作用，提出要像生产 1070 万吨钢那样，在文学、电影、戏剧、音乐、美术、理论研究等方面都要争取“大跃进”，群众文化活动要做到人人能读书、人人能写诗、人人看电影、人人能唱歌、人人能画画、人人能舞蹈、人人能表演、人人能创作，还要求文化创作要行行放卫星、处处放卫星、层层放卫星，像搞政治运动一样发动文艺“大跃进”，严重违背了艺术创作的规律。

1958 年 11 月，开始纠“左”之后，文化工作呈现复苏态势。20 世纪 60 年代初期，在调整方针指导下，文化工作呈现良好发展势头。音乐创作中涌现出《我们走在大路上》《我为祖国献石油》《唱支山歌给党听》《马儿啊，你慢些走》等一大批优秀歌曲。电影音乐取得令世人瞩目的进展，《刘三姐》《英雄儿女》《冰山上的来客》等影片中的音乐家喻户晓。革命历史题材的大型作品《长征组歌——红军不怕远征难》和史诗《东方红》应运而生，成为具有划时代意义的佳作。歌剧代表着音乐文化的最高水平，也折射出文化底蕴的厚重程度。中国歌剧曾经拥有一批影响深远的作品，唱腔家喻户晓，剧情耳熟能详，强烈吸引了几代观众。如《洪湖赤卫队》《刘三姐》《红珊瑚》等对歌剧艺术进行了成功探索，形成第一次歌剧高潮，其中《江姐》一剧堪称中国歌剧艺术史上的经典。

但这个调整时期比较短暂。在八届十中全会上，毛泽东提出无产阶级同资产阶级的矛盾仍然是我国社会的主要矛盾的观点，进一步断言在整个社会主义历史阶段资产阶级都将存在和企图复辟，并成为党内产生修正主义的根源。在这次会议上，因康生的诬陷，毛泽东错误地批判了小说《刘志丹》，说“利用小说反党，是一大发明”。1963 年和 1964 年，毛泽东

■ 1964年10月，毛泽东、刘少奇、周恩来、朱德一起接见大型音乐舞蹈史诗《东方红》的演员们。

先后作出批示，对文学艺术界存在的问题提出了尖锐的批评。两个批示以后，文艺界兴起大批判的浪潮。在一些媒体上，对《李慧娘》《谢瑶环》等戏曲，对《北国江南》《早春二月》等电影，对许多文艺理论观点公开进行政治批判，并很快波及哲学、经济学、历史学等领域。八届十中全会之后，意识形态领域阶级斗争扩大化主要表现为将文化艺术领域中存在的问题，直接与阶级斗争和修正主义联系起来，致使大批判不断升级，特别是对新编历史剧《海瑞罢官》的批判，更具有政治斗争的性质，成为“文化大革命”的先导，在我国文化发展史上留下了极为深刻的教训。

“文化大革命”十年间，文化领域首当其冲成了重灾区。文化指导思想严重偏离了正确方向，“左”的指导思想占据文化领域的主导地位，文化事业遭到严重破坏。1966年4月的《部队文艺工作座谈会纪要》提出所谓“文艺黑线专政论”，声称建国以来文艺界“被一条与毛主席思想相对立的反党反社会主义的黑线专了我们的政”，由此全面否定了建国17年社会主义文艺事业的成就和20世纪30年代以来革命文艺的传统。宣称要坚持“无产阶级专政下的继续革命”，文艺界遭到前所未有的浩劫。大批文艺界著名代表人物和艺术家被划入“文艺黑线”的圈子，成了反面人物，受到各种批判，有的甚至被迫害致死。1969年“斗、批、改”后，主管全国文化工作的国务院文化部所属单位、文联、各种艺术家协会及其工作人员，全部被下放到干校劳动改造，接受再教育。在艺术创作中，宣扬唯心主义史观和教条主义，排斥和否定文学艺术内容的多样性，提出了所谓的“三突出”原则，严重地违背了艺术创作规律和“双百”方针。丰富多彩的中国传统剧种、剧目和文艺形式，大多被打成“毒草”，勒令停止演出，唯有几个“革命样板戏”“一花独秀”，“八亿人民八台戏”成了当时文艺领域的真实写照。在电影方面，除了极少数革命题材的电影被保留外，“文化大革命”前拍摄的电影基本被否定。在美术方面，国画的传统内容受到横加指责与批判，并收集所谓迎合西方资产阶级和修正主义的“黑画”进行展览批判。在出版方面，除了马恩列斯毛的著作外，几乎所有的中国和外国经典文学艺术作品、历史哲学法律等人文和社会学科的书籍都被作为“封、资、修”的东西打入冷宫，禁止出版发行和阅读。背诵领袖的语录、诗词，学唱样板戏成了群众性文化活动的主要内容和主要形式，使群众文化活动发展成为群众性的政治运动。公共图书馆、博物馆几乎停业闭馆，公共文化设施被挪作他用，大批珍贵文化遗产、图书典籍被当作“四旧”和文化糟粕遭到扫荡和摧毁。对外文化工作遭到严重破坏，机构被撤销，干部队伍被解散，外国优秀文化的借鉴作用被全盘否定，与外国签订文化协定和年度交流执行计划也全部中断。在这10年中，文化专制主义肆虐盛行，思想禁锢成为束缚人们思想的精神牢笼。文化百花园一片凋零，遭到史无前例的浩劫。

“九一三”事件后，周恩来主持中央日常工作，公共文化事业逐渐恢复，但总体上仍未达到“文化大革命”前的水平。1975年7月初，毛泽东同中共中央副主席、国务院副总理邓小平谈话时，对文艺领域的状况表示不满，再次强调要“百花齐放”。他指出：“样板戏太少，而且稍微有点差错就挨批。百花齐放都没有了。别人不能提意见，不好。怕写文章，怕写戏。没有小说，没有诗歌。”[①]7月14日，毛泽东又在一次谈话中指出：

①《毛泽东文艺论集》，中央文献出版社2002年版，第231页。

“党的文艺政策应该调整一下，一年、两年、三年，逐步逐步扩大文艺节目。缺少诗歌，缺少小说，缺少散文，缺少文艺评论。对于作家，要惩前毖后、治病救人，如果不是暗藏的有严重反革命行为的反革命分子，就要帮助。”①

这时候，电影《创业》引起了文艺领域的一场风波。1974年，长春电影制片厂拍摄了一部以20世纪60年代初开发建设大庆油田为背景，展现工人艰苦创业精神为主题的故事影片《创业》。这部电影1975年春节在全国上映后，深受观众好评。但是江青却对这部电影横加指责，要求停止上映并组织批判。文化部在江青的压力下作出检查，指责《创业》“在政治上、艺术上都有严重错误”并罗列10条意见，同时向全国各省、市、自治区发出通知：对《创业》不再印制拷贝；报纸上不发表评论文章；电视广播停止播放。《创业》的编剧张天民没有屈服，他写信给毛泽东，说明了《创业》的创作过程，对江青等的无限上纲的批判表达了不同的意见，建议重新上映该片。7月25日，毛泽东对张天民的来信作出批示：“此片无大错，建议通过发行。不要求全责备。而且罪名有十条之多，太过分了，不利调整党的文艺政策。”②毛泽东的批示最终使得电影《创业》的风波得以顺利解决，令广大文艺工作者深受鼓舞。

在此前后，毛泽东还对文艺界人士的几封来信做了批示。7月20日，毛泽东对张春桥转报的谢革光希望《诗刊》复刊给红旗杂志社的信批示：“同意。”7月25日，电影《海霞》主创人员谢铁骊、钱江给毛泽东来信，反映文化部为批判《海霞》，决定按修改前的片子上映，新改的镜头一律不用。7月29日，毛泽东批示：“印发政治局各同志。”中央政治局根据毛泽东的这个批示，决定按修改过的片子上映。10月3日，毛泽东对冼星海夫人钱韵玲希望演出、广播、出版《黄河大合唱》及其他作品以纪念冼星海逝

①《毛泽东文集》第8卷，人民出版社1999年版，第443页。
②《毛泽东文集》第8卷，人民出版社1999年版，第444页。

世 40 周年的来信批示："印发在京中央各同志。"10 月 25 日，首都音乐界在北京举办了聂耳、冼星海音乐会。11 月 1 日，毛泽东对周海婴要求编辑出版鲁迅书信集等的来信批示："我赞成周海婴同志的意见。请将周信印发政治局，并讨论一次，作出决定，立即实行。"11 月 2 日，毛泽东对姚雪垠表示下决心将《李自成》五卷写完并希望将第二卷的出版问题批交中央主管部门解决的来信批示："印发政治局各同志，我同意他写《李自成》二卷、三卷至五卷。"

毛泽东的这一系列批示，为突破"文化大革命"时期文艺领域万马齐喑的局面带来了契机。按照毛泽东的指示，邓小平迅速领导展开了对文艺工作的整顿，使《创业》《海霞》等电影得以开禁，鲁迅书信、著作得以编辑出版，姚雪垠能够安心写《李自成》，冼星海、聂耳的歌曲重新被传唱，《长征组歌》重上舞台等。这是文化领域纠正"左"的错误的尝试和探索，成为"文化大革命"后实现文化领域拨乱反正和重新树立马克思主义文化思想的先导。

第二节　毛泽东文化建设思想的科学内涵

毛泽东在领导中国人民取得社会主义革命胜利的基础上，开创并领导了社会主义文化建设的新局面。他把马克思主义理论与中国社会实际相结合，提出了一系列关于社会主义文化建设的光辉思想，为社会主义文化建设做出了卓越的理论贡献，至今仍然具有重要的指导和借鉴意义。

（一）"任何社会没有文化就建设不起来"

毛泽东一生致力于改造中国社会。为达到这一目的，他特别重视中华民族新文化的构建。无论在理论上还是在实践中，他都将文化置于十分重要的地位。早在新民主主义革命时期，他就在革命斗争的实践中，精辟地分析了政治、经济与文化的关系，形成了与当时政治、经济相一致的新民主主义文化观，概括性地提出了新民主主义文化纲领，为我国社会主义文化建设思想的形成奠定了基础。毛泽东明确指出："一定的文化（当作观念形态的文化）是一定社会的政治和经济的反映，又给予伟大影响和作用于一定社会的政治和经济；而经济是基础，政治则是经济的集中的表现。这是我们对于文化和政治、经济的关系及政治和经济的关系的基本观点。"①"文化是反映政治斗争和经济斗争的，但它同时又能指导政治斗争和经济斗争。文化是不可少的，任何社会没有文化就建设不起来。"②

中华人民共和国成立后，党在领导人民恢复国民经济、完成土地改革、成功地保卫了新生的人民共和国的安全后，不失时机地提出为建设伟大的社会主义国家而奋斗的总任务。到1956年，随着"三大改造"的基本完成，中国社会顺利实现了从新民主主义社会向社会主义社会的转变，无产阶级领导的人民大众的反帝反封建的新民主主义文化建设，也随之转变为社会主义文化建设。毛泽东认为，社会主义建设，除了经济建设的任务外，"还必须在政治战线和思想战线上，进行经常的、艰苦的社会主义革命斗争和社会主义教育"③。

为此，毛泽东重提学习的问题，号召要更多地懂得马列主义，而且一定要与我国的实际结合；号召要更多地懂得自然科学，学习科学技术。并先后出台了"百花齐放、百家争鸣"和"古为今用、洋为中用"的方针和政策。在这些科学方针政策的指引下，人们的思想极大地解放，理论界、学术界、文化界的空气活跃，形成了生动活泼的局面，教育、科学、艺术全面发展，全面进步，社会主义文化呈现出空前繁荣的景象。中国共产党

①《毛泽东选集》第2卷，人民出版社1991年第2版，第663-664页。
②《毛泽东文集》第3卷，人民出版社1996年版，第109-110页。
③《毛泽东文集》第7卷，人民出版社1999年版，第268页。

科学地确定了知识分子是工人阶级一部分的属性，提出要使中国科技赶上世界水平，就必须充分发挥知识分子的特殊作用。蓬勃发展的社会主义文化建设，有力地促进了中国社会生产力和综合国力的提高，极大地改变了旧中国遗留下来的一穷二白的面貌。

（二）文化建设必须坚持马克思主义的指导地位

马克思恩格斯说：“统治阶级的思想在每一时代都是占统治地位的思想。这就是说，一个阶级是社会上占统治地位的物质力量，同时也是社会上占统治地位的精神力量。”[①] 任何一种文化形态都以其特定的指导思想为核心，而思想则决定着文化的性质和方向。

毛泽东指出，必须以马克思主义作为社会主义文化建设的根本指导思想，这是他作为社会主义文化开创者最为关心的问题。在《新民主主义论》中，毛泽东明确指出了必须坚持马克思主义在新民主主义文化建设中的指导地位：“在‘五四’以后，中国产生了完全崭新的文化生力军，这就是中国共产党人所领导的共产主义的文化思想，即共产主义的宇宙观和社会革命论。”[②]“所谓新民主主义的文化，就是人民大众反帝反封建的文化；在今日，就是抗日统一战线的文化。这种文化，只能由无产阶级的文化思想即共产主义思想去领导，任何别的阶级的文化思想都是不能领导了的。所谓新民主主义的文化，一句话，就是无产阶级领导的人民大众的反帝反封建的文化。”[③]

同样，社会主义国家的领导阶级也是无产阶级，因而服务于这一政治的社会主义文化也必然是无产阶级的，它必然要以马克思主义作为指导思想。1957 年 2 月，毛泽东在《关于正确处理人民内部矛盾的问题》中指出：

---

①《马克思恩格斯选集》第 1 卷，人民出版社 1995 年版，第 98 页。
②《毛泽东选集》第 2 卷，人民出版社 1991 年第 2 版，第 697 页。
③《毛泽东选集》第 2 卷，人民出版社 1991 年第 2 版，第 698 页。

“不论是知识分子，还是青年学生，都应该努力学习。除了学习专业之外，在思想上要有所进步，政治上也要有所进步，这就需要学习马克思主义，学习时事政治。没有正确的政治观点，就等于没有灵魂。”[①]1964年6月，毛泽东在《培养无产阶级的革命接班人》中谈道：“要教育干部懂得一些马列主义，懂得多一些更好。”[②]

此外，毛泽东认为掌握基本原理是必要的，但必须“与时并进”地发展马克思主义。1959年12月，毛泽东在《读苏联〈政治经济学教科书〉的谈话》中说：“马克思这些老祖宗的书，必须读，他们的基本原理必须遵守，这是第一。但是，任何国家的共产党，任何国家的思想界，都要创造新的理论，写出新的著作，产生自己的理论家，来为当前的政治服务，单靠老祖宗是不行的。”“现在，我们已经进入社会主义时代，出现了一系列的新问题，如果单有《实践论》、《矛盾论》，不适应新的需要，写出新的著作，形成新的理论，也是不行的。”[③]

可见，坚持马克思主义对文化建设的指导地位，并在承继的基础上进行理论创新，是毛泽东一以贯之的主张。假如离开了马克思主义的指导，文化建设就会偏离社会主义方向，不但社会主义的经济制度和政治制度得不到保障，而且文化的多样性发展也会失去灵魂和方向。

（三）文化建设要坚持“百花齐放、百家争鸣”和“古为今用、洋为中用”的方针

毛泽东提出了社会主义文化建设的基本方针，这是他关于社会主义文化建设最为突出的理论贡献，这主要包括“百花齐放、百家争鸣”和“古为今用、洋为中用”两大方针。

---

①《毛泽东文集》第7卷，人民出版社1999年版，第226页。
②《建国以来重要文献选编》第18册，中央文献出版社1998年版，第569页。
③《毛泽东文集》第8卷，人民出版社1999年版，第109页。

1956 年，毛泽东提出了“百花齐放、百家争鸣”这一富有民族风格的口号，并把它确定为党指导科学文化工作的基本方针。这是毛泽东在我国进入社会主义时期，依据当时需要迅速发展经济和文化的迫切要求，根据文化自身发展的规律所提出的科学的文化发展方针。

毛泽东在这个时候提出这一方针，既是对当时国际共产主义运动特别是苏联文化建设正反两方面经验教训的系统总结和借鉴，又是根据当时我国社会主义社会的政治、经济、文化的实际提出来的。由于社会主义初级阶段不可避免地存在着非社会主义、非马克思主义的文化因素，因而如何正确对待这些文化因素，就成为发展和繁荣社会主义文化的一个重要问题。尤其是当时被打成反革命集团的政治事件在文化界引起了巨大震动，许多人感受到了前所未有的心理压力。在这种情形下，就有一个化解知识分子紧张情绪、调动他们的积极性、发挥他们的聪明才智、使他们更好地为社会主义服务的问题。“双百”方针对解决这个问题起到了积极作用。

“双百”方针提出后，国内外、党内外对此也有种种疑虑。为此，仅 1957 年上半年，毛泽东除了在北京和外地先后十余次解释这一方针外，还在最高国务会议第 11 次扩大会议和中国共产党全国宣传工作会议上对此做了专门的解释，可见毛泽东对这一方针的重视。毛泽东认为，采用这一方针，符合包括马克思主义在内的真理的发展规律，也有利于对一定要反映出来的各种错误思想的批判；“实行百花齐放、百家争鸣的方针，并不会削弱马克思主义在思想界的领导地位，相反地正是会加强它的这种地位。”①

毛泽东提出“双百”方针，表明了我们党真诚地希望在科学技术和文化领域实行民主，调动广大科技工作者和文化艺术工作者建设伟大的社会主义强国的积极性，繁荣科学文化。“双百”方针的出台对我国社会主义时期的文化建设提出了新要求，即从依靠行政命令，以政治批判方式来解

①《毛泽东文集》第 7 卷，人民出版社 1999 年版，第 232 页。

决文化学术分歧，转向提倡自由讨论和自由竞赛来推动科学和艺术的发展。其实质就是承认社会主义文化不是一花一家的单一形式，而是多样性的文化生态格局。在这种格局中，各种文化互相碰撞、共同学习，推动文化的发展和繁荣。对于科学上、艺术上的是非，应当保持谨慎的态度，提倡自由讨论，不要轻率地作结论。这一方针所蕴含的对学术与政治关系的正确处理，对文化的发展有重要意义。

如何正确处理文化建设中的“古今”关系和“中外”关系，是自鸦片战争之后中国先进文化建设所面临的关键问题。对于古今中外优秀文化，毛泽东一直持开放接受的态度，一贯重视继承民族优秀文化和借鉴外国进步文化。关于这一问题，毛泽东有着长期的思考和探索，发表过许多明确的论述，并最终将其思想概括为“古为今用、洋为中用”[①]。

鸦片战争后，中国的先进分子在不间断的“上下求索”中总结出处理中西方文化关系的不同模式，如“中体西用”论、“全盘西化”论、“儒学复兴”论等，然而这些模式无一不在挽救中国危亡的现实面前遭到失败。而毛泽东在对待古今中外文化的关系上，一直有着一种明确的目的，就是着眼于“今用”和“出新”。在青年时期，毛泽东就认为，对于中国历史，要“观往迹，制今宜”；对于西洋历史，要“取于外，资于内”。1938年，毛泽东在《中国共产党在民族战争中的地位》中指出：“学习我们的历史遗产，用马克思主义的方法给以批判的总结，是我们学习的另一任务。我们这个民族有数千年的历史，有它的特点，有它的许多珍贵品。对于这些，我们还是小学生。今天的中国是历史的中国的一个发展；我们是马克思主义的历史主义者，我们不应当割断历史。从孔夫子到孙中山，我们应当给以总结，承继这一份珍贵的遗产。这对于指导当前的伟大的运动，是有重要的帮助的。”[②]1945年，毛泽东在《论联合政府》中指出：“对于外国文化，排外主义的方针是错误的，应当尽量吸收进步的外国文化，

①《毛泽东文艺论集》，中央文献出版社2002年版，第227页。
②《毛泽东选集》第2卷，人民出版社1991年版，第533-534页。

以为发展中国新文化的借鉴；盲目搬用的方针也是错误的，应当以中国人民的实际需要为基础，批判地吸收外国文化。苏联所创造的新文化，应当成为我们建设人民文化的范例。对于中国古代文化，同样，既不是一概排斥，也不是盲目搬用，而是批判地接收它，以利于推进中国的新文化。”[①]

中华人民共和国成立后，毛泽东关于广泛吸收古今中外优秀文化对于建立社会主义新文化重要性的认识继续深入。1953 年 2 月，在全国政协一届四次会议闭幕会上的讲话中，毛泽东指出：“我们这个民族，从来就是接受外国的先进经验和优秀文化的。在封建时代，唐朝兴盛的时候，我国曾经和印度发生密切的关系。我们的唐三藏法师，万里长征去取经，比较后代学外国困难得多。有人证明，我们现在用的乐器大部分是西域来的，就是从新疆以西的地区来的。我们这个民族，从来不拒绝接受别的民族的优良传统。在帝国主义压迫我们的时候，特别是中日战争我国失败到辛亥革命那一段时间，就是说从一八九四年到一九一一年那一段时间，全国学习西方资本主义的文化，学习资产阶级的民主主义，学习他们的科学，有一个很大的高潮。那时，我们的先辈（在座的也有）很热诚地参加学习西方的活动，许多留学生到日本、到西洋去。那一次学习，对我们国家的进步是有很大的帮助的，特别是在自然科学方面，现在还给我们留下了很大一批自然科学工作者，一批宝贵的遗产。”[②]此后，毛泽东向全党郑重提出“向外国学习”的口号：“一切民族、一切国家的长处都要学。政治、经济、科学、技术、文学、艺术的一切真正好的东西都要学。但是，必须有分析有批判地学，不能盲目地学，不能一切照抄，机械搬用。他们的短处、缺点，当然不要学。”[③]1956 年 8 月 24 日，毛泽东在同音乐工作者的谈话时，对“中学”“西学”中“学”的内容又发表了独特的重要的见解。他认为：“‘学’是指基本理论，这是中外一致的，不应该分中西。”这是毛泽东

①《毛泽东选集》第 3 卷，人民出版社 1991 年第 2 版，第 1083 页。
②《毛泽东文集》第 6 卷，人民出版社 1999 年版，第 264 页。
③《毛泽东文集》第 7 卷，人民出版社 1999 年版，第 41 页。

运用马克思主义基本观点对中西文化关系进行的正确解释。根据这一解释，所谓“学”，涵盖了“实现社会主义革命的基本原则”“艺术的基本原理”、“音乐的基本原理”、外国的“科学的原理”“自然科学、社会科学的一般道理”等。

在这一系列探索中国社会主义文化建设的过程中，毛泽东从唯物主义历史观和无产阶级事业的现实需要出发，科学地探讨了中国新文化与中国历史文化遗产以及与世界其他民族进步文化的关系问题，鲜明地提出了“古为今用、洋为中用”[①]的方针。

必须指出的是，在毛泽东看来，学习古代文化和外国文化，必须是有批判、有分析的，要重在吸收。毛泽东一贯强调要发展有中国特色的新文化。他先后指出：“洋八股必须废止，空洞抽象的调头必须少唱，教条主义必须休息，而代之以新鲜活泼的、为中国老百姓所喜闻乐见的中国作风和中国气派。把国际主义的内容和民族形式分离开来，是一点也不懂国际主义的人们的做法，我们则要把二者紧密地结合起来。”[②]“中国文化应有自己的形式，这就是民族形式”[③]“中国的和外国的要有机地结合，而不是套用外国的东西。学外国织帽子的方法，要织中国的帽子。外国有用的东西，都要学到，用来改进和发扬中国的东西，创造中国独特的新东西。搬要搬一些，但要以自己的东西为主。”[④]“向古人学习是为了现在的活人，向外国人学习是为了今天的中国人。”[⑤]“在文化方面，各国人民应该根据本民族的特点，对人类有所贡献。各国文化有共同点，但也有差别。”[⑥]由此可见，在如何对待古今中外文化关系的问题上，毛泽东是立足于“今”和“用”的基础上的，即以是否符合中国的实际需要和是否有利于发展中

①《毛泽东书信选集》，人民出版社 1983 年版，第 598 页。
②《毛泽东选集》第 2 卷，人民出版社 1991 年第 2 版，第 534 页。
③《毛泽东选集》第 2 卷，人民出版社 1991 年第 2 版，第 707 页。
④《毛泽东文集》第 7 卷，人民出版社 1999 年版，第 82 页。
⑤《毛泽东文集》第 7 卷，人民出版社 1999 年版，第 82-83 页。
⑥《毛泽东文集》第 8 卷，人民出版社 1999 年版，第 226 页。

华民族新文化的标准来决定取舍的，这是毛泽东文化思想的一个重要原则。其中心思想，是强调把“古今中外”有机地结合起来，创造出具有中国特色的社会主义文化。

因此，在如何对待古今中外文化关系的问题上，毛泽东坚决反击了那种对中国传统文化采取全盘否定的民族虚无主义观点和对西方文化采取全盘肯定的“全盘西化”论。他从发展民族新文化、提高民族自信心的角度对中国古代文化进行辩证的肯定，认为：“中国的长期封建社会中，创造了灿烂的古代文化。清理古代文化的发展过程，剔除其封建性的糟粕，吸收其民主性的精华，是发展民族新文化提高民族自信心的必要条件。”[①]“所谓‘全盘西化’的主张，乃是一种错误的观点。形式主义地吸收外国的东西，在中国过去是吃过大亏的。”[②]要“重视民族的东西，不要全盘西化。应该学习外国的长处，来整理中国的，创造出中国自己的、有独特的民族风格的东西”[③]。“全盘西化，有人提倡过，但是行不通。”[④]这些论述都是在总结中国革命的经验中得出的，是指导中国先进文化建设的正确理论。在20世纪八九十年代出现的“文化热”中，“当代新儒学”“新保守主义”“当代政治自由主义”“民族主义”等形形色色的非马克思主义文化思潮都从各自的文化立场出发，对中国当代文化建设的“古今中外”问题发表主张和见解，但这些主张和见解却在中国加快现代化建设的大潮中重又暴露出其片面性和弊端来。实践证明，毛泽东提出的“古为今用、洋为中用”的方针才是我们在中国先进文化建设中所要坚持的基本方针。

（四）“我们的文化是人民的文化”

为人民服务是中国共产党的宗旨，毛泽东确立了社会主义文化建设为

①《毛泽东选集》第2卷，人民出版社1991年第2版，第707–708页。
②《毛泽东选集》第2卷，人民出版社1991年第2版，第707页。
③《毛泽东文集》第7卷，人民出版社1999年版，第83页。
④《毛泽东文集》第7卷，人民出版社1999年版，第77页。

人民大众服务的发展方向。1940 年 1 月，毛泽东在《新民主主义论》中强调："这种新民主主义的文化是大众的，因而即是民主的。它应为全民族中百分之九十以上的工农劳苦民众服务，并逐渐成为他们的文化。"[①]1942 年 5 月，毛泽东在《在延安文艺座谈会上的讲话》中更明确指出："为什么人的问题，是一个根本的问题，原则的问题。"[②]1944 年 10 月，他在《文化工作中的统一战线》讲话中更进一步强调："我们的文化是人民的文化，文化工作者必须有为人民服务的高度的热忱，必须联系群众，而不要脱离群众。"[③]

关于如何实现文化为人民服务的目标，毛泽东也给出了答案——文化要真正实现为人民大众服务，就必须实现文化大众化。毛泽东指出："有些天天喊大众化的人，连三句老百姓的话都讲不来，可见他就没有下过决心跟老百姓学，实在他的意思仍是小众化。"[④]"许多文艺工作者由于自己脱离群众、生活空虚，当然也就不熟悉人民的语言，因此他们的作品不但显得语言无味，而且里面常常夹着一些生造出来的和人民的语言相对立

■ 1942 年 5 月，毛泽东同参加延安文艺座谈会的代表合影。

①《毛泽东选集》第 2 卷，人民出版社 1991 年第 2 版，第 708 页。
②《毛泽东选集》第 3 卷，人民出版社 1991 年第 2 版，第 857 页。
③《毛泽东选集》第 3 卷，人民出版社 1991 年第 2 版，第 1012 页。
④《毛泽东选集》第 3 卷，人民出版社 1991 年第 2 版，第 841 页。

的不三不四的词句。许多同志爱说'大众化'，但是什么叫做大众化呢？就是我们的文艺工作者的思想感情和工农兵大众的思想感情打成一片。而要打成一片，就应当认真学习群众的语言。如果连群众的语言都有许多不懂，还讲什么文艺创造呢？"[①]因此，毛泽东号召文艺工作者"去参加工农兵群众的实际斗争，去表现工农兵群众，去教育工农兵群众"[②]。

中华人民共和国成立后，毛泽东的这一思想进一步得到发展。特别是在1956年社会主义改造完成、我国正式进入社会主义时期后，围绕着"为建设一个伟大的社会主义国家而奋斗"的宏伟目标，毛泽东明确指出要加快社会主义文化的建设，并对社会主义文化的发展方向作了开创性的探索。他指出，社会主义文化应当"为人民服务、为社会主义事业服务"和"为人民服务、为社会主义国家服务"。这就表明了中国共产党建设社会主义新文化的目的，为社会主义文化建设指明了正确方向。

毛泽东提出的文化为人民大众服务的发展方向，是马克思主义文化观在党的文化工作中的具体表现，也是中国共产党的性质和宗旨在文化工作中的具体体现，是自延安时代以来直至中华人民共和国成立后30年左右的时间里指导文化发展方向的基本政策。十一届三中全会之后，由于历史条件的变化以及党和国家的工作重心的转移，党中央与时俱进地提出了"文艺为人民服务、为社会主义服务"的新的"二为"方向，这是对旧的"二为"方向的扬弃和发展，避免了由于对"文艺为政治服务"的狭隘理解所造成的粗暴地干涉文艺创作，违背文化发展的客观规律的弊端，从此成为中国社会主义文化建设的一项根本政策。

总之，毛泽东关于社会主义文化建设的理论是非常丰富和深刻的，也是非常具有现实指导意义的，是为社会主义文化建设方面所作的不可磨灭的理论贡献。同时应当指出，毛泽东在中华人民共和国成立以后所作的上述理论探索，许多正确的主张没能贯彻到底，甚至出现了这样那样的偏差，

①《毛泽东选集》第3卷，人民出版社1991年第2版，第850-851页。

②《毛泽东选集》第3卷，人民出版社1991年第2版，第856页。

特别是“左”的倾向时有发生，并且最终酿成了“文化大革命”那样全局性的悲剧。但是，正如邓小平所指出的，党和人民在过渡时期和社会主义建设时期所作出的社会主义文化选择，尽管“有曲折，有错误，基本方面还是对的”[①]。重要的是，毛泽东关于我国文化建设的理论探索与实践，为开辟和发展中国特色社会主义文化建设道路积累了宝贵的经验。

第三节　毛泽东文化建设思想及实践取得的成就和影响

在中国共产党的领导和毛泽东文化建设思想的指导下，我国文化建设取得了历史性的成就，主要表现在：

首先，确立了马克思主义、毛泽东思想在意识形态领域的指导地位。中国革命的胜利，是马克思列宁主义基本原理同中国具体实际相结合的毛泽东思想的胜利，用马列主义、毛泽东思想教育人民，成为我国文化建设的必然要求。1949—1956 年，中国共产党在思想文化领域开展了一系列宣传和学习马克思主义毛泽东思想、批判各种旧思想的运动。在 1950 年党的七届三中全会上毛泽东号召知识分子学社会发展史、历史唯物论，一场学习马克思主义理论的运动在知识界迅速展开。1951—1953 年，《毛泽东选集》第一、二、三卷的出版发行，在青年、知识分子和各界人士中形成了学习毛泽东著作的热潮。针对帝国主义、封建主义长期统治所带来的旧的思想影响，1951—1955 年，党在思想领域组织和开展了一系列学习和批判运动，尽管出现了一些简单粗暴的现象，使一些知识分子受到伤害，但从总的方面看，促进了广大知识分子的思想适应新社会的要求，使马克思

①《邓小平文选》第 2 卷，人民出版社 1994 年版，第 296 页。

主义在意识形态领域的指导地位开始牢固确立。

其次，基本建立了完整的教育体系。中华人民共和国成立之时，我国文盲半文盲占总人口的80%，广大民众被旧文化统治，还处于愚昧落后状态，扫盲和提高民众文化素质成为当务之急。为此党有步骤地开展了对旧有学校教育制度和社会文化事业的改革。1949年12月，第一次全国教育工作会议确定了逐步改革旧教育的方针，提出发展教育事业应着重为工农服务、普及与提高正确结合、在相当长时间内以普及为主。1950年6月，毛泽东提出了改革教育的总方针："有步骤地谨慎地进行旧有学校教育事业和旧有社会文化事业的改革工作，争取一切爱国的知识分子为人民服务。"[①] 根据上述方针。党和政府采取了一系列改革和发展教育事业的措施，使旧中国遗留下来的半殖民地半封建的教育体制得到根本改变，文盲半文盲比例迅速减少，全民族文化素质显著提高，国家建设所需要的人才培养开始得到有效保障。

第三，文艺事业出现了前所未有的繁荣局面。中华人民共和国成立之时，文艺界还传播着与新时代格格不入的旧观念、旧意识和旧趣味，对此进行改革、建设新中国的文学艺术十分必要。中华人民共和国成立前夕，1949年7月召开了第一届全国文代会，会议根据毛泽东《在延安文艺座谈会上的讲话》提出的"文艺为人民服务、首先是为工农兵服务"的方针，确定了为建设新中国的人民文学艺术而奋斗的总任务，并成立了全国性的文艺领导机构——中华全国文学艺术界联合会。中华人民共和国成立时，戏剧品种繁多，基本上支配着广大城乡的舞台，政务院发布关于戏曲改革工作的指示，使之适合现代社会，取得了很大成效。1953年政务院通过《关于建立电影放映网与电影工业的决定》等文件，确定了发展电影事业的方针。1954年文化部、中华全国总工会联合发布关于加强工矿、工地、企业中文化艺术工作的指示。1954年第一部《宪法》公布，国家保障和鼓励公

①《建国以来毛泽东文稿》第1册，中央文献出版社1987年版，第394-395页。

民进行文学艺术创作的创造性劳动被载入国家大法，极大地鼓舞了文艺工作者，为我国文学艺术的繁荣提供了法律保障。“双百”方针提出后，社会科学和自然科学各界出现了热烈的自由讨论的氛围，文艺事业出现了前所未有的繁荣局面，优秀作品大量涌现，文化事业机构和队伍比旧中国有了几十倍甚至几百倍的增长。

第四，知识分子发生了新的变化。从旧社会过来的知识分子虽然向往革命，但他们身上还不同程度地存在着旧社会的影响，党对知识分子采取“团结、教育、改造”的政策，普遍开展政治思想教育，帮助他们树立为人民服务的人生观。当时提出，无论是工农出身、小资产阶级或剥削阶级出身，只要他们愿意为人民服务，都要团结和争取。在党和政府的号召下，广大知识分子普遍开展了以学习马列主义、毛泽东思想为主要内容，通过批评和自我批评，肃清封建买办思想、批评资产阶级和小资产阶级思想的学习运动，大多数知识分子的思想认识发生了很大变化。党对运动中出现的缺点也比较及时地做了纠正，使广大知识分子能够适应社会的变化，为发展新中国的建设事业努力贡献自己的才智。

新中国的文化建设紧密配合社会主义革命和建设，取得了重大成就，也遭受过严重挫折。在社会主义改造基本完成以后，特别是“文化大革命”的发动，文化指导思想逐渐偏离正确方向，使正确的政策被束之高阁，失误愈演愈烈，造成了文化思想领域的灾难性后果，社会主义文化事业陷入停滞状态。但是历史的进步是需要付出代价的。正是因为有了“文化大革命”这段历史的教训，我们党对于建设社会主义才有了更加清醒的认识，懂得处理好文化建设和政治建设的相互关系，准确理解文化的相对独立性发展，逐步走出了一条中国特色社会主义文化发展道路。

改革开放以来，中国共产党对文化建设规律的认识越来越深刻，文化建设的路径越来越清晰，方向越来越明确。而毛泽东领导下的新中国文化建设，可以说是中国特色社会主义文化发展道路历史和逻辑的起点。回顾毛泽东领导下的新中国文化建设的经验与教训，将坚定我们走中国特色社会主义文化发展道路的自觉，增强我们发展社会主义先进文化的自信。新中国文化建设的实践，为社会主义文化事业的繁荣提供了以下丰富的启示：

第一，建设中国特色社会主义先进文化，必须坚持高度的文化自觉。从新民主主义文化建设到社会主义精神文明建设，再到中国特色社会主义文化建设，从推动文化大发展大繁荣到建设社会主义文化强国，中国文化发展道路实现了从重革命到重建设，从服务于阶级斗争到服务于经济建设，再到保障人民群众基本文化权益、提高国家文化软实力的重大战略转型。党的十八大对扎实推进社会主义文化强国建设作出全面部署，强调指出："文化是民族的血脉，是人民的精神家园。全面建成小康社会，实现中华民族伟大复兴，必须推动社会主义文化大发展大繁荣，兴起社会主义文化建设新高潮，提高国家文化软实力，发挥文化引领风尚、教育人民、服务社会、推动发展的作用。"① 这充分反映了中国共产党对当今时代发展趋势和我国文化发展战略地位的科学把握，体现了中国共产党在新的历史条件下的高度文化自觉。

中华人民共和国成立以来，文化建设之所以取得举世瞩目的辉煌成就，离不开对文化建设的高度自觉。这种自觉意识，正是来源于毛泽东所确立的对文化建设重要地位的认识。

第二，建设中国特色社会主义先进文化，必须坚持科学的指导思想。马克思主义是人类以往认识世界和改造世界的积极成果的理论结晶。中国共产党坚持马克思主义基本原理同中国革命与建设实际相结合，形成了毛泽东思想，建立了新中国，并在改革开放的历史进程中，不断探索和回答什么是社会主义、怎样建设社会主义，建设什么样的党、怎样建设党，实现什么样的发展、怎样发展等重大理论和实际问题，不断推进马克思主义中国化，形成了中国特色社会主义理论体系。在马克思主义中国化理论成果的指导下，我们的党和国家不断从胜利走向新的胜利。

马克思列宁主义、毛泽东思想和中国特色社会主义理论是我们立党立

①《中国共产党第十八次全国代表大会文件汇编》，人民出版社 2012 年版，第 28 页。

国的根本，也是中国特色社会主义建设的根本，它决定着中国文化的性质和发展方向，是建设社会主义文化强国的根本保证。只有坚定不移地以马克思主义及其中国化的理论成果为指导，才能牢牢把握当代中国先进文化的前进方向。

第三，建设中国特色社会主义先进文化，必须坚持民族的科学的大众的价值取向。毛泽东关于新民主主义文化就是“民族的科学的大众的文化”的定位，数十年来一直是中国共产党领导文化建设的一个基本的价值取向。新中国文化建设的实践告诉我们，只有民族的、大众的文化才是有生命力的文化，而脱离群众的文化是贫弱的没有前途的文化。

在当代中国，建设中国特色社会主义先进文化，就是建设面向现代化、面向世界、面向未来的，民族的科学的大众的社会主义文化。文化建设只有坚持民族的科学的大众的价值取向，才能体现中国先进生产力发展要求、体现中国先进文化前进方向、体现中国最广大人民根本利益。

第四，建设中国特色社会主义先进文化，必须尊重文化发展的自身规律。文化的发展有其自身的规律，而遵循文化发展规律，要靠制定和执行发展文化的科学的方针政策。毛泽东倡导的“双百”方针，既充分体现了党对发展繁荣当代中国文化的正确领导，又表现出对文化发展规律的尊重和对文化民主、艺术自由的倡导，是一项极为重要的理论贡献。

“双百”方针提出后，思想界、文化界一度出现了非常活跃的局面，呈现出良好发展的局面。遗憾的是，由于“左”倾思想的影响，在后来贯彻“双百”方针的过程中发生了一些不应有的失误，为我们留下了深刻的教训。新中国文化建设的实践证明，实行这个方针，文化建设事业就繁荣发展，背弃这个方针，文化建设事业就停滞倒退。

“古为今用、洋为中用”是毛泽东所提出的另一个文化建设的重要方针。它遵循了马克思主义的基本原理，又遵循了文化发展的客观规律，解决了文化建设中继承和发展的关系问题，与文化上的教条主义和保守主义划清了界限，是处理文化上的古今中外关系的正确方法，今天仍然是我们建设中国特色社会主义文化的重要方针。

第五，建设中国特色社会主义先进文化，必须坚持与时俱进的创新精神。创新是一个民族的灵魂，是一个国家不断发展的动力。文化建设必须不断发展创新，与时俱进，反映时代主题。毛泽东认为，社会在不断发展，文化也应该不断创新，要反对文化的单一、教条和保守。他提出的“古为今用、洋为中用”的思想，其根本落脚点正是在继承、借鉴的基础上的创新。

党的十八大报告强调：“建设社会主义文化强国，关键是增强全民族文化创造活力。”[①] 只有在继承和借鉴古今中外一切文化的基础上，立足本国国情，从实际出发，把社会主义文化建设与全面建成小康社会的伟大实践相结合，积极进行文化创新，才能使社会主义文化适应中国当代社会的发展要求，符合广大人民群众的根本愿望，顺应人类文明的进步潮流，获取建设社会主义文化强国的不竭动力。

①《中国共产党第十八次全国代表大会文件汇编》，人民出版社 2012 年版，第 28 页。

第九章

毛泽东
与独立自主的和平外交

中华人民共和国成立后，毛泽东运用马列主义基本原理，结合国际国内形势，提出了一系列外交战略思想及一些具体的政策和方针，对中华人民共和国的外交工作产生了重要的指导作用。他把中国共产党在长期革命斗争中形成的独立自主、自力更生的原则运用到中国的对外关系中，奠定了当代中国外交的基础；确立了和平共处五项原则作为中国外交的基本准则；把发展同亚非拉国家的友好合作作为中国外交的立足点；把争取和维护世界和平作为中国共产党和新中国对外政策的主要目标，为中国外交确立了正确的方向；在外交活动中，坚持原则的坚定性和方法的灵活性。在这些思想原则的指导下，新中国外交迸发出蓬勃的活力，中国的大国地位日益提升。时至今日，毛泽东的外交思想对于中国进一步走向世界，面向未来，开创中国外交工作新局面，仍具有重要的影响和意义。

第一节　毛泽东对新中国外交事业作出的不懈努力

（一）走出新中国外交的第一步，向苏联“一边倒”

1949 年春夏，人民解放军所向披靡，实现全国统一已是指日可待。筹建新中国的重任摆在了以毛泽东为首的中共中央面前。当时，尚在襁褓中的新中国，最直接的威胁就是帝国主义的封锁和可能的武装干涉。因此，制定正确的外交政策、争取国际支持是第一位的紧迫任务。当时的国际形势是，第二次世界大战以后，以苏联为首的社会主义阵营和以美国为首的资本主义阵营相互对峙。中国很难保持中立，骑墙的“中间路线”也是行不通的。而中苏不仅有意识形态方面的紧密联系，而且中苏两党也有很深的渊源，在解放战争时期苏联也给予了援助，所以采取“一边倒”的方针就成为毛泽东和中共中央的不二选择。

1949 年 6 月中旬，中共中央派出以刘少奇为团长的代表团去苏联秘密访问，同联共中央直接交换意见，以取得苏联对新中国政治、经济、外交各方面工作的了解和支持。代表团与斯大林展开多次会谈，谈到中苏关系问题时，斯大林表示：“中国政府一成立，苏联立刻承认你们。一九四五年签订的中苏条约是不平等的，因为那时是同国民党打交道，不能不如此。”刘少奇还向斯大林转达了毛泽东访苏的愿望。斯大林说：中国政府成立、两国关系建立后，毛泽东就可以来，如果毛泽东还不便来，苏联可以派代表团到中国去。这次秘密访苏不仅直接取得了苏联的资金援助和技术援助，取得了其在国际政治上的强力援助，也为毛泽东的访苏做了重要准备。

1949 年 10 月 1 日，中华人民共和国宣告成立。第二天苏联政府就发来照会，决定与中华人民共和国建立外交关系，并互派大使。当毛泽东从机要秘书手里接过苏联照会看过以后，情不自禁地同机要秘书握了握手。对于这个突如其来的、不同寻常的举动，这位机要秘书感到有些茫然，一时不知所措。他给毛泽东当了多年机要秘书，送过无数次文件，这样的握手还是第一次。由此可见毛泽东当时的激动心情。

中苏一建交，毛泽东就着手进行访苏的具体准备工作。很快，毛泽东的首次访苏就定下来了。1949 年 12 月 6 日，毛泽东登上北上的专列，前往莫斯科。这是他生平第一次走出中国国土，出国访问。毛泽东的随行人员有陈伯达、师哲、叶子龙、汪东兴等。苏联方面由苏联驻华大使罗申、在中国的苏联经济专家组组长柯瓦廖夫陪同。这次访苏的目的，主要是同斯大林就中苏两国间重大的政治、经济问题进行商谈，重点是处理 1945 年国民党政府同苏联政府签订的《中苏友好同盟条约》。另外，参加斯大林70寿辰的庆祝活动。

12月16日中午12时，毛泽东的专列驶进了莫斯科北站，毛泽东在苏联部长会议副主席莫洛托夫的陪同下检阅了仪仗队并发表了简短的讲话，其中指出：“中苏两国人民是有深厚友谊的。十月社会主义革命后，苏维埃政府根据列宁、斯大林的政策首先废除了帝俄时代对于中国的不平等条约。在差不多三十年的时间内，苏联人民和苏联政府又曾几次援助了中国人民的解放事业。”“目前的重要任务，是巩固以苏联为首的世界和平阵线，反对战争挑拨者，巩固中苏两大国家的邦交，和发展中苏人民的友谊。”[①]书面讲话含蓄地表达了毛泽东这次访苏的意向。由于毛泽东在旅途中身患感冒，加上莫斯科当时天气十分寒冷，毛泽东在匆匆发表完讲话后就前往莫斯科南部斯大林的孔策沃别墅。当晚，斯大林在克里姆林宫办公室亲切而又热情地会见了毛泽东。当斯大林在办公室被告知毛泽东前来时，他缓慢地站起身来，离开办公桌，不慌不忙地走过来；他神态沉稳凝重，威严中带有几分沉思，一副从容不迫的样子。毛泽东此时略带拘谨地迅速迎到斯大林面前，双方双手互握了很长时间。毛泽东略显激动地向斯大林问候道：“您好，斯大林同志！”斯大林声音不高地回答说：“欢迎您的到来，毛泽东同志！您比我想象的更年轻，更健壮。”毛泽东一方面很敬重斯大林，另一方面对斯大林在中国革命关键时刻指导上的失误很不满，所以情不自禁地说，我是长期受打击排挤的人，有话无处讲。斯大林说，胜利者是不受谴责的，这是一般的公理。接着，斯大林对中国革命胜利的意义及毛泽东做出的巨大贡献说了一些赞扬的话。然后两位领导人谈及了发生在两党之间的往事，话题轻松，气氛融洽。这次会谈，在要不要签订新的中苏条约、废除旧的中苏条约问题上没有取得预期的效果。

12月21日，苏共中央在莫斯科大剧院为斯大林70岁生日举行隆重的庆贺仪式。毛泽东出席并同斯大林并肩而坐。毛泽东在庆祝大会上宣读了

①《建国以来毛泽东文稿》第1册，中央文献出版社1987年版，第189页。

■ 1949年12月21日，毛泽东出席斯大林70寿辰庆祝大会。

庆祝斯大林70寿辰的祝辞，高度评价了斯大林对国际共产主义运动的贡献。毛泽东指出："斯大林是世界人民的导师和朋友。他发展了马克思列宁主义的革命理论，并对世界共产主义运动的事业做了极其杰出和宽广的贡献。中国人民在反抗压迫者的艰苦斗争中，深切地感觉到斯大林同志友谊的重要性。"[①] 毛泽东的发言引起了在场群众的热烈反应，庆祝大会结束后，会场内外响起了"斯大林、毛泽东！毛泽东、斯大林！"的欢呼声。参加完斯大林70寿辰庆典活动后，毛泽东继续留在莫斯科进行休养和会谈。此时毛泽东的心情十分矛盾：一方面他对能同斯大林见面感到高兴和满意，但另一方面又觉得未能同苏方就签订新的中苏友好条约进行实质性谈判而感到不满。12月22日，毛泽东找柯瓦廖夫谈话，并要他把这次的谈话记录转交斯大林。其中提到：希望在12月23日或24日举行预定的会见；打算下一步谈判解决以下问题：中苏条约、贷款协定、贸易协定、航空协定等；拟请周恩来前来莫斯科完成协定签定手续。这是毛泽东第二次向斯

①《建国以来毛泽东文稿》第1册，中央文献出版社1987年版，第195页。

大林正式提出谈判中苏条约问题。

12 月 24 日，斯大林与毛泽东举行了第二次会谈。这次会谈根本就没提到中苏条约问题，毛泽东感到十分失望。此后，斯大林再也没有约毛泽东晤谈。对此，毛泽东极为恼怒。当柯瓦廖夫和中文翻译费德林来到毛泽东的住处看望他时，毛泽东大发脾气："你们叫我到莫斯科来，什么事也不办，我是来干什么的？难道我来这里是天天吃饭、拉屎、睡觉吗？"他们建议毛泽东到各地参观，他不客气地拒绝了这个建议，并回答说宁愿"在别墅里睡大觉"。1950 年 1 月 1 日，罗申到毛泽东的住处祝贺新年。毛泽东告诉罗申，缅甸和印度两个国家已经决定承认中国并准备建立外交关系。英国及一大批英联邦国家也将在承认新中国的问题上采取明显步骤。毛泽东向罗申表明，新年后他还想会见几位苏联党政军部门的领导人，只是普通会谈，不会涉及具体内容。毛泽东最后告诉罗申，新年后他想与斯大林再谈一谈贸易问题，然后就离开莫斯科。原准备在外逗留三个月，现在看来只能提前回国了。

罗申在听了毛泽东这番话后大吃一惊，他立即会同外长维辛斯基把毛泽东的打算向斯大林做了汇报。缅、印原属英国的势力范围，斯大林意识到英美的对华政策有差异，如果中苏签订新约，美英不至于联合起来对付苏联。另外，苏联没有对毛泽东访苏进行任何新闻报道，英国通讯社就此放风说，毛泽东被斯大林软禁起来了，以挑拨中苏关系。这对刚建交的中苏双方都是不利的。这些情况促使斯大林认真对待毛泽东和中国政府的要求，并采取了两个行动。首先，由苏方与中方商定于 1950 年元旦发表《塔斯社记者对中华人民共和国主席毛泽东访问记》。在这篇访问记中，毛泽东有意披露他这次访苏的目的和不怕拖延、坚持重订新约的决心。第二天，苏联《真理报》和中国《人民日报》同时发表了"访问记"的全文，西方的谣言不攻自破。紧接着，斯大林 1 月 2 日派莫洛托夫和米高扬去会见毛泽东，征求他对处理中苏条约的意见。毛泽东提出三个方案：（甲）签订新的中苏友好同盟条约；（乙）由两国通讯社发一简单公报，仅说到两国当局对于旧中苏友好同盟条约以及其他问题交换意见，取得了在重要问题上的一致，而不涉及详细内容，实际上把这个问题拖几年再说；（丙）签订一个声明，说到两国关系的要点，但不是条约。周恩来外长就没必要到莫斯科来了。莫洛托夫沉思了一会儿，认为甲项办法好，周恩来外长可以来莫斯科，并表示这也是斯大林的意见。当天晚上 11 点，毛泽东致电中共中央，通报了这一新情况，并提出周恩来来莫斯科的时间及人员组成。在接下来的几天中，毛泽东就签约之事又两次致电中共中央。此时，毛泽东的心情舒畅，精神特别好，他利用周恩来尚未到达的时间，到外地进行了参观。

1950 年 1 月 20 日，周恩来一行到达莫斯科后，就紧张地投入到会谈的准备工作中。1 月 22 日，毛泽东、周恩来同斯大林举行会谈，主要讨论中苏条约问题、中国长春铁路问题、旅顺口问题、大连问题，会谈进行了两个小时。在这次会谈一开始，斯大林就提出：我们必须对涉及中苏关系的现有条款和协定进行修改，尽管我们曾经认为还是保留好。这些条约和协定之所以必须修改，是因为条约的基础是反对日本的战争。既然战争已结束，日本已被打败，形势发生了变化，因此这个条约就成为过时的东西了。毛泽东说：新条约应当包括政治、经济、文化和军事合作的条款问题，最主要的问题是经济合作。毛泽东提出，在新的条约中应当规定就国际问题两国进行协商的内容。斯大林非常痛快地说：当然要写上这一条。

从1月23日起，周恩来、李富春、王稼祥同米高扬、维辛斯基、葛罗米柯、罗申开始就条约和协定的内容，进行具体会谈。在协商新条约时，中方认为苏方提供的草案有许多重要内容没有包括进去，提出修改。周恩来重新写了个草案交给苏方。苏方对该草案没有提出原则性的修改，即成定案。

1 月 25 日，毛泽东致电刘少奇，通报几天来中苏会谈的进展情况并将中苏友好同盟互助条约草案发给中央加以讨论。1 月 31 日，毛泽东再次致电刘少奇通报情况。2 月 9 日，刘少奇主持召开中共中央政治局会议，讨论并同意《中苏友好同盟互助条约》《中苏关于中长路、旅顺口、大连协定》《中苏关于贷款协定草案》，并电告毛泽东。

2 月 14 日，在克里姆林宫隆重举行了《中苏友好同盟互助条约》等的签字仪式。周恩来和维辛斯基代表本国政府在《中苏友好同盟互助条约》《关于中国长春铁路、旅顺口及大连的协定》《关于苏联贷款给中华人民共和国的协定》上签字。斯大林等苏联党和政府的主要领导人、毛泽东率领的中国党政代表团的主要成员都参加了签字仪式。仪式结束后，斯大林举行招待宴会，庆祝两国缔约。同日，双方发表了《中苏两国关于中华人民共和国与苏维埃社会主义共和国联盟之间缔结条约与协定的公告》，“公告”称：中苏双方在恳切和友好的互相谅解的气氛之中讨论了中华人民共和国与苏联双方有关的重要的政治与经济问题，并确定了双方愿意多方巩固与发展他们之间的友好与合作关系，同时确立了他们为保证普遍和平与各国人民的安全而合作的愿望。

第二天，中国驻苏大使王稼祥在莫斯科的大都会饭店举行盛大招待会，欢迎毛泽东、周恩来访问苏联并庆祝《中苏友好同盟互助条约》的签订。斯大林破例接受了邀请，表示对毛泽东的尊重。宴会气氛友好热烈，一直持续到午夜。2 月 16 日毛泽东、周恩来结束访苏时，斯大林在克里姆林宫举行小型宴会，为他们送行。2 月 17 日，毛泽东、周恩来等乘专列离开莫斯科，专列在苏联境内沿途的几个主要城市做了短暂停留，毛泽东利用这个难得的机会又参观了一些工厂、矿山和学校，3 月 4 日回到了北京。至此，毛泽东第一次访苏圆满结束。毛泽东的这次出访不仅维护了中国的民族尊严和国家主权、提高了中国的国际地位，而且为中华人民共和国迅速恢复国民经济、迎接大规模经济建设创造了良好的外部环境。

（二）抗美援朝胜利，树立起负责任的大国形象

1950 年 6 月 25 日，朝鲜战争爆发。6 月 27 日，美国政府宣布出兵朝鲜，实行武装干涉，发动对朝鲜的全面战争，并派遣海军第七舰队入侵台湾海峡，“阻止对台湾的任何进攻”，公然干涉中国内政。随后，美国操纵联合国安理会通过决议，使其军事行动“合法化”。美军不顾中国政府的多次警告，越过“三八线”，直逼中朝边境的鸭绿江和图们江。

面对美国侵略军的大举进犯，应朝鲜劳动党和政府的请求，党中央和毛泽东作出了抗美援朝、保家卫国的重大历史性决策。10月8日，毛泽东发布命令，将东北边防军组成中国人民志愿军，任命彭德怀为司令员兼政治委员，命令志愿军“迅即向朝鲜境内出动，协同朝鲜同志向侵略者作战并争取光荣的胜利”①。10月19日晚，志愿军第一批入朝参战部队在没有空军掩护的情况下，跨过鸭绿江，进入朝鲜境内，与朝鲜人民军并肩抗击侵略者。

美国政府由于军事失败和国内国际压力，不得不从1951年7月10日开始同朝中方面在开城进行停战谈判。但是美国并不甘心放弃侵略野心，在谈判过程中，一方面提出蛮横无理的要求，制造借口拖延和破坏谈判；另一方面不断对我施加军事压力，企图迫使朝中方面在谈判中屈服。但是美国的政治阴谋和军事进攻在朝中两国人民的英勇斗争面前彻底失败了。停战谈判谈谈打打，断断续续进行了两年之久。1953年7月27日，交战双方签署了停战协议。

抗美援朝战争的胜利，巩固了中国新生的人民政权，打破了美帝国主义不可战胜的神话，顶住了美国侵略扩张的势头，使中国的国际威望空前提高，极大地增强了中国人民的民族自信心和自豪感，为国内经济建设和社会改革赢得了相对稳定的和平环境。

（三）决策参加日内瓦会议，亮相国际舞台

1954年1—2月，苏、美、英、法四国外长会议作出召开日内瓦会议的决定，会议的议题主要是讨论朝鲜问题的政治解决和印度支那和平的恢复。中华人民共和国抗美援朝和援越抗法的决策与行动，使美国认识到，要解决中国周边地区的热点问题，不能没有中国参加。在苏联的努力下，

①《毛泽东外交文选》，中央文献出版社、世界知识出版社1994年版，第142页。

四国决定邀请中华人民共和国参加日内瓦会议。日内瓦会议是中华人民共和国第一次以世界五大国之一的身份和平等地位出席的国际会议。这表明我国在缓和国际紧张局势、维护世界和平进程中的重要作用得到国际社会的重视和承认。但由于中华人民共和国成立初期实行“一边倒”的外交战略，在某种程度上制约了中国外交的全面发展，而日内瓦会议则为中国提供了这样一个机遇。

在接到与会的邀请以后，中国政府给予了高度重视。3 月 2 日，中央书记处会议决定派周恩来率团出席会议。毛泽东多次主持召开中央政治局会议，讨论审定周恩来为参加日内瓦会议准备的五个重要文件，并多次约周恩来商谈有关日内瓦会议的问题。4 月 19 日，毛泽东任命周恩来为代表团首席代表，并约集周恩来、刘少奇、陈云、彭德怀、邓小平，最后一次研究日内瓦会议问题。

4 月 20 日，周恩来率中国代表团乘专机离开北京，前往瑞士出席日内瓦会议。4 月 26 日，举世瞩目的日内瓦会议在国联大厦开始举行，第一项议题是和平解决朝鲜问题。朝鲜根据中、苏、朝三国预先商定的方案，提出了一项全面解决朝鲜问题的建议，但美国表示反对，企图无限期占领南朝鲜。围绕着到底谁是侵略者和朝鲜如何实现统一两个问题，以苏、中、朝、越为主的阵营同以美国等原“联合国军”国家为主的阵营，激烈争吵了一个半月。最后，历时 51 天的日内瓦会议关于朝鲜问题的讨论，以没有达成任何协议而结束。尽管如此，此次会议在全世界人民面前证明了中国是在寻求用协商方式缓和国际紧张局势，是用各种建议求得达成协议，达成朝鲜的民主、统一、民族独立的，“再打起来的可能性是很小了”，所以会议还是有收获的。

从 5 月 8 日起，日内瓦会议开始讨论印度支那问题。越南人民军前一天取得的奠边府战役的胜利，为会议取得突破性进展创造了极为有利的条件。这时，毛泽东冷静观察局势，预见到日内瓦会议关于印度支那问题的讨论将会出现复杂的局面，要准备应付可能出现的多种情况。他根据长期革命斗争的经验，建议越南人民军抓住这一有利时机，积极扩大战果，切不可消极等待会议谈判的结果。5 月 12 日，他在中共中央军委致韦国清的指示电的最后，加写了这样一段话：“如和谈成功则另作停战部署，目前应作和谈不成的部署，不可等待和谈。”[①] 毛泽东提出的这一方针，有力地保证了日内瓦会议上外交斗争的成功。

在讨论印度支那问题过程中，美国想方设法阻挠和平的实现。但由于与会各方，包括法国和英国在内，都迫切希望达成和平解决印度支那问题的协议，美国实际上陷于相当孤立的境地，它的企图没有得逞。日内瓦会议首先在实现柬埔寨和老挝的停火问题上取得突破，6 月 19 日达成《关于在柬埔寨和老挝停止敌对行动的协议》。随后宣布休会。在休会的近一个月时间里，周恩来进行了一系列重要的外交活动：访问关心会议进程的印度、缅甸等国，同这些国家的首脑进行会谈；同越南领导人在广西柳州举行会议，讨论恢复印度支那和平问题；并同法国总理孟戴斯·弗朗斯会谈，就恢复印度支那和平问题交换意见。

7 月 6 日，周恩来一行回到北京。当天晚上，毛泽东在中南海住处召开会议，同刘少奇、朱德、陈云、邓小平一起，听取周恩来关于日内瓦会议进展情况的汇报。第二天，毛泽东又主持召开中央政治局扩大会议，听取周恩来关于出席日内瓦会议以及访问印度、缅甸和举行中越会谈等情况的报告。最后，毛泽东做了总结性讲话。从日内瓦会议开始以来，毛泽东一直密切关注着会议的进行，研究各主要国家的言论行动，观察和分析东南亚以至整个国际形势及其发展趋势，考虑我国应当采取怎样的方针。毛泽东对周恩来率领中国代表团在日内瓦会议上采取的方针和取得的初步成果很满意，中央政治局扩大会议批准了中国代表团在日内瓦会议上的工作和日后的方针，为在日内瓦会议的最后阶段取得重大突破奠定了基础。7 月 8 日，周恩来在一届全国政协常委会第 57 次会议上，做了关于出席日内瓦会议以及访问印度、缅甸和举行中越会谈等情况的报告。毛泽东在讲

①《建国以来毛泽东军事文稿》中卷，军事科学出版社、中央文献出版社 2010 年版，第 208 页。

话中，再次肯定中国代表团在日内瓦会议上的方针，肯定外交工作的新成就。

7月9日，周恩来一行带着毛泽东和中共中央确定的方针，飞离北京。7月12日，返抵日内瓦。由于休会期间做了充分的磋商准备，越南、中国、苏联三方在7月19日共同商定关于恢复印度支那和平问题的最后方案，为达成在印度支那实现和平的协议铺平了道路。

7月21日，越南、老挝、柬埔寨的交战方分别在停战协定上签字。法国政府发表了关于从印度支那三国撤军的声明，以及尊重三国的独立、主权、统一和领土完整的声明。在这一天的会议上，通过了关于恢复印度支那和平问题的《日内瓦会议最后宣言》。历时近三个月的日内瓦会议落下了帷幕，中国在国际舞台上的第一次亮相取得成功。

（四）提出和平共处五项原则，发展同周边国家的睦邻友好关系

1953年3月斯大林逝世后，苏联和社会主义阵营的对外政策发生了重大变化——由对西方阵营强硬对抗转向谋求缓和与和平共处。1956年2月，赫鲁晓夫在苏共二十大政治报告中将和平共处确定为苏联对外政策的长期的基本方针。受此影响，东西方紧张关系从1953年起开始走向缓和，朝鲜战争和印度支那战争相继结束，东西方的和平共处有了现实的可能和机会。与此同时，中华人民共和国和一大批亚非新兴民族主义国家也迫切需要一个长期稳定的国际和平环境进行经济文化建设，发展和增进各国间的友好合作关系。正是在这种国际背景下，我国倡导和奉行了和平共处五项原则。1953年12月31日，周恩来在和印度政府代表团谈话中首次提出了和平共处五项原则。他说："新中国成立后就确立了处理中印两国关系的原则，那就是互相尊重领土主权、互不侵犯、互不干涉内政、平等互惠和和平共处的原则。"①

①《周恩来选集》下卷，人民出版社1984年版，第118页。

■ 1954 年 10 月 21 日，毛泽东和印度共和国总理尼赫鲁在印度驻华大使举行的招待会上。

虽然和平共处五项原则是由周恩来首次提出的，但中华人民共和国成立前后，毛泽东关于中国对外关系的一系列论述中包含了和平共处五项原则的基本要素。1949 年 6 月在中国人民政治协商会议筹备会上，毛泽东指出："任何外国政府，只要它愿意断绝对于中国反动派的关系，不再勾结或援助中国反动派，并向人民的中国采取真正的而不是虚伪的友好态度，我们就愿意同它在平等、互利和互相尊重领土主权的原则的基础之上，谈判建立外交关系的问题。中国人民愿意同世界各国人民实行友好合作。"① 实际上这一阐述提出了"互相尊重主权和领土完整""平等互利""互不干涉内政"四个原则。1952 年 2 月，毛泽东指出："我们不要侵犯任何国家。"半年后，他以叙述"印度和缅甸从侧面表示愿和我国签订互不侵犯协定"的事实的方式，提出了"互不侵犯"概念。正是在毛泽东上述思想的基础上，

①《毛泽东选集》第 4 卷，人民出版社 1991 年第 2 版，第 1466 页。

周恩来才在1953年底提出和平共处五项原则。和平共处五项原则，是和西方帝国主义列强外交上的强权政治原则和侵略、欺压弱小国家的惯例完全不同的，它自然为长期受到帝国主义侵略、奴役的亚非民族主义国家所欢迎。周恩来提出后，印度政府代表团立即表示同意以和平共处五项原则作为中印谈判的指导原则。

1954年4月29日，中印两国发表了联合公报并签订了《中印关于中国西藏地方和印度之间的通商和交通协定》。协定序文宣布，双方基于和平共处五项原则缔结本协定。协定规定中印两国各自在对方国家内设立商务机构，两国彼此给对方提供商务上的便利。在两国互换的外交照会中，印度同意撤退其在西藏的武装卫队并同意将印度在西藏的驿站、邮政及电信企业交给中国。中印签订的公报、协定及换文，是两国遵循和平共处五项原则解决中印关系的成功范例。

1954年6月，周恩来访问印度和缅甸。在中印、中缅总理会谈中，周恩来提出和平共处五项原则不仅应运用于中印、中缅关系中，而且应适用于广泛的国际关系中，印度、缅甸总理对此表示同意。6月28日，周恩来和印度尼赫鲁总理在新德里发表声明，重申了这五项原则，并指出："在我们与亚洲以及世界其他国家的关系中，也应该适用这些原则。如果这些原则不仅适用于各国之间，而且适用于一般国际关系之中，它们将形成和平与安全的坚固基础。"同年6月29日，中缅两国总理在发表的联合声明中也确认了这些原则。

在1955年4月召开的万隆会议上，周恩来再次阐明了新中国奉行的不同社会制度国家和平共处的五项原则。他指出："根据互相尊重主权和领土完整、互不侵犯、互不干涉内政、平等互利的原则，社会制度不同的国家是可以实现和平共处的。"周恩来还建议处境大致相同的亚非国家以平等互利为基础进行经济文化上的友好合作，实现和平共处。万隆会议最后通过了以和平共处五项原则为基础的《关于促进世界和平和合作的宣言》。正是通过万隆会议，和平共处五项原则成为大多数亚非国家共同承认和遵守的国际关系准则。

几十年来，和平共处五项原则经受了国际风云变幻的考验，显示了强大的生命力，在促进世界和平与国际友好合作方面发挥了巨大作用。中国不仅是和平共处五项原则的倡导者，而且是其忠诚的奉行者。在这五项原则的基础上，中国与绝大多数邻国解决了历史遗留的边界问题，与世界上大多数国家建立了外交关系。仅从万隆会议结束到1960年的短短几年中，我国先后同尼泊尔、埃及、叙利亚、北也门、锡兰(斯里兰卡)、柬埔寨、伊拉克、摩洛哥、阿尔及利亚、苏丹、几内亚、加纳、马里、索马里等14个亚非国家建立了外交关系，大大发展了我国的外交事业。

(五)发展与广大亚非拉美国家的友好关系，重返联合国

20世纪50年代末，中苏矛盾公开化，关系开始破裂，这虽然对整个国际共产主义运动有很大的负面影响，但使中国摆脱了很多束缚，中国的外交从此活跃起来。而此时的非洲大陆，民族解放运动风起云涌，大批独立的民族主义国家相继诞生，非洲各国人民怀着强烈的民族自豪感走上历史舞台。

在这一时代背景下，周恩来对非洲进行了历史性访问。1963年12月14日至1964年2月4日，周恩来率中国政府代表团先后访问了阿拉伯联合共和国、阿尔及利亚、摩洛哥、突尼斯、加纳、马里、几内亚、苏丹、埃塞俄比亚和索马里等非洲10国，其中包括6个阿拉伯国家，为发展中国人民与非洲和阿拉伯人民的传统友谊做了奠基性的工作。这不仅表达了中国对非洲民族解放斗争的支持，中非关系和中阿关系也从此进入了一个全面发展的新阶段。

在访非第一站开罗，周恩来发表了富有诗意的讲话：“当我们作为中国人民的友好使者来到非洲的时候，我们看见的是一个觉醒的大陆，一个战斗的大陆。在这一片被帝国主义叫做黑暗大陆的辽阔土地上，自由的晨曦已经升起，帝国主义的殖民体系正在不可避免地走向土崩瓦解。”这是中国人民对非洲和阿拉伯人民的友好宣言，使中国赢得了非洲和阿拉伯国

■ 1963年8月8日，毛泽东会见非洲朋友，并观看非洲留法学生联合会代表团赠送的礼品。

家的持久信任，并加深了彼此间的传统友谊。

周恩来在开罗与埃及总统纳赛尔会谈时，提出了著名的中国处理与非洲和阿拉伯国家关系的五项原则，其中的第一条是：“支持非洲和阿拉伯国家人民反对帝国主义和新老殖民主义、争取和维护民族独立的斗争。”周恩来在到访的每一个国家，都具体而鲜明地表达了中国政府的上述立场。在访问加纳时，周恩来提出了中国援外八项原则，强调中国从来不把对外援助看作单方面的赐予，而认为援助是相互的；中国尊重受援国的主权，绝不要求任何特权；中国的目的是帮助受援国逐步走上自力更生、经济独立发展的道路等，受到了非洲国家和人民的高度评价和热烈欢迎。中国不仅用宣言而且也用行动证明，中国是广大非洲和阿拉伯人民患难与共、休戚相关的真正朋友。

当周恩来结束访问从索马里的摩加迪沙告别非洲大陆时，他怀着革命家的激情赞美这个即将赢得完全解放的大陆形势一片大好，同时也为中非人民和中阿人民的友谊而感到无比欣慰。实际上，中国与北非的突尼斯就是在这次访问中实现了正式建交，而东非的埃塞俄比亚也在周恩来到访后的几年内加入了与中国建交国家的行列。此后40年间，非洲国家全部完成了独立自主的斗争目标，而绝大多数国家都与中国建立了正常的外交关系。这正是当年周恩来为中非友谊和中阿友谊奠基和开拓而赢得的长远收获。

访问完非洲，紧接着代表团又访问了阿尔巴尼亚，以及缅甸、巴基斯坦、锡兰(斯里兰卡)3个亚洲国家。这次亚非之旅共历时72天，行程5.4万公里。在访问期间，周恩来同所到国家的政府领导人分别举行了坦率而友好的会谈，就共同关心的国际形势问题交换了意见，增进了同这些国家的相互了解和友好关系，并分别发表了会谈联合公报。周恩来卓有成效的外交活动打开了中国的国际局面，把中国推向了更为广阔的国际舞台。中国共产党人用真诚和智慧，为中国人民赢得了更多的国际朋友，赢得了可贵的友谊和援助。正是这种发自内心的真诚的友谊，使亚非拉的朋友把中国人民的事业当作自己的事业。这种友谊在中国重返联合国的过程中得到了体现。

中国是联合国的创始会员国，也是安全理事会五个常任理事国之一。在1949年10月1日，毛泽东就向全世界郑重宣告：中华人民共和国中央人民政府是代表全中国人民的唯一合法政府。然而，在以美国为首的西方势力操纵下，中国在联合国的合法席位却一直被台湾当局窃踞。中华人民共和国成立20多年来，毛泽东一直坚持，台湾当局的“代表”继续留在安理会是完全非法的，应将它驱逐出联合国，同时恢复中华人民共和国在联合国的合法席位。对恢复中国在联合国合法席位这件事，毛泽东一直很重视。他对身边工作人员多次说过:“联合国，我们总有一天可以进去。”“世界不能始终让美、苏两国霸占下去，中国人在世界上说话也得算数。”1971年后，毛泽东把大部分时间用在研究国际形势和外交工作上。他广泛收集国际上对恢复中国在联合国合法席位的反映，并要工作人员把有关消息读给他听。接近联大投票时，他说：“我们就算有十亿人口，在联合国也只是一张票，一个小国也是一张票，我奉劝你不要看不起小国。”当得知第二十六届联合国大会10月25日以76票赞成、35票反对、11票弃权的压倒多数通过恢复中华人民共和国在联合国的一切合法权利、驱逐台湾蒋介石集团代表问题的提案时，毛泽东非常高兴，说："是亚非拉朋友把我们抬进联合国的。"当时参与中国的提案国有23个国家，其中19个是亚非拉国家，其他4个是与中国友好的社会主义国家。当中国最后获得通过时，全场轰动，坦桑尼亚常驻联合国的代表抑制不住激动，就在联大会场中跳起舞来，引来亚非拉的朋友跟着跳，联大一时成了中国的舞台。

在联合国大会通过恢复中华人民共和国合法权利的当天下午，毛泽东召集周恩来及外交部有关人员开会，决定立即组团出席联大。代表团离京前的11月8日晚，毛泽东接见代表团的成员，高兴地说：我国今年有两大胜利，一个是林彪倒台，一个就是恢复联合国席位。中国在联合国合法席位的恢复，是中国共产党和中国人民长期斗争的结果，是毛泽东外交思想的伟大胜利。

（六）实现中美关系正常化，打开外交新局面

20世纪60年代末，国际形势发生重大变化，美苏争霸的格局由美攻苏守开始转变为苏攻美守，特别是尼克松上台后希望借助中国的力量来遏制苏联。同时，中苏两党、两国关系恶化。苏联政府以重兵集结在中苏和中蒙边境，对中国构成严重威胁。面对这种形势，毛泽东以高屋建瓴之势作出突破中美长期对峙局面的重大决策。

同时，美国也开始有所动作。最早是在1969年7月底、8月初，尼克松访问巴基斯坦时，让叶海亚总统传递口信，希望与中国有一个和解的渠道。一年后，情况出现重要突破。1970年10月初，尼克松在会见美国《时代》周刊记者时动情地说："如果说我在死以前有什么事情想做的话，那就是到中国去。如果我去不了，我要我的孩子去。"10月下旬，尼克松分别接见到纽约参加联合国20周年庆典的巴基斯坦总统叶海亚和罗马尼亚总统齐奥塞斯库。他当面请叶海亚作为"中介人"，为中美关系正常化"提

供助力”。11 月 10 日，叶海亚总统访问中国。头几天，周恩来与叶海亚总统单独会见了 4 次，11 月 13 日毛泽东接见了叶海亚总统一行。在 11 月 14 日进行第五次单独会谈时，周恩来请叶海亚向尼克松传递重要的口信：台湾是中国不可分割的领土，解决台湾问题是中国的内政，不容外人干涉；美国武装干涉是中美关系紧张的关键；中国政府一直愿意以谈判来解决这个问题。中国政府欢迎美国总统派特使来北京商谈，时机可通过叶海亚总统商定。12 月 9 日，美方正式获悉中方的这一口信。12 月 18 日，毛泽东亲切会见中国人民的好朋友埃德加·斯诺。在近五个小时的会见中，毛泽东就中美关系作了坦率而深刻的表达：“我说如果尼克松愿意来，我愿意和他谈，谈得成也行，谈不成也行，吵架也行，不吵架也行，当作旅行者来谈也行，当作总统来谈也行。总而言之，都行……中美两国总要建交的。中国和美国难道就一百年不建交啊？”

1971 年 4 月上旬，毛泽东决定邀请美国乒乓球队访华。一石激起千层浪，小球转动了大球。“乒乓外交”突破性地把中美关系带入了一个新的阶段。4 月 14 日，周恩来在接见美国乒乓球队时说：“你们这次应邀来访，打开了两国人民友好往来的大门。我相信中美两国人民的友好往来将会得到两国人民大多数的赞成和支持。”当天，作为一个和解的姿态，美国政府第一次宣布大幅度取消对华贸易禁运。

1971 年 4 月 27 日，周恩来回复尼克松 1970 年 12 月 16 日的口信，确认中方愿意公开接待美国总统的特使，如基辛格先生，甚至美国总统本人。5 月 29 日，毛泽东批准中共中央政治局提出的《关于中美会谈的报告》。同一天，通过巴基斯坦渠道向尼克松发出欢迎基辛格博士访华的“口信”。7 月 1 日，代号为“马可·波罗”的基辛格秘密访华计划启动，为了转移视线，基辛格先访问了越南、印度。7 月 8 日到达巴基斯坦。7 月 9—11 日，基辛格博士秘密访问中国，时间虽短，但意义不凡。两天多时间里，周恩来与他会谈了 17 个小时。中美双方就国际和地区形势、苏美关系、中美关系及台湾问题深入交换了意见，并就尼克松访华事宜达成共识。7 月 16 日，一份简短的但全球震惊的公告在北京和华盛顿同时发表：“周恩来总理和尼克松总统的国家安全事务助理基辛格博士，于1971年7月9日至11日在北京进行了会谈。获悉，尼克松总统曾表示希望访问中华人民共和国，周恩来总理代表中华人民共和国政府邀请尼克松总统于1972年5月以前的适当时间访问中国。尼克松总统愉快地接受了这一邀请。中美两国领导人的会晤，是为了谋求两国关系的正常化，并就双方关心的问题交换意见。”

1972年2月21—28日，尼克松应毛泽东的邀请，对中国进行了历史性的访问，他称之为“一次谋求和平的旅行”。尼克松的专机于2月21日上午11时30分左右抵达北京，周恩来、叶剑英、李先念等中国领导人到机场迎接。在机场，动人心弦、举世瞩目的一幕出现了：周恩来与尼克松的手紧紧地握在一起。周恩来对他说：“你的手伸过世界上最辽阔的海洋来和我握手——25年没有交往啊！”尼克松边握手边说：“这是中美两国领导人越过一个大洋，越过相互敌对20多年的握手，这表明中美关系从此将揭开新的一页。”

■ 1972年2月21日，毛泽东在中南海会见美国总统尼克松。2月28日，中美双方在上海发表联合公报，决定实现两国关系正常化。

毛泽东在尼克松到达北京的当天下午就会见了他和基辛格博士，这次会见把这次历史性访问推向高潮。尼克松在专机上对记者说，他期望同毛泽东和周恩来的谈话从哲学的角度来进行，而不是只集中讨论眼前的问题。因此，毛泽东一开始就对尼克松说，“昨天在飞机上你给我出了一个难题，说是我们几个要吹的问题限于哲学方面。”这一轻松幽默的开场白，一下子把谈话提到哲学的战略高度。讲哲学，毛泽东意指中美双方应从战略高度出发考虑问题。哲学分析贯穿了毛泽东和尼克松的整个谈话，为中美关系注入了哲学思想基础。顺着这一战略思路，在会见时，毛泽东特别强调说：“来自美国方面的侵略，或者来自中国方面的侵略，这个问题比较小，也可以说不是大问题。因为现在不存在我们两国互相打仗的问题。”尼克松同意毛泽东的分析：“美中相互并不构成威胁，我们现在走到一起来了，是因为我们认识到，世界上出现了新形势。我们可以实现一个突破。”当天晚上，周恩来在人民大会堂设宴欢迎尼克松访华。在热烈友好的气氛中，周恩来致欢迎词：“由于大家都知道的原因，中美两国人民之间的来往中断了20多年。现在，经过中美双方的共同努力，互为来往的大门终于打开了。目前，促使两国关系正常化，争取缓和紧张局势，已成为中美两国人民强烈的愿望……我们相信，我们两国人民这种共同愿望，总有一天是要实现的。”尼克松在祝酒词中引用了毛泽东的诗句：“天地转，光阴迫，一万年太久，只争朝夕。”他说：“过去的一些时期我们曾是敌人。今天我们仍有重大分歧，使我们走到一起的，是我们有超过这些分歧的共同利益。中国人民是伟大的人民，美国人民是伟大的人民。如果我们两国人民互相为敌，那么我们共同居住的这个世界的前途就的确很黯淡。但是，如果我们能够找到合作的共同点，那么实现世界和平的机会就将无可估量地大大增加。”

尼克松在京期间，与周恩来进行了四次会谈，后在上海又进行一次会谈，就国际问题和双边关系广泛而又坦率地交换了意见。台湾问题自然是会谈的焦点。尽管中美双方在台湾问题上存在分歧，以至于在后来中美联合公报的起草过程中，不断出现激烈的争论和曲折反复，然而双方本着务实、坦诚的态度，经过多次修改，字斟句酌，直至2月28日凌晨，最后才定稿，解决了起草联合公报过程中遇到的包括台湾问题在内的难题。2月28日，在上海锦江饭店小礼堂，周恩来和尼克松代表两国政府共同发表了《中美联合公报》，亦称《上海公报》。在周恩来为尼克松访华成功举行的欢送宴会上，尼克松兴奋地说："我所访问中国这一周，是改变世界的一周。"1972年2月尼克松的访华和《上海公报》的发表，是具有深远历史意义的国际关系和中美关系的重大事件，标志着中美结束了20多年的隔绝和对抗，翻开了中美关系史上新的一页。正如尼克松后来在回忆录里写道的："当我们握手时，一个时代结束了，另一个时代开始了。"

中美关系的突破为中国打开全新的外交格局创造了必要前提。这个问题解决了，其他的问题就迎刃而解了。1972年，中国先后同18个国家建立外交关系或实现外交机构升格，是中华人民共和国成立以来同外国建交最多的一年。这一年，经毛泽东同意，中共中央和国务院共批准进口14套化纤、化肥以及一米七连续轧机等成套设备，总价值43亿美元。这是中华人民共和国成立后引进先进技术设备规模最大、种类最多的项目之一，开始打破长期以来闭关自守、技术远远落后于发达国家的局面。所有这些，为后来逐步实行对外开放创造了重要条件。

（七）推动中日邦交正常化，中日关系进入新时代

中日两国是一衣带水的邻邦，有着两千多年的友好往来和文化交流的历史。但自近代以来，1894年、1931年、1937年，在不到50年的时间里，日本发动了三次大规模的侵华战争，使中国人民蒙受了巨大的灾难。毫无疑问，这一时期是中日两国关系史上最黑暗的时期。

中华人民共和国成立后，中国政府从两国人民的根本利益及亚洲与世界的和平与稳定的大局出发，希望重建和发展中日睦邻友好关系，提出了实现中日邦交正常化的目标。然而，战后的日本在美国的控制下追随美国，敌视新中国。1952年4月，在美国的促压下，日本吉田茂政府同台湾当局

缔结了所谓的“和平条约”，宣布建立所谓“外交关系”，公然对中华人民共和国进行挑衅，为中日邦交正常化设置了严重障碍。中日关系不得不从民间入手，“民间先行，以民促官”，大力开展民间外交，以“渐进积累”方式为两国关系正常化创造条件。此后，中日两国的民间贸易和文化交流不断发展，日本人民要求恢复日中邦交正常化的呼声也日渐高涨，从而为两国关系在20世纪70年代取得突破打下了群众基础。

随着中国重返联合国以及中美关系正常化，日本政府意识到必须重新考虑对华政策了。1972年7月，田中角荣出任日本新首相，并很快组成了田中内阁，大平正芳任外相。在同年7月7日召开的第一次内阁会议上，田中就公开宣布“要加快与中华人民共和国邦交正常化的步伐”。他还表示：“充分理解”中国政府一贯主张的中日邦交正常化三原则，即：一、中华人民共和国政府是代表中国的唯一合法政府；二、台湾是中华人民共和国领土不可分割的一部分；三、日台条约是非法的、无效的。大平正芳外相说的更加明确：为实现邦交正常化，首相或外相有必要在某个时期访华。田中和大平的讲话标志着日本政府的对华政策发生了根本性的改变。7月9日，周恩来在人民大会堂借欢迎也门民主人民共和国政府代表团的机会，发表如下讲话：“长期以来一直采取敌视中国政策的佐藤政府任期未满就宣布下台，7日成立的田中内阁明确在外交方面要早日实现日中邦交正常化，这是值得欢迎的。”周恩来的这番话，在日本政界引起了巨大反响。7月18日，日本内阁召开会议并通过文件说：“为了谋求邦交正常化，日中政府间开始进行负责的会谈，是当务之急。”

毛泽东根据这样的形势作出判断：“到了火候，要抓紧。”周恩来根据毛泽东的指示，7月10日派孙平化以上海芭蕾舞团团长的身份率团访日，并指示他通过广泛积极的接触和细致的工作，推动田中首相访华，解决中日两国邦交正常化问题。孙平化访日期间，通过各种形式广泛地接触了包括内阁大臣在内的日本各界人士。7月22日，大平正芳在会见孙平化和肖向前（中国中日备忘录贸易办事处驻东京联络处首席代表）时，孙、肖二人向大平外相转达了周恩来欢迎田中角荣访华的正式邀请。7月25日，日本公明党委员长竹入义胜访问中国，就日中邦交正常化的有关问题，同中国领导人进行交流和协商。从7月27—29日，周恩来连续三个晚上和竹入义胜举行会谈。在会谈中，竹入义胜把田中首相和大平外相的一些设想和主张都转告给周恩来，周恩来也把中国方面关于中日邦交正常化的态度、设想和《联合声明》草案要点透露给竹入义胜。周恩来询问竹入，田中新政府是否真的充分理解中国政府主张的复交三原则？竹入回答说是的。周恩来再追问："你的意思是说尊重中国方面的立场？"竹入回答说，从客观上说，是尊重中国方面的立场。由于竹入说明田中首相"理解""中日复交三原则"就是"尊重"之意，但有一个问题，主要是第三条说"日台条约"是非法的、无效的，必须废除，这是个难题。竹入认为：只要日中恢复国交，日美安保同盟针对中国的效力将不复存在；一旦日中发表联合声明并建立邦交，"日台和约"即自然失效。周恩来听后表示同意，随后表示中日联合声明将不直接触及"日台和约"。此外周恩来介绍了"毛主席说要放弃赔偿要求"，说毛主席说放弃赔偿要求，4亿美元左右，现在不是什么大数额，但让人民负担不好。联合声明里也可以写上放弃要求赔偿权。竹入听后称"万分感谢"。周恩来回说："这是当然的。我们决不出难题。为了早日恢复邦交，还是早一点来好。"竹入义胜于8月3日晚回到东京。8月4日，他便把同周恩来会谈的情况向田中首相和大平外相做了汇报。在了解中国方面基本想法的基础上，8月11日，大平外相再次会见孙平化和肖向前，正式向他们转达了田中首相接受周恩来的邀请及将要前往中国进行访华的决心。于是，孙平化当天回到北京，把从东京了解到的情况向周恩来进行了详细汇报。周恩来听完汇报后，决定邀请日本首相田中角荣访问中国。8月12日，中国外交部部长姬鹏飞受周恩来委托，发出了中国总理的邀请，欢迎田中首相访问中国。这是中华人民共和国成立以来第一次向日本首相发出的正式访华邀请。8月15日，孙平化、肖向前再次访问日本，田中首相在东京帝国饭店接见了孙平化和肖向前等人。会见时，田中首相表示他已决定访问中国，并希望通过访华取得丰富成果。9月14日，以小坂善太郎为首的自民党访华团到达北京，同周恩来进行会谈。

在此基础上，中日两国政府于9月21日同时发表关于田中首相访华的公告。公告的发表表明，中日邦交正常化的实现已水到渠成，指日可待。

9月25日8时10分，日本首相田中角荣、外相大平正芳和内阁官房长官二阶堂进一行52人乘专机从东京羽田机场出发，直飞北京。11时30分，专机徐徐降落在北京机场。周恩来、叶剑英、郭沫若等中国国家领导人前往机场迎接。

9月25日下午，两国领导人开始举行会谈。中国方面参加会谈的有：周恩来、姬鹏飞、廖承志、韩念龙、亚洲局局长陆维钊等；日本方面有：田中角荣、大平正芳、二阶堂进官房长官、亚洲局局长吉田健三、条约局局长高岛益郎等。在会谈中，田中角荣说："日中邦交正常化的时机已经成熟，务必要使这次访华成功，以实现邦交正常化。"他还指出，谋求日

■ 1972年9月27日，毛泽东在中南海会见日本国总理大臣田中角荣（中）、外务大臣大平正芳（右）。9月29日，中日两国政府发表联合声明，宣布实现中日邦交正常化，正式建立外交关系。

中邦交正常化就需要自动结束和台湾的关系，但要避免因此在自民党和国内引起混乱，也不要因此使苏联有机可乘。大平正芳说，日本充分理解中国提出的复交三原则，考虑到日本和第三国的关系，日本的立场是在维持日本和美国现存关系的情况下，谋求日中邦交正常化。在会谈中，周恩来也强调："邦交正常化要一气呵成，中日两国应在邦交正常化的基础上保持世世代代友好、和平的关系。"接着，他谈了七个问题：一是中日两国恢复邦交是双方的"大同"，根据这条原则，其他问题总是好解决的；二是田中首相曾多次提出要站在充分理解中国提出的复交三原则的立场上，在这一基础上，我们会照顾日本政府所面临的局部困难；三是对田中首相所说的日中外交关系一旦恢复，"日台条约"就自然失效，日台"外交"关系也就中断，我钦佩你们的果断；四是同意从政治上解决问题，一些历史方面的问题不要拘泥于法律条文，因此同意会谈后发表联合声明，而不采取条约形式；五是声明中要指出，中日友好不排他；六是联合声明要宣告结束战争状态，不同意用"确认"战争状态结束的措辞；七是声明中要写上你们理解恢复中日邦交三原则。在当天晚上举行的欢迎田中首相的宴会上，周恩来又发表讲话说："我深信，经过我们双方的努力，充分协商，求大同，存小异，中日邦交正常化一定能够实现"，"中日两国的社会制度不同，但这不应该成为我们两国平等友好相处的障碍。恢复中日邦交，在和平共处五项原则的基础上建立友好睦邻关系，将为进一步发展我们两国人民的友好往来，扩大两国经济和文化交流，开辟广阔的前景。中日友好不是排他的，它将为和缓亚洲紧张局势和维护世界和平作出贡献"。

9月26日上午，两国外长就诸如有关战争赔款、"日台条约"的处理和结束战争状态等中日联合声明中的具体问题举行会谈。下午，中日首脑举行第二次会谈。周恩来对上午高岛益郎的发言给予了严厉批评。高岛说："在'日台条约'中，蒋介石已经放弃了赔款要求，因此在联合声明中，再提及这个问题就没有必要了。"周恩来说："高岛局长在外长会谈中的发言，我认为并不是田中和大平先生的本意，所谓蒋介石已放弃要求战争赔款的说法使我们感到惊讶和愤慨。蒋介石政权早已被中国人民推翻，他在和日本人签订所谓‘和约’时，宣布不要战争赔偿是慷他人之慨，而我们是从两国人民的友好关系出发，为的是不增加日本人民的负担，才宣布放弃赔款要求的。”周恩来还对前一天晚上田中首相在欢迎宴会致辞时，只用给中国人民“添了麻烦”一词，对过去日本侵华历史轻描淡写的态度提出批评。对此，田中首相表示，如从汉语上表达不合适，可按中国的习惯改；关于赔偿问题，日本应坦率地评价中国的立场。

9月27日下午，周恩来和田中举行第三次会谈。会谈中，田中作出决断：将“结束战争状态”及“处理台湾问题”写进联合声明，从而使双方在一些重大问题上基本达成一致。9月28日下午，双方又举行第四次首脑会谈。日方表示，在签署联合声明之后，大平外相随即举行记者招待会，宣布终止“日台条约”，并与台湾断绝“外交”关系。周恩来表示欢迎。由于中国方面既坚持原则，又采取灵活方式，而日本方面也因田中首相从政治高度上作出决断，排除了外务省某些人的干扰，使双方终于对联合声明的内容达成了一致意见。在这次会谈中，周恩来亲笔题写“言必行，行必果”的条幅，赠送给田中首相，田中首相也挥毫写下“信为万事之本”回赠给周恩来。双方表达了各自恪守信义的决心。

9月29日上午10时，中日两国代表在人民大会堂举行隆重的签字仪式。周恩来、姬鹏飞和田中角荣、大平正芳分别代表本国政府在《联合声明》上签字。《联合声明》的签订在中日关系史上具有里程碑意义，它是中华人民共和国成立后中日两国签署的第一个政治文件，其发表标志着中日两国邦交正常化的实现，中日关系进入了新的时代。正是从这一刻开始，日本自1868年明治维新以来所采取的一贯蔑视、侵略和敌视中国的外交政策改变为平等互利、和平友好的外交政策。这不仅使中日两国在人员往来和经济文化交流与合作等方面获得巨大发展，而且也使中日友好关系具有了牢固基础。中日邦交正常化不仅对亚洲及太平洋地区和平、稳定与发展有利，也对整个世界和平与发展做出了重要贡献。

第二节　毛泽东外交思想的内涵及其贡献

毛泽东发表了很多关于外交的论述，内容十分丰富，这些论述散见于他几十年的著作、讲话、指示和对外声明及与外宾的谈话中，体现了一个战略家的远见卓识和务实精神。概括起来，毛泽东外交思想的主要内容包括下面几点。

（一）维护国家的独立和主权，反对干涉中国内政

1949 年中华人民共和国的成立实现了中国人民百年来反对帝国主义侵略，争取民族解放的夙愿。为了捍卫来之不易的独立和自由，毛泽东把中国共产党在长期革命斗争中形成的独立自主、自力更生的原则引进中国的对外关系中，从而奠定了当代中国外交的基础。

1. 创建独立自主的新型外交

为了从根本上划清与旧中国半殖民地的屈辱外交的界线，毛泽东在中共七届二中全会上提出：我们可以采取和应当采取有步骤地彻底摧毁帝国主义在中国的控制权的方针，使中国人民真正站起来。毛泽东审时度势，提出了外交政策的三条原则，即“另起炉灶”“打扫干净屋子再请客”“一边倒”。这三句通俗平实的话语成为指导中华人民共和国成立初期外交工作的基本方针。

“另起炉灶”是毛泽东 1949 年春提出来的。这年 3 月 5 日，他在七届二中全会上对此进行了明确阐述。他指出：“不承认国民党时代的任何外国外交机关和外交人员的合法地位，不承认国民党时代的一切卖国条约的继续存在，取消一切帝国主义在中国开办的宣传机关，立即统制对外贸易，改革海关制度，这些都是我们进入大城市的时候必须首先采取的步

骤。”[1] 我们知道，自鸦片战争以来，中国的内政、外交、财政、军事无一不受到西方列强的操纵和控制，旧中国一直是一个被帝国主义控制的半殖民地国家。第二次世界大战以后，帝国主义力量大大削弱，以苏联为首的反帝国主义阵线力量空前增长。随着国民党军队被消灭、国民党政府被打倒，我们可以也理应采取“有步骤地彻底地摧毁帝国主义在中国的控制权”的方针，逐步摧毁帝国主义对小国的政治、经济和文化控制，最终实现民族独立和人民解放。在这种情形下，毛泽东提出“另起炉灶”的方针，其核心思想，就是与旧中国的屈辱外交彻底决裂，不自动继承旧中国的一切外交关系，在新的基础上重建中国同外国的关系，使中国人民在帝国主义面前站立起来。

1952 年 4 月，周恩来在中华人民共和国第一次驻外使节会议上发表讲话，对这一方针给予了高度评价。他说，“1949 年春，毛泽东同志就说过，我们的一个重要外交方针是‘另起炉灶’，就是不承认国民党政府同各国建立的旧的外交关系，而要在新的基础上同各国另行建立新的外交关系”，就是“我国同外国的外交关系要建立在平等、互利和互相尊重领土主权的基础上。这是一百多年来旧中国的政府所没有做到的”。这一方针，“使我国改变了半殖民地的地位，在政治上建立了独立自主的外交关系”。

“打扫干净屋子再请客”这一外交方针是毛泽东在 1949 年一二月间同米高扬的谈话中首先提出来的。毛泽东说：“我们这个国家，如果形象地把它比作一个家庭来讲，它的屋内太脏了……中共建政后，我们必须认真清理我们的屋子……等屋内打扫清洁、干净，有了秩序，陈设好了，再请客人进来。我们的真正的朋友可以早点进屋子来，也可以帮助我们做点清理工作，但别的客人得等一等，暂时还不能让他们进门。”在随后召开的七届二中全会上，毛泽东正式阐明了这一方针。他说：“关于帝国主义对我国的承认问题，不但现在不应急于去解决，而且就是在全国胜利以后

①《毛泽东外交文选》，中央文献出版社、世界知识出版社 1994 年版，第 80 页。

的一个相当时期内也不必急于去解决……只要一天它们不改变敌视的态度，我们就一天不给帝国主义国家在中国以合法的地位。”①

面对即将诞生的共和国，帝国主义列强虽绞尽脑汁却无计可施，但总想保留一些在中国的特权。有几个国家就想以外交认可换取在华特权，使自己在华利益最大化。但中共中央和毛泽东没有被它们迷惑，提出了“打扫干净屋子再请客”的方针，对于帝国主义国家同中国建交的问题采取“等一等”的态度，有意地把建交时间往后推移，留出时间清扫“屋子”，一方面否认蒋介石独裁政府的一切卖国外交和内战期间蒋介石所借的一切外债，另一方面坚决废除一切卖国条约和帝国主义在华特权，彻底清除帝国主义残余势力。之后，再视其对新中国的态度重新考虑建交问题。历史证明，这一方针的实施，彻底摧毁清除了帝国主义对华的控制力和影响力，有效遏阻了帝国主义对中华人民共和国的渗透、颠覆和破坏，对维护中国国家安全有长远的现实意义。

“一边倒”这一外交方针是1949年毛泽东在《论人民民主专政》一文中提出来的。在该文中，毛泽东这样说道：“一边倒，是孙中山的四十年经验和共产党的二十八年经验教给我们的，深知欲达到胜利和巩固胜利，必须一边倒。积四十年和二十八年的经验，中国人不是倒向帝国主义一边，就是倒向社会主义一边，绝无例外。骑墙是不行的，第三条道路是没有的。我们反对倒向帝国主义一边的蒋介石反动派，我们也反对第三条道路的幻想。”②“我们在国际上是属于以苏联为首的反帝国主义战线一方面的，真正的友谊的援助只能向这一方面去找，而不能向帝国主义战线一方面去找。”③显然，“一边倒”的外交方针是毛泽东在总结中国革命历史经验的基础上，从当时的国际战略格局出发，针对美国等帝国主义国家对中华人民共和国采取敌视态度的现实情况提出来的。但必须强调的是，向苏联

①《毛泽东外交文选》，中央文献出版社、世界知识出版社1994年版，第80-81页。
②《毛泽东外交文选》，中央文献出版社、世界知识出版社1994年版，第93页。
③《毛泽东外交文选》，中央文献出版社、世界知识出版社1994年版，第96页。

为首的社会主义阵营“一边倒”的方针，是指国际战略态势上的“一边倒”，绝不意味着处处事事都依从别国，跟着别国的指挥棒转，更不是去做附属国。恰恰相反，它是以维护国家主权和民族独立为前提的。毛泽东第一次访苏以及《中苏友好同盟互助条约》的签订，就是“一边倒”方针的成功实践。

进入20世纪60年代，随着国际形势的显著变化，苏联的霸权主义和军事威胁已经成为危及我国的头号敌人。70年代，毛泽东经过慎重考虑，对中国的外交战略进行了全面调整，提出了“一条线”的构想。1973年2月17日，他在会见美国总统特使基辛格时说：“我跟一个外国朋友谈过，我说要搞一条横线，就是纬度，美国、日本、中国、巴基斯坦、伊朗、土耳其、欧洲。”这实际上是提出了一个从中国、日本往巴基斯坦、伊朗、土耳其、欧洲到美国的联合抗苏的国际统一战线的战略构想，具有深刻意义和影响。1974年1月5日，毛泽东又在会见日本外务大臣大平正芳时进一步提出了“一大片”的构想，即指“一条线”周围的国家。其目的是要团结这“一条线”和“一大片”的所有国家，包括美国、日本在内的国际上一切可以利用的力量，共同对付苏联的扩张势头。

不管是“一边倒”还是“一条线”，这都充分表明了中华人民共和国外交的基础是独立自主原则，都是毛泽东根据不同时期国际国内形势的变化，以维护国家主权和领土完整为目标，以独立自主的发展对外关系为原则做出的合理选择。

2. 不允许任何国家干涉中国内政

中华人民共和国成立之初，由于美国政府推行与中国革命为敌的政策，并且把中国同以苏联为首的社会主义阵营联系在一起，因此毛泽东选择了倒向社会主义一边的政策，坚定地站在和平、民主、社会主义一边。在这种情况下，毛泽东和周恩来一再告诫中国同志：“要用自己的脑袋思考，要用自己的腿走路。”虽然“一边倒”，但中国在处理对苏关系时，仍然保持了外交的独立自主地位，从未在重大原则问题上做出过有损主权的让步。1958年，毛泽东断然拒绝了苏联提出的有损于中国主权的关于苏联在中国建立长波电台以及中苏联合建立潜艇舰队的主张，同时还批评了苏联对其他社会主义国家的某些大国主义的霸道做法。当苏联把两党之间的分歧扩大到国家关系，并且企图逼迫中国就范的时候，毛泽东采取了坚决顶住、绝不让步的原则。之后，毛泽东继续对来自苏联的霸权主义和军事威胁进行了针锋相对的斗争，捍卫了国家的安全。

中华人民共和国成立后，中美关系曾经历了一个长期对抗的困难时期。为了维护国家独立、尊严、主权和领土完整，毛泽东同美国的经济封锁和军事威胁进行了长期坚决的斗争，并从战略上为中国制定了相应的对策，使新中国顶住了扑面而来的惊涛骇浪。到了20世纪70年代初，美国政府再也无法无视新中国的客观存在，于是便有了毛泽东和尼克松1972年历史性的会见。经过20余年的较量，双方在中美《上海公报》中，第一次共同确认："各国不论社会制度如何，都应根据尊重各国主权和领土完整、不侵犯别国、不干涉别国内政，平等互利、和平共处的原则来处理国与国之间的关系"，从而为中美两国最终在完全平等的基础上实现关系正常化奠定了重要基础，这是新中国奉行独立自主外交政策取得的一个重大胜利。

3. 自力更生为主、争取外援为辅

中华人民共和国成立前后，为了推动新中国大规模的经济建设，毛泽东曾经有过在平等互利的前提下，与世界各国发展经济关系的战略设想。1949年12月，毛泽东在苏联访问期间曾经向国内有关部门提出建议，在准备对苏贸易条约时应从统筹全局的观点出发，同时要准备和波捷德英日美等国做生意。但是，由于帝国主义把经济封锁的政策强加在中国人民头上，毛泽东的上述设想未能得到实现。当时，为了打破以美国为首的西方国家对中国的经济封锁，中国人民不得不立足国内，主要依靠自己的力量进行社会主义建设，并同苏联等东欧国家加强经济交往与合作。在此之后，毛泽东多次强调了要"自力更生为主、争取外援为辅"。

中苏关系恶化之后，中国人民主要依靠自己的力量，克服了苏联撤退

专家、撕毁合同所带来的种种困难，并成功地研制了原子弹、氢弹，取得了国防建设的巨大成就。但在此过程中，毛泽东过分强调了依靠自己的力量搞建设的一面，忽视了“争取外援为辅”，对现代经济发展的广泛联系性与开放性认识不够，结果使中国长时间地脱离世界经济体系，以致失去了追赶世界先进的机会。这是应当引以为鉴的。

（二）和平共处五项原则应推广到所有国家关系中去[①]

毛泽东一贯主张，国家无论大小、贫富、强弱，都应当相互尊重，平等相待，友好相处，各个国家的事情应当由各个国家的人民自己去管，任何外国无权干涉。这是中华人民共和国外交倡导和平共处五项原则的由来和主要依据。由此出发，在和平共处五项原则的基础上发展同一切国家的关系，就成为新中国外交的一个基本准则。

中华人民共和国成立前后，毛泽东在阐述新生的人民政权的对外政策时，曾多次提出过类似于和平共处五项原则的某些说法。1949年4月30日，毛泽东在为中国人民解放军总部发言人起草的一份声明中指出：中国人民革命军事委员会和人民政府愿意考虑同各国建立外交关系，这种关系必须建立在平等、互利、互相尊重主权和领土完整的基础上，首先是不能帮助国民党反动派。1949年6月15日，毛泽东又在中国人民政治协商会议筹备会上指出：任何外国政府，只要它愿意断绝与中国反动派的关系，不再勾结或援助中国反动派，并向人民的中国采取真正的而不是虚伪的友好态度，我们就愿意同它在平等、互利、互相尊重领土主权的原则的基础之上，谈判建立外交关系的问题。中国人民愿意同世界各国人民实行友好合作，恢复和发展国际间的通商事业，以利于发展生产和繁荣经济。毛泽东在这些场合多次提及的平等、互利和互相尊重主权和领土完整，后来成为和平

①《毛泽东外交文选》，中央文献出版社、世界知识出版社1994年版，第163页。

共处五项原则中的重要内容。

周恩来进一步发挥了这些思想。1953 年 12 月 31 日，他在中印两国就西藏地方问题进行谈判的时候，对印度代表团指出：中华人民共和国成立后就确立了处理中印两国关系的原则，那就是互相尊重领土主权、互不侵犯、互不干涉内政、平等互惠和和平共处的原则，对此，印度方面表示赞同。这五项原则正式写入双方达成的《中印关于中国西藏地方和印度之间的通商和交通协定》的序言中，随后在 1954 年中印、中缅联合声明中，中印、中缅共同倡导了和平共处五项原则，并把五项原则中的平等互惠改为平等互利。后来，周恩来又在 1955 年亚非会议上的发言中，将互相尊重领土主权，改为互相尊重主权和领土完整。至此，和平共处五项原则最后定型，并且有了科学、完整的表述。

1954 年 9 月 30 日，毛泽东在会见印度乌玛 · 尼赫鲁夫人时指出：五项原则应当适用于各国之间的关系，现在这五项原则已经是世界闻名了。随后不久，毛泽东在印度总理尼赫鲁访问中国时，再次指出，应把五项原则推广到所有国家的关系中去，并且说：无论是人与人之间，政党与政党之间，或是国与国之间，都必须是互利的。如果任何一方受到损害，合作就不能维持下去。

为了实现和平共处五项原则，我国又提出了“求同存异”的方针。毛泽东在同尼赫鲁谈话时指出：“我们所有东方人，在历史上都受过西方帝国主义国家的欺侮。”“尽管我们在思想上、社会制度上有不同，但是我们有一个很大的共同点，那就是我们都要对付帝国主义。”[①]1955 年，周恩来在亚非会议上明确提出“求同存异”，就国家关系而言，即是把社会制度和意识形态的差异和矛盾放在一边，在和平共处五项原则的基础上寻求共同点。1955 年 5 月，毛泽东在会见印尼领导人的谈话中，从中国历史和现实结合的角度，提出了“和平为上”的外交主张。他指出：“就是西

①《毛泽东外交文选》，中央文献出版社、世界知识出版社 1994 年版，第 164 页。

方国家，只要它们愿意，我们也愿同它们合作。”1956 年，他在《同兄弟国家团结一致，同一切国家建立友好关系》一文中，又再次强调：“为了和平和建设的利益，我们愿意和世界上一切国家，包括美国在内，建立友好关系。我相信这一点，总有一天会做到的。”高举和平共处五项原则的旗帜，中华人民共和国的外交就站到了道义的制高点上。

（三）希望第三世界团结起来[①]

20 世纪 50 年代以后，亚非拉美国家的民族民主运动迅猛发展，许多国家纷纷摆脱殖民主义枷锁，赢得了独立。这为中国打破西方国家的孤立和封锁，广泛结交“穷朋友”，确立有利于我国的国际战略格局，提供了很好的机会。毛泽东曾多次指出中国交朋友的重点应放在亚非拉三大洲。在毛泽东看来，占世界人口绝大多数的第三世界是推动世界历史车轮前进的革命动力，是反对超级大国霸权主义、维护世界和平的主力军。1956 年 10 月 19 日，毛泽东在会见巴基斯坦总理苏拉瓦底时指出，要注意中间地带的重要性问题。他认为，中间地带包括从英国一直到拉丁美洲。这个地区的一边是社会主义阵营，另一边是美国，这个地带有最多的人口和最多的国家，包括有三种性质的国家。第一类是拥有殖民地的帝国主义国家，如英国、法国。第二类是亚洲、非洲、拉丁美洲的国家，有的已经取得了民族解放，有的正在争取民族解放。第三类是在欧洲的不拥有殖民地的自由国家。这些中间地带国家之间存在着一些内部纠纷，这些纠纷应该用和平方法解决。在后来的一些谈话中，他进一步指出，现在美苏双方都在争夺这块中间地带。1957 年 1 月，毛泽东根据对苏伊士运河事件的分析，进一步提出帝国主义国家争夺的主要场所是亚洲和非洲。他还说：“对于国际问题的观察，我们认为还是这样：帝国主义之间闹，互相争夺殖民地，

①《毛泽东外交文选》，中央文献出版社、世界知识出版社 1994 年版，第 600 页。

这个矛盾大些。他们是假借跟我们的矛盾来掩盖他们之间的矛盾。我们可以利用他们的矛盾，这里很有文章可做。这是关系我们对外方针的一件大事。”在这一思想指导下，中国积极支持亚非拉人民的反殖反帝斗争，对已经独立的亚非拉友好国家给予尽可能的援助，极大地增强了自己在国际政治舞台上的影响，给我国的外交注入了活力。

中苏关系恶化使毛泽东清醒地意识到，中国面对两条战线，一条战线是反对当时称之为“国际修正主义”的苏联，一条战线是反对美帝国主义。为了在这种态势下争取主动，他多次强调要有广泛的国际统一战线，要团结一切可能团结的力量。对于苏联，还是要多做工作，既坚持原则，又要防止破裂。为了实现上述方针，毛泽东根据国际战略格局的新变化，进一步发展“中间地带”理论。他提出，在美苏之间，有两个中间地带。亚洲、非洲、拉丁美洲的不发达国家，是第一个中间地带；欧洲、大洋洲、加拿大、日本等发达国家，是第二个中间地带。他明确指出，中国是不发达国家，属于第二世界。他赞许法国戴高乐总统摆脱美国控制的斗争，称这种斗争的实质是控制和反控制。他认为各国人民应该管各国人民自己的事情，不允许任何外国势力的干涉。在处理复杂微妙、反复变化的国际矛盾中，毛泽东还为中国外交制定了利用矛盾、争取多数、反对少数、各个击破的策略方针，避免陷入被动的局面。在上述方针的指导下，20 世纪 60 年代，我国同亚非拉不发达国家的友好关系得到巩固和发展。

20 世纪 70 年代，根据国际战略格局的新变化，从团结一切可以团结的力量、尽可能地孤立苏联的战略考虑出发，毛泽东提出了关于三个世界划分的理论。1974 年 2 月 22 日，毛泽东在同赞比亚总统卡翁达的谈话中，比较完整地阐明了三个世界划分的理论。他说：“我看美国、苏联是第一世界。中间派，日本、欧洲、澳大利亚、加拿大，是第二世界。咱们是第三世界。”[①] 他又说：美国、苏联原子弹多，也比较富。第二世界，欧洲、

①《毛泽东外交文选》，中央文献出版社、世界知识出版社 1994 年版，第 600 页。

日本、澳大利亚、加拿大，原子弹没有那么多，也没有那么富，但是比较第三世界要富。第三世界人口很多。亚洲除了日本，都是第三世界。整个非洲都是第三世界，拉丁美洲是第三世界。毛泽东还反复强调，中国属于第三世界。同年 2 月 25 日，毛泽东会见阿尔及利亚领导人布迈丁时表示，我跟你的看法一样，中国属于第三世界。因为政治、经济各方面，中国不能跟富国、大国比，只能跟一些比较穷的国家在一起。他还多次表示，中国永远不称霸，永远不做超级大国，不同大国搞同盟关系。当时，一些第三世界国家对中美关系发展心存疑虑，担心小国的利益受到损害。毛泽东的这些话，打消了第三世界国家的顾虑，赢得了他们的信任。1974 年 4 月，邓小平代表中国政府，在联合国大会第六次特别会议上全面阐述了关于三个世界划分的战略思想，邓小平指出："从国际关系的变化看，现在的世界实际上存在着互相联系又互相矛盾着的三个方面、三个世界。美国、苏联是第一世界。亚非拉发展中国家和其他地区的发展中国家，是第三世界。处于这两者之间的发达国家是第二世界。"邓小平郑重声明："中国属于第三世界。""中国现在不是，将来也不做超级大国。"他的讲话引起强烈反响，得到国际社会的普遍赞同。

（四）反对霸权主义，争取一个长期的和平国际环境

第二次世界大战后，战争与和平的问题成为国际社会面临的突出问题。当时有不少人对国际形势的发展持悲观的态度，认为"美苏必战""第三次世界大战必然爆发"等。在这种形势下，毛泽东从分析战后世界主要矛盾入手，经过慎密的思考和探索，于 1946 年 4 月写了《关于目前国际形势的几点估计》，科学地分析战后国际形势的基本趋向。他指出："世界反动力量确在准备第三次世界大战，战争危险是存在着的。但是，世界人民的民主力量超过世界反动力量，并且正在向前发展，必须和必能克服战争危险。因此，美、英、法同苏联的关系，不是或者妥协或者破裂的问题，

而是或者较早妥协或者较迟妥协的问题。”[①] 所谓妥协，是指经过和平协商达成协议。所谓较早较迟，是指在几年或者十几年之内，或者更长时间内。毛泽东认为：“美、英、法和苏联之间的这种妥协，只能是全世界一切民主力量向美、英、法反动力量作了坚决的和有效的斗争的结果。”这说明，和平不会从天而降，只有经过世界人民的不懈斗争，才能争取和维护世界和平。

中华人民共和国成立后，毛泽东在全国人大第一次会议的开幕词中明确指出：“我们的总任务是：团结全国人民，争取一切国际朋友的支援，为了建设一个伟大的社会主义国家而奋斗，为了保卫国际和平和发展人类进步事业而奋斗。”为了实现上述任务，毛泽东以战略家的远见卓识和大无畏的革命精神，重申“帝国主义和一切反动派都是纸老虎”的论点。并进一步指出：“帝国主义和一切反动派也有两重性，它们是真老虎又是纸老虎。”我们要在“战略上藐视它，战术上重视它”，据此，他作出了“在国外，联合世界上一切爱好和平的国家和人民，结成国际统一战线，共同奋斗”的战略，采取“发展进步势力，争取中间势力，反对顽固势力”的策略，坚决反对威胁我国安全和世界和平的主要敌人。

到20世纪50年代末60年代初，苏联当时的领导人推行“苏美合作、主宰世界”战略，向我国提出有损主权的无理要求，妄图控制我国。在遭到我国拒绝之后，苏联领导人一意孤行，突然撕毁合同，撤走专家，制造边境纠纷，对我施加压力，恶化了中苏关系。同时，美国不但继续侵占台湾，还肆意破坏《日内瓦协议》，扩大侵越战争，从南面加紧了对我国安全的威胁。面对美苏同时逼来的险恶形势，毛泽东又提出“反两霸”的战略，顶住了美苏两国的压力，使我国发展成为独立于美苏之外的一支重要力量。

到20世纪60年代末70年代初，美国由于深受越南战争的拖累，内外交困，不得不收缩战线，欲从越南脱身。苏联则趁机增强军力，加紧向

①《毛泽东选集》第4卷，人民出版社1991年第2版，第2184页。

外扩张，不但成为对我国安全的主要威胁，而且竭力同美国争夺霸权，出现了苏攻美守的新态势。毛泽东又审时度势，提出“一条线”战略，摆脱同美苏同时对抗的局面。当美国总统尼克松发出要同我国和解的信息时，毛泽东抓住机遇，经乒乓球外交到尼克松访华，打开了中美关系正常化的大门，推动了中美苏大三角关系的建立。1971 年 10 月，第二十六届联大恢复了我国在联合国的一切合法权利，开拓了我国外交的新局面。

中国不仅反对别国的霸权主义，自己也不称霸。因为中国有过一百多年遭受帝国主义侵略和压迫的苦难历史，直到中华人民共和国成立后才在国际社会中争得平等的地位。因此，中国人民绝不接受任何不平等的地位，同时也绝不愿意欺侮、压迫或控制任何其他国家和民族。中华人民共和国成立以后，毛泽东曾反复告诫中国同志，不要翘尾巴，要防止我们自己在国际交往中搞大国沙文主义。1956 年 9 月 29 日，毛泽东在接见南共联盟代表团的谈话中曾诚恳地表示：国际上，我们反对大国主义，工业虽少，但总算大国，所以就有些人把尾巴翘起来，我们就告诉这些人“不要翘尾巴，要夹紧尾巴做人”。毛泽东还说：中国过几年工业化后，翘尾巴的可能性就更大了，将来中国如果要翘尾巴，翘到一万公尺以上，要批评它，要监督中国，要全世界都来监督中国。20 世纪 70 年代初，毛泽东又对国内提出了“深挖洞，广积粮，不称霸”的思想，向全世界表明了中国永远不做超级大国，永远不称霸的鲜明立场，得到国际社会的广泛好评。

（五）坚持原则的坚定性和方法的灵活性

中华人民共和国成立后，中国外交在毛泽东的指导下进行了三次重大调整。从初期的“一边倒”外交战略，到 20 世纪 50 年代中期的第二次外交调整，提出了团结广大亚非拉国家，反对帝国主义、修正主义和各国反动派，推进世界革命的外交政策，即“两个拳头打人”的外交战略。中国外交战略的第三次调整，基于当时的国际形势，外交政策从“两个拳头打人”调整为“一条线”战略。为何在 20 多年的时间里，中国的外交战略就发生了这么多变化？其实，这体现了毛泽东外交思想的策略原则：原则的坚定性和方法的灵活性相统一。从宏观上看，这三次调整，意义在于它适应了国内外客观条件的变化，超越了意识形态、社会制度的限制，为我国外交工作开辟了一个新的天地；在苏联大国沙文主义和西方反华势力的强大压力面前，捍卫了国家的独立、主权和尊严；与越来越多的国家建立和发展了日益广泛、友好的合作关系，为相当长一段时期我国的社会主义建设提供了一个越来越有利的国际环境和条件。在毛泽东看来，维护国家主权和尊严是坚定不移的原则，而通过什么手段和方式来维护，就要根据形势的变化随机而动了。

除了外交战略的调整，这种策略原则也有很多具体的表现，比如 1972 年的《中美联合公报》。正如尼克松总统在 1972 年 2 月 21 日为他访华举行的欢迎宴会上的祝酒词中所说："让我们一开始就承认这样几点：我们在过去的一些时期曾是仇敌。我们在今天仍有重大的分歧……"是的，当时的美国曾与中华人民共和国为敌 20 多年，两国不仅政治社会制度不同，而且在对待当时的重大国际问题，特别是亚洲重大问题（如越南、朝鲜等问题），立场也是完全对立的。但是，双方又都有恢复和建立正常关系的愿望，这是共同点。两个"宿敌"寻求关系正常化，发表一个举世瞩目的联合公报，这决定性的一步将怎样迈呢？两国在当时的世界上都各自保有自己的独特形象，又都有各自的盟友，在联合公报中将怎样反映？另一个超级大国对中美建立和发展关系抱有戒心，公报又怎样对待这一问题？特别是妨碍两国关系最关键和最微妙的问题——台湾问题又将怎样措辞？人们拭目以待。《中美联合公报》发表以后，人们发现公报对以上一系列问题都作了在当时条件下可能做到的和意想不到的最好表达。就我国而言，它是原则的坚定性和方法的灵活性相结合的一次独特的运用。

第三节　独立自主和平外交的成就和影响

毛泽东作为中国外交事业的奠基人，他敢于向美苏两极格局挑战，坚决捍卫国家主权与尊严；深谙世界发展规律，敢于伸张国际正义；善于用辩证法指导外交斗争，灵活运用国际斗争策略。在毛泽东外交思想的指引下，中国始终坚持独立自主的和平外交政策，经受了风云变幻的国际外交挑战，取得了辉煌的成就。从 1949 年到 1976 年的 28 年间，中国先后与 110 个国家建交，并且开展了广泛的政治、经济、文化、军事往来。这些成就，为当代中国的社会主义现代化建设和改革开放奠定了重要的基础。

1978 年 12 月，党的十一届三中全会召开，中国迎来改革开放的新时期。30 多年来，中国始终坚持独立自主的和平外交政策，始终坚持外交为中国现代化建设服务的根本宗旨，始终坚持在和平共处五项原则基础上同所有国家发展友好合作的方针，始终反对各种形式的霸权主义和强权政治，越来越鲜明地发挥了负责任大国的积极作用。归纳说，中国对外工作的成就主要有四个方面。

第一，中国坚持与邻为善、以邻为伴的方针，奉行睦邻、安邻、富邻的政策，积极缔结与周边国家和地区的友好关系，努力发展与它们的互利互惠合作，使周边关系长期处于历史上最好的时期。

中国妥善解决了与北部邻国历史上遗留下来的边界问题，推动上海合作组织，在安全、经济、人文各个领域进一步密切了同中亚各国的友好合作关系。中国全面改善和增进了与东盟的关系，积极参与“10+1”、“10+3”和东亚峰会等合作，推动建立中国—东盟自由贸易区，加强在安全等领域的协作与磋商，中国与东盟已经形成区域、次区域、双边和多边合作相互促进、相辅相成的良好局面。中国大力促动朝核问题在六方会议框架下的进展，为实现朝鲜半岛和平、稳定和无核化进行着持续不懈的努力。中日关系得到明显改善与发展，双方建立了战略互惠关系。中韩关系提升为战略合作伙伴关系，为两国关系更加美好的未来奠定了坚实的基础。中日韩三边合作呈现出新的发展势头。中国同南亚各国关系不断取得新进展，中国已成为南盟的观察员。中国与巴基斯坦的传统战略关系经受住历史的考验，双方在各个领域的友好合作继续巩固与发展。中印关系进入全面发展的新阶段，两国总理签署了中印《关于21世纪的共同展望》，并就今后一个时期双边关系达成内容广泛的六点共识，标志着两国关系日益成熟。中国支持阿富汗实现国内稳定，以实际行动帮助阿富汗的重建努力。中国与其他邻国或临近国家也都保持着良好的合作关系。

第二，中国与世界大国的关系总体良好稳定，各个方面合作继续发展。

过去十多年，中俄关系从友好国家关系发展到建设性伙伴关系，又进而提升到面向21世纪的战略协作伙伴关系，连续上了三个台阶。经过双方共同努力，中俄边界问题已经全部彻底解决，两国战略互信与合作不断增强，多领域交流合作深入发展，在地区和国际事务中相互支持和配合。

中美关系的稳定与发展符合中美人民的根本利益，也有益于亚太地区乃至世界的和平与稳定。中美间存在各种分歧，但更存在重大共同利益。中国坚持在中美间三个公报原则的基础上发展两国关系，扩大和发展共同面，妥善处理分歧。中美建交30年，在政治、经济和安全领域以及在重大国际问题上的协调与合作都有新的发展。两国建立的战略对话和经济战略对话等多种磋商机制对推动中美关系稳定健康发展具有重要的战略和现实意义。

中欧关系在较长一段时间里发展比较顺利，欧盟先后发表过六个对华关系战略文件，前五个总体基调是积极的。双方在2003年建立了全面战略伙伴关系，中欧政治、经济、科技、文化等各个领域的交流与合作都取得显著的成果，各层次的对话与磋商不断深化，高层交往频繁。1998年开始的中欧领导人会晤对推动双方关系的发展起了积极作用。但随着国际形势的变迁和中欧力量对比的变化，中欧关系中的矛盾和分歧被欧方凸显出来，特别是在经贸和人权等问题上。但中欧之间没有地缘政治和基本利害冲突，经贸互补性和依存性较强，双方关系的基本前景还是好的。

特别值得一提的是，中国与发展中大国的关系日益加深，合作不断增强，参加 G8 对话的发展中五国、金砖四国和中俄印三国间，都已形成协商机制。新兴大国间加强协调与合作，无疑具有深远的意义。

第三，中国与发展中国家的传统友谊和团结合作有了新的发展。中国属于发展中国家，同广大发展中国家命运与共、利益相通，始终不渝地维护他们的正当要求和共同权益。在新的历史条件下，不断深化与发展中国家的友谊，扩大务实合作，提供力所能及的援助，促进共同发展与繁荣，是中国持之以恒的国策。

中国以实际行动推动南南合作。中国与非洲国家共同倡议成立了“中非合作论坛”，成功举办了“中非合作论坛”北京峰会，取得积极的效果。中国与阿拉伯国家共同成立了“中阿合作论坛”，密切了中阿关系，加强了与阿拉伯国家的合作。中国与拉美、加勒比和南太等地区国家的合作，也在进一步发展和深化。

第四，中国更加积极主动地开展多边外交活动，在国际舞台上发挥了日益有影响的积极作用。

中国是拥有世界 1/5 人口的大国，是联合国安理会常任理事国，对人类的命运和世界的安危负有重大责任。发展好中国自己，使中国人民享有尽可能高的物质和精神文明，本身就是对人类社会进步事业的巨大贡献。中国始终积极促进世界的和平、发展与合作，推动国际秩序朝着更加公平合理的方向发展。中国在许多方面展示出多边外交的积极作用，认真参与国际热点问题的审议和解决，认真对待国际体制的改革，公正参与国际“游戏规则”的制定，承担越来越多的国际义务。总之，中国多边外交活动已在由点及面、由局部到多方面、由经济到政治、安全、人文等各个领域全面展开，受到国际社会的普遍好评。

第十章

毛泽东
与祖国统一大业

维护国家领土和主权完整，实现祖国统一，是中华民族走向伟大复兴的历史必然要求，是中华民族的根本利益所在。作为一名伟大的爱国主义者和马克思主义者，毛泽东为实现祖国统一进行了长期不懈的探索，提出了比较系统的关于祖国统一的战略思想。毛泽东关于祖国统一的理论和实践，为后继者继续推进祖国统一大业奠定了理论和政治基础，今天仍具有十分重要的指导意义。

第一节　毛泽东实现祖国统一大业思想形成和发展的历程

（一）中华人民共和国成立前后毛泽东对港澳台方针的初步规划

香港和澳门是当年英国政府和葡萄牙政府侵占的中国领土，解决港、澳问题的关键是中国收回被侵占的国土，恢复行使主权。1946 年 12 月 9 日，毛泽东在与哈默、罗德里克、陈依范等三名西方记者会谈时，专门谈到了香港问题。毛泽东表示：“我们现在不提出立即归还的要求，中国那么大，许多地方都没有管理好，先急于要这块小地方干吗？将来可按协商办法解决。”[1]这表明了毛泽东很早就有和平解决港、澳问题的战略思考。1949年2月，毛泽东在同斯大林派来的代表米高扬谈话时，对于港、澳统一问题做了明确的说明，他说：“中国还有一半的领土尚未解放。大陆上的事情比较好办，把军队开去就行了。海岛上的事情就比较复杂，需要采取另一种较灵活的方式去解决，或者采用和平过渡的方式，这就要花较多的时间了。在这种情况下，急于解决香港、澳门的问题也就没有多大意义了。相反，恐怕利用这两地的原来地位，特别是香港，对我们发展海外关系、进出口贸易更为有利些。总之，要看形势的发展再作最后决定。”[2]由此可见，用和平方式解决港澳问题，是以毛泽东为代表的中共领导人自解放战争时期就开始酝酿的方针策略。

1949年10月14日，广州解放，英国占领下的香港门户洞开。10月17日，挥师南下的第四野战军第15兵团抵达香港北部边界。在世人看来，香港作为英国殖民地的日子已是屈指可数了。但就在香港的英国人风声鹤唳、草木皆兵之际，他们忽然发现大军压境的中国人民解放军一直按兵不动，并无继续南进一举解放香港之意。不仅英国人纳闷了，全世界似乎都注意到这一难以理解的现象。

解放军之所以勒马深圳河畔不开进香港，正是出于党中央和毛泽东对当时国际局势及香港问题的正确估计。早在1949年1月19日，中共中央向全党发出由周恩来起草、毛泽东修改的《关于外交工作的指示》中就指出：“在原则上，帝国主义在华的特权必须取消，中华民族的独立解放必须实现，这种立场是坚定不移的。但是在执行的步骤上，则应按问题的性质及情况，分别处理。凡问题对于中国人民有利而又可能解决者，应提出解决。其尚不可能解决者，则应暂缓解决。凡问题对于中国人民无害或无大害者，即使易于解决，也不必忙于去解决。凡问题尚未研究清楚或解决的时机尚未成熟者，更不可急于去解决。总之，在外交工作方面，我们对于原则性

---

①《毛泽东文集》第4卷，人民出版社1996年版，第207页。

②《毛泽东传（1893—1949）》，中央文献出版社2004年版，第948页。

与灵活性应掌握得很恰当，方能站稳立场，灵活机动。”[①] 这个指示虽然没有直接谈到香港问题，但实际上为香港问题提供了指导方针，即香港问题当然也是帝国主义在华的“特权”之一，必须取消。但香港属于“解决的时机尚未成熟者”，因此“不可急于去解决”。这样，“暂时不动香港”的外交政策初步形成。中华人民共和国成立后，在当时的国际环境下，考虑到保留香港的原有地位，有利于瓦解西方资本主义阵营对新中国的孤立和封锁，有利于新中国的经济建设和发展同西方国家的关系，中共中央和毛泽东充分尊重香港地区的历史与现状，制定了“暂时不动香港，维持现状”的方针。当时，港督葛量洪收到了中共通过秘密途径传来的香港维持现状的“三项条件”：(一)香港不能用作反对中华人民共和国的军事基地；(二)不许进行旨在破坏中华人民共和国威信的活动；(三)中华人民共和国在港人员必须得到保护。这三条要求合情合理，港英政府欣喜地感到不能错过这一良机，所以英国政府决定在西方国家中“率先承认”中华人民共和国，并在《华侨日报》上刊登了“毛泽东已保证香港地位安全，英国年内承认中共”的消息。

1950 年 1 月 6 日，英国外交大臣贝文致电周恩来：英国正式承认中华人民共和国中央人民政府是“中国法律上之政府”，表示愿意同中国在平等互利及相互尊重领土主权的基础上建立外交关系。基于“暂时不动香港”的决策，中国政府接受了英国政府的建议，在与英国讨论建交问题时，不就香港问题进行交涉。中英两国之间的这一“默契”，为新中国其后实施“暂时不动香港”之“长期打算，充分利用”的战略决策铺平了道路。

1951 年春，周恩来系统阐述了制定这一决策的战略意义。他说：“我们对香港的政策是东西方斗争全局战略部署的一部分……我们把香港留在英国人手上比收回来好、也比落入美国人的手上好。香港留在英国人手上，我们反而主动。我们抓住英国一条辫子……这样我们就可以扩大和利用英

①《建党以来重要文献选编》第 26 册，中央文献出版社 2011 年版，第 55 页。

美在远东问题上对华政策上的矛盾……香港是我们通往东南亚、亚非拉和西方世界的窗口。它将是我们的瞭望台、气象台和桥头堡。它将是我们突破以美国为首的西方阵营对我国实行封锁禁运的前沿阵地。”[①] 在坚定地贯彻这一方针的同时，我国政府也一再声明，香港是中国领土的一部分，中国政府不承认帝国主义强加的不平等条约，在条件成熟的时候，中国将恢复行使对香港地区的主权。事实证明，“暂时不动香港，维持现状”的战略决策对于发展我国的对外关系做出了巨大的贡献。维持香港的现状，迫使英国为了维护其在香港的特殊利益，不得不区别于其他资本主义国家，长期与新中国保持事实上的外交关系，并成为第一个承认中华人民共和国合法地位的资本主义大国。同时香港作为我国同国外进行经济联系的基地，在引进国内必需的物资、技术、资金和人才，开展进出口贸易，加快社会主义经济建设等方面做出了不可磨灭的贡献。

与港澳不同，台湾的解放问题不是收回主权的问题，而是从分裂走向统一的问题。台湾自古以来就是中国的领土，在国内和国际上并不存在台湾归属问题。由于 1949 年失败的国民党军队退守台湾，造成海峡两岸的阻隔，才产生了台湾问题。对于台湾问题，毛泽东在中华人民共和国成立前就预见了其复杂性，他说：“台湾是中国的领土，这是无可争辩的。现在估计国民党的残余力量大概全要撤到那里去，以后同我们隔海相望，不相往来。那里还有一个美国问题，台湾实际上就在美帝国主义的保护下。台湾问题比西藏问题更复杂，解决它更需要时间。”[②]

毛泽东在考虑解决台湾的分裂问题时，早期主要是采用武力解放的战略策略。1949 年 3 月，中共中央召开会议讨论即将成立的华东局管辖范围，按照毛泽东的建议，在华东局增加了台湾。应党中央的要求，华东局提出了解放台湾后的台湾省政府的人员名单，组建了省委、省政府各部厅、地委、

①《保持香港现状和地位　毛主席和周总理的战略思想——漫谈许家屯回忆录之三十八》，《香港经济日报》1993 年 7 月 2 日。

②《毛泽东传（1893—1949）》，中央文献出版社 2004 年版，第 948 页。

新華社時評

中國人民一定要解放台灣

■ 1949 年 3 月 16 日，《人民日报》发表新华社时评《中国人民一定要解放台湾》。

县委的领导班子，并集中进行了有关台湾知识、政策的培训。1949 年 3 月 15 日，新华社发表了在毛泽东亲自过问下起草的《中国人民一定要解放台湾》的时评，指出："中国人民（包括台湾人民）将绝对不能容忍美国帝国主义对台湾或任何其他中国领土的非法侵略，同样地亦绝对不能容忍国民党反动派把台湾作为最后挣扎的根据地。中国人民解放斗争的任务就是解放全中国，直到解放台湾、海南岛和属于中国的最后一寸土地为止。"[①] 这是我党第一次公开提出"解放台湾"的口号。

渡江战役之后，随着人民解放战争向东南沿海胜利推进，党中央和毛

①《人民日报》1949 年 3 月 6 日。

泽东开始着手部署由第三野战军担负解放台湾的任务。1949 年 6 月 14 日，毛泽东给粟裕等发电报，提出“请开始注意研究夺取台湾的问题”，并指出“如果我们长期不能解决台湾问题，则上海及沿海各港是要受很大危害的”。6 月 21 日，毛泽东在给华东局的电报中，提出华东局在“目前几个月内有四件大工作”，其中一件就是“准备占领台湾”，并希望“能于夏秋两季完成各项准备，冬季占领台湾”。根据毛泽东的设想，解放台湾大致分三步走：第一步，迅速组建海军、空军，掌握制海权、制空权；第二步，尽快解放东南沿海各岛，扫清外围，建立攻台前沿阵地；第三步，发起对台全面作战。1949 年 7 月 3 日，毛泽东和朱德致电华东军区：“新中国就要成立了，希望你们抓紧做好解放台湾的准备工作，加强海军力量，做到中央一声令下，随时歼灭敌人。”毛泽东还致信周恩来，提出“准备攻台的条件”，认为陆军和空军“二者有一，即可成功，二者俱全，把握更大，我空军要压倒敌人空军，短期内（例如一年）是不可能的，但仍可以考虑选派三四百人去远方[①]学习六至八个月，同时购买一百架左右，连同现在的飞机组成一支攻击部队，掩护渡海，准备明年夏季夺取台湾”。[②]从当时局势看，解放台湾的战争一触即发。

随着蒋介石军队在大陆的全线崩溃，美国朝野对国民党政府的腐败无能进行了严厉的批评，“弃蒋”的呼声也愈来愈高。1949 年 12 月 23 日，美国国务院发表《关于台湾的政策宣传指示》，宣称“台湾完全是中国政府的责任”，“台湾没有特别的军事重要性”。1950 年 1 月 5 日，美国总统杜鲁门发表声明：美国对台湾或中国其他领土从无掠夺的野心。现在美国无意在台湾获得特别权利或建立军事基地，美国亦不拟使用武装部队干预其现在的局势。美国政府不拟遵循任何足以把美国卷入中国内争的途径。

按照毛泽东确定的方针，第三野战军部署首先肃清福建境内大陆上的敌军，然后攻占沿海岛屿，建立进攻台湾的基地，并争取台湾国民党军队

---

① 远方：指苏联。

②《军史资料》1985 年第 10 期，第 26 页。

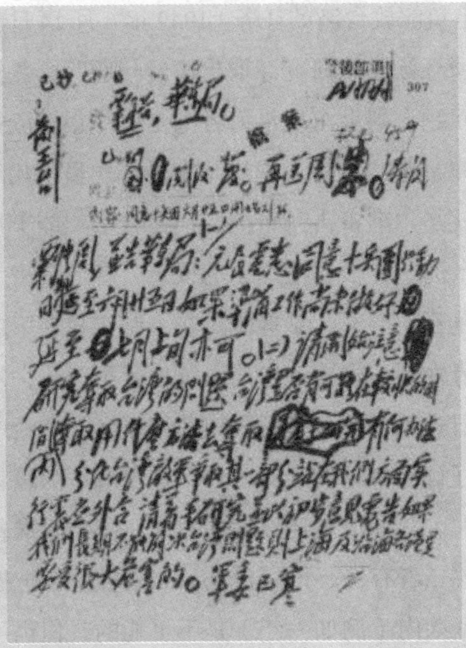

■ 1949年6月14日，毛泽东为中共中央军委起草了给粟裕、张震、周骏鸣等的电报："请开始注意研究夺取台湾的问题。"

一部里应外合，以较少的代价在较短的时间里解放台湾。在准备军事占领的同时，对台湾的策反工作也在不同层次从多方面进行着。随着1950年5月海南岛的解放，人们普遍认为解放台湾已为期不远了。

1950年5月17日，第三野战军前委发出了《保证攻台作战胜利的几点意见》，并成立了以粟裕为总指挥的前线指挥部，以3个兵团、12个军共50万人的兵力，投入对台作战准备。在1950年6月上旬召开的七届三中全会上，毛泽东重申"解放台湾、西藏，跟帝国主义斗争到底"[①]的决心。粟裕在会上也汇报了解放台湾的具体实施步骤和各项攻台作战的准备情况。毛泽东当即决定，解放台湾的战役由粟裕具体负责实施。美国的远东情报处发出哀叹：台湾将于7月15日以前遭受中共全面攻击，由于政府军队涣散，民心浮动，中共将于发动攻击后数周之内顺利夺占台湾。

①《毛泽东文集》第6卷，人民出版社1999年版，第74页。

（二）“和平解放台湾”方针的提出及对实施途径的多方面探索

按照中共中央和毛泽东的部署，中国政府正在加紧准备武装解放台湾的时候，1950 年 6 月 25 日，朝鲜战争爆发，美国政府在台湾问题上的立场发生了 180° 急转弯。6 月 27 日，杜鲁门政府抛出“台湾地位未定论”，并命令美国第七舰队进入台湾海峡，第十三航空队进驻台湾，公然以武力阻止中国人民解放台湾。这样，美国对台战略发生重大变化，即由“袖手”政策转变为“插手”政策，由“弃蒋”政策转变为“扶蒋”政策。8 月 26 日，根据毛泽东的指示，周恩来主持的检查和讨论东北边防军准备工作会议，正式作出“支援朝鲜人民，推迟解放台湾”的决定。9 月 29 日，毛泽东在给新闻总署署长胡乔木的信中指出：“以后请注意，只说要打台湾西藏，不说任何时间。”[①] 这样，原定在 1950 年发动的以战争方式解放台湾、实现国家统一的军事行动被迫推迟。

抗美援朝战争期间，台湾国民党当局在美国的庇护下生存下来，逐步强化了同大陆的对峙局面。1953 年 2 月，美国总统艾森豪威尔从反共的现实需要出发，开始明目张胆地实行“放蒋出笼”[②] 政策，并积极拼凑以中华人民共和国为主要遏制对象的包括台湾在内的亚太地区反共军事集团，对中国大陆形成威胁。这样，解放台湾的难度进一步增大了。

1953 年 7 月，朝鲜战争结束，毛泽东重新考虑解放台湾的战略部署。10 月，毛泽东在杭州召开的中央军委会议上指出：朝鲜停战了，我们身上的担子一下轻了很多……我们现在已经可以腾出手来了，我看该集中力量去解决台湾的问题了。毛泽东要求大家：从现在起，就应该就此着手准备，要长治久安，不解放台湾不行。1954 年 7 月，《人民日报》先后发表题为《一定要解放台湾》和《人民解放军的光荣任务》的社论，提出人民解放军的任务就是保卫社会主义建设，防止帝国主义侵略，消灭蒋介石集团，

①《建国以来毛泽东文稿》第 1 册，中央文献出版社 1987 年版，第 536 页。

②“放蒋出笼”政策，简言之即美国继续阻止中国大陆进攻台湾，但允许台湾进攻大陆。

解放台湾。同时，毛泽东电告在日内瓦的周恩来：为击破美蒋的军事和政治联合，必须向全国、全世界提出“解放台湾”的口号。我们在朝鲜停战后没有及时提出“解放台湾”的任务是不妥的，现在若还不进行此项工作，我们将犯严重的政治错误。这样，在抗美援朝战争结束一年后，毛泽东在经过极其慎重的思考后，重新提出了武力解放台湾的问题。8月1日，朱德在纪念“八一”建军节大会上郑重向世界宣告，台湾是中国领土，解放台湾是中国内政，不容外国干涉，并号召中国人民全力以赴完成这一光荣的历史任务。8月22日，中国各民主党派发表了《为解放台湾联合宣言》。这样，中国大陆掀起了“一定要解放台湾”的舆论高潮，毛泽东部署的继1950年后的第二次武力解决台湾问题的安排已进入了全面实施阶段。

与此同时，美国政府不断扩大对台问题的干涉。1954年12月2日，台湾当局和美国在华盛顿签署了《台美共同防御条约》。对此，毛泽东和中国政府立即作出了强烈反应。12月6日，《人民日报》发表题为《中国人民不解放台湾决不罢休》的社论，申明了中国的立场。12月8日，国务院总理兼外交部部长周恩来代表中国政府发表了严正声明，郑重宣告：台湾是中国的领土，中国人民一定要解放台湾。同时，毛泽东、周恩来根据美国政府既定政策和各种新动向，认为中国政府如果解放沿海岛屿，美国政府干涉的可能性不大；如果要渡过台湾海峡攻打台湾，美军则是要阻挠的。由于中国海军还没有锻炼好，各方面的准备还需要时间，所以认为解放台湾要有步骤地进行，要从沿海岛屿开始打击敌人。

按照毛泽东的命令，我军陆海空三军协同作战，于1955年1月18日，一举攻克一江山岛，并接着对大陈岛发起空中打击，迫使国民党军狼狈撤出。截至2月22日，人民解放军解放了浙江东南全部沿海岛屿。尔后，遵照中央军委指示，华东部队挥师入闽，与福建部队会合，准备攻打金门、台湾。

就在解放台湾战争取得节节胜利之际，美国加紧对台海局势的介入，第七舰队在我东南沿海集结了5艘航空母舰、3艘巡洋舰、40艘驱逐舰组成的庞大舰队，对中国大陆形成了极大压制。此时，毛泽东敏锐地观察到，一方面，1955年1月25日，美国众议院、参议院通过《防御福摩萨联合决议》，明确授权美国总统可以在他认为必要的时候使用美国部队阻止对澎湖列岛和台湾的进攻。这样，如果攻打澎湖列岛、台湾，美国势必进行军事干预，中国将在必然爆发的不对称的中美海上军事冲突中遭受巨大损失。另一方面，如果中国夺取马祖、金门，则正是美国所企望的，势必造成台湾和大陆的完全隔离，形成海峡两岸的长期分裂，将有利于美国制造“两个中国”或“一中一台”。从国内形势看，20世纪50年代中期以来，社会主义改造取得巨大成功，经济建设已成为整个国家生活中的主要任务，人民需要一个安定团结的环境来从事社会主义建设。在台湾，随着国民党当局完成了“党改”“土改”工作，岛内政局趋于稳定，民众不希望看到新的战争发生。有鉴于此，经过反复考虑、权衡利弊后，毛泽东从国际战略全局出发，毅然决定停止解放马祖和金门的军事行动，并于1955年初明确提出了“和平解放台湾”的方针，把工作重点放到促成同台湾国民党当局的和平谈判上来。1955年2月3日，周恩来在内部报告中指出：“我们的立场是：台湾是属于中国的。”“不解放台湾，决不罢休。”我们的方针是：“只要美军撤退，台湾可以和平解放。我们要提出这样的响亮口号。”“这个口号什么时候公开提出，要看形势的发展。”[①] 这是周恩来代表中共中央第一次在内部报告中提出“和平解放台湾”的方针，是中国共产党解决台湾问题方针政策的一次重要转折。

1955年4月召开的亚非会议，对我国政府和平解决台湾问题的宣传，是一个难得的机会。根据毛泽东的指示，周恩来在亚非会议八国代表团团长会议上指出：“中国人民解放台湾有两种可能的方式，即战争的方式和和平的方式，中国人民愿意在可能的条件下，争取用和平的方式解放台湾。”[②]“中国人民和平解放北京、新疆、西藏就是范例。”[③] 这是周恩来

---

① 周恩来向出席全国计划工作会议等专业会议代表所作的《动员和团结全国人民完成国家过渡时期总任务和反对国内外敌人的斗争》的报告，1955年2月3日。

②《人民日报》1955年5月17日。

③ 熊华源、单劲松：《毛泽东、周恩来对解决台湾问题的思考与决策》，《新中国60年研究文集》，中央文献出版社2009年版，第307页。

■ 1955年5月26日，毛泽东提出："台湾问题也可以用谈判解决。"这是1956年毛泽东同台湾籍的政协代表握手。

代表中国政府第一次向全世界公开提出"和平解放台湾"的方针。对此，毛泽东在5月26日重申："台湾问题也可以用谈判解决。我们已经在万隆会议表明了这一点，可以用这一点去说服西方国家。"①

进入1956年，随着我国社会主义改造基本完成，准备开始全面的社会主义建设，党中央和毛泽东确定了团结一切可以团结的力量，调动一切积极因素，为社会主义事业服务的基本方针，并根据这个方针从各方面（包括台湾问题在内）为社会主义建设创造和平安定的环境。为此中国政府鲜明地亮出了"和平解放台湾"的原则、方针和政策。1956年1月25日，毛泽东在第六次最高国务会议上提出：凡是能够团结的，愿意站在我们队伍的人，都要团结起来，不管他过去是做什么的。比如台湾，那里还有一堆人，他们如果是站在爱国主义立场，如果愿意来，不管个别的也好，部分的也好，集体的也好，我们都要欢迎他们为我们的共同目标奋斗。毛泽

①《毛泽东传（1949—1976）》（上），中央文献出版社2003年版，第595页。

东审改周恩来在全国政协二届二次会议上的《政治报告》稿时，将关于台湾问题的内容修改为："我国政府一年来曾经再三指出：除了用战争方式解放台湾以外，还存在着用和平方式解放台湾的可能性。这样，我国大陆人民和台湾人民就有一种共同的爱国的责任，这就是除了积极准备在必要的时候用战争方式解放台湾以外，努力争取用和平方式解放台湾。""凡是愿意走和平解放台湾道路的，不管任何人，也不管他们过去犯过多大罪过，中国人民都将宽大对待，不究既往。"[①]1月30日，周恩来代表中共中央在全国政协二届二次会议上作《政治报告》时，正式宣布了较为系统的对台政策。2月4日，《人民日报》发表社论《为和平的解放台湾而奋斗》。3月16日，周恩来会见即将赴台的李济深前卫士长马坤时，请他捎话给蒋介石："我们从来没有把和谈的门关死。任何和谈的机会，我们都欢迎，我们是主张和谈的。既然我们主张和谈，我们就不排除任何一个人，只要他赞成和谈。"[②]中国政府对和平解放台湾问题已从一般号召转入寻求接触、耐心争取实力派促成国共和谈的阶段。

1956年4月，毛泽东进一步提出了"和为贵""爱国不分先后，以诚相见、来去自由"的最高基本原则。6月，周恩来又在全国人大一届三次会议上首次非常明确地表示了与蒋介石当局和平解决台湾问题的具体问题，正式提出："我们愿意同台湾当局协商和平解放台湾的具体步骤和条件，并且希望台湾当局在他们认为适当的时机，派遣代表到北京或者其他适当的地点，同我们开始这种商谈。"[③]并详细阐述了和平谈判的六条基本原则。

需要指出的是，毛泽东在提出争取用和平方式解决台湾问题的同时，充分估计到台湾问题的复杂性，从不承诺放弃使用武力解放台湾，而是强调同时要从军事上积极地进行准备。1956年1月25日，他在第六次最高国务会议上，提出同国民党进行第三次合作的同时，指出：我们有两条，

①《建国以来毛泽东文稿》第6册，中央文献出版社1987年版，第32-33页。
②《周恩来年谱（1949—1976）》上卷，中央文献出版社1997年版，第559页。
③《人民日报》1956年6月29日。

一个和，一个战。我们分成两个来准备，我们争取要和。他在审阅周恩来向政协二届二次会议的《政治报告》稿时，在“努力争取用和平方式解放台湾”之前，加写了一句：“除了积极准备在必要的时候用战争方式解放台湾以外。”同年 8 月，毛泽东在审改党的八大政治报告中关于台湾问题部分时，除了加写“避免使用武力”外，还写了“如果不得已而使用武力，那是在和平谈判丧失了可能性，或者是在和平谈判失败以后”一段话。[①]为了准备用非和平的方式解放台湾，毛泽东十分强调要加强人民解放军的现代化建设，特别是要建立强大的空军和海军，强调要大力搞好经济建设，为国防现代化提供强大的物质基础。

海峡两岸的军事对峙，使得相互间的沟通与了解极为困难。为了促成与台湾当局的和谈，建立某种形式的沟通渠道是必需的。在这一时期，主要是通过密使故旧传递信息。

1956 年以来，著名的爱国文化人士曹聚仁多次受邀回大陆采访。曹聚仁早年曾在赣州帮助蒋经国办过《正气日报》，是原中央通讯社记者，后为新加坡《南洋商报》驻香港特约记者，与海峡两岸的不少重要人物都有交往，这使得他成了那个时期海峡两岸非常合适的穿针引线之人。根据毛泽东的意见，1956 年 7 月中旬，周恩来先后三次同曹聚仁谈话。他指出：“国民党和共产党合作过两次，第一次合作有国民革命军北伐的成功，第二次合作有抗日战争的胜利，这都是事实。为什么不可以第三次合作呢？台湾是内政问题，爱国一家，为什么不可以合作建设呢？我们对台湾，决不是招降，而是彼此商谈，只要政权统一，其他都是可以坐下来共同商量安排的。”[②]国共第三次合作主张的提出，标志着中国政府和平解放台湾的政策有了进一步的深化。

1956 年 8 月 14 日，曹聚仁在其供职的《南洋商报》上，将其与周恩

---

①边彦军：《“三十六计，和为上计”——毛泽东、周恩来领导下对台方针演变述论》，《新中国 60 年研究文集》，中央文献出版社 2009 年 10 月版，第 325 页。

②《周恩来年谱（1949—1976）》上卷，中央文献出版社 1997 年版，第 598 页。

来会面的详细内容报道出来，向台湾方面传递了中共认为“国共可以第三次合作”的重要信息。曹聚仁发出的信息，得到了蒋介石的高度重视。很快，蒋介石密约曹聚仁，希望他进一步与中共方面进行接触。一个半月后，曹聚仁再次进京。10月3日下午，毛泽东推迟了与印尼总统苏加诺会见的时间，专门接见了曹聚仁，并做了长谈。毛泽东对曹聚仁说：“如果台湾回归祖国，‘一切照旧’，台湾可以实行三民主义，但是不要派特务来破坏，我们也不派‘红色特务’去破坏他们。谈好了可以订个协议公布。”毛泽东还说：“台湾只要与美国断绝关系，可派代表回来参加全国人民代表大会和政协全国委员会。”对于如何安排蒋介石，周恩来说：“蒋介石当然不要做地方长官，将来总要在中央安排。蒋经国安排在人大或政协是理所当然的。台湾还是他们管。”周恩来还表示，如果陈诚愿意到中央，职位不在傅作义之下。同时，对于蒋介石十分关心的故居和祖坟问题，周恩来指示中央对台办负责人通知有关方面，对蒋介石、陈诚等人的祖坟加以保护，对其尚在大陆的亲属注意照顾。

回到香港后，曹聚仁将他与中共领导人接触的详细情况转告了台湾方面。不久，台湾方面提出要求，让曹聚仁再去大陆一趟，主要任务是到浙江奉化，看看蒋氏祖坟是否完好。蒋介石退踞台湾后，香港的一些报纸传言说，蒋介石的故居和家里的祖坟已经在大陆镇压反革命和土地改革中被铲平，这些消息让蒋介石寝食难安。1957年5月，曹聚仁专程来到奉化溪口，所到之处，都一一拍摄了照片。回到香港后，曹聚仁立即向蒋经国通报了他大陆之行的情况，并寄去了他在溪口拍摄的照片。曹聚仁在信中写道：“尊府院落庭园，整洁如旧，足证当局维护促使之至意。”关于蒋母及毛夫人墓地，曹聚仁写道：“如照片所见，足慰老人之心。”曹聚仁的信和随信寄去的照片，对蒋氏父子有很深的触动。

除了和谈信息的传递外，毛泽东、周恩来还通过外事活动，广泛宣传和平解放台湾的政策与主张，以期对台湾当局形成和谈的外部压力。1957年4月16日，毛泽东在会见苏联最高苏维埃主席伏罗希洛夫时说：国共过去已经合作了两次，我们还准备进行第三次国共合作。翌日，《人民日报》

首次向外公布了共产党准备与国民党进行第三次合作的消息，在海内外引起很大的震动。

（三）以炮战的方式，保持同台湾当局的接触，传达和平解决台湾问题的真诚愿望

自从毛泽东、周恩来提出和平解放台湾的方针以来，海峡两岸虽然有一些消息的传递，但总的来说，和平攻势并没有产生明显的实际效果，台湾海峡的平静局势有利于美国推行“划峡而治”。当时，在美国艾森豪威尔政府的怂恿和庇护下，台湾方面不断出动飞机深入祖国大陆内地，在云南、贵州、四川等地空投特务、散发传单，甚至对福建沿海地区进行轰炸。面对日益紧张的台海局势，为了维护国家主权领土的完整，中共中央和中央军委决定炮击金门，杀一杀美国的威风。正如毛泽东所说：金门炮战，意在击美。

在毛泽东的亲自指挥下，1958 年 8 月 23 日至 9 月 3 日，解放军用炮火封锁了金门，拿下金门指日可待。正在此时，毛泽东突然下达命令：前线各部队从 9 月 4 日起停止炮击金门 3 天。这一决定令国内外大为费解。时任福州军区司令员的叶飞在回忆录中说：毛主席决定不拿下金门，现在看来有一个很重要的原因，就是要留下一个对话的渠道。

台湾问题从来就不是一个单纯的孤立的问题，从蒋介石败退到台湾起，海峡两岸无论是紧张还是缓和、是交往还是对抗，都和国际上的斗争交织在一起。金门炮战爆发伊始，美国态度强硬，声称要介入“台海危机”，但其实际行动只是为国民党向金门运送补给的船队“护航”。为避免卷入中国内战，美舰护航仅到金门三海里以外，空军并不介入。然而，解放军猛烈的炮火使其补给船队屡遭重创，美国“护航”行动连遭失败。美国先是呼吁停火，然后逼迫蒋介石从金、马撤军。美国此举，一是摆脱自己进退维谷的被动局面，二是斩断蒋介石与大陆联系的纽带，以便实行“两个中国”“一中一台”的图谋。但蒋介石予以坚决抵制，断然拒绝了美国提

出的“撤退金、马”的建议，美蒋矛盾激化。此时，毛泽东清楚地意识到美国逼蒋放弃金、马的意图，重新考虑了立即解决金、马问题的利弊，认为当前将金、马留在台湾当局手中，更符合国共两党“一个中国”的共同利益。于是，党中央和毛泽东作出了暂不收复金、马的新决策。

10月3—4日，毛泽东主持召开中央政治局常委会议，讨论台湾海峡局势。毛泽东提出：可以设想，让金、马留在蒋介石手里如何？这样做的好处是金、马离大陆很近，我们可以通过这里同国民党保持接触，什么时候需要就什么时候打炮，什么时候需要紧张一点就把绞索拉紧一点，什么时候需要缓和一下就把绞索放松一下，可以作为对付美国人的一个手段。毛泽东最后说：方针已定，还是打而不登，断而不死，让蒋军留在金、马。这就是著名的“绞索”政策。

炮击金门的主要目的不是渡海作战，而是以炮击的方式，保持同台湾当局的接触，并传达通过谈判和平解决台湾问题的真诚愿望。1958年9月10日，在炮轰金门持续到第19天时，周恩来在北京秘密会见了曹聚仁，

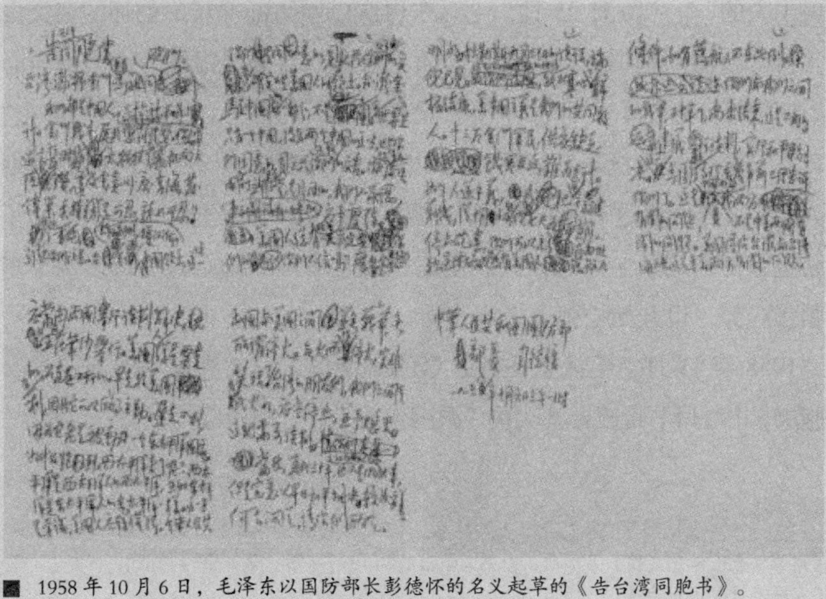

1958年10月6日，毛泽东以国防部长彭德怀的名义起草的《告台湾同胞书》。

托他第二天回香港后尽快转告台湾方面，大陆准备停火七天，意在让蒋军补给金门、马祖，但前提是绝不能让美国飞机、军舰护航。事实上，在金门炮战开始前几天，毛泽东就曾接见过曹聚仁。在炮战发生的当天上午，曹聚仁化名“郭宗羲”在《南洋商报》上刊出一条金门即将炮战的消息。10月5日，曹聚仁化名“郭宗羲”再一次在《南洋商报》上发表独家报道，向蒋介石透露中共准备停火七天的消息。果然，10月6日，由毛泽东起草、以国防部部长彭德怀名义发布的《告台湾同胞书》，宣布“从10月6日起，暂以七天为期，停止炮击……但以没有美国人护航为条件”。同时指出：“台、澎、金、马是中国的一部分，世界上只有一个中国，没有两个中国。”“美帝国主义是我们的共同敌人。”“我们都是中国人。三十六计，和为上计。金门战斗，属于惩罚性质。”“你们与我们之间的战争，30年了，尚未结束，这是不好的。建议举行谈判，实行和平解决。”[①]

10月13日，福建前线电台广播了毛泽东起草的《中华人民共和国国防部长命令》，宣布“从本日起，再停两星期，借以观察敌方动态，并使金门军民同胞得到充分补给”，同时指出“这是民族大义”，“是为了对付美国人的”。[②]10月25日，毛泽东再次以国防部部长彭德怀的名义发表了《再告台湾同胞书》，揭露美国插手台湾的目的，提醒台湾当局当心美国人的毒计；规劝台湾当局，不可屈服于美国人的压力。毛泽东同时宣布“逢双日不打金门的飞机场、料罗湾的码头、海滩和船只……以利你们长期固守。”[③]这样，通过有条件暂停炮击和无条件隔日炮击的行动，抵制了美国胁迫台湾当局从金、马撤兵，制造“两个中国”的图谋。持续两个多月的紧张局势，也开始松弛下来。

1958年11月，毛泽东在其起草的《中华人民共和国国防部三告台湾同胞书》中呼吁，希望台湾当局“派出代表，举行和谈”。毛泽东还强调“我

①《建国以来毛泽东文稿》第7册，中央文献出版社1990年版，第439—440页。
②《人民日报》1958年10月13日。
③《人民日报》1958年10月26日。

们的和谈是真和谈，谈成了，内战就可以宣告结束”[①]。毛泽东亲自撰写的以国防部部长彭德怀的名义发表的4个文告，揭露了美国的侵略行径和阴谋，划清了中美两国之间与国共两党之间的界限，在台、澎、金、马军民中引起强烈的反响，激化了美蒋的矛盾，充分暴露了美国政府“口惠而实不至”的本质。

（四）“一纲四目”的酝酿、提出和积极影响

炮击金门期间，美国多次向蒋介石施压，企图迫使国民党军队从金、马撤退，制造“两个中国”。面对这个现实情况，毛泽东深刻地认识到，将金、马留在台湾当局手中，更符合全体中国人民的根本利益，因此和平解放台湾将是需要中国大陆长期坚持的方针，急不得；在无法短期内解决台湾问题的情况下，防止台湾独立成为当务之急。毛泽东还看到：继续争取蒋介石，支持和巩固蒋介石的统治，是防止台湾独立的最好办法。为此，他破天荒地提出给予台湾“高度自治”的权限，即允许保留军队，保留原有的政治、经济制度和权力架构。

1958年10月13日，毛泽东在会见曹聚仁时明确表示：“只要蒋氏父子能抵制美国，我们可以同他合作。我们赞成蒋介石保住金、马的方针，如蒋撤退金、马，大势已去，人心动摇，很可能垮。只要不同美国搞在一起，台、澎、金、马都可由蒋管。”“美国要压蒋，要以金、马换台、澎，我们不干，让‘蒋委员长’多守几年。”毛泽东还描述了统一后的台湾状况：“他（蒋介石）的军队可以保存，我不压迫他裁兵，不要他简政，让他搞三民主义，反共在他那里反，但不要派飞机、派特务来捣乱。他不来白色特务，我也不去红色特务。”毛泽东还说：“我们的方针是孤立美国。”“他们同美国的连理枝解散，同大陆连起来，根还是你的，可以活下去，可以

①《毛泽东文集》第7卷，人民出版社1999年版，第453页。

搞你的一套。”曹聚仁问：“台湾有人问生活方式怎样？”毛泽东说：“照他们自己的方式生活。水里的鱼都有地区性，毛儿盖的鱼到别的地方就不行。美国不要他时，蒋可以来大陆，来了就是大贡献，就是美国的失败。我们的方针是孤立美国。”[①] 毛泽东在这里明确了台湾“高度自治”的权限，即允许保留军队，保留原有的政治、经济体制和权力架构。这些意见，是对和平解决台湾问题基本方针的重要补充，成为金门炮击以后中国共产党开展和平统一工作的指导原则，并在后来被周恩来概括成为“一纲四目”。

在金门炮战中，蒋介石反对把金门、马祖与台湾岛割裂开来，坚持“一个中国”的立场，在一定程度上与毛泽东产生了“共鸣”，并得到了毛泽东的赞许。1959 年 2 月初，毛泽东在一次讲话中谈到了国共两党秘密接触的情况。他说：台湾是蒋介石当“总统”好？还是胡适好？还是陈诚好？还是蒋介石好。但是国际活动场合，有他我们就不去，至于当“总统”，还是他好。1959 年 2 月 17 日，毛泽东在会见摩洛哥共产党代表团时说：现在我们又讲跟蒋介石合作，他说不干，我们说要。合作共同反美，他不敢，我们说有一天美国要整他，总会有一天美国要承认我们的，丢掉他。蒋介石懂得这一点。我们搞第三次合作，他通过秘密的间接的方法跟我们联系，公开不敢，怕美国，而我们不怕。毛泽东还说，我们同台湾，谁也离不开谁，就像《长恨歌》中所说的：“在天愿作比翼鸟，在地愿为连理枝。”蒋介石把枝连着美国，而美国却连根都要挖掉。

在炮击金门的同时，毛泽东、周恩来适时地加紧了促进和平统一的政治攻势，将对台工作的一个重要方面放在同蒋介石集团上层的秘密联络上。周恩来委托原国民党高级将领张治中、傅作义给蒋介石、陈诚等写信，转达中共中央关于和谈的方针和政策，并嘱咐他们在信中一定要“晓以大义，陈以利害，动以感情”。1959 年 12 月，中国政府特赦了 11 名国民党战犯，其中有杜聿明。特赦后，周恩来专门同杜聿明谈话，请他向蒋介石传话，

---

①《毛泽东传（1949—1976）》（上），中央文献出版社 2003 年版，第 881 页。

说中国共产党真诚希望蒋介石、陈诚、蒋经国团结起来，反对美帝国主义。与此同时，毛泽东和周恩来还请与国共两党高层均有私交的章士钊担负起两岸沟通的重任。在金门炮战硝烟尚未散尽之时，遵照毛泽东的嘱托，章士钊在给蒋介石的信中详细说明了毛泽东关于“联蒋抵美”的政策。国学功底极好的章士钊在信中说：“溪口花草无恙，奉化庐墓依然”；“台湾金马，唇齿相依，遥望南天，希诸珍重。”毛泽东对这几句尤为欣赏，并亲自将“南天”改为“南云”。蒋介石收到了章士钊的信后，在阳明山的别墅里思考数日，还招来陈诚、蒋经国等高级官员一起商议多次。从这一情况来看，章士钊转达毛泽东意思的信，已经打动了蒋介石，只是蒋介石仍存疑虑，故迟迟不愿意在和平统一道路上迈步。

1961年6月13日，毛泽东会见印尼总统苏加诺时说：“如果台湾归还中国，中国就可以进联合国。如果台湾不作为一个国家，没有中央政府，它归还中国，那末台湾的社会制度问题也可以留待以后谈。我们容许台湾保持原来的社会制度，等台湾人民自己来解决这个问题。”[①]实际上，这是第一次比较明确地提出大陆和台湾可以有两种制度并存的“一国两制”的思想。当然，这时还没有概括为“一国两制”的概念。

在20世纪60年代初，毛泽东把曾经提出的给蒋氏父子的宽大政策加以细化，又增加了一些新内容，形成了和平统一祖国的总体构想。1963年初，周恩来请张治中、傅作义致信陈诚，阐明台湾的处境与前途，说明今日反台者并非中共而实为美国，支持台湾者并非美国而实为中共。信中谈到了由毛泽东提出、周恩来概括的中共和平解决台湾问题的具体方案，即著名的“一纲四目”。“一纲”是：“只要台湾归回祖国，其他一切问题悉尊重总裁（指蒋介石）与兄意见妥善处理。”“四目”包括：“台湾归回祖国后，除外交必须统一于中央外，所有军政大权人事安排等悉由总裁与兄全权处理；所有军政及建设费用，不足之数，悉由中央拨付；台湾之

①《毛泽东外交文选》，中央文献出版社、世界知识出版社1994年版，第468页。

■ 1963年初，周恩来约请张治中、傅作义致信陈诚，把毛泽东的想法传递给蒋介石。这是1962年11月，周恩来邀请张治中（左1）、傅作义（左3）、屈武（左4）商谈台湾工作时的合影。

社会改革，可以从缓，必俟条件成熟，并尊重总裁与兄意见协商决定，然后进行；双方互约不派人进行破坏对方团结之事。”① “一纲四目”，实际上是毛泽东、周恩来用和平方式解放台湾构想的具体化，既维护了民族大义，又尊重了台湾的现实。此后，当谈到和平解放台湾的条件时，均未超出上述思想。

中共“和平解放台湾”的方针对台湾方面产生了重要影响。陈诚生前曾通过有关渠道告诉周恩来，要周恩来相信他的人格，他不会违背民族大义，即不会让台湾分裂出去，做民族的罪人。1965年3月陈诚病逝后，在发表的遗嘱中既没有讲“反共”，也没有讲“反攻”。他向蒋介石进言：对中共不能反潮流；不能为外国动用台湾的兵力；不能信任美国；不能受日本愚弄等。台湾的国民党右派想在陈诚的遗言中，加上“反共反攻”一类的内容，陈诚夫人不同意。她找到蒋介石，蒋介石同意不修改。这说明，

①《毛泽东传（1949—1976）》（上），中央文献出版社2003年版，第881页。

蒋介石当时的态度也是耐人寻味的。陈诚遗嘱发表后，周恩来曾在政协民主人士会议上说，从陈诚的遗嘱看，这是我们对台通气工作、传话、传信的结果，说明我们的工作有效果、有影响。1965 年 7 月，当李宗仁回国后，受到毛泽东、周恩来等中共领导人的亲切接见以及政府的周到安排，在台湾岛内外、海内外引起强烈震动。在与毛泽东的谈话中，李宗仁对台湾问题久拖不决感到忧虑。毛泽东对他说：不要急，台湾总有一天会回到祖国来的，这是不可逆转的历史潮流。周恩来适时地将对李宗仁的政策及安排等情况，通过有关渠道告知蒋介石，希望他早日决定，完成祖国统一大业。

在中共中央和毛泽东屡次表达和平解决台湾问题的努力下，国民党以曹聚仁作为中间人，就国共第三次合作，实现两岸统一问题进行了试探性接触。1965 年 7 月 20 日，蒋介石在涵碧楼由蒋经国陪同接见了刚从北京回来的曹聚仁，开始了只有他们三个人的秘密商谈。曹聚仁出示了中共中央写给蒋介石的有关“一纲四目”内容的信，信中还附有毛泽东写给蒋介石的一首《临江仙》词，其中的“明月依然在，何日彩云归”道出了毛泽东的诚意。随后，蒋氏父子就中共方面提出的条件与其他国民党高层领导人进行了一番研究，并提出了一些意见。曹聚仁带着这些意见，往返于大

■ 1965 年，毛泽东会见回归祖国的前国民党政府代总统李宗仁和夫人郭德洁。左一为秘书程思远。

陆和台湾之间，进行沟通。在“一纲四目”原则的指导下，两岸为建立良好的政治互信而做着努力，朝着统一的方向稳步迈进。

这个时期，以毛泽东为核心的第一代中央领导集体也高度重视香港的重要地位，采取措施从政治上稳定香港，并支持香港利用特殊优势发展经济。1957 年 4 月，周恩来在上海召开的工商界人士座谈会上提出了保持香港地位“为我所用”的策略。他说：“香港是自由港，原料来得容易，联系的范围很广，购置设备可以分期付款，成本低，有市场，技术人才容易训练出来……我们不是要动员一切可以动员的力量，化消极因素为积极因素吗？香港应该化为经济上对我们有用的港口。”[①] 内地“要进行社会主义建设，香港可作为我们同国外进行经济联系的基地，可以通过它吸收外资，争取外汇”[②]，所以，“保持和扩展香港这个阵地有好处”[③]。他还指出：“我们不能把香港看成内地。对香港的政策同对内地是不一样的，如果照抄，结果一定搞不好……(香港)不能社会主义化，也不应该社会主义化。香港要完全按资本主义制度办事，才能存在和发展，这对我们是有利的。”[④]1958 年 11 月底，在武汉召开的第八届中央委员会第六次全体会议上，周恩来系统地阐释了中国政府对港澳地区采取“长期打算，充分利用”的方针。这个八字方针，逐渐演进为毛泽东和中共第一代领导人对港澳问题的基本方针政策。针对党内少数人的急躁情绪，1959 年毛泽东指出：香港还是暂时不收回来好，我们不急，目前对我们还有用处。事实上，自 20 世纪 50 年代后期起，中国面临美、苏等国的侵略威胁与军事压力，香港作为中国从国外引进资金技术的渠道、开展进出口贸易的窗口、沟通中外民间往来的桥梁，其作用更加突出。

要“长期打算，充分利用”，就必须保证香港的“稳定和繁荣”，只有这样，这一方针的政治价值和经济价值才能得以体现。对于港英当局有

①《周恩来统一战线文选》，人民出版社 1984 年版，第 353 页。
②《周恩来统一战线文选》，人民出版社 1984 年版，第 354-355 页。
③《周恩来统一战线文选》，人民出版社 1984 年版，第 354 页。
④《周恩来统一战线文选》，人民出版社 1984 年版，第 353 页。

求于中国之事，只要有利于香港繁荣稳定，哪怕处在困难时期，中国政府也总是尽力去做。例如，毛泽东在1959年1月25日内参材料《内地对香港副食品供应量减少后所产生的影响》旁指示：敦请大家注意并采取相应措施。从1961年起，内地每年向香港输水50亿加仑。从1962年开始，武汉、上海、郑州每日三趟快车为香港提供鲜活冷冻产品。中华人民共和国成立以来，中国政府一直及时稳定地向香港供应大量的价格低于国际市场的民生必需品。毛泽东把这些当成政治任务来看待。

“维持香港现状”并不表明毛泽东等中共领导人在香港问题上的软弱。在涉及民族利益、民族感情和民族尊严的原则问题上，中国共产党人是毫不让步的。香港是中国的一部分，坚决不承认英国强加于中国的有关香港问题的三个不平等条约[①]，时机成熟就要恢复行使主权，这是中华人民共和国中央政府坚定不移的立场。1963年8月9日，毛泽东会见索马里总理舍马克时指出：“至于香港，英国没有多少军事力量，我们要占领是可以的。但过去有条约关系，小部分是割让的，大部分是租的，租期是99年，还有34年才满期。这是特殊情况，我们暂时不准备动它。”[②]“香港人就是我们中国人。香港是通商要道，如果我们现在就控制它，对世界贸易、对我们同世界的贸易关系都不利。我们不动它并不是永远不动它，英国现在安心，将来会不安心的。”[③]

（五）晚年的思考和嘱托

“文化大革命”开始后，“极左”路线和政策严重干扰了对台工作和祖国统一大业。虽然周恩来一再指示不许冲击溪口蒋宅墓地，但1968年还是有人闯入，炸毁慈庵，所幸未移动遗骨。蒋介石在台得知后，嘱其儿

---

①即中英《南京条约》、中英《北京条约》《展拓香港界址专条》。

②《毛泽东文集》第8卷，人民出版社1999年版，第336页。

③《毛泽东文集》第8卷，人民出版社1999年版，第336-337页。

孙“永记此一仇恨不忘，为家为国建立大业，光先后，以雪此家仇国耻也”。蒋介石集团及西方反华势力乘机掀起反共反华声浪，丑化中国形象，加深了台胞对祖国大陆的隔阂与误解。原来朝统一方向前进的两岸关系转趋恶化，多年来的对台工作成果严重损毁。

进入20世纪70年代，国际形势发生了巨大变化。毛泽东和党中央审时度势，适应形势变化的需要，采取灵活机动的措施，及时对外交政策进行调整，作出富有远见和胆略的重大决策，从而打开了我国对外工作的新局面。1971年10月25日，第二十六届联合国大会通过决议，恢复中华人民共和国在联合国和安理会的合法席位。1972年2月美国总统尼克松访华，中美双方于2月28日在上海签订《中美联合公报》。在公报中，美方表示，它认识到台湾海峡两边的所有中国人都认为只有一个中国，台湾是中国的一部分。尽管此后美国总是在台湾问题上设置障碍，提出种种条件，拖延台湾问题的解决，但毕竟东西方两个大国向关系正常化迈出了重要的一步。随着中美中日关系的改善，这些重大事件使台湾的处境急转直下，形势对中共十分有利。毛泽东和周恩来又把和平解决台湾的问题提到了议事日程上。这次国家体育机构仍作先锋，主动邀请台湾运动员、教练等到京参加亚非拉乒乓球友好邀请赛、亚运会选拔赛、全运会等，对应邀回国参加比赛的旅日、旅美等台籍同胞热情接待，并召开座谈会、联欢会阐述中共的政策。廖承志、傅作义等著名人士纷纷发表谈话，重新强调“爱国一家，爱国不分先后”，“欢迎台湾各方面人员来大陆参观、探亲、访友，保障他们安全和来去自由”。1973年春，毛泽东把和台湾当局沟通、恢复和谈的特殊任务交给了92岁高龄的章士钊。1973年5月25日，章士钊飞抵香港。抵港的翌日，章士钊就开始约见旧友。可惜天不假年，一个半月后，7月1日，章士钊在港病逝。章士钊病逝后，香港各界举行了公祭，国民党故旧及港澳同胞1000多人参加了公祭仪式，深切悼念这位为国共和谈奔走的老人。一些国民党元老也受到感染。从美国回台湾不久的陈立夫即在香港《中华月刊》上发表了一篇呼吁祖国统一的文章。他主张国共两党重开谈判，以实现祖国统一。他充满信心地说：“中国人无论在大陆或台湾以及海外各地，势必额手称颂，化干戈为玉帛。”

尽管蒋介石对中共中央和毛泽东和平解决台湾问题的行动没有及时作出回应，但是他始终坚持一个中国的原则。1974 年元旦，越南军舰入侵我国西沙群岛。蒋介石表示：“如果中共不出兵，我即出兵。”当即指示台湾“外交”部门“发表中国领土不容侵犯”的声明。中越海战爆发后，驻守西沙的中国海军要求增兵。邓小平向毛泽东请示，毛泽东同意增派海军，并特别强调：海军经过台湾海峡“直接走”！以前为避免国共不必要的摩擦，解放军海军军舰在东海和南海间的往来调动都绕道台湾东南的公海，穿越巴士底海峡。这次根据毛泽东的指示，4 艘导弹护卫舰在傍晚闪亮地出现在东引岛一侧，向台湾军舰发出信号，准备通过。台湾军方立即向蒋介石请示是否让中共军舰通过。蒋介石听后挥手应允：“西沙战事紧哪！”当晚，台湾海军打开探照灯，我军的导弹护卫舰顺利通过。在“一个中国”问题上，毛泽东与蒋介石达成了默契。

随着中国国际环境的改善和国际地位的提高，加之香港新界“租约”期满的日趋临近，中国领导人在继续坚持对香港问题的既定方针的同时，开始明确提出解决香港主权问题。1974 年 5 月 25 日，毛泽东在同来访的英国前首相、保守党领袖爱德华·希思谈到香港问题时说：“剩下一个香港问题，我们现在也不谈。”他问周恩来：“香港是割给他们的，九龙是租借的，还有多少时间？”周恩来回答说：“是 1898 年租给他们的。租期 99 年，到 1997 年满。”毛泽东若有所思地说：“还有 24 年。”希思接过话：“1997 年香港会有一个平稳的交接。”“我也是这样想的，不过到那时”，毛泽东说着指了一下周恩来说，“我们就不在了。”随后毛泽东又抬起手指了指邓小平等人说：“具体事情由他们年轻人去办了。”①

1975 年，中国司法机关连续特赦了全国在押的 293 名战争罪犯、95 名美蒋特工和 49 名武装特务船员。原国民党县团级以上党政军特人员，

①《建国以来毛泽东文稿》第 13 册，中央文献出版社 1998 年版，第 390 页。

■ 1974年5月，周恩来（右1）与邓小平（左1）陪同毛泽东（右4）会见访华的英国保守党领袖、前首相希思（右3），宾主谈到了香港问题。后来，邓小平创造性地提出“一国两制”构想解决了香港回归问题，实现了毛泽东和周恩来的夙愿。

能工作的安排工作，不能工作的养起来，愿去台湾的给路费。病榻上的毛泽东在竭尽全力地向历史作着交代。由于中共多次发出和谈建议和邀请，也出于对台湾前途的考虑，蒋介石此时也动了与中共重开谈判的念头。1975年春节前后，回台任“总统府资政”的国民党元老陈立夫受蒋介石委托，经秘密渠道向中共发来了邀请毛泽东访问台湾的信息。毛泽东得知后对二度复出担任第一副总理的邓小平说：两岸要尽快实现“三通”，你可以代表我去台湾访问。没等中共回音，陈立夫在香港报纸上公开发表《假如我是毛泽东》一文，“欢迎毛泽东或者周恩来到台湾访问，与蒋介石重开谈判之路，以造福国家人民”。陈立夫特别呼吁毛泽东能“以大事小，不计前嫌，效仿北伐和抗日国共两度合作的前例，开创再次合作的新局面”。可是还没有等到回应，蒋介石永远地走了。1976年6月15日，重病中的毛泽东在同陪护他的几位中央政治局委员谈话中，说到他“一生干了两件事”，其中第一件，就是把蒋介石“赶到那么几个海岛上去了”，并说“对这件事持异议的人不多，只有那么几个人，在我耳边叽叽喳喳，无非是让我尽早收回那几个海岛罢了”，他还说，这件事没做完，“这笔遗产得交给下一代”。[1]9月9日，毛泽东与世长辞。历史留下了遗憾！

毛泽东逝世后，以邓小平为核心的第二代中央领导集体，很快便把港

①《毛泽东传（1949—1976）》（下），中央文献出版社2003年版，第1781-1782页。

澳台问题提到党中央的议事日程。十一届三中全会公报在提到台湾问题时，首次没有使用“解放”一词，而代之以更为贴切的“回归”。中共中央和毛泽东解决台湾问题的重大决策，为党的“和平统一、一国两制”基本方针的形成奠定了基础。1981 年 9 月 30 日，全国人大常委会委员长叶剑英发表谈话，进一步阐明解决台湾问题的方针政策，表示“国家实现统一后，台湾可作为特别行政区，享有高度的自治权”，[①] 并建议由两岸执政的国共两党举行对等谈判。1982 年 1 月 11 日，邓小平就叶剑英的上述谈话指出：这实际上就是“一个国家、两种制度”，在国家实现统一的大前提下，国家主体实行社会主义制度，台湾实行资本主义制度。1982 年 9 月 24 日，邓小平会见来访的英国首相撒切尔夫人，正式表明了中国政府“对香港的

■ 1982 年 9 月 24 日，邓小平会见英国首相撒切尔夫人，全面阐述了中国政府对香港问题的基本立场。他指出：如果在 1997 年还不把香港收回，任何一个中国领导人和政府都不能向中国人民交代，甚至也不能向世界人民交代。这就意味着中国政府是晚清政府，中国领导人是李鸿章！

---

①《人民日报》1981 年 10 月 1 日。

■ 1999年12月20日，澳门回归祖国。这是完成祖国统一大业的重要一步。这是中葡两国政府在澳门文化中心隆重举行澳门政权交接仪式。

基本立场”。实际上公开了中国政府以“一国两制”方式解决香港问题的历史性战略决策。1983年6月25日，邓小平在会见美国客人时，具体阐述了用“一国两制”办法解决台湾问题的构想，从而使“一国两制”构想更加明确、具体、系统。这样，以邓小平为核心的中共第二代领导集体，根据国内外形势的深刻变化，在继承毛泽东有关祖国统一战略思想的基础上，创造性地提出了解决台湾和香港问题的“一个国家、两种制度”的科学构想，为完成祖国统一大业指明了方向。

1997年7月1日，在全世界的瞩目下，五星红旗在香港会议展览中心冉冉升起。在维多利亚港湾，“不列颠尼亚”号游轮载着昔日的殖民统治者黯然离去……毛泽东与希思共同设计的“香港在1997年应该有一个平稳的交接”顺利实现，两国关系史上的这一历史遗留问题最终得到圆满解决。1999年12月20日，澳门的顺利回归，是继香港回归后中国人民在完成祖国统一大业的道路上树立的又一座历史丰碑。正如江泽民指出的：“‘一国两制’在香港和澳门的成功实践，一定会对早日解决台湾问题起到积极的推动作用。”[1]

第二节　毛泽东实现祖国统一大业思想的科学内涵

（一）关于香港问题

中华人民共和国成立后毛泽东对香港的回归非常关注，并对香港回归和澳门回归作了战略性安排，提出要充分尊重港、澳地区的历史与现状，最终以协商、和平的方式解决的总体思路。毛泽东等老一辈革命家非凡的政治胆识和高超的统战艺术为日后香港、澳门的顺利回归奠定了坚实的基础。

1. 审时度势，形成“暂时不动香港”的外交政策

中华人民共和国成立前夕，以毛泽东为核心的第一代中共领导人在研究中华人民共和国成立后的大政方针时就已确定：在原则上，帝国主义在华特权必须取消，中华民族的独立解放必须实现；但在实施步骤上，要按问题的性质及情况分别处理，以对我有利为主，必须将原则性与灵活性紧密结合在一起，方能在战略上立于主动地位。有鉴于此，毛泽东审时度势作出明智抉择，形成了“暂时不动香港”的外交政策。当时，中华人民共和国刚刚成立，形势复杂而严峻，军事上国民党残余势力还在负隅顽抗，土匪特务活动猖獗，新生的政权尚未巩固；经济上面临的是十分落后的千疮百孔的烂摊子；国际上面临着以美国为首的帝国主义在经济上的封锁和军事上的包围。在这种情况下，在国内要处理好阶级、政党、民族的关系，

①《人民日报》1999年12月21日。

建立和巩固人民民主统一战线，不可树敌太多；国际上要尽可能建立反霸统一战线，化消极因素为积极因素，在某些方面争取缓和，以便集中力量对付主要敌人。“暂不收回香港，维持现状”，避免与英国发生公开的冲突，有利于集中力量对付对新生的中国构成主要威胁的美国；有利于保持与英国的对话，开辟一条同西方国家发展关系的通道；有利于突破西方国家对中国的封锁、禁运，推动国家的经济建设；有利于香港和内地以至整个远东地区的和平与稳定。这是变阻力为助力的上乘之策。英国政府不顾美国反对，在中华人民共和国成立不到一百天就正式承认了新中国，即是明证。如果匆匆忙忙以军事手段收回香港，不但会引来一系列难题，而且关上了与西方经济往来的唯一“窗口”，对中国显然不利。后来所归纳的“长期打算，充分利用”八字方针，充分说明中华人民共和国成立初暂不收回香港的思路，是党中央和毛泽东出于全面考虑后作出的一项原则性和灵活性高度结合的战略决策。对于“长期打算，充分利用”这一方针，毛泽东曾在多种场合阐述其重大意义。首先，使新中国的外交关系建立在平等、互利互惠、尊重主权和领土完整的基础上，巩固新政权，保卫新制度，营造和平建设的安全环境，故把香港问题放在新的国际形势下加以考虑。其次，为打破美国的全面封锁，争取对外开放，毛泽东认为有必要保留香港这一“传统”的“国际通道”，作为新中国与国际社会联系和沟通的“桥梁”。再次，考虑到香港是通往东南亚、亚非拉和西方世界的“窗口”，是我们的瞭望台、气象台和桥头堡，必须审时度势，避免在时机不成熟的情况下凭单纯的革命热情而犯冒险主义的错误。所以毛泽东断然决定：待国内外形势对我们有利时“一揽子”解决这一“历史遗留问题”。毛泽东等决策暂不收回“香港”，不能用狭隘的领土主权原则来衡量，从长期的全球战略讲， 这不是软弱，不是妥协，而是一种积极主动的进攻和斗争，是出于政治及经济而非军事上的战略考虑。

2. 贯彻“长期打算，充分利用”的方针，促进香港的稳定与繁荣

要“长期打算，充分利用”，就必须保证香港的“稳定和繁荣”，只有这样，这一方针的政治价值和经济价值才能得以体现。中华人民共和国成立后，毛泽东对香港经济的发展、政局的稳定和人民生活的保障一直给予极大的关注和帮助。在经济上，内地与香港互相敞开门户，开展经贸往来。内地以优惠的价格大量供应香港生产与生活必需的食品、日用品、淡水、燃料、工业原料和半制成品等，即使在20世纪60年代初内地经济处于极端困难的时期，这种供应也源源不断。据统计，1954—1963年香港进口食品中有43%是由内地提供的，1964—1973年增至50%。在政治上，我们对香港采取了有别于内地的政策。周恩来指出："我们不能把香港看成内地。对香港的政策同对内地是不一样的，如果照抄，结果一定搞不好。因为香港现在还在英国统治下，是纯粹的资本主义市场，不能社会主义化，也不应该社会主义化。香港要完全按资本主义制度办事，才能存在和发展，这对我们是有利的。香港的主权总有一天我们是要收回的，连英国也可能这样想。""香港的企业家是我们的朋友，他们搞的是资本主义，不是帝国主义。过去我们同民族资产阶级合作过，将来同香港的企业家还是可以合作的。港澳的同胞不要担心前途。"①为使香港"维持现状"和社会稳定，中国政府一直避免内地的政治运动波及香港，以免对香港的社会稳定产生不利影响；并一直严格控制内地居民移居香港，防止给港英当局造成不必要的紧张和压力。对于发生在香港的牵涉中英两国关系的政治敏感问题，中国政府也始终坚持"有理、有利、有节"的原则，奉行"不直接介入或干预"，而通过正常的外交途径来解决的正确政策。

3. 时机成熟就要恢复对香港行使主权

"维持香港现状"，并不表明毛泽东、周恩来等中共领导人在香港问题上的软弱。在涉及民族利益、民族感情和民族尊严的原则问题上，中国共产党人毫不让步。香港是中国的一部分，坚决不承认英国强加于中国的

①《周恩来统一战线文选》，人民出版社1984年版，第353-354页。

有关香港问题的三个不平等条约，时机成熟就要恢复行使主权，这是中华人民共和国政府坚定不移的立场。收复香港，原则是坚定的，但在收复的时间和方式上，又是灵活的。中国政府主张用外交谈判来解决香港这一历史遗留问题，但由于英国在台湾问题上追随美国，拒绝采取尊重中国主权和领土完整的正确态度，致使中英关系裹足不前，香港问题无从谈起。进入20世纪70年代，随着中美关系趋向缓和，中国恢复在联合国的合法席位及中英两国正式建交，制约香港问题的国际格局发生了有利于中国的变化，中国政府解决香港问题的态度也日益明朗化。1974年5月，毛泽东在与英国前首相希思论及香港问题时，双方都同意“香港在1997年应有一个平稳的交接”。随着毛泽东与希思共同设计的“平稳交接”的顺利实现，两国关系史上的这一历史遗留问题最终得到圆满解决。

（二）关于台湾问题

毛泽东在思考和解决台湾问题时，始终抓住其作为中国内政问题这个主要矛盾，全方位开展工作，付出了巨大而艰辛的努力，取得了重大进展与成绩。时至今日，尽管台湾问题仍呈现出错综复杂的状态，但毛泽东等老一辈革命家在国际斗争和台湾问题上的丰富经验，仍是我们今天开展对台工作的坚实基础和有益借鉴。

1. 始终坚持“一个中国”的立场

第一，坚决维护我国主权和领土的完整。关于台湾的归属问题，历史上从未有过异议。二战胜利后，中国政府作为战胜国收回了被日本侵占半个世纪的台湾，这一事实得到国际社会的普遍肯定和支持。中华人民共和国成立后，美国从全球霸权出发，采取了继续支持蒋介石集团，拒绝承认新中国的政策，在国际上阻挠其他国家同新中国建交。对此，建国前夕毛泽东有准确的判断：“从来敌视中国人民的帝国主义，决不能很快地就以平等的态度对待我们。”[①]因此，在对外关系上，“不但现在不应急于去解决，而且就是在全国胜利以后的一个相当时期内也不必急于去解决”[②]。毛泽东根据实际情况，明确而又通俗形象地提出了“另起炉灶”和“打扫干净屋子再请客”的外交方针，坚决与旧的外交关系划清界限，“不承认国民党时代的一切卖国条约的继续存在”[③]。承认中华人民共和国政府是代表全中国的唯一合法政府，与台湾当局断绝或不建立外交关系，是新中国与外国建交的原则，并且在外交程序上实行先谈判后建交的方案。事实证明，我国坚持先谈判后建交是非常必要、非常正确的，有利于挫败“两个中国”“一中一台”的险恶图谋。中华人民共和国成立后，以美国为首的一些国家极力阻挠恢复中国在联合国的合法席位。中国政府也曾致电联合国所属机构和其他国际组织，要求取消国民党台湾当局的代表资格。但是这些正当要求都没能得到实现。这以后二三十年中，美国政府始终坚持推行所谓“台湾地位未定论”，在台湾的归属问题上制造混乱。为了不给别国制造“两个中国”的口实，毛泽东始终坚持“有我无蒋，有蒋无我”的坚定立场，坚持了民族大义。对进联合国，毛泽东的看法是：“如果这些组织内有国民党代表在，我们就不参加；如果参加，那就是承认‘两个中国’”[④]；“如果联合国里有台湾的代表，我们一万年也不进去”[⑤]。有人建议中国分两步走，先进入联合国再进行驱逐台湾当局的斗争，毛泽东断然表示：“只能一步走。”[⑥]“要我们承认‘两个中国’或者是‘一个半中国’，那都不行。”[⑦]他自信地断言：“总有一天，美国要跟我们建交。”[⑧]绝不以原则作交易，党中央和毛泽东这种坚定的决心与由此体现出来的民

①《毛泽东选集》第 4 卷，人民出版社 1991 年版，第 1435 页。
②《毛泽东选集》第 4 卷，人民出版社 1991 年版，第 1435 页。
③《毛泽东选集》第 4 卷，人民出版社 1991 年版，第 1434 页。
④《毛泽东外交文选》，中央文献出版社、世界知识出版社 1994 年版，第 287 页。
⑤《毛泽东外交文选》，中央文献出版社、世界知识出版社 1994 年版，第 268 页。
⑥《毛泽东外交文选》，中央文献出版社、世界知识出版社 1994 年版，第 468 页。
⑦《毛泽东外交文选》，中央文献出版社、世界知识出版社 1994 年版，第 522 页。
⑧《毛泽东外交文选》，中央文献出版社、世界知识出版社 1994 年版，第 281 页。

族意志、民族精神是新中国能够屹立于国际政治舞台的根本，也是解决台湾问题、实现祖国统一的精神基石。

第二，坚决反对外国干涉，郑重宣告对台湾的主权。朝鲜战争爆发后，美国政府采取了在远东遏制苏联、新中国的政策，命令第七舰队向台湾海峡出动，以武力阻止中国人民解放军解放台湾，并大力实施使台湾脱离中国的政策，加紧在国际上制造“台湾地位未定论”，企图通过签订“旧金山和约”等方式，为其行为披上“合法”外衣，为制造“两个中国”“一中一台”炮制法理基础。为实现祖国的早日统一，在毛泽东等领导下，中国政府广泛开展了针锋相对、有理有利有节的外交斗争，揭露美国推行“台湾地位未定论”、分裂中国的实质。在国际交往中，中国政府始终反对外国政府干涉中国内政，注意维护祖国统一，同时也适时提出并开展了双边会谈。1950年8月24日，周恩来致电联合国，控诉美国武装侵略台湾的行为，要求安理会制裁美国政府，并“采取措施，使美国政府自台湾及其他属于中国的领土完全撤出它的武装侵略部队”①。11月28日，中国特派代表伍修权在联合国安理会上以历史事实为依据，对美国提出的“台湾地位未定”等谬论给予了坚决驳斥。在毛泽东亲自过问、周恩来直接领导下，中国通过与美国开展大使级谈判向全世界宣传了自己的正义主张，揭露了美国政府利用“台湾地位未定论”来干涉中国内政的行径，为争取和平解决台湾问题扫除障碍创造了必要的条件。1954年12月，美国出于遏制新中国的需要，与台湾签订“共同防御条约”，用军事手段进一步阻止中国人民解放军解放台湾、澎湖及其他沿海岛屿。12月28日，周恩来代表中国政府发表声明，指出这一条约是非法的、无效的。台湾是中国领土，一切所谓台湾是“独立国”、台湾“中立化”和“托管”台湾的主张都是割裂中国领土、侵犯中国主权和干涉中国内政，都是中国人民绝对不能同意的，郑重宣告对台湾的主权，公开谴责美国干涉中国统一的行径。1958年，美国

①《人民日报》1950年8月25日。

支持台湾与大陆不断发生武装冲突，并不断升级，造成台湾海峡局势一度十分紧张，对此，毛泽东亲自起草《再告台湾同胞书》，反对美国插手国共两党的历史纠纷，干涉中国内政，号召海峡两岸人民以民族大义为重，联合起来反对美国制造“两个中国”的行径，粉碎美国分裂中国的阴谋。毛泽东坚持中国人自己解决台湾问题，尤其在抵制外国干涉时，需要包括台湾人民在内的两岸中国人共同努力。这种最初的战略性界定，铺下了和平解放台湾问题的重大战略基石，保证了以后在处理台湾问题时中国的主动地位与民族尊严，排除了可能导致台湾问题国际化的任何隐患。

2. 积极寻求和平统一

第一，通过多种渠道，力争沟通与台湾的关系。毛泽东为了祖国的和平统一，通过多种渠道向台湾方面传递和平信息，以表达中共对和平解决台湾问题的诚意。早在建国之初，毛泽东就已经开始探求用和平方式解决台湾问题。1950 年 3 月，经中共中央和毛泽东批准，张治中开始与台湾方面进行接触，进行和平解决台湾问题的试探，开启了两岸和谈的大门。在 1955 年 4 月的亚非会议上，周恩来阐明了中国政府的对台方针：为了实现中国人民解放台湾的正义要求，中国人民有权用一切方法解放台湾，包括和平解放的方法。除了和谈信息的传递外，毛泽东、周恩来还通过外事活动，广泛宣传和平解放台湾的政策与主张，以期对台湾当局形成和谈的外部压力。在 1958 年炮击金门期间，毛泽东通过有条件暂停炮击和无条件隔日炮击的行动，抵制了美国胁迫台湾当局从金、马撤兵，制造“两个中国”的图谋，保持同台湾当局的接触，并传达通过谈判和平解决台湾问题的真诚愿望。为了促成与台湾当局的和谈，中共中央和毛泽东还多次通过曹聚仁、章士钊、张治中等密使故旧传递信息，为祖国的统一事业往来斡旋。

第二，充分表达诚意，并制定相应的和平政策。中国政府和毛泽东为了实现台湾问题的和平解决，相继出台了一系列政策，向台湾当局表达了和平解放台湾的诚意。毛泽东在 1956 年 1 月的第六次最高国务会议上表示，如果蒋介石集团成员站在爱国主义立场上，凡是愿意站到我们队伍里的都要团结起来，不管他过去是做什么的。1956 年 10 月，毛泽东接见曹聚仁时表示，只要台湾愿意回归祖国，“一切可以照旧”，台湾“现在可以派人来大陆看看，公开不好来，可以秘密来”。“台湾只要与美国断绝关系，可派代表回来参加人民代表大会和政协全国委员会”。1961 年 6 月 13 日，毛泽东首次公开谈及容许台湾保持原来的社会制度，他表示：如果台湾归还中国，中国就可以进联合国。如果台湾不作为一个国家，没有中央政府，它归还中国，那么台湾的社会制度问题也可以留待以后谈。我们容许台湾保持原来的社会制度，等台湾人民自己来解决这个问题。实际上，这是第一次比较明确地提出大陆和台湾可以有两种制度并存的“一国两制”的思想。20 世纪 60 年代初，毛泽东通过有关渠道向台湾当局转达了更为宽大的和平解决台湾问题的主张，即“一纲四目”。这些主张表明了中国政府和毛泽东和平解决台湾问题的基本立场和基本政策，反映了海峡两岸期待祖国和平统一的愿望，也为以和平方式解决台湾问题指明了正确的途径。

第三，为和平解放台湾创造有利的外部环境。国际社会之所以会出现台湾问题，其根源在于美国推行敌视新中国的政策，推行“台湾地位未定论”。美国是西方资本主义阵营的“领头羊”，在国际社会有着重大影响力。为了缓和紧张的中美关系，为和平解决台湾问题争取有利的政治环境，1955 年中国政府在周恩来出席亚非会议抵达万隆时，释放了 4 名在押的美国飞行员。之后不久中国政府又提前释放了 11 名在押的美国间谍。在亚非会议期间，周恩来代表中国政府阐述了对外奉行的“和平共处五项原则”以及对台湾海峡局势的看法，并指出：“中国人民同美国人民是友好的。中国人民不要同美国打仗。中国政府愿意同美国政府坐下来谈判，讨论和缓远东紧张局势的问题，特别是和缓台湾地区的紧张局势问题。”[①] 这一声明得到了美方的响应，由此促成了中美大使级会谈。从日内瓦到华沙，这一谈判历经波折，从 1955 年谈到 1970 年，历时 15 年，共进行了 136

①《周恩来外交文选》，中央文献出版社 1990 年版，第 134 页。

次磋商。尽管双方在美国撤军、台湾归属等关键问题上没有取得突破性进展，但它使美国一再反对的以中华人民共和国作为对等外交谈判的对手成为现实，使中美两国从局部热战转入冷战对抗中，保持了外交接触，对和平解决台湾问题具有积极意义。随着国际战略格局的变化，20 世纪 60 年代末、70 年代初，毛泽东从国际战略格局的高度，在坚持“一个中国”原则的前提下，采取灵活策略，为中美关系最终实现正常化提供了契机。1972 年 2 月，毛泽东在同来访的尼克松商谈两国关系正常化时说：“来自美国方面的侵略，或者来自中国方面的侵略，这个问题比较小，也可以说不是大问题，因为现在我们两个国家不存在打仗的问题。”① 这就从战略上建立了中美两国进行缓和的基础。2 月 28 日，中美两国发表的《中美联合公报》中，美国方面声明：“美国认识到，在台湾海峡两边的所有中国人都认为只有一个中国，台湾是中国的一部分。”② 毛泽东、周恩来在解决台湾问题上原则的坚定性和策略的灵活性，为中美关系正常化的恢复做出了贡献，迫使美国政府在正式文件中第一次公开承认“只有一个中国，台湾是中国的一部分”。实际上，美国政府已经承担了不得再行制造“两个中国”的责任，否则就要在国际舆论面前输理、失去道义，从而为中国政府在适当时机最终解决台湾问题提供了坚实的国际条件。

3. 坚决反对“台独”

第一，“台独”实质是分裂中国。中华人民共和国成立后，美国把中国革命的胜利，看作是“共产主义的扩张”。为了阻止他们所说的“共产主义扩张”，美国一方面加紧对中国进行封锁，另一方面加紧在亚洲、太平洋地区组织美国战略利益圈。艾森豪威尔担任美国总统后，美国更新了其国际战略：在欧洲与苏联争夺，在亚洲建立“反共战略基地”，与共产党对抗。在这个新战略中，台湾被视为美国在太平洋的“永不沉没的航空

①《人民日报》1993 年 12 月 11 日。
②《人民日报》1972 年 2 月 28 日。

母舰”，可与韩、日、菲、越一起构成一个包围中国的链条。为此，美国不仅支持蒋介石，还在台湾进一步扶持搞“台湾独立”的政治力量。这个政治力量一旦形成势力，就可以把台湾从中国分裂出去，真正归美国控制了。按此主张，美国开始暗中支持“台独”。美国寄希望于蒋介石，要把蒋介石的军队作为反对社会主义中国的先锋军。与此同时，他们又暗藏一手，就是在台湾扶持亲美势力，支持主张“台湾独立”的政治力量，一方面制约蒋介石，另一方面寻找时机，准备把台湾从中国分裂出去。毛泽东早就看到了“台独”势力的发展对中国统一所构成的威胁。1954年9月23日，周恩来在第一届全国人民代表大会上指出：“一切想把台湾交给联合国托管，或者交中立国代管，以及‘中立化’台湾和制造所谓‘台湾独立国’的主张，都是企图割裂中国领土，奴役台湾的中国人民，使美国侵占台湾的行为合法化。这都是中国人民绝对不允许的。”周恩来的这个讲话，显然代表了毛泽东的观点。其中最要紧的，是指出了搞“台独”的实质是想使美国侵占台湾合法化。同时，中国国防部于10月1日发布命令：中国人民解放军一定要解放台湾，不达目的，决不休止。中国政府的表态，表示了这样一个决心：中国希望和平解决台湾问题，但是如果美国要制造所谓“台湾独立”，中国人民解放军就会不惜任何代价武力解决台湾问题。毛泽东在1958年9月8日的一次讲话中形象地说，美国和中国都怕打仗，但是，谁怕谁多一些？还是美国怕中国多一些。美国到处插手，干涉别国内政，搞军事战略基地，但是，这些正是套在美国脖子上的绞索。美国在台湾扶持亲美势力，扶持“台独”势力，不光是要控制蒋介石，更主要的是要分裂中国。

第二，拉蒋介石反对“台独”。蒋介石对美国扶持亲美势力以控制他，扶持“台独”势力以待机分裂中国，内心是反对的。蒋介石曾宣称：“台湾是中国的领土，曲解台湾的地位是别有用心的，‘两个中国’的主张是荒谬绝伦的。”[1]但是蒋介石清楚，如果没有美国人的支持，他是守不住台湾的，因此他必须与美国维持非常密切的关系，不惜一切代价，争取美国在军事、经济等方面的援助，并且把美国拉入国、共两党的军事对抗中来，以保住自己在中国的最后一块立足地，同时积蓄力量，准备“反攻大陆”。基于此种认识，蒋介石对美国采取了亲近政策。毛泽东反对蒋介石的亲美政策，同时也看到了蒋介石也是反对“台独”、主张中国统一的，由此，毛泽东在反对“台独”问题上形成了一个新的思路：要争取蒋介石，拉蒋介石反对“台独”，同时提醒蒋介石，美国人支持“台独”，意在分裂中国。20世纪50年代后期，“台独”势力在美国的扶持下一度猖獗起来。美国在暗中扶持“台独”势力，也引起了蒋介石的警惕。由于蒋介石的总策略还是要依靠美国对他实行经济、军事以及国际政治上的支持，因此，他对于美国支持下的“台独”势力虽然也打击，对于亲美势力虽然也压制，但总的看，他反“台独”并不十分彻底。那时，蒋介石仍然把逃台的国民党当局与中国共产党的矛盾作为主要矛盾，他专心与美国勾结以防守台湾，没有认识到中美之间的民族矛盾已经出现，并且已经上升为主要矛盾。毛泽东与蒋介石在这方面的认识有根本不同。毛泽东认识到，当美国支持下的“台独”势力发展起来后，中美之间的民族矛盾已经上升，甚至已经超过了国共两党之间的矛盾。同时，毛泽东也看到，蒋介石虽然反共，但他力主祖国统一，对“台独”势力还是镇压的。在这一点上，国共两党之间有共同性。基于这种认识，毛泽东调整了对台政策，把原来的既提要武力解放台湾，也提和平解放台湾，调整为以提和平解放台湾为主。毛泽东坚决反对“台独”的态度对蒋介石产生了一些微妙的影响。这些影响主要是毛泽东反对“台独”的言行通过多种渠道传给了蒋介石，提醒了蒋介石，蒋介石真正认识到了“台独”的危害性，他开始抵制美国分裂中国的政策，加大了打击“台独”的力度。这样，就形成了毛泽东牵着蒋介石反对“台

① 张克山：《台湾问题大事记》，华文出版社1980年版，第106-107页。

独”的局面。1958年和1959年这两年，蒋介石下令大批抓捕“台独”分子，不仅把“台独”头领彭明敏等人长期关押，而且他对任何鼓吹“台独”的人都不放过，一旦抓起来，就长期关押。毛泽东注意到了蒋介石政策的变化，他对于蒋介石采取的打击“台独”的行动是赞同的。1959年10月1日，毛泽东在会见捷克斯洛伐克总统诺沃提尼时说：美国的政策是要迫使蒋介石让出金、马，使台湾和金、马分开，这样台湾离大陆更远了，便于美国推行“两个中国”的政策。我们不赞成它这个政策，因此我们不忙于去解放金、马，而让蒋介石在那里。蒋介石也不赞成“两个中国”，因此在这一点上我们同蒋介石有共同点。毛泽东、周恩来通过张治中、傅作义等给蒋介石写信，做了详细转达，对蒋氏父子触动很大，这也唤起了他们的民族大义，蒋氏父子生前一直坚持反对美国分裂中国的政策，坚持对“台独”实行高压政策。

第三，不放弃使用武力解放台湾。毛泽东在提出争取用和平方式解决台湾问题的同时，充分估计到台湾问题的复杂性，针对分裂中国的图谋和阻挠中国统一的外国势力，从不承诺放弃使用武力解放台湾，而是强调同时要从军事上积极地进行准备。1956年1月，毛泽东在第六次最高国务会议上，提出与国民党进行第三次合作的同时指出：“我们有两条，一个和，一个战。我们分成两个来准备，我们争取要和。”1956年8月，毛泽东修改八大的政治报告，加写了两段十分重要的话：“解放台湾问题，完全是中国内政问题。”“如果不得已使用武力，那是在和平谈判失去了可能性，或者是在和平谈判失败以后。”这两个至关重要的原则，昭示了中国政府在台湾问题上的基本立场。为了准备用非和平的方式解放台湾，毛泽东十分强调要加强人民解放军的现代化建设，特别是要建立强大的空军和海军，强调要大力搞好经济建设，为国防现代化提供强大的物质基础。

毛泽东站在历史的高度，从现实出发，经过深思熟虑，提出了祖国统一的战略方针，其各部分内容是相辅相成和辩证统一的。一个中国原则着眼于国家民族最高利益，以维护国家主权和领土完整为核心，为和平统一提供基础；和平统一着眼长远，是从国家发展战略高度、基于准确把握国际局势及两岸形势所作出的策略选择，是避免内部冲突、兼顾民族情感、维护国家最高利益和核心利益的双赢模式；不放弃使用武力、反对“台独”则主要是从战略安全的角度来考虑的，是为争取实现和平统一提供必要的保障。一个中国原则是毛泽东祖国统一战略的主要内容和根本原则，是实现和平统一的基础和前提；和平统一和不放弃使用武力是实现祖国统一的基本手段，是处理和解决台湾问题的重要途径，二者互相配合、互为补充，为台湾问题的解决提供有效的政策空间。

第三节　毛泽东实现祖国统一大业思想及实践取得的成就和影响

毛泽东实现祖国统一大业思想是中国共产党和中国人民在长期追求祖国统一的斗争中成功的经验积累。毛泽东敏锐地把握住两岸矛盾的最新特点，以民族根本利益为出发点，高举爱国主义伟大旗帜，历史性地开启了和平解决台湾问题的思想航道，成功地构建起内外一体的宏观战略框架，为“一国两制”伟大战略构想的提出和香港、澳门顺利回归祖国进行了具有重大历史意义的奠基。

（一）丰富发展了马列主义国家学说

国家结构形式是指一个国家的整体与其组成部分之间，中央和地方之间的相互关系。国家结构形式所要解决的问题，是如何划分国家的领土，以及如何规范国家整体和组成部分，中央和地方之间的权限问题。按照马克思主义国家学说，国家结构形式一般分为单一制和复合制两种。单一制的国家是由若干不享有独立主权的一般行政区域单位组成统一主权国家的制度，它有统一的司法机构、立法机构和行政机构体系，国家主权先于各个行政区划存在，地方行政区不是一个政治实体，不具有任何主权特征。国家根据统治需要按一定原则进行地方行政区域划分，各地方行使的权力来源于中央授权，并不是地方固有的，地方的自主权或自治权是由国家整体通过宪法授予的，地方行政区域对外不具有独立性，受中央政府统一领导。复合制又分为联邦制和邦联制。当前世界上实行复合制的国家都采取联邦制形式。所谓联邦制国家，就是由两个或两个以上的政治实体(共和国、州、邦)结合而成的一种国家结构形式。联邦制国家由各个联邦成员组成，各成员单位先于联邦国家存在。联邦成员国在联邦国家成立之前，是单独的享有主权的政治实体；加入联邦之后，虽然不再有完全独立的主权，但在联邦宪法规定的范围内，联邦成员的主权仍受到法律的保护，联邦成员有自己的宪法和法律。在组成联邦制国家时，联邦成员单位把各自的部分权力让渡给联邦政府，同时又保留了部分管理内部事务的权力。其特点是：由联邦宪法划分联邦和各成员国的权限，国家整体与组成部分之间是一种联盟关系，联邦政府行使国家主权，是对外交往的主体。联邦有统一的宪法并设有国家最高立法机关和行政机关，行使国家最高权力，领导其联邦成员。联邦各成员国有自己的立法和行政机关，有自己的宪法、法律和统一的国籍，管理各成员国内的财政、税收、文化、教育等公共行政事务。对于台湾回归祖国后的社会制度问题，1961 年 6 月 13 日毛泽东在同印尼总统苏加诺的谈话中指出："如果台湾不作为一个国家，没有中央政府，它归还中国，那么台湾的社会制度可以留待以后谈。我们容许台湾保持原来的社会制度，等台湾人民自己解决这个问题。"在毛泽东的设想中，台湾统一于祖国后，可以具有高度的独立性，可以实行同大陆不同的制度，大陆十亿人口实行社会主义制度，台湾实行资本主义制度，其原有社会秩序和生活方式不变，法律基本不变。同时，"一纲四目"也规定，除了代表一个国家主权的外交权归属中央政府之外，党、政、军和司法等系统都由台湾自己来管，享有基本法赋予的行政管理权、立法权、独立的司法权和终审权。在坚持国家主权原则的前提下，允许若干地方享有高度自治权，这种高度的自治权力，不仅在其他单一制国家中没有先例，在联邦制国家中也属少见。在“一纲四目”所规定的国家结构形式中，中国仍然属于单一制国家。“一纲四目”的提出虽未改变我国国家结构形式的单一制性质，但又与传统单一制国家的结构形式不尽相同，在保持整体的单一制性质的同时，局部又具有典型的复合制的某些特点，成为一种新型的国家结构模式，使马列主义国家学说得到进一步深化和发展。

（二）丰富发展了马克思主义统一战线理论

统一战线理论是中国革命和建设取得胜利的一大法宝，也是科学社会主义的重要组成部分。我们党成功地把马克思主义关于统一战线的学说与我国的实际情况相结合，在中国革命和建设的各个时期，灵活运用马克思主义这一学说，形成了具有中国特色的统一战线理论。统一战线的政治基础不是固定不变的，它随着一定历史时期的变化而变化，是由革命发展的客观进程决定的。不同时期，中国革命的目的和任务不尽相同，所决定的统一战线的政治基础和范围也是不同的。“一纲四目”的提出，使我国新时期统一战线的政治基础和范围较之以往更加扩大了，进一步丰富了马克思主义统一战线理论。1956年1月，毛泽东在第六次最高国务会议上提出：凡是能够团结的愿意站到我们队伍里的人都要团结起来，不管他过去是做什么的，比如台湾，那里还有一堆人，他们如果是站在爱国主义立场，如果愿来，不管个别的也好，部分的也好，集体的也好，我们都要欢迎他们，为我们的共同目标奋斗。1956年4月，毛泽东又提出“和为贵，爱国一家”“爱国不分先后”等政策主张。为了实现祖国统一，毛泽东把海内外一切有爱国之心的人士都纳入促进祖国统一的事业当中，形成了由两个联盟组成的最广泛的爱国统一战线。一个是祖国大陆全体劳动者和爱国者联盟，以拥护共产党的领导，维护无产阶级专政为政治基础；另一个是大陆范围以外以爱国和拥护祖国统一为政治基础的联盟，包括港、澳、台胞和海外侨胞的联盟。在这个联盟里，尽管每个成员所处的社会制度、个人的意识形态和生活方式有很大差别，也不一定赞同中国大陆的社会制度，但只要维护中华民族的根本利益，赞成支持祖国统一，不管是属于哪个阶级、政党和集团，不管其政治主张、思想信仰如何，都是爱国统一战线团结、争取的对象。在中华民族大团结、大统一的爱国主义旗帜下，党的统一战线的爱国主义性质更加鲜明，使我国爱国统一战线的政治基础和范围达到了空前广泛的程度，从而发展和壮大了我们的爱国统一战线，有利于加快祖国统一的进程。

（三）毛泽东关于祖国统一的战略思想与“一国两制”构想是一脉相承的。前者是后者的理论来源，后者是对前者的继承发展

1. 毛泽东关于祖国统一的战略思想是“一国两制”构想的理论来源

首先，“一国两制”理论继承了毛泽东一个中国的立场。毛泽东祖国统一战略思想的前提是坚持一个中国的立场，即国家主权必须统一于中华人民共和国。毛泽东曾说过：台、澎、金、马是中国的一部分，不是另一个国家，世界上只有一个中国，没有两个中国。“一国两制”理论继承了毛泽东这种思想，为此邓小平提出“主权问题不是一个可以讨论的问题”[①]。其次，毛泽东关于和平解决台湾问题策略的提出，有利于邓小平对台方针更务实深刻地向和平方式转变。毛泽东敏锐地把握住两岸矛盾的最新特点，他创造性地把和平解放台湾、实现祖国统一的原则建立在“爱国”主题之上。他将此主题鲜明准确地阐述为“和为贵”“爱国一家”“爱国不分先后”，并明确将“争取蒋介石集团”，实现“国共第三次合作”作为“和平解放”的具体目标。这一凝练明朗的主题旗帜，对海内外同胞准确理解中国共产党对台方针的转变与诚意起了巨大作用。这些思想无疑成为以后邓小平思考祖国统一问题的基本思路，被有机地融合到“一国两制”方略中。再次，毛泽东祖国统一战略思想已初步形成了两种制度并存的观点。毛泽东创造

①《邓小平文选》第3卷，人民出版社1993年10月版，第12页。

性地将解决国际争端的“和平共处”五项原则运用于解决国内的历史遗留问题，一切照旧和社会改革可以从缓实际上就是允许台湾暂时保留原有的资本主义制度不变，表明社会主义的国家机器可以为局部地区的资本主义生产方式服务，从而丰富和发展了马克思主义的国家学说。同时，毛泽东和平统一的思想已经包含着台湾地区高度自治，保持其繁荣稳定的思想。如规定除外交权必须统一于中央政府外，台湾享有其他一切权利。中国政府曾明确表示，台湾应成为中国政府管辖下的自治区，实行高度自治。台湾地区政务仍旧归蒋介石领导，共产党不派人前往干预，而国民党可派人到北京参加对全国政务的领导。这其中特别值得一提的是允许台湾有保留军队和防务的自治权，实际上比后来的香港、澳门地区享有更高的自治权力。而建设经费不足之数由中央政府拨付，则充分体现了中国政府保持台湾地区繁荣与稳定的意愿。最后，毛泽东虽然力争用和平的方式统一中国，但绝不做放弃使用武力的承诺。邓小平继承了毛泽东的思想，在提出用“一国两制”的方式和平统一祖国的同时，坚持“不作放弃武力解决台湾问题的承诺”的原则。

2. “一国两制”构想是对毛泽东祖国统一战略思想的继承和发展

“一国两制”构想虽然渊源于毛泽东祖国统一战略思想，但却不是一种简单的重复，而是在新形势下对毛泽东和平统一思想的重大发展。首先，较之毛泽东祖国统一战略思想日渐成熟的标志——“一纲四目”，“一国两制”的提法更概括、更准确、更响亮。“四目”无非是指四个方面的具体做法，而具体做法随情况变化、个人归纳的不同随时增删，是不稳定的。而“一国两制”的提法更符合事物的本质，不受外部条件影响，具有相对稳定性。因此我们说它更加凝练概括、科学准确，同时也更加生动形象、响亮上口。其次，“一国两制”拓展了“一纲四目”的时间和空间范围。“一纲四目”是仅就局部地区而言的，是我党为解决台湾问题而制定的方针。“一国两制”则不仅为解决台湾、香港以及澳门问题提供了科学的构想，将其空间运用范围拓展到解决一切历史遗留问题，从而使其对局部地区的方针升华为和平统一祖国的战略构想，同时也是站在国际战略的高度为世界上许多国家争端的解决提供了一个有效途径。以时间角度看，虽然“一纲四目”也有台湾社会改革从缓，暂时保留其资本主义制度的思想，但没有确定具体时间。而“一国两制”则明确至少50年不变，在时间运用范围上有了很大的变化，明确提出其作为一项基本国策要长期坚持。若非如此，不足以打消生活在台、港、澳地区人们的思想顾虑，不足以保持该地区的繁荣稳定，也不足以体现政策的连续性。最后，“一国两制”更加符合当今时代和平与发展的主题。毛泽东祖国统一战略思想的政策基调是我们一定要解放台湾，即立足于打，但不放弃多争取和平解放的可能性。这种思想比之前一味只讲武力解决进了一步，反映出中共第一代领导人对时代主题的转换已经有所觉察，并去主动适应的一面，但还不可避免地留有战争与革命的时代烙印。而“一国两制”的政策基调是立足于祖国的和平统一，但不承诺放弃武力。显然这一改变是高度尊重海峡两岸历史现实的明智之举，对保障两岸同胞的生命财产安全，避免不必要的国际纠纷有着重要意义，从而更加符合当今时代和平与发展的主题，顺应历史的潮流。

第十一章

毛泽东与执政党建设

身为中国共产党第一代中央领导集体的核心，毛泽东一贯高度重视执政党建设问题。无论是在新民主主义革命条件下的局部执政时期，还是在社会主义中华人民共和国成立后的全面执政时期，他都为此倾注了大量心血，并取得了宝贵的理论成果和实践经验。总的来说，毛泽东关于执政党建设的思想，是马克思主义党建理论与中国具体实践相结合的产物，是对党的一系列独创性执政经验的科学总结，是毛泽东思想的重要组成部分。在新的历史条件下，认真学习毛泽东执政党建设思想，尤其是贯穿其中的立场、观点和方法，对于加强和改进新形势下的党的建设，提高党的执政能力，永葆党的先进性，不断开创中国特色社会主义伟大事业新局面，具有十分重要的指导意义。

第一节　毛泽东对执政党建设的探索历程

毛泽东是中国共产党的创始人之一。从党成立之日起，毛泽东就努力将马克思主义党建理论运用于中国共产党的建设实践，积极参与和亲身处理了一系列有关党的建设的重大事件，比如创建和发展了湖南省党的组织，发动和领导了湖南省的工人运动、农民运动和学生运动。此后半个多世纪的时间里，毛泽东基于中国共产党领导的波澜壮阔的革命和建设实践，以及丰富的个人经历和工作基础，提出了具有中国特色的党建思想，其中包括较为系统的执政党建设理论。纵观毛泽东关于执政党建设的理论探索历程，大体上可分为五个阶段：开始萌芽、初步形成、走向成熟、基本形成和曲折发展阶段。

（一）开始萌芽：土地革命战争时期，毛泽东认真探索保卫和发展苏维埃政权的执政党建设问题

中国共产党局部执政局面的形成，源于革命根据地政权的建立。1927年大革命失败后，以毛泽东为代表的中国共产党人没有畏缩和后退，而是迎难而上，寻找新的革命道路。无数革命英烈抛头颅、洒热血，换来了红色苏维埃政权在大江南北的偏僻乡村诞生。其中，毛泽东率先把党的工作重心从城市转移到农村，在井冈山建立了第一个农村革命根据地。当时成立的苏维埃政权，尽管主要是模仿苏联形式，但它标志着中国共产党由此开始了执政的初步实践。为了巩固红色政权，发展革命根据地，毛泽东积极探索红军和根据地党的建设问题，写出了《中国的红色政权为什么能够存在？》《井冈山的斗争》《关于纠正党内的错误思想》《反对本本主义》等光辉著作，提出了很多关于加强和巩固党的领导的论述。这些论述不仅在当时有极强的针对性，而且与毛泽东以后探索执政理论都有直接的渊源关系，可视为毛泽东执政党建设思想萌芽的标志。择其要点，包括：

第一，及时建立各项组织和工作制度，正确处理党的领导和苏维埃政府工作的关系。开辟井冈山革命根据地后，毛泽东立即恢复和重建了大革命失败后被破坏的各县党组织，并成立苏维埃政府。与此同时，他针对“许多事情为图省便，党在那里直接做了，把政权机关搁置一边”的以党代政现象，要求“以后党要执行领导政府的任务；党的主张办法，除宣传外，执行的时候必须通过政府的组织”[①]。此外，毛泽东对政府的工作制度和

①《毛泽东选集》第1卷，人民出版社1991年第2版，第73页。

方法也提出了很多指导意见。1934年，他专门写了《乡苏怎样工作》一文，强调苏维埃政府必须注意工作方法。他论述了乡苏维埃的工作原则和方法，比如就检查制度指出："检查制度是争取苏维埃工作质量速度极其要紧的办法，只有决定，没有检查，就是官僚主义的领导，它同强迫命令主义是一样有害的。"①这些措施既巩固党对苏维埃政权的领导，也使苏维埃政权在极端残酷的战争环境中得到发展。

第二，加强政权和军队中的党组织建设，为保卫和发展苏维埃政权提供保障。1926年3月，毛泽东在《纪念巴黎公社的重要意义》中指出："我们欲革命成功，必须势力集中行动一致，所以有赖于一个有组织有纪律的党来发号施令。"②大革命失败后，毛泽东在三湾改编时决定在部队中建立党的各级组织，提出了"支部建在连上"的重要原则。建立革命根据地后，为了有效地开展党的工作和坚持党的领导，毛泽东进一步要求在根据地加强党的建设，特别是建立健全党的各级组织。1928年11月，他给中央写报告说："党代表制度，经验证明不能废除。特别是在连一级，因党的支部建设在连上，党代表更为重要。""红军所以艰难奋战而不溃散，'支部建在连上'是一个重要原因。"③对此，中央给予充分肯定，并要求其他根据地参照施行。1929年3月，周恩来为中央起草的给湘鄂西前委的指示信中说："在朱、毛军队中，党的组织是以连为单位，每连建立一个支部，连以下分小组，连以上有营委、团委等组织。因为每连都有组织，所以在平日及作战时，都有党的指导和帮助。据朱、毛处来人说，这样组织，感觉还好。将来你们部队建党时，这个经验可以备你们参考。"④这就确立了党对革命军队的绝对领导，为建立新型的人民军队、发展苏维埃政权奠定了组织基础。

第三，深刻阐述了党及其领导的苏维埃政权密切联系群众的极端重要

①《毛泽东文集》第1卷，人民出版社1993年版，第357页。
②《毛泽东文集》第1卷，人民出版社1993年版，第35页。
③《毛泽东选集》第1卷，人民出版社1991年第2版，第64、65页。
④《周恩来选集》上卷，人民出版社1980年版，第16页。

性。毛泽东认为密切联系群众，是由共产党的宗旨所决定的，是共产党克敌制胜的力量源泉。1933年，他在《查田运动的初步总结》中指出："党与苏维埃工作人员每个时候，每件工作，都不要忘记群众的大多数。我们要面向群众，是要面向群众的大多数，我们的工作要深入群众，是要深入一切大的小的村庄、一切大的小的市镇里的群众。要严厉反对少数人干的关门主义命令主义错误办法。"[①]与此相关，毛泽东强烈反对官僚主义的作风。1934年1月，他在《中华苏维埃共和国中央执行委员会与人民委员会对第二次全国苏维埃代表大会的报告》中指出："必须严厉地开展反对官僚主义的斗争，把那些遮塞在苏维埃与民众之间的废物抛开去，这些废物就是官僚主义与命令主义。苏维埃人员应该从对于民众的动员与对于民众的说服去执行苏维埃工作，而不应该用强迫命令办法去执行苏维埃工作。"[②]1934年1月，他在第二次全国工农兵代表大会上再次强调："不反对官僚主义的工作方法而采取实际的具体的工作方法，不抛弃命令主义的工作方法而采取耐心说服的工作方法，那末，什么任务也是不能实现的。"[③]

第四，十分重视党风廉政建设。坚持群众观点，密切联系群众，就要在制定和执行各项路线、方针、政策中最大限度地维护人民群众的利益。这就要求党员干部必须廉洁奉公，始终做到为人民服务。对此，毛泽东丝毫不含糊。1929年12月，他在起草的古田会议决议草案中，把"廉洁奉公"写进了共产党员的五项条件中，规定凡有政治观念错误、吸食鸦片、发洋财及赌博行为而屡戒不改者，不论是否干部一律清除出党。1933年2月，毛泽东签发的《关于惩治贪污浪费行为的训令》指出：如发现苏维埃工作人员中有贪污腐化、消极怠工及官僚主义分子，民众应立即揭发，苏维埃政府应立即惩办，绝不姑息。1934年1月，他在全国苏维埃第二次代表大

①《查田运动的初步总结》，《斗争》第24期。

②《中华苏维埃共和国中央执行委员会与人民委员会对第二次全国苏维埃代表大会的报告》，《红色中华》二苏大特刊第3期。

③《毛泽东选集》第1卷，人民出版社1991年第2版，第140页。

会上强调："财政的支出，应该根据节省的方针。应该使一切政府工作人员明白，贪污和浪费是极大的犯罪。反对贪污和浪费的斗争，过去有了些成绩，以后还应用力。"[①]

（二）初步形成：抗日战争时期，尤其是在延安局部执政时期，毛泽东深入思考执政党建设问题

红军长征到达陕北后，中国共产党克服了各种艰难险阻，成功建立和发展了陕甘宁革命根据地。全面抗日战争开始后，中国共产党在抗日根据地进行了民主政权建设，为挽救民族危亡发挥了重要作用。这一时期，毛泽东总结了局部执政的经验，分析了国民党一党专政的教训，进而深入阐述了共产党领导和执政的原则、方法与条件，其对执政建设问题的探索表现出系统全面和创造发展的特点，充分体现了毛泽东的执政自觉和民主意识。这表现在以下几个方面：

第一，系统、全面地阐述党的建设问题。在延安时期，毛泽东把马克思主义党建思想与中国具体实践相结合，撰写了大量涉及党的建设的重要著作。1937年，他相继发表了《实践论》《矛盾论》等重要著作，论证了党的正确的思想路线。1938年，他在党的六届六中全会上的报告《中国共产党在民族战争中的地位》中，阐明了加强党的建设的一系列重要指导原则和政策。1939年，他在《〈共产党人〉发刊词》《中国革命和中国共产党》等著作中，又进一步总结了党成立以来的建设经验，明确地提出了党的建设的根本任务，号召全党为建设"一个全国范围的、广大群众性的、思想上政治上组织上完全巩固的布尔什维克化的中国共产党而奋斗"[②]。1941年以后，毛泽东发动和领导了全党的整风运动，并陆续发表了《改造我们的学习》《整顿党的作风》《反对党八股》《关于领导方法的若干问题》《学

①《毛泽东选集》第1卷，人民出版社1991年第2版，第134页。
②《毛泽东选集》第2卷，人民出版社1991年第2版，第652页。

习和时局》等一系列著作，反对了党内存在的主观主义、教条主义和宗派主义的错误倾向，端正了全党的思想路线和组织路线。此外，在这个时期，以毛泽东为核心的党中央领导集体初步形成。中央领导集体的其他成员，对执政问题做出了各自的重要贡献，比如刘少奇撰写的《论共产党员的修养》《论党内斗争》《论党》等著作，都是关于党建的重要文献。

第二，对民主制度建设的积极探索。失去监督制约的权力最容易被滥用，最容易产生腐败。为了加强人民群众对党和政府工作人员的监督，毛泽东对民主制度进行了深入思考。在抗日民主政权建设上，实行民主集中制的组织形式，以人民群众的广泛参与为主体推进政治民主化。在政体上，实行直接民主选举的参议会制度；在政府组成上，采取“三三制”建政原则。1945 年 7 月，黄炎培等六位国民参政员访问延安。在杨家岭的窑洞里，黄炎培向毛泽东提出了自己长期思索而没有能够解答出来的一个问题。他说：

■ 1945 年 7 月，毛泽东等到机场迎接来延安访问的国民参政会参政员褚辅成、黄炎培等一行六人。右起：毛泽东、黄炎培、褚辅成、章伯钧、冷遹、傅斯年、左舜生、朱德、周恩来、王若飞。

“我生六十多年，耳闻的不说，所亲眼看到的，真所谓‘其兴也勃焉’，‘其亡也忽焉’，一人，一家，一团体，一地方，乃至一国，不少单位都没有能跳出这周期律的支配力。”他希望共产党能“找出一条新路，来跳出这周期律的支配”。面对黄炎培的忧思，毛泽东说：“我们已经找到新路，我们能跳出这周期律。这条新路，就是民主。只有让人民来监督政府，政府才不敢松懈。只有人人起来负责，才不会人亡政息。”[①]这一思想与毛泽东在苏维埃时期的探索和认识一脉相承，与毛泽东的群众路线思想浑然一体。毛泽东看到了问题的症结，点中了执政党建设的要害。

第三，高度重视党风廉政建设。1941年三四月间，毛泽东在《〈农村调查〉的序言和跋》中写道：“严肃地坚决地保持共产党员的共产主义的纯洁性，和保护社会经济中的有益的资本主义成分，并使其有一个适当的发展，是我们在抗日和建设民主共和国时期不可缺一的任务。在这个时期内一部分共产党员被资产阶级所腐化，在党员中发生资本主义的思想，是可能的，我们必须和这种党内的腐化思想作斗争。”[②]1941年5月，他主持制定的《陕甘宁边区施政纲领》明确规定：“厉行廉洁政治，严惩公务人员之贪污行为，禁止任何公务人员假公济私之行为，共产党员有犯法者从重治罪。同时实行俸以养廉原则，保障一切公务人员及其家属必需的物质生活及充分的文化娱乐生活。”[③]为了使全党同志吸取李自成领导的农民政权败亡的教训，毛泽东让延安《解放日报》转载了郭沫若发表在重庆《新华日报》上的《甲申三百年祭》一文，要求领导干部作为整风文件学习，“叫同志们引为鉴戒，不要重犯胜利时骄傲的错误”[④]。

第四，取得了执政党建设的显著成效。在党中央和毛泽东的正确领导下，各抗日民主根据地呈现出一派崭新的气象，与国民党统治区形成了鲜明的对比。正如毛泽东所说：“陕甘宁边区是全国最进步的地方，这里是

---

①金冲及主编：《毛泽东传》，中央文献出版社1993年版，第719-720页。

②《毛泽东选集》第3卷，人民出版社1991年第2版，第793页。

③《毛泽东文集》第2卷，人民出版社1993年版，第335页。

④《毛泽东选集》第3卷，人民出版社1991年第2版，第948页。

民主的抗日根据地。这里一没有贪官污吏，二没有土豪劣绅，三没有赌博，四没有娼妓，五没有小老婆，六没有叫化子，七没有结党营私之徒，八没有萎靡不振之气，九没有人吃磨擦饭，十没有人发国难财，为什么要取消它呢？只有不要脸的人们才说得出不要脸的话，顽固派有什么资格站在我们面前哼一声呢？……我们共产党是最主张统一的人，我们发起了统一战线，我们坚持了统一战线，我们提出了统一的民主共和国的口号。谁人能够提出这些呢？谁人能够实行这些呢？谁人能够只要每月五块钱薪水呢？谁人能够创造这样的廉洁政治呢？”[①] 执政建设的成绩，充分证明中国共产党是中国无产阶级的先锋队，又是全民族的先锋队，在中国“离开了中国共产党的领导，任何革命都不能成功”[②]。

（三）走向成熟：解放战争时期，尤其是在新民主主义革命胜利前夕，执政党建设逐渐成为毛泽东党建思想的主题

解放战争时期，是中华民族处于两种命运、两种前途大决战的关键时期。其间，毛泽东在《关于健全党委制》《党委会的工作方法》等著作中，进一步论述了党的领导方法和工作作风，使毛泽东执政党建设思想得到很大的发展。1949 年 3 月，在中共七届二中全会上，毛泽东明确地把肩负起执政党重任和加强执政党建设问题提了出来，开始从全国性执政党的层面思考和探索如何执政。此外，随着人民解放战争的发展，中国共产党领导解放区人民把政权建设推进到了人民民主政权的新阶段，开始尝试人民代表会议制度。1949 年 6 月，毛泽东发表《论人民民主专政》，系统阐述了人民民主专政理论，明确了中国政治的发展方向和政治制度选择，这就是人民民主专政的共和国和人民代表大会制度。这些都说明毛泽东对执政党建设的探索已经走向成熟。

---

①《毛泽东选集》第 2 卷，人民出版社 1991 年第 2 版，第 718 页。
②《毛泽东选集》第 2 卷，人民出版社 1991 年第 2 版，第 651 页。

第一，担当起执政党的角色。新民主主义革命胜利前夕，面对前所未有的大变革，毛泽东清醒地认识到：“夺取这个胜利，已经是不要很久的时间和不要花费很大的气力了；巩固这个胜利，则是需要很久的时间和花费很大的气力的事情。”[①]所谓“巩固这个胜利”，就是要完成执政的新使命。1948年12月，在对马列学院第一班学员的讲话中，刘少奇也告诫这批即将走上执政岗位的新干部：“我们打倒蒋介石、打倒旧政权后，要领导全国人民组织国家，如果搞得不好，别人也能推翻我们的。唐太宗曾与魏徵争论过一个问题：创业难呢，还是守成难呢？历史上从来有这个问题。得了天下，要能守住，不容易。很多人担心，我们未得天下时艰苦奋斗，得天下后可能同国民党一样腐化。他们这种担心有点理由。在中国这个落后的农业国家，一个村长，一个县委书记，可以称王称霸。胜利后，一定会有些人腐化、官僚化。如果我们党注意到这一方面，加强思想教育，提高

■ 毛泽东在中共七届二中全会上作报告。

①《毛泽东选集》第4卷，人民出版社1991年第2版，第1438页。

纪律性，就会好一些。”[①]

第二，认识到执政党的任务。革命与执政有着本质的不同。执政之后，“严重的经济建设任务摆在我们面前。我们熟悉的东西有些快要闲起来了，我们不熟习的东西正在强迫我们去做”[②]，“如果我们在生产工作上无知，不能很快地学会生产工作，不能使生产事业尽可能迅速地恢复和发展，获得确实的成绩，首先使工人生活有所改善，并使一般人民的生活有所改善，那我们就不能维持政权，我们就会站不住脚，我们就会要失败”[③]。因此，毛泽东强调：“在革命胜利以后，迅速恢复和发展生产，对付国外帝国主义，使中国稳步地由农业国转变为工业国。”[④]“我们不但善于破坏一个旧世界，我们还将善于建设一个新世界。”[⑤]况且，认识和掌握经济建设的客观规律，使全党干部学会开展大规模经济建设的本领，是要经历相当的过程和花费很大的力气的。

第三，警惕执政的危险。一是防止脱离群众的危险。对共产党人来说，最危险最可怕的事，莫过于脱离群众。在革命战争年代，保持党同人民群众的密切联系，不容易；在成为执政党以后，要继续保持同人民群众的血肉联系，更不容易。因为执政后的环境变化，使一些党员干部以功臣自居，容易产生滥用权力、脱离群众的危险。二是防止和平演变。革命胜利后，国内外敌对势力会采取各种手段从事破坏，妄图推翻共产党的领导。当军事颠覆、经济封锁等手段达不到目的时，他们就会改用和平演变战略，企图腐蚀党的干部，瓦解党的队伍，从而使党和国家改变颜色。

第四，提出“两个务必”。基于如上分析，毛泽东认为党在掌握全国政权成为执政党以后，任务更艰巨了，考验更严峻了，必须加强执政党的自身建设，以担当起领导社会主义建设的重任。为此，他分析说：“因为

①《刘少奇选集》上卷，人民出版社 1981 年版，第 413 页。
②《毛泽东选集》第 4 卷，人民出版社 1991 年第 2 版，第 1480 页。
③《毛泽东选集》第 4 卷，人民出版社 1991 年第 2 版，第 1428 页。
④《毛泽东选集》第 4 卷，人民出版社 1991 年第 2 版，第 1437 页。
⑤《毛泽东选集》第 4 卷，人民出版社 1991 年第 2 版，第 1439 页。

胜利，人民感谢我们，资产阶级也会出来捧场……资产阶级的捧场则可能征服我们队伍中的意志薄弱者……我们必须预防这种情况。”[1]对此，毛泽东明确指出“两个务必”的要求：“中国的革命是伟大的，但革命以后的路程更长，工作更伟大，更艰苦。这一点现在就必须向党内讲明白，务必使同志们继续地保持谦虚、谨慎、不骄、不躁的作风，务必使同志们继续地保持艰苦奋斗的作风。”[2]根据毛泽东的提议，七届二中全会作出决定：不作寿，不送礼，少敬酒，少鼓掌，不以人名作地名，不要把中国同志和马、恩、列、斯平列等。这充分体现了中央领导集体加强执政党建设的高度自觉和决心。

（四）基本形成：中华人民共和国成立到党的八大前后，毛泽东从全面执政的实际出发，提出较为完备的执政党建设思想

中华人民共和国成立后，中国共产党所处的地位、环境和面临的任务都发生了根本性变化。能否经受住更加严峻的考验，迎接新的挑战，完成执政兴国的历史使命，成为一个重大的现实问题。在毛泽东看来，要执好政，关键是要把党建设好，使我们党在理论上、政治上更加成熟，思想上更加统一，组织上更加巩固，作风上更加纯洁。有这样一个好的党，是我们事业获得胜利的根本保证。党的八大前后，毛泽东在《论十大关系》《关于正确处理人民内部矛盾的问题》《在扩大的中央工作会议上的讲话》等著作中，提出了一系列加强执政党建设的新思想和新理论，标志着毛泽东关于执政党建设理论的基本形成。

第一，初步确立了中华人民共和国的政治结构和中国共产党执政的格局。这包括：确立了人民民主专政的国体，明确了共产党领导的多党合作和政治协商制度，在全国范围初步实践了人民代表会议制度，创立了单一

①《毛泽东选集》第4卷，人民出版社1991年第2版，第1438页。
②《毛泽东选集》第4卷，人民出版社1991年第2版，第1438页。

主权制国家结构原则下的民族区域自治制度，创立了初步的人民司法制度和各级人民监察委员会制度等。

第二，坚持和改善党的领导，使党成为社会主义建设事业的核心力量。中华人民共和国成立后，毛泽东反复强调：“领导我们事业的核心力量是中国共产党”[①]，只有充分发挥党的领导核心作用，才能团结一切可以团结的力量去建设社会主义。在党的八大上他进一步指出，我们的一切任务能否顺利完成，归根结底，决定于党的领导是否正确。为此，他就如何坚持党的领导、实施党的领导、改善党的领导、发扬人民民主、健全法制、实行党政分开、正确处理人民内部矛盾、改进党的工作方式和方法等提出了一系列具体思想和要求。

第三，把经济建设作为中心工作。中华人民共和国成立后，尽管民主革命尚未彻底完成，抗美援朝、社会主义改造等任务十分繁重，但毛泽东要求全党特别是各中央局、省、区委主要负责人要集中一切精力，努力学会管理城市、管理生产。党的八大在科学分析国内外形势和社会主义改造基本完成以后的主要矛盾的基础上，确立了以经济建设为中心、集中力量发展社会生产力的政治路线和经济建设的指导方针。

第四，坚持党要管党、从严治党的原则，始终保持无产阶级先锋队性质。中华人民共和国成立后，毛泽东把从严治党放在重要位置。据不完全统计，1949—1952年，平均每个月党中央就有一项加强党的建设方面的措施出台。同时，针对“三反”“五反”运动中暴露出来的问题，在全党开展了整党等一系列运动。党的八大进一步强调，要加强党内思想教育，坚持党的实事求是、密切联系群众、民主集中制等优良传统，反对任何官僚主义、脱离群众、个人崇拜等不良作风。

---

①《毛泽东文集》第6卷，人民出版社1999年版，第350页。

（五）曲折发展：进入全面建设社会主义时期之后，毛泽东继续探索执政党建设规律，既取得很多新的理论和实践成果，也留下了不少教训

社会主义三大改造基本完成后，我国进入全面建设社会主义的新阶段。党的主要任务和中心工作，就是大力发展社会生产力，推进现代化进程，带领人民群众创造幸福美满的新生活。如何领导大规模的社会主义建设，是检验党执政能力和领导水平的新课题。这不仅关系人民的福祉，关系国家的前途，也关系党自身的命运。

在此期间，毛泽东对执政党建设进行了进一步的思考，特别是在加强党内民主，转变党的领导方式、执政方式和改进党的作风等方面，提出了许多重要思想。但是，囿于当时的历史条件，毛泽东在考虑执政党建设问题时，强调政治思想教育多，抓法制建设不够；采取搞群众运动的形式多，建立切实有效的监督制约机制不够。从而，未能从制度上解决党和国家政治生活民主化、法制化的问题。这个缺憾酿成了全面建设社会主义时期执政党建设的失误。

马克思曾说："人们自己创造自己的历史，但是他们并不是随心所欲地创造，并不是在他们自己选定的条件下创造，而是在直接碰到的、既定的、从过去承继下来的条件下创造。"[①] 毛泽东探索执政党建设也不例外。所以，我们一方面要继承和发扬毛泽东在这个时期的探索成果，另一方面要分析其探索失误的复杂社会历史原因，从而吸取教训，避免犯同样的错误，把执政党建设推向前进。

总之，如何执政一直是中国共产党孜孜探求的一个课题。首先破题的毛泽东作出了艰辛的努力，他在不同的历史时期，围绕党的中心任务的变化，对执政党建设规律进行了许多创造性的探索，丰富和发展了马克思主

①《马克思恩格斯选集》第 1 卷，人民出版社 1995 年版，第 585 页。

义执政党建设的思想和理论，对指导中国革命和建设从胜利不断走向胜利做出了不可磨灭的贡献。其中，既包括对今天仍有启迪的命题和思想，也有值得反省的失误。

第二节　毛泽东执政党建设思想的主要内容

毛泽东执政党建设思想的内容非常丰富，涉及思想建设、政治建设、组织建设、作风建设、廉政建设等诸多方面。毛泽东以其关于执政党建设的精辟阐述和独到见解，充分展示了马克思主义立场、观点、方法与中国具体实践的结合，进一步推进了马克思主义党建理论中国化的进程。在之前历史梳理的基础上，这里重点考察中华人民共和国成立后毛泽东对执政党建设的探索及其主要思想。

（一）保持党的先锋队性质，把党建设成为领导社会主义事业的核心力量

在执政的条件下，党所处的环境和面临的任务都发生了根本性的变化，党将经受更加复杂、更加严峻的考验。毛泽东认为，执好政的关键是要把党建设好，首先是使党在思想上更加统一、政治上更加成熟，从而永葆党的先锋队性质，并成为领导社会主义事业的核心力量。在读苏联《政治经济学教科书》的谈话中，毛泽东指出："中国和俄国的历史经验证明：要取得革命的胜利，就要有一个成熟的党，这是一个很重要的条件。"[①] 言下之意，要取得社会主义建设的胜利，同样要有一个成熟的执政党。

①《毛泽东文集》第8卷，人民出版社1999年版，第110页。

1. 始终保持党的先锋队性质

只有走社会主义道路，才能发展中国。这是中国人民经过漫长而曲折的探索得出的历史结论。然而，社会主义的建立和发展都不是自发的，而是要不断战胜艰难险阻，方可逐步走向胜利。这样，始终保持党的先锋队性质，把党建设成为领导社会主义事业的核心力量，就是建设社会主义事业的一个根本性问题。如果失去了这一点，就会失掉社会主义前途。毛泽东认为，在执政的条件下保持党的先锋队性质，才能保持党的战斗力。1962 年 1 月，毛泽东在扩大的中央工作会议上指出："要团结全党、全民，这并不是说我们没有倾向性。有些人说共产党是'全民的党'，我们不这样看。我们的党是无产阶级政党，是无产阶级的先进部队，是用马克思列宁主义武装起来的战斗部队。"①

毛泽东强调保持党的先锋队性质，与当时的形势和任务是密切联系的。中华人民共和国成立后，中国共产党的组织得到了迅猛的发展，党员人数从 1949 年底的 450 万人，发展到 1951 年 3 月的 580 万人。但是，党内也存在思想上、作风上和组织上不纯的现象。为保证党能够领导全国人民完成从新民主主义向社会主义的转变，完成社会主义改造的历史任务，进而建设社会主义事业，必须整顿党的组织、提高党员觉悟、改进干部作风、密切党群关系。也正是在这个背景下，中共中央于 1951 年 3—4 月在北京召开第一次全国组织工作会议，会议主题正是在执政条件下强化党员标准、整顿基层组织。其中，关于共产党员的八项标准，第一条就是"一切党员必须了解中国共产党是中国工人阶级的党，是工人阶级的先进的有组织的部队"。

2. 把党建设成为领导社会主义事业的坚强核心

党的政治路线是党的生活的中心主题，党的建设必须围绕着党在一定

①《毛泽东文集》第 8 卷，人民出版社 1999 年版，第 307 页。

历史时期的总路线、总任务进行，使党能够胜利实现不同时期的历史使命。在新民主主义革命时期，毛泽东就总结党的建设经验，指出“党的建设过程，党的布尔什维克化的过程，是这样同党的政治路线密切地联系着”①。中华人民共和国成立后，毛泽东根据新的形势和任务，明确规定执政党建设的根本任务，就是要把党建设成为领导社会主义事业的坚强核心。

在党的七大召开期间，毛泽东就指出：“没有中国共产党的努力，没有中国共产党人做中国人民的中流砥柱，中国的独立和解放是不可能的，中国的工业化和农业近代化也是不可能的。”②1954年9月，他在一届全国人大一次会议开幕词中庄严宣布：“我们的总任务是：团结全国人民，争取一切国际朋友的支援，为了建设一个伟大的社会主义国家而奋斗……我们的事业是正义的……领导我们事业的核心力量是中国共产党。”③1956年9月，他在八大开幕词中说：“我们的党现在比过去任何时期都更加团结，更加巩固了。我们的党已经成了团结全国人民进行社会主义建设的核心力量。”④

对于党的执政能力建设，毛泽东充满信心。1955年7月，他就农业合作化问题指出：“党是有能力领导全国人民进到社会主义社会的。我们党已经胜利地领导了一个伟大的人民民主革命，建立了以工人阶级为首的人民民主专政，也就一定能够领导全国人民，在大约三个五年计划的时期内，基本上完成社会主义工业化和对于农业、手工业、资本主义工商业的社会主义改造。”⑤进入全面建设社会主义时期，针对社会上出现的怀疑党的领导、脱离党的领导，甚至反对党的领导的错误倾向，毛泽东反复强调坚持党的领导的重要性。1957年5月，他就当时的社会形势指出：“中国共产党是全中国人民的领导核心。没有这样一个核心，社会主义事业就不能

①《毛泽东选集》第2卷，人民出版社1991年第2版，第605页。
②《毛泽东选集》第3卷，人民出版社1991年第2版，第1098页。
③《毛泽东文集》第6卷，人民出版社1999年版，第350页。
④《毛泽东文集》第7卷，人民出版社1999年版，第114-115页。
⑤《毛泽东文集》第6卷，人民出版社1999年版，第422-423页。

■ 1956年9月，毛泽东、刘少奇、周恩来、朱德、陈云等在党的八大闭幕式上。

胜利。”①

3. 以经济建设为中心

革命成功后，无产阶级政党完成由革命党到执政党的转型，其主要表现就是坚持以经济建设为中心工作，解放和发展社会生产力。对此，列宁在1921年指出：“对于一个真正的革命者来说，最大的危险，甚至也许是唯一的危险，就是夸大革命作用，忘记了恰当地和有效地运用革命方法的限度和条件。真正的革命者如果开始把‘革命’写成大写，把‘革命’几乎奉为神明，丧失理智，不能极其冷静极其清醒地考虑、权衡和验证在什么时候、什么情况下、什么活动领域要善于采取革命的行动，而在什么时候、什么情况下、什么活动领域要善于改用改良主义的行动，那他们就最容易为此而碰得头破血流。”②

对于中国共产党要转型为推动经济建设的执政党，毛泽东在革命胜利

①《毛泽东文集》第7卷，人民出版社1999年版，第303页。
②《列宁选集》第4卷，人民出版社1995年版，第612页。

前夕就有着清醒的认识。1949年3月，在七届二中全会上，毛泽东也明确指出："从我们接管城市的第一天起，我们的眼睛就要向着这个城市的生产事业的恢复和发展。务须避免盲目地乱抓乱碰，把中心任务忘记了……城市中其他的工作，例如党的组织工作，政权机关的工作，工会的工作，其他各种民众团体的工作，文化教育方面的工作，肃反工作，通讯社报纸广播电台的工作，都是围绕着生产建设这一个中心工作并为这个中心工作服务的。"①1949年6月，在《论人民民主专政》中，他再次指出："帝国主义者算定我们办不好经济，他们站在一旁看，等待我们的失败。我们必须克服困难，我们必须向一切内行的人们（不管什么人）学习经济工作。"②

中华人民共和国成立后，中国共产党接收的是国民党政府遗留下来的烂摊子。能够迅速恢复发展经济，改善人民生活水平，是对中国共产党执政能力和水平的考验。更何况，"资产阶级怀疑我们的建设能力。帝国主义者估计我们终究会要向他们乞讨才能活下去"③。所以，毛泽东反复强调经济建设的重要性。1955年3月，他在中国共产党全国代表大会上指出："我们进入了这样一个时期，就是我们现在所从事的、所思考的、所钻研的，是钻社会主义工业化，钻社会主义改造，钻现代化的国防，并且开始要钻原子能这样的历史的新时期。"④

（二）重视全党的学习，努力推进马克思主义同中国实践的第二次结合

在毛泽东党建思想中，一个贯穿始终的突出特点是：紧紧抓住思想建设这个环节，"依照无产阶级先锋队的面貌改造党，改造世界"⑤，使党

①《毛泽东选集》第4卷，人民出版社1991年第2版，第1428页。
②《毛泽东选集》第4卷，人民出版社1991年第2版，第1480-1481页。
③《毛泽东选集》第4卷，人民出版社1991年第2版，第1438页。
④《毛泽东文集》第6卷，人民出版社1999年版，第395页。
⑤《毛泽东选集》第3卷，人民出版社1991年第2版，第876页。

员不仅组织上入党，而且思想上完全入党，做一个名副其实的共产主义者。毛泽东深知，从农村和山沟里走出来的中国共产党，能够赢得中国革命的胜利，靠的是马克思主义基本原理与中国具体实际相结合；革命胜利后，要把中国建成一个社会主义现代化国家，同样要马克思主义基本原理与中国具体实际相结合。因此，他重视全党的学习，以提高党的知识和理论水平，实现马克思主义同中国实践的第二次结合。

1. 把学习放在重要位置

毛泽东历来重视学习，认为这直接关系党员干部的知识水平和工作能力。1938 年 10 月，在《中国共产党在民族战争中的地位》中，他专门讲到学习的重要性，指出："一般地说，一切有相当研究能力的共产党员，都要研究马克思、恩格斯、列宁、斯大林的理论，都要研究我们民族的历史，都要研究当前运动的情况和趋势；并经过他们去教育那些文化水准较低的党员。特殊地说，干部应当着重地研究这些，中央委员和高级干部尤其应当加紧研究。指导一个伟大的革命运动的政党，如果没有革命理论，没有历史知识，没有对于实际运动的深刻的了解，要取得胜利是不可能的。"①1948 年 9 月，在筹划中华人民共和国成立的中央政治局会议上，毛泽东这样提出："我党的理论水平，必须承认还是低的，必须提高一步。这样大的党，在许多基本理论问题上或是不了解，或是不巩固……我们在理论上要提高，还要普及。中央委员、政治局委员要当作一个政治任务来注意这个问题。"②

中华人民共和国成立后，毛泽东把学习作为党的建设的要务，一再号召全党同志认真读书，并身体力行，率先垂范。1956 年 9 月，他在八大开幕词中指出："我们现在也面临着和苏联建国初期大体相同的任务。要把一个落后的农业的中国改变成为一个先进的工业化的中国，我们面前的工

①《毛泽东选集》第 2 卷，人民出版社 1991 年第 2 版，第 532-533 页。
②《毛泽东文集》第 5 卷，人民出版社 1996 年版，第 137-138 页。

作是很艰苦的，我们的经验是很不够的。因此，必须善于学习。要善于向我们的先进者苏联学习，要善于向各人民民主国家学习，要善于向世界各兄弟党学习，要善于向世界各国人民学习。我们决不可有傲慢的大国主义的态度，决不应当由于革命的胜利和在建设上有了一些成绩而自高自大。国无论大小，都各有长处和短处。即使我们的工作得到了极其伟大的成绩，也没有任何值得骄傲自大的理由。虚心使人进步，骄傲使人落后，我们应当永远记住这个真理。”①

2. 用马克思主义理论武装全党

恩格斯说过：“我们党有个很大的优点，就是有一个新的科学的世界观作为理论的基础。”②这一新的科学的世界观，就是马克思主义理论。中国革命的胜利，同样是这个理论指导的结果。1949年6月，毛泽东在《论人民民主专政》的讲话中总结指出：“我们党走过二十八年了，大家知道，不是和平地走过的，而是在困难的环境中走过的，我们要和国内外党内外的敌人作战。谢谢马克思、恩格斯、列宁和斯大林，他们给了我们以武器。这武器不是机关枪，而是马克思列宁主义。”③

正因为如此，毛泽东一贯强调，要坚持党的科学的指导思想，就必须认真读马列，用马克思列宁主义教育和武装全党。他在革命时期指出：“在全党中提高马克思列宁主义的理论水平是完全必要的，因为只有这种理论，才是引导中国革命走向胜利的指南针。”④到了建设社会主义事业的时候，他仍然强调：“指导我们思想的理论基础是马克思列宁主义。”⑤1956年9月，他在八大开幕词中说：“现在，比起整风运动以前，我们党的马克思列宁主义的思想水平，已经提高了一步。但是我们还有严重的缺点。

①《毛泽东文集》第7卷，人民出版社1999年版，第117页。
②《马克思恩格斯文集》第2卷，人民出版社2009年版，第599页。
③《毛泽东选集》第4卷，人民出版社1991年第2版，第1469页。
④《毛泽东选集》第1卷，人民出版社1991年第2版，第264页。
⑤《毛泽东文集》第6卷，人民出版社1999年版，第350页。

在我们的许多同志中间，仍然存在着违反马克思列宁主义的观点和作风，这就是：思想上的主观主义、工作上的官僚主义和组织上的宗派主义。这些观点和作风都是脱离群众、脱离实际的，是不利于党内和党外的团结的，是阻碍我们事业进步、阻碍我们同志进步的。必须用加强党内的思想教育的方法，大力克服我们队伍中的这些严重的缺点。”[①]

3. 推进马克思主义同中国实践的第二次结合

毛泽东要求全党不断学习马克思主义，除了因为社会主义建设事业是一项艰巨的事业外，更主要的是要引导全党探索社会主义建设的规律，掌握执政兴国的要领。因此，他强调要将马克思主义学习与经济建设紧密结合起来。1955年3月，他在中国共产党全国代表会议上指出：“我希望，所有的省委书记、市委书记、地委书记以及中央各部门的负责同志，都要奋发努力，在提高马克思列宁主义水平的基础上，使自己成为精通政治工作和经济工作的专家。一方面要搞好政治思想工作，一方面要搞好经济建设。对于经济建设，我们要真正学懂。”[②]

1956年3月，毛泽东在中央书记处讨论苏共二十大的会议上说：“我认为最重要的教训是独立自主，调查研究，摸清本国国情，把马克思列宁主义的基本原理同我国革命结合起来，制定我们的路线、方针、政策。”民主革命时期，我们走过一段弯路，吃了大亏之后才成功地实现了这种结合，取得革命的胜利。“现在是社会主义革命和建设时期，我们要进行第二次结合，找出在中国进行社会主义革命和建设的正确道路。”他说，开始我们模仿苏联，因为我们毫无搞社会主义的经验，只好如此，但这也束缚了自己的积极性和创造性。“现在我们有了自己的初步实践，又有了苏联的经验教训，应当更加强调从中国的国情出发，强调开动脑筋，强调创

---

①《毛泽东文集》第7卷，人民出版社1999年版，第116页。

②《毛泽东文集》第6卷，人民出版社1999年版，第396页。

造性，在结合上下功夫。”[①] 在这里，毛泽东把“找出在中国进行社会主义革命和建设的正确道路”，作为马列主义同中国实际的“第二次结合”。

1956年8月，毛泽东在审阅中共八大政治报告稿时又写道：“不可能设想，社会主义制度在各国的具体发展过程和表现形式，只能有一个千篇一律的格式。我国是一个东方国家，又是一个大国。因此，我国不但在民主革命过程中有自己的许多特点，在社会主义改造和社会主义建设的过程中也带有自己的许多特点，而且在将来建成社会主义社会以后还会继续存在自己的许多特点。”[②]1962年，在著名的七千人大会上，毛泽东进一步强调：“社会主义建设，从我们全党来说，知识都非常不够。我们应当在今后一段时间内，积累经验，努力学习，在实践中间逐步地加深对它的认识，弄清楚它的规律。”[③] 在毛泽东看来，党在民主革命时期的斗争，是实现马克思列宁主义同中国实际第一次结合的过程。现在，当建设社会主义的任务提到党的面前时，要进行马克思列宁主义同中国实际的第二次结合。

（三）切实发扬党内民主，进一步健全民主集中制

民主集中制是党的根本组织制度和工作制度。在执政的条件下，毛泽东进一步强调健全民主集中制的极端重要性。他说：“没有民主集中制，无产阶级专政不可能巩固。”[④] 他还具体分析说，“没有高度的民主，不可能有高度的集中，而没有高度的集中，就不可能建立社会主义经济。我们的国家，如果不建立社会主义经济，那会是一种什么状况呢？就会变成修正主义的国家，变成实际上是资产阶级的国家，无产阶级专政就会转化为资产阶级专政，而且会是反动的、法西斯式的专政。这是一个十分值得

① 吴冷西：《十年论战》，中央文献出版社1999年版，第23-24页。
②《建国以来毛泽东文稿》第6册，中央文献出版社1992年版，第143页。
③《毛泽东文集》第8卷，人民出版社1999年版，第303页。
④《毛泽东文集》第8卷，人民出版社1999年版，第297页。

警惕的问题，希望同志们好好想一想。”[①]

1. 正确认识民主和集中的关系

毛泽东认为，民主集中制就是民主和集中的统一，自由和纪律的统一。1957年2月，他在《关于正确处理人民内部矛盾的问题》中阐述道：“在人民内部，民主是对集中而言，自由是对纪律而言。这些都是一个统一体的两个矛盾着的侧面，它们是矛盾的，又是统一的，我们不应当片面地强调某一个侧面而否定另一个侧面。在人民内部，不可以没有自由，也不可以没有纪律；不可以没有民主，也不可以没有集中。这种民主和集中的统一，自由和纪律的统一，就是我们的民主集中制。”[②]

在毛泽东看来，只有充分发扬民主，才能充分调动广大党员的积极性、创造性，才能集中全党的智慧，形成真正的党内团结，以完成党在各个历史时期的任务。1962年1月，在扩大的中央工作会议上，毛泽东专门阐述了民主集中制问题。他指出：“没有民主，就不可能正确地总结经验。没有民主，意见不是从群众中来，就不可能制定出好的路线、方针、政策和办法。”[③]在强调充分发扬民主的同时，毛泽东也非常重视民主基础上的集中。他认为，没有集中，就不能形成统一的认识、统一的政策、统一的计划、统一的指挥、统一的行动，一句话，就没有集中统一的党，革命和建设任务就不可能完成。因此，他强调党内要有铁的纪律，要严格实行民主集中制的纪律，少数服从多数，个人服从组织，下级服从上级，全党服从中央。他还明确指出：“这个自由是有领导的自由，这个民主是集中指导下的民主，不是无政府状态。无政府状态不符合人民的利益和愿望。”[④]

根据党的历史经验，毛泽东明确提出党和国家政治生活的建设目标，就是“造成一个又有集中又有民主，又有纪律又有自由，又有统一意志、

---

①《毛泽东文集》第8卷，人民出版社1999年版，第296页。
②《毛泽东文集》第7卷，人民出版社1999年版，第209页。
③《毛泽东文集》第8卷，人民出版社1999年版，第294页。
④《毛泽东文集》第7卷，人民出版社1999年版，第208页。

又有个人心情舒畅、生动活泼，那样一种政治局面，以利于社会主义革命和社会主义建设，较易于克服困难，较快地建设我国的现代工业和现代农业，党和国家较为巩固，较为能够经受风险。”①

2. 充分发扬民主

为了充分发扬民主，毛泽东进行了多方面的努力。比如，他要求党内外广开言路，形成浓厚的民主气氛。他指出，领导者要创造条件让人敢于讲话。“对于下级所提出的不同意见，要能够耐心听完，并且加以考虑，不要一听到和自己不同的意见就生气，认为是不尊重自己。这是以平等态度待人的条件之一。”②他严厉批评那种不让群众讲话的恶劣作风，他说：“有些同志，很怕群众开展讨论，怕他们提出同领导机关、领导者意见不同的意见。一讨论问题，就压抑群众的积极性，不许人家讲话。这种态度非常恶劣。”③

毛泽东重视从制度上保障民主。比如，他说：“实现党内民主的办法，是实行代表大会及代表会议的制度。我们党内是有民主的，但是还不足或者缺乏，现在要增加。办法是用代表大会、代表会议代替干部会议。”④1956年，在中央政治局扩大会议上的总结讲话中，毛泽东提出了建立党的代表大会常任制的问题。他说：“是否可以仿照人民代表大会的办法，设党的常任代表。我们有人民的国会，有党的国会，党的国会就是党的代表大会。设常任代表有什么好处呢？就是可以一年开一次代表大会……有了常任代表制度，每年就非开会不可。”⑤可见，建立党的代表大会常任制，就是要使代表大会成为党的最高决策机关和最高监督机关；在党代会闭会期间，常任代表可以按照适当方式，监督党的机关的工作。

①《建国以来重要文献选编》第15册，中央文献出版社1997年版，第50页。
②《毛泽东文集》第7卷，人民出版社1999年版，第355页。
③《毛泽东文集》第8卷，人民出版社1999年版，第292页。
④《毛泽东文集》第5卷，人民出版社1996年版，第137页。
⑤《毛泽东文集》第7卷，人民出版社1999年版，第54页。

3. 坚持集体领导

毛泽东认为，集体领导是党组织的最高原则。1955 年 3 月，他在中国共产党全国代表会议上指出："鉴于种种历史教训，鉴于个人的智慧必须和集体的智慧相结合才能发挥较好的作用和使我们在工作中少犯错误，中央和各级党委必须坚持集体领导的原则，继续反对个人独裁和分散主义两种偏向。必须懂得，集体领导和个人负责这样两个方面，不是互相对立的，而是互相结合的。而个人负责，则和违反集体领导原则的个人独裁，是完全不同的两件事。"①

为了坚持集体领导，毛泽东非常重视党委的建设。他说："听说现在有一些省委、地委、县委，有这样的情况：一切事情，第一书记一个人说了就算数。这是很错误的。哪有一个人说了就算数的道理呢？我这是指的大事，不是指有了决议之后的日常工作。只要是大事，就得集体讨论，认真地听取不同的意见，认真地对于复杂的情况和不同的意见加以分析。"②

坚持集体领导，必然要反对个人主义。对此，毛泽东强调："必须特别强调和认真实行党组织的集体领导制度，而决不可以不适当地过分地去强调任何个人的英雄作用，决不可以使共产党员由满腔热忱地勤勤恳恳地为人民服务的高贵品质堕落到资产阶级的卑鄙的个人主义。"③ 总之，正如他在 1953 年全国财经工作会议上强调的："只有靠集体的政治经验和集体的智慧，才能保证党和国家的正确领导，保证党的队伍的不可动摇的团结一致。"④

（四）培养和造就千百万无产阶级革命事业的接班人

毛泽东认为，干部队伍建设是巩固和发展党的事业的重要一环。在长

①《毛泽东文集》第 6 卷，人民出版社 1999 年版，第 391-392 页。
②《毛泽东文集》第 8 卷，人民出版社 1999 年版，第 294-295 页。
③《建国以来毛泽东文稿》第 4 册，中央文献出版社 1993 年版，第 730 页。
④《毛泽东著作专题摘编》，中央文献出版社 2003 年版，第 2036 页。

期执政的历史条件下，他提出了培养和造就千百万无产阶级革命事业接班人的思想，认为这是关系党和国家命运的重大问题。这对干部队伍的新旧交替，对党的事业不断发展，有着重要的理论和实践意义。

1. 坚持德才兼备的干部政策

党的政治路线确定以后，干部就是决定的因素。中华人民共和国成立后，党要领导人民取得社会主义建设的胜利，需要众多合格的领导干部。对此，毛泽东主张实行德才兼备和任人唯贤的干部政策，而且“不但要看干部的一时一事，而且要看干部的全部历史和全部工作”[①]。所谓德，主要是指政治标准，即要坚持正确的政治方向；所谓才，主要是指业务标准，即要具备领导能力和业务水平。

通俗地讲，德才兼备就是坚持又红又专的方针。1958 年 1 月，毛泽东在《工作方法六十条（草案）》中深刻地指出：“红与专、政治与业务的关系，是两个对立物的统一。一定要批判不问政治的倾向。一方面要反对空头政治家，另一方面要反对迷失方向的实际家。政治和经济的统一，政治和技术的统一，这是毫无疑义的，年年如此，永远如此。这就是又红又专。将来政治这个名词还是会有的，但是内容变了。不注意思想和政治，成天忙于事务，那会成为迷失方向的经济家和技术家，很危险。”[②]

2. 保证社会主义事业后继有人

中华人民共和国成立后，毛泽东总结国际社会主义运动历史的经验教训，从确保党和国家长治久安的需要出发，提出了培养千百万无产阶级革命事业接班人的战略任务。他认为，这是一项关乎中国共产党命运的战略任务，也是一项关乎社会主义现代化事业的战略任务。

为了培养和造就革命事业的接班人，毛泽东要求全党一定要从上到下

①《毛泽东选集》第 2 卷，人民出版社 1991 年第 2 版，第 527 页。
②《毛泽东文集》第 7 卷，人民出版社 1999 年版，第 351 页。

地、普遍地、经常不断地注意这项工作。为此，他还阐述了无产阶级革命事业接班人要具备的五项标准，即："第一条，要教育干部懂得一些马列主义，懂得多一些更好。就是说，要搞马列主义，不搞修正主义"；"第二条，要为大多数人民谋利益，为中国人民大多数谋利益，为世界人民大多数谋利益，不是为少数人，不是为剥削阶级，不是为资产阶级"；"第三条，要能够团结大多数人"；"第四条，有事要跟同志们商量，要充分酝酿，要听各种意见，反对的意见也可以让他讲出来"；"第五条，自己有了错误，要作自我批评"。[①]毛泽东提出的接班人的五条标准，既包括了世界观、方法论，又包括了人生观、价值观，以及政治要求、工作作风，形成一个有机联系的整体要求，是对坚持社会主义事业的领导骨干的基本要求。这是我们党在长期的革命实践中选拔和培养干部的经验总结，也是我们党结合执政以来的实践和鉴于苏联共产党的教训提出来的标准。

（五）加强和完善党的监督体系

古今中外的大量历史事例证明，没有监督的权力最容易腐败，没有监督的政权最容易变质，没有监督的政党最容易垮台。中华人民共和国成立后，中国共产党从革命党转变为执政党，其所处的地位和环境、所面临的任务和挑战也随之发生根本性变化。为了适应这个变化，为了完成执政兴国的历史使命，为了继续推进党的建设的伟大工程，毛泽东对如何监督中国共产党执政的问题进行了深入探索，取得了丰富的理论和实践成果。

1. 完善执政党监督制度

作为强制性支配力量，权力的运行具有扩张性。对此，英国哲学家霍布斯形象地说：全人类共有的普遍倾向，便是"得其一见其二，死而后已，

①《建国以来重要文献选编》第18册，中央文献出版社1998年版，第569–570页。

永无休止的权势欲”[①]。作为执政党，其掌握国家权力的优势地位，使之可以运用国家强制力实施指挥、命令和支配。所以，必须对执政党及其领导人员实行切实有效的监督，让它严格遵循一定的形式和程序。这就必然要求进行包括监督制度在内的各项制度建设，使权力的运行装上“控制钮”和“安全阀”。如果没有以制度为载体，这样的民主是靠不住的民主，这样的监督亦是软弱的监督。

中华人民共和国成立后，毛泽东非常重视党和国家各项制度的建立。对此，在领导制定中华人民共和国第一部宪法时，他强调指出：“一个团体要有一个章程，一个国家也要有一个章程，宪法就是一个总章程，是根本大法。用宪法这样一个根本大法的形式，把人民民主和社会主义原则固定下来，使全国人民有一条清楚的轨道，使全国人民感到有一条清楚的明确的和正确的道路可走。”[②]对于执政党监督来说，同样要有一个章程，要有党在执政条件下保持纯洁性、先进性的体制机制，从而使执政党清楚地知道自己处于被监督的位置，也使党外人士和人民群众清楚地知道怎样去监督执政党。1956年4月，毛泽东在审阅《人民日报》编辑部文章《关于无产阶级专政的历史经验》时，针对“党和国家的领导工作人员，由于受到官僚主义的多方面的袭击，就面临有可能利用国家机关独断独行、脱离群众、脱离集体领导、实行命令主义、破坏党和国家的民主制度的这样一个很大的危险性”[③]，补充写道：“我们需要建立一定的制度来保证群众路线和集体领导的贯彻实施，而避免脱离群众的个人突出和个人英雄主义，减少我们工作中的脱离客观实际情况的主观主义和片面性。”[④]可见，毛泽东对建立健全各项规章制度，发挥制度对执政党监督的重要作用，是有着深刻见解的。

建立党内专门监督机构，是毛泽东完善执政党监督制度的充分体现。

① [英]霍布斯：《利维坦》，商务印书馆1985年版，第72页。
②《毛泽东文集》第6卷，人民出版社1999年版，第328页。
③《建国以来重要文献选编》第8册，中央文献出版社1994年版，第234页。
④《毛泽东文集》第7卷，人民出版社1999年版，第19页。

1949年11月，根据毛泽东的建议，中共中央发出《关于成立中央及各级党的纪律检查委员会的决定》，指出：中国共产党已成为全国范围内执政的党，为了更好地执行党的政治路线和各项具体政策，密切联系群众，克服官僚主义，决定成立中央和各级党的纪律检查委员会。随后，从中央到地方县以上、军队团以上的各级纪律检查委员会相继成立，为从制度上监督执政党的领导和工作人员创造了前提。为了更加有效地向党内的违法乱纪行为作斗争，党中央和毛泽东反复强调要加强纪律检查工作。1950年2月，中共中央发出《关于各级党的纪律检查委员会领导关系问题的指示》，规定各级党的纪律检查委员会是各级党委的一个工作部门，直接在各级党委的领导下进行工作。与此同时，上下级纪委之间又有工作、业务上的指导关系。这就为纪律检查工作的开展创造了更好的条件。

1955年3月，中国共产党全国代表会议在北京召开。这次会议的一个重要议题就是根据形势的发展和需要，通过了《关于成立监察委员会的决议》，"决定成立党的中央的和地方各级的监察委员会，代替中央的和地方各级的党的纪律检查委员会，借以加强党的纪律，加强反对党员中各种违法乱纪现象的斗争"，并强调"党的中央和地方各级监察委员会的任务是经常检查和处理党员违反党章、党纪和国家法律、法令的案件"[①]。据此成立的中央到地方县级以上、军队团级以上各级监察委员会，对打击与惩治违法违纪行为和各种腐败现象起了重要的作用。

2. 依靠人民监督执政党

权力来自人民，是近代民主政治思想的核心内容。但是，没有监督的权力，不仅不能造福人民，而且导致腐败，危害人民，也为人们所警惕。对此，法国思想家孟德斯鸠断言："一切有权力的人都容易滥用权力，这是万古不易的一条经验。有权力的人们使用权力一直到遇有界限的地方才休止。"[②]

①《建国以来重要文献选编》第6册，中央文献出版社1993年版，第134页。
②［法］孟德斯鸠：《论法的精神》上册，商务印书馆1982年版，第154页。

对于马克思主义者来说，不仅认同一切权力来自人民，而且以保障人民当家做主、努力造福人民为执政目标。这就必然要求紧密依靠人民群众监督执政党，防止执政党脱离群众，防止执政党贪污腐化。

毛泽东认为，党执政之后，“人是会变化的，革命者也会发生变化。没有群众监督和揭露，他们可能进行贪污、盗窃，做投机生意，脱离群众”①。为此，毛泽东强调必须保证人民依法享有知情权、参与权、选择权、监督权，使一切国家机关工作人员全面接受群众的监督。他说：“我们的权力是谁给的？是工人阶级给的，是贫下中农给的，是占人口百分之九十以上的广大劳动群众给的。我们代表了无产阶级，代表了人民群众，打倒了人民的敌人，人民就拥护我们。共产党基本的一条，就是直接依靠广大人民群众。”②1957 年 7 月，他在《一九五七年夏季的形势》中强调：“共产党员要善于同群众商量办事，任何时候也不要离开群众。党群关系好比鱼水关系。如果党群关系搞不好，社会主义制度就不可能建成；社会主义制度建成了，也不可能巩固。”③

可见，毛泽东不仅认为权力源于人民，而且认为权力必须为人民所用。为了使人民监督落到实处，他提出实行职工代表大会制、社员代表大会制，技术人员、工人、干部三结合等群众管理形式，同时还要发挥工、青、妇等群众组织的监督作用。又如，他认为人民来信来访是人民监督的一种形式，是“共产党和人民政府加强和人民联系的一种方法”。因此，对人民来信必须重视，“不要采取掉以轻心置之不理的官僚主义的态度”④。

对于那种不接受群众监督、不让群众反映意见的恶劣作风，毛泽东给予严厉的批评。1962 年 1 月 30 日，他在扩大的中央工作会议上指出：“有些同志已经是老革命了，‘三八式’的，或者别的什么式的，总之已经做了几十年的共产党员，但是他们……怕群众，怕群众讲话，怕群众批评。

---

① 参见逄先知、金冲及主编：《毛泽东传（1949—1976）》，中央文献出版社 2003 年版，第 1338 页。
②《建国以来毛泽东文稿》第 12 册，中央文献出版社 1998 年版，第 581 页。
③《建国以来毛泽东文稿》第 10 册，中央文献出版社 1994 年版，第 488 页。
④《建国以来毛泽东文稿》第 2 册，中央文献出版社 1988 年版，第 310 页。

哪有马克思列宁主义者怕群众的道理呢？有了错误，自己不讲，又怕群众讲。越怕，就越有鬼。我看不应当怕。有什么可怕的呢？我们的态度是：坚持真理，随时修正错误。”[①] 他还说，“有些同志，很怕群众开展讨论，怕他们提出同领导机关、领导者意见不同的意见。一讨论问题，就压抑群众的积极性，不许人家讲话。这种态度非常恶劣。”[②]

值得一提的是，毛泽东不仅要求接受群众监督，而且充分考虑到保护群众监督的安全性。1948 年 1 月 18 日，毛泽东在《关于目前党的政策中的几个重要问题》中强调：“对于某些犯有重大错误的干部和党员，以及工农群众中的某些坏分子，必须进行批评和斗争。在批评和斗争的时候，应当说服群众，采取正确的方法和方式，避免粗暴行动。这是一方面。另一方面，则应使这些干部、党员和坏分子提出保证，不对群众采取报复。应当宣布，群众不但有权对他们放手批评，而且有权在必要时将他们撤职，或建议撤职，或建议开除党籍，直至将其中最坏的分子送交人民法庭审处。”[③]

3. 加强执政党党内监督

在西方政治学说中，往往认为党外监督是最有效的方式，甚至有人提出：“对于政治权力的行使加以限制的真正保证不可能从政府的内部安排中找到”[④]。殊不知，外部监督只有通过内部监督的作用，才能对执政党和政权建设真正发挥应有的作用。对于实行民主集中制、具有批评和自我批评作风的中国共产党来说，党内监督更是有着最直接、最有约束力的优势，而且能增强接受外部监督的主动性、积极性和自觉性。

中华人民共和国成立后，毛泽东非常重视党内监督在监督体系中的重

①《毛泽东文集》第 8 卷，人民出版社 1999 年版，第 290-291 页。

②《毛泽东文集》第 8 卷，人民出版社 1999 年版，第 292 页。

③《毛泽东选集》第 4 卷，人民出版社 1991 年第 2 版，第 1272 页。

④ [美] 埃尔金、索乌坦主编：《新宪政论——为美好的社会设计政治制度》，三联书店 1997 年版，第 32 页。

要地位，尤其是强调要进一步健全民主集中制，切实发扬党内民主。1962年1月30日，他在扩大的中央工作会议上指出：“没有高度的民主，不可能有高度的集中，而没有高度的集中，就不可能建立社会主义经济。我们的国家，如果不建立社会主义经济，那会是一种什么状况呢？就会变成修正主义的国家，变成实际上是资产阶级的国家，无产阶级专政就会转化为资产阶级专政，而且会是反动的、法西斯式的专政。这是一个十分值得警惕的问题，希望同志们好好想一想。”①

为了加强党内监督，毛泽东反复强调党的集体领导的重要性。他认为，只有依靠集体的经验和智慧，才能保证党和国家的正确领导，才能保证党的团结一致。1953年8月12日，他在全国财经工作会议上指出：“无论任何人，犯了错误都要检讨，都要受党的监督，受各级党委的领导，这是完成党的任务的主要条件。”1953年12月13日，毛泽东在审阅由中共中央宣传部起草的《为动员一切力量把我国建设成为伟大的社会主义国家而斗争——关于党在过渡时期总路线的学习和宣传提纲》的第六稿时，在党的集体领导问题部分特别加写了这样一段话：“集体领导是我们这一类型的党的最高组织原则……必须特别强调和认真实行党组织的集体领导制度，而决不可以不适当地过分地去强调任何个人的英雄作用，决不可以使共产党员由满腔热忱地勤勤恳恳地为人民服务的高贵品质堕落到资产阶级的卑鄙的个人主义。”②

毛泽东还强调党内同志之间要互相监督，发扬批评与自我批评的优良作风。在革命时期，他就多次指出：“党内批评是坚强党的组织、增加党的战斗力的武器”③；“共产党内的矛盾，用批评和自我批评的方法去解决”④；“有无认真的自我批评，也是我们和其他政党互相区别的显著的

①《毛泽东文集》第8卷，人民出版社1999年版，第296-297页。
②《建国以来重要文献选编》第4册，中央文献出版社1993年版，第730页。
③《毛泽东选集》第1卷，人民出版社1991年第2版，第90页。
④《毛泽东选集》第1卷，人民出版社1991年第2版，第311页。

标志之一。”[①] 到了执政时期，毛泽东仍然强调这一点的重要性。1955 年 3 月，毛泽东在中国共产党全国代表会议上的讲话中说：“有人建议一年或者两年开一次这样的会议，使同志之间互相监督，我认为可以考虑。谁监督我们这些人呢？互相监督是好办法，可以促进党和国家的事业迅速进步。是迅速进步，不是慢慢地进步……所以，定期召开会议，进行批评和自我批评，这是一种同志间互相监督，促使党和国家事业迅速进步的好办法。”[②]

4. 接受民主党派监督

中华人民共和国成立后，毛泽东没有照抄照搬苏联的“一党制”，而是从我国国情出发，坚持多党合作制，形成了中国共产党领导下的多党合作和政治协商制度。中国的政党制度决定了中国的党际关系，以及党外政治力量对执政党的监督方式，都与西方国家两党制、多党制的竞争性监督有着本质的不同。对此，毛泽东明确提出“长期共存、互相监督”的基本方针，反复强调要接受民主党派监督。

1956 年 4 月 25 日，毛泽东在《论十大关系》的重要讲话中强调：“究竟是一个党好，还是几个党好？现在看来，恐怕是几个党好。不但过去如此，而且将来也可以如此，就是长期共存，互相监督。”[③]1957 年 2 月 27 日，毛泽东在《关于正确处理人民内部矛盾的问题》中进一步阐述了这一方针，并指出：“各党派互相监督的事实，也早已存在，就是各党派互相提意见，作批评。所谓互相监督，当然不是单方面的，共产党可以监督民主党派，民主党派也可以监督共产党。为什么要让民主党派监督共产党呢？这是因为一个党同一个人一样，耳边很需要听到不同的声音。大家知道，主要监督共产党的是劳动人民和党员群众。但是有了民主党派，对我们更

---

①《毛泽东选集》第 3 卷，人民出版社 1991 年第 2 版，第 1096 页。

②《毛泽东文集》第 6 卷，人民出版社 1999 年版，第 405-406 页。

③《毛泽东文集》第 7 卷，人民出版社 1999 年版，第 34 页。

为有益。"[①]

由此可见，毛泽东始终是真诚地希望得到党外监督的，并希望借此保证党的方针政策的正确性。对此，1957年4月，周恩来在中共浙江省委扩大会议上分析指出："互相监督，首先应该由共产党请人家监督。因为共产党是领导的党……我们一旦取得了全国政权，就带来一个危险，就有一些人可能会被资产阶级的糖衣炮弹所腐蚀，被胜利冲昏头脑，滋长官僚主义，脱离群众，甚至会出现个人野心家，背叛群众……这个问题怎么解决？最好的办法是有人监督。当然，共产党员首先要党的监督，可是整个党的工作，也还要其他党派来监督。同样，每个党员也要其他民主党派监督。因为，多一个监督，做起事来总要小心一点，谨慎一点。"[②]

5. 重视舆论监督执政党

舆论监督是运用新闻传媒帮助群众了解各项党政事务，并运用舆论力量促使党政干部遵法守纪、为人民服务的一种社会行为。在西方国家，新闻媒体以其监督权力的及时性、广泛性、公开性，在社会上具有重要的影响力，被誉为立法、行政和司法之外的"第四种权力"。在革命和建设时期，毛泽东一贯十分重视新闻舆论的积极作用。他认为，新闻媒体是让群众了解各项路线方针政策的重要渠道。1948年4月2日，毛泽东在与《晋绥日报》编辑人员谈话时指出："报纸的作用和力量，就在它能使党的纲领路线，方针政策，工作任务和工作方法，最迅速最广泛地同群众见面。"[③]

在党的监督工作上，毛泽东同样将新闻媒体视为不可缺少的重要手段。1950年4月，在他的建议下，中共中央做出了《关于在报纸刊物上展开批评和自我批评的决定》，强调指出："吸引人民群众在报纸刊物上公开地批评我们工作中的缺点和错误，并教育党员，特别是党的干部在报纸

①《毛泽东文集》第7卷，人民出版社1999年版，第235页。
②《周恩来统一战线文选》，人民出版社1984年版，第350-351页。
③《毛泽东选集》第4卷，人民出版社1991年第2版，第1318页。

刊物上作关于这些缺点和错误的自我批评，在今天是更加突出地重要起来了。”“如果我们对于我们党的人民政府的及所有经济机关和群众团体的缺点和错误，不能公开地及时地在全党和广大人民中展开批评与自我批评，我们就要被严重的官僚主义所毒害，不能完成新中国的建设任务。”①

1953年1月5日，毛泽东又为党中央起草了《中共中央关于开展反对官僚主义、反对命令主义、反对违法乱纪的指示》，明确要求各级党组织要“从处理人民来信入手，检查一次官僚主义、命令主义和违法乱纪分子的情况，并向他们展开坚决的斗争……凡典型的官僚主义、命令主义和违法乱纪的事例，应在报纸上广为揭发。其违法情形严重者必须给以法律的制裁，如是党员必须执行党纪。各级党委应有决心将为群众所痛恨的违法乱纪分子加以惩处和清除出党政组织，最严重者应处极刑，以平民愤，并借以教育干部和人民群众”②。1957年3月10日，毛泽东在同新闻出版界代表谈话时，再次指出：“群众来信可以登一些出来，试试看。政府和有关的业务部门有不同意见，报馆可以和他们研究商量一下，在报上加以解释，再看结果如何。一点不登恐怕不大好，那样业务部门会犯官僚主义，不去改进工作。”③

关于舆论监督的具体开展，毛泽东也进行了认真的研究。1954年4月，他指出：“关于报纸上的批评，要实行‘开、好、管’的三字方针。开，就是要开展批评。不开展批评，害怕批评，压制批评，是不对的。好，就是开展得好。批评要正确，要对人民有利，不能乱批一阵。什么事应指名批评，什么事不应指名，要经过研究。管，就是要把这件事管起来。这是根本的关键。党委不管，批评就开展不起来，开也开不好。”④

---

①《建国以来重要文献选编》第1册，中央文献出版社1992年版，第190页。

②《毛泽东文集》第6卷，人民出版社1999年版，第255页。

③《毛泽东文集》第7卷，人民出版社1999年版，第262页。

④《毛泽东新闻工作文选》，新华出版社1983年版，第177页。

（六）高度重视党风廉政建设，始终保持无产阶级政党的政治本色

“历览前贤国与家，成由勤俭败由奢。”在古今中外的历史上，由于腐败蜕化变质导致失败的教训屡见不鲜。深谙历史经验与教训的毛泽东，不想让执政的中国共产党重蹈历史的覆辙，所以对执政党的党风廉政建设极为重视，并采取了一系列卓有成效的措施。

1. 心系群众，高度重视党群关系

民为邦本，本固邦宁。人心向背，历来是决定一个政党、一个政权兴衰成败的根本因素。在现代社会中，没有一定的群众基础，任何一个政党也难以生存和维持政权。无产阶级政党作为人员群众在政治上的代表，要巩固执政地位，永远立于不败之地，更需要加强与人民群众的联系，巩固自己的群众基础。在民主革命时期，毛泽东就对此进行了深刻的论述。1942 年 3 月，他在《解放日报》改版座谈会上指出：“共产党的路线，就是人民的路线。”[①]1943 年 7 月，他在《中共中央为抗战六周年纪念宣言》中更是深情地指出：“共产党员是一种特别的人，他们完全不谋私利，而只为民族与人民求福利。他们生根于人民之中，他们是人民的儿子，又是人民的教师，他们每时每刻地总是警戒着不要脱离群众，他们不论遇着何事，总是以群众的利益为考虑问题的出发点，因此他们就能获得广大人民群众的衷心拥护，这就是他们的事业必然获得胜利的根据。”[②]

中国共产党夺取全国政权成为执政党后，一方面可以运用手中的政权更好地为人民报务，另一方面，由于环境和地位的变化，也增加了脱离群众的危险。在此形势下，毛泽东把在执政的条件下能否始终保持和发展党同人民群众的血肉联系，看作直接关系党和国家的盛衰兴亡的关键。他指

①《毛泽东文集》第 2 卷，人民出版社 1993 年版，第 409 页。
②《毛泽东文集》第 3 卷，人民出版社 1996 年版，第 47 页。

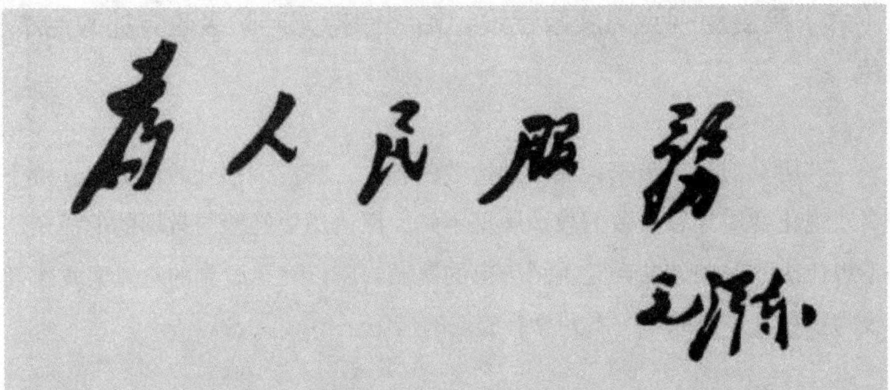

■ 毛泽东题字：为人民服务

出："共产党人的一切言论行动，必须以合乎最广大人民群众的最大利益，为最广大人民群众所拥护为最高标准。"[①] 他还强调，"我们共产党人区别于其他任何政党的又一个显著的标志，就是和最广大的人民群众取得最密切的联系。全心全意地为人民服务，一刻也不脱离群众；一切从人民的利益出发，而不是从个人或小集团的利益出发；向人民负责和向党的领导机关负责的一致性；这些就是我们的出发点。"[②]

为了防止执政党脱离群众的危险，毛泽东要求党和国家工作人员要树立对人民高度负责的态度，"要有很多诚心为人民服务、诚心为社会主义事业服务、立志改革的人。我们共产党员都应该是这样的人"[③]，"要全心全意为人民服务，不要半心半意或者三分之二的心三分之二的意为人民服务"[④]。他再三强调，"党群关系好比鱼水关系。如果党群关系搞不好，社会主义制度就不可能建成；社会主义制度建成了，也不可能巩固"[⑤]。直到晚年，毛泽东仍然把这个问题摆在突出位置。1974 年 2 月，他在会见

①《毛泽东选集》第 3 卷，人民出版社 1991 年第 2 版，第 1096 页。

②《毛泽东选集》第 3 卷，人民出版社 1991 年第 2 版，第 1094–1095 页。

③《毛泽东文集》第 7 卷，人民出版社 1999 年版，第 275 页。

④《毛泽东文集》第 7 卷，人民出版社 1999 年版，第 285 页。

⑤《建国以来重要文献选编》第 10 册，中央文献出版社 1994 年版，第 488 页。

外宾时说："我们是共产党，是要帮助人民的。如果不帮助人民，就是背叛马克思主义……没有人民就会垮台。"①

2. 保持优良作风，坚决防止官僚主义

毛泽东认为，党风的好坏关系人心的向背，关系革命和建设的成败。究其原因，如果党风好了，就会得到人民的拥护和爱戴；如果党风不好，就会引起人民的不满和反对。这是一个非常质朴的道理。正如他在延安文艺座谈会上所说："一切共产党员，一切革命家，一切革命的文艺工作者，都应该学鲁迅的榜样，做无产阶级和人民大众的'牛'，鞠躬尽瘁，死而后已。"②

中华人民共和国成立后，毛泽东反复要求保持"两个务必"的优良作风。1955 年 3 月，毛泽东在中国共产党全国代表会议上指出："我们经常说，不要因为我们的工作有成绩就骄傲自满起来，应该保持谦虚态度，向先进国家学习，向群众学习，在同志间也要互相学习，以求少犯错误。在这次党代表会议上，我感觉仍然需要重复地将这些话说一遍。鉴于高岗、饶漱石的反党事件，骄傲自满情绪在我们党内确实是存在着，在有些同志的身上这种情绪还是严重的，不克服这种情绪，就会妨碍我们建设社会主义社会这个伟大任务的完成。"③

官僚主义和特权思想，是同党和人民政权的性质根本对立的。毛泽东认为，中国共产党作为执政党，如果各级党员干部官气十足，以及不断滋生以权谋私、贪污腐败问题，必然导致严重脱离群众，甚至葬送党。他说："官气是一种低级趣味，摆架子、摆资格、不平等待人、看不起人，这是最低级的趣味，这不是高尚的共产主义精神。"④他还认为，官僚主义的实质是一种特权思想，严重损害人民当家做主的权利，根本违背党的性质

①《建国以来毛泽东文稿》第 13 册，中央文献出版社 1998 年版，第 380-381 页。
②《毛泽东选集》第 3 卷，人民出版社 1991 年第 2 版，第 877 页。
③《毛泽东文集》第 7 卷，人民出版社 1999 年版，第 390 页。
④《毛泽东文集》第 7 卷，人民出版社 1999 年版，第 378 页。

和宗旨。他指出："就其社会根源来说，这是反动统治阶级对待人民的反动作风（反人民的作风，国民党的作风）的残余在我们党和政府内的反映的问题。"[①] 因此，他始终把扫除官气、克服官僚主义作为执政条件下党风建设的一项重大课题，并指明这是一项长期的斗争任务。如列宁所指出的："我们所有经济机构的一切工作中最大的毛病就是官僚主义。共产党员成了官僚主义者。如果说有什么东西会把我们毁掉的话，那就是这个。"[②]

1953 年 2 月，毛泽东在全国政协一届四次会议闭幕会上，专门讲了反对官僚主义的问题。他指出，不少部门的干部"脱离群众，脱离下面的实际情况，关在房子里写决议案，写指示。决议案、指示像雪片一样地飞出去，下面的情况究竟怎么样，能不能执行，不去管"[③]。1958 年 1 月，毛泽东在《工作方法六十条（草案）》中强调："任何人不论官有多大，在人民中间都要以一个普通劳动者的姿态出现。决不许可摆架子。一定要打掉官风。"[④] 同年 5 月，毛泽东再次强调："我们有些干部是老子天下第一，看不起人，靠资格吃饭，做了官，特别是做了大官，就不愿意以普通劳动者的姿态出现。这是一种很恶劣的现象。如果大多数干部能够以普通劳动者的姿态出现，那末这少数干部就会被孤立，就可以改变官僚主义的习气。靠做大官吃饭，靠资格吃饭，妨碍了创造性的发挥。因此，要破除官气，要扫掉官气，要在干部当中扫掉这种官气。"[⑤]

3. 从严治党，严惩贪污腐败

中华人民共和国成立后，毛泽东敏锐地意识到中国共产党在执政后能否巩固执政地位，经受住执政的考验，一个重要问题就是能否遏制各种腐化行为。针对在党和政府中出现的贪污腐败现象，他严肃地向全党指出：

---

①《毛泽东文集》第 6 卷，人民出版社 1999 年版，第 254 页。
②《列宁专题文集　论无产阶级政党》，人民出版社 2009 年版，第 348 页。
③《毛泽东文集》第 6 卷，人民出版社 1999 年版，第 265 页。
④《毛泽东文集》第 7 卷，人民出版社 1999 年版，第 355 页。
⑤《毛泽东文集》第 7 卷，人民出版社 1999 年版，第 378 页。

“自从我们占领城市两年至三年以来，严重的贪污案件不断发生，证明一九四九年春季党的二中全会严重地指出资产阶级对党的侵蚀的必然性和为防止及克服此种巨大危险的必要性，是完全正确的，现在是全党动员切实执行这项决议的紧要时机了。再不切实执行这项决议，我们就会犯大错误。”①

1951年12月，中共中央发出了由毛泽东起草的《关于反贪污斗争必须大张旗鼓进行的指示》，果断发起了以反贪污、反浪费和反官僚主义为主要内容的“三反”运动。1952年1月，中共中央又发出《关于在城市中限期开展大规模的坚决彻底的“五反”斗争的指示》，从而使“三反”运动与“五反”运动交织在一起，形成了中华人民共和国成立初期规模浩大的一场反腐败斗争。毛泽东认为，“必须严重地注意干部被资产阶级腐蚀发生严重贪污行为这一事实，注意发现、揭露和惩处，并须当作一场大斗争来处理。”②“应把反贪污、反浪费、反官僚主义的斗争看作如同镇压反革命的斗争一样的重要，一样的发动广大群众包括民主党派及社会各界人士去进行，一样的大张旗鼓去进行，一样的首长负责，亲自动手，号召坦白和检举，轻者批评教育，重者撤职、惩办、判处徒刑（劳动改造），直至枪毙一批最严重的贪污犯，才能解决问题。”③经过近一年的斗争，这场全国性的反腐败斗争取得了重大胜利。据统计，有23.8万人被开除党籍，对犯有严重贪污行为的罪犯，判处有期徒刑的9942人，判处无期徒刑的67人，判处死缓的9人，判处死刑的42人。④

4. 以身作则，树立光辉榜样

“打铁还需自身硬。”在党风廉政建设的实践中，毛泽东不仅严格要求广大党员干部，而且严于律己，身体力行。中华人民共和国成立后，毛

①《毛泽东文集》第6卷，人民出版社1999年版，第208页。
②《毛泽东文集》第6卷，人民出版社1999年版，第190页。
③《毛泽东文集》第6卷，人民出版社1999年版，第191页。
④《若干重大决策与事件的回顾》上卷，中共中央党校出版社1997年版，第150页。

泽东虽然是党和国家的领袖，但他仍然保持着战争年代艰苦朴素的作风。他对子女从不溺爱，总是严格要求，从不让他们搞特殊化。

1950 年 5 月，针对沈阳各界人民代表会议决定在市中心修建开国纪念塔，在塔上铸毛泽东铜像一事，毛泽东在“修建开国纪念塔”请示报告旁批示：“这是可以的”；在“铸铜像”请示报告旁批示：“只有讽刺意义。”总之，“铸铜像影响不好，故不应铸”[①]。同年 9 月 20 日，他致信湖南省委书记黄克诚等人：“据说长沙地委和湘潭县委正在进行在我的家乡为我建筑一所房屋并修一条公路通我的家乡。如果属实，请令他们立即停止，一概不要修建，以免在人民中引起不良影响，是为至要。”[②]

毛泽东从不以权谋私，绝不使用人民赋予的权力给亲属、朋友特殊照顾，更不准他们做特殊公民。1949 年 10 月，毛泽东给杨开智的信中这样写道：“希望你在湘听候中共湖南省委分配合乎你能力的工作，不要有任何奢望，不要来京。湖南省委派你什么工作就做什么工作，一切按正常规矩办理，不要使政府为难。”[③]

总之，执政条件下无产阶级政党的建设问题，是实践社会主义的一个重大课题。虽然毛泽东在晚年探索中的错误，使党的建设受到了损害，但应当肯定，他在这方面的探索和实践，使党经受住执政的严峻考验，成为领导社会主义事业的坚强核心。毫无疑义，毛泽东关于执政条件下党的建设的重要思想，是我们党的宝贵的思想理论财富，是值得我们认真研究和继承的。

①《建国以来毛泽东文稿》第 1 册，中央文献出版社 1987 年版，第 362 页。
②《建国以来毛泽东文稿》第 1 册，中央文献出版社 1987 年版，第 529 页。
③《建国以来毛泽东文稿》第 1 册，中央文献出版社 1987 年版，第 32-33 页。

第三节　毛泽东执政党建设思想的历史地位

毛泽东关于执政党建设的思考和论述，无论是在马克思主义党建思想发展史上，还是在中国共产党执政史上，乃至在国际社会主义运动史上，都占有重要的历史地位。而今，在长期执政的条件下，建设一个什么样的党，怎样建设党，仍然是一个需要从理论和实践上加以不断探索的问题。尽管历史条件和党的状况都发生了很大的变化，但毛泽东执政党建设思想中的很多深刻见解和论断，始终是中国共产党加强自身建设的宝贵精神财富和强大思想武器。

（一）极大地丰富和发展了马克思主义党建思想

马克思主义党建思想，是在无产阶级政党产生、发展、壮大的历程中逐步形成和完善的。在创立无产阶级政党的实践中，马克思、恩格斯就党建的一系列基本问题，进行了深入的探索，确立了基本的理论原则，从而为马克思主义党建思想奠定了根基，并直接指导了世界上第一批无产阶级政党的建立和建设。《共产党宣言》是国际工人阶级政党的第一个理论和实践的党纲。它的基本原理至今仍然是各国工人阶级政党所必须遵循的行动指南。

然而，坚持《共产党宣言》的基本原理，并不意味着照搬照抄。1872年6月，马克思、恩格斯在为《共产党宣言》写的德文版序言中说："不管最近25年来的情况发生了多大的变化，这个《宣言》中所阐述的一般原理整个说来直到现在还是完全正确的。某些地方本来可以作一些修改。这些原理的实际运用，正如《宣言》中所说的，随时随地都要以当时的历史条件为转移。”[①]可见，正确认识和科学对待马克思主义党建思想，既要坚持其一般原理，也要在实践中不断发展。

由于历史条件的局限，马克思、恩格斯没有对执政党建设问题进行深入阐述。在领导俄国无产阶级夺取政权的实践中，列宁解决了建立和巩固新型无产阶级政党的一系列问题，在落后的资本主义国家率先取得革命的胜利。1977年7月，邓小平在十届三中全会上指出：“列宁有个完整的建党的学说。正是因为列宁建立了那么一个好的党，才能取得十月革命的胜利，建立了第一个社会主义国家。”[②]进入社会主义建设时期，科学社会主义从理论变为现实之后，列宁对执政条件下的党建问题进行了比较完整的分析，丰富和发展了马克思主义党建思想。

在领导中国革命和建设的实践中，毛泽东以马克思主义党建思想为指导，创造性地解决了在中国这样一个落后的东方大国怎样建设无产阶级政党的问题，形成了独具特色的毛泽东党建思想。同样是在十届三中全会上，邓小平强调指出：“把列宁的建党学说发展得最完备的是毛泽东同志。在井冈山时期，即红军创建时期，毛泽东同志的建党思想就很明确。大家看看红军第四军第九次党代表大会的决议就可以了解。他的完整的建党学说，是经过实践在延安整风时期建立起来的。毛泽东同志对于建立一个什么样的党，党的指导思想是什么，党的作风是什么，都有完整的一套。正是因为毛泽东同志在延安整风中建立了完整的建党学说，并且用这个学说来教育我们全党、全军和人民，使我们建立了这么一个好的党，所以才取得抗日战争、解放战争的彻底胜利。建国以后，党内生气勃勃，生动活泼。毛泽东同志的建党学说以后又有新的发展。”[③]这里所说的“新的发展”，主要是指执政党建设的理论。

如前所述，无论是在新民主主义革命条件下的局部执政时期，还是在

①《马克思恩格斯文集》第2卷，人民出版社2009年版，第5页。
②《邓小平文选》第2卷，人民出版社1994年第2版，第44页。
③《邓小平文选》第2卷，人民出版社1994年第2版，第44页。

中华人民共和国成立后的全面执政时期，毛泽东一贯高度重视执政党建设问题，并取得了宝贵的理论成果和实践经验。这涉及执政党建设的方方面面，包括思想建设、政治建设、组织建设、作风建设、廉政建设等。更重要的是，毛泽东以其关于执政党建设的精辟阐述和独到见解，充分展示了马克思主义的立场、观点、方法与中国具体实践结合，进一步推进了马克思主义党建理论中国化的进程，也极大地丰富和发展了马克思主义党建思想。

（二）成功地指导了革命和建设时期中国共产党在执政条件下的自身建设

在中国这样一个半殖民地半封建的落后东方大国，毛泽东回答了建设一个广大群众性的、马克思主义的无产阶级政党的重大历史课题，开创了党的建设的伟大工程。其中，就党执政条件下的自身建设，他也提出了诸多创造性的理论观点，并取得了实践上的成功。这在前面已有论述，这里仅举两个例子加以说明。

一是毛泽东始终重视党的思想建设，尤其是马克思主义的理论武装。这对党在执政条件下的自身建设，起到了重要的作用。比如，在延安局部执政时期，毛泽东强调指出："普遍地深入地研究马克思列宁主义的理论的任务，对于我们，是一个亟待解决并须着重地致力才能解决的大问题……在担负主要领导责任的观点上说，如果我们党有一百个至二百个系统地而不是零碎地、实际地而不是空洞地学会了马克思列宁主义的同志，就会大大地提高我们党的战斗力量，并加速我们战胜日本帝国主义的工作。"①成为领导全国政权的执政党以后，他继续要求用马克思主义武装全党的头脑，指导党的工作和党的建设。他还明确指出："马克思这些老祖宗的书，必须读，他们的基本原理必须遵守，这是第一。但是，任何国家的共产党，

①《毛泽东选集》第2卷，人民出版社1991年第2版，第533页。

任何国家的思想界，都要创造新的理论，写出新的著作，产生自己的理论家，来为当前的政治服务，单靠老祖宗是不行的。”①这为推进马克思主义中国化，坚持用发展的马克思主义指导新的实践指明了方向。

二是毛泽东从监督制度、党内监督、人民监督、党外监督、舆论监督等方面，对执政党监督问题进行了深入的探索，形成了比较全面的执政党监督体系建设思想。虽然这只是执政党建设的一部分，但它充分体现了毛泽东的执政意识和接受监督的自觉性。1957年4月，邓小平就此分析指出：“党员要受监督，八大强调了这个问题。毛主席最近特别强调要有一套章程，就是为了监督。毛主席说，要唱对台戏，唱对台戏比单干好。我们党是执政的党，威信很高。我们大量的干部居于领导地位。在中国来说，谁有资格犯大错误？就是中国共产党。犯了错误影响也最大。因此，我们党应该特别警惕。宪法上规定了党的领导，党要领导得好，就要不断地克服主观主义、官僚主义、宗派主义，就要受监督，就要扩大党和国家的民主生活。如果我们不受监督，不注意扩大党和国家的民主生活，就一定要脱离群众，犯大错误。因为我们如果关起门来办事，凭老资格，自以为这样就够了，对群众、对党外人士的意见不虚心去听，就很容易使自己闭塞起来，考虑问题产生片面性，这样非犯错误不可。所以毛主席在革命胜利之后再三强调这个问题，这是看得很深很远的。”②可见，毛泽东关于执政党监督的思想，在当时就发挥了重要的指导作用。

（三）提供了新的历史条件下加强执政党建设的重要启示

认真学习毛泽东执政党建设思想，特别是它的一些基本观点和原则，对于新的历史条件下强化执政意识，加强执政建设，提高执政能力，巩固执政地位，仍然具有重要的指导意义。即使毛泽东当年提出的一些没有付

①《毛泽东文集》第8卷，人民出版社1999年版，第109页。
②《邓小平文选》第1卷，人民出版社1994年第2版，第270页。

诸实践的思想，至今也不乏深刻的启迪意义。限于篇幅，这里同样举两个例子加以说明。

比如，党的建设与经济建设的关系。在执政的条件下，发展是党执政兴国的第一要务。牢牢把握经济建设这个重心，对巩固党的执政地位至关重要。中华人民共和国成立后，毛泽东注意到发展生产力的重要性。而且，在“三反”运动中，他也强调把恢复和发展生产作为中心，要求各地“务须严格控制，不得妨碍春耕和经济活动”。从而，“三反”运动开展得既轰轰烈烈，又不影响经济建设；既有效地遏制了腐败问题，又大大促进了社会发展。这表明党的建设与经济建设是一致的，统属于党的事业。所以，推进党的建设，也要服从于党的中心工作。

又如，要永远保持“两个务必”。“两个务必”是毛泽东在七届二中全会上提出的，并在中华人民共和国成立后反复强调的作风要求。1954 年 6 月，他就《中华人民共和国宪法》（草案）指出：“我们要建成一个伟大的社会主义国家，大概经过五十年即十个五年计划，就差不多了，就像个样子了，就同现在大不一样了……就是到五十年后像个样子了，也要和现在一样谦虚。如果到那时候骄傲了，看人家不起了，那就不好。一百年也不要骄傲。永远也不要翘尾巴。”①1956 年 9 月，他在八大开幕词中指出：“即使我们的工作得到了极其伟大的成绩，也没有任何值得骄傲自大的理由。虚心使人进步，骄傲使人落后，我们应当永远记住这个真理。”②对此，他还结合中国发展的形势，语重心长地说：“腐化、官僚主义、大国主义、骄傲自大，中国都可能犯。现在中国人有谦虚的态度，愿意向别人学习，这也是有原因的，我们没有本钱：一、我们原先没有马列主义，这是学别人的；二、我们没有十月革命，是在十月革命三十二年以后才在一九四九年取得革命胜利的；三、第二次世界大战中我们是一个支队，不是主力军；四、我们没有工业化，主要是农业和破破烂烂的手工业。因此，

①《毛泽东文集》第 6 卷，人民出版社 1999 年版，第 329 页。
②《毛泽东文集》第 7 卷，人民出版社 1999 年版，第 117 页。

就是有人想翘尾巴，也没有本钱，顶多翘一两公尺。但是我们要预防将来，十年、二十年以后就危险了，四十年、五十年以后就更危险了。”[①]而今，经过几代共产党人和全国各族人民的不懈努力，我国在社会主义现代化建设上取得了举世瞩目的伟大成绩。但是，我们必须牢记“两个务必”的要求，为夺取中国特色社会主义伟大事业新胜利而奋斗。

总而言之，对于毛泽东的执政党建设思想，我们必须认真研究，并在它的基础之上继承发展。正如邓小平所说：“毛泽东同志确立的一套建党思想，在我们看来，对列宁的建党原则有很大的发展……建立一个什么样的党的问题，这不仅是我们这一代的问题，也是下一代、再下一代的问题。一个国家的革命，核心问题是党。有了一个好党才能引导革命走向胜利。革命胜利后，搞社会主义也要靠一个好党，否则胜利就靠不住。”[②]实践证明，只要我们不断加强党的执政能力建设，就一定能够不断巩固党的执政地位，就一定能够不断开创中国特色社会主义伟大事业的新局面。

①《毛泽东文集》第7卷，人民出版社1999年版，第124页。
②《邓小平文选》第1卷，人民出版社1994年第2版，第347-348页。

第十二章

毛泽东与人民当家做主

1840年英国殖民主义者为可耻的贩毒行为发动了鸦片战争，从此中国开始丧失一个独立国家拥有的完整主权和尊严，堕入半殖民地半封建社会的深渊，中国人民从此深受帝国主义和封建主义的双重压迫，争取民族独立和人民民主成为中国人民的光荣而伟大的历史使命，无数仁人志士为实现这个历史使命作出了许多努力。经历了太平天国运动、洋务运动、戊戌变法和辛亥革命的失败，中国人民最终在以毛泽东为代表的中国共产党的领导下，以马列主义和毛泽东思想为指导，历经几十年的艰苦卓绝的奋斗，实现了民族独立，建立起一个人民当家做主的中华民族的新社会和新国家。

第一节　毛泽东人民当家做主思想及实践的发展历程

（一）中华人民共和国成立前毛泽东探索人民当家做主的历程

1. 从人民当家做主意识的萌发到走上社会主义革命的道路

1893年毛泽东出生于湖南韶山一个农民家庭，他参加过劳动，同情农民的疾苦，小时候就对人生来的不平等有所思考。在阅读《水浒传》《西游记》《三国演义》《精忠岳传》《隋唐演义》等旧小说时，他发现“这些小说有一件事很特别，就是里面没有种田的农民。所有的人物都是武将、文官、书生，从来没有一个农民做主人公”。作为农民的儿子，毛泽东对这一点纳闷了很久。他开始分析小说的内容，发现这些小说的主人公“是不必种田的，因为土地归他们所有和控制，显然让农民替他们种田”。[①]

1910年秋，毛泽东走出闭塞的韶山，到湘乡县立东山小学堂学习新学，在这里他接受了维新派的君主立宪思想。1911年春，毛泽东考入湘乡驻省中学。在省城，毛泽东的眼界顿时开阔，孙中山提出的“驱除鞑虏，恢复中华，建立民国，平均地权”的主张很快通过《民主报》和其他一些革命宣传品被毛泽东所了解并接受。

五四运动中，毛泽东组织学生成立了新的湖南学生联合会，发动学生总罢课，积极响应了五四运动。之后他提议创办了《湘江评论》，并为其撰写了大量文章。由于北洋军阀张敬尧封禁《湘江评论》，毛泽东发起了一场轰轰烈烈的驱张运动。在这场运动中，毛泽东率一个代表团赴京请愿。在北京，毛泽东受到李大钊影响，对布尔什维克主义产生了浓厚的兴趣，开始注意阅读介绍马克思主义的文章和书籍。

驱张运动取得胜利后，接替张敬尧的新任湖南督军谭延闿提出了“湖南自治”“还政于民”的主张。毛泽东此时尽管已向马克思主义转变，但对社会改良的手段仍抱有期望。关于湖南如何自治，他提出了自己的看法，并与他人合搞了一个民办自治的文件，却为谭延闿所拒绝。这次失败的经历促使毛泽东开始思考社会主义革命的道路。1920年12月，他在写给蔡和森、萧子升的信中指出：“历史上凡是专制主义者，或帝国主义者，或军国主义者，非等到人家来推倒，决没有自己肯收场的。”

2. 领导工农运动，建党初期对人民当家做主的探索

1920年11月，毛泽东创建了长沙共产主义小组，并着手通过夜校向工人宣传马克思主义。1921年7月，毛泽东在上海参加了标志着中国共产党成立的中国共产党第一次代表大会。会议通过了消灭私有制，实行无产

① 埃德加·斯诺著，董乐山译：《西行漫记》，三联书店1979年版，第109页。

阶级专政的革命纲领。这在中国历史上是一件开天辟地的大事，从此中国革命有了坚强的领导核心，灾难深重的中国人民有了坚强的组织者和领导者，中国革命从此在中国共产党领导下，不断向前发展，由民主革命向社会主义革命推进。

1921年8月，中共在上海成立了“中国劳动组合书记部”，作为领导工人运动的机关。10月，在长沙成立了劳动组合书记部湖南分部，毛泽东任主任。毛泽东敏锐地注意到安源路矿工人所受的残酷剥削。他们每天劳动长达12个小时，工资低微。矿井又没有安全设备，不断出现伤亡事故。为此他多次到安源，深入矿井，了解工人生产、生活情况，启发工人觉悟，号召工人们组织起来，“结成团体、同心协力，就能把压在我们头上的帝国主义、地主、资本家搬掉，打倒剥削者，建立劳动人民当家做主的新世界”。1922年9月14日，安源路矿工人举行大罢工。罢工宣言中提出17项政治和经济要求，喊出了“从前是牛马，现在要做人”的口号。经过5天的激烈斗争，工人俱乐部“未伤一人，未败一事，而得到安全胜利”。

1925年以后，毛泽东把主要精力转到了农民运动上。这年2月，毛泽东回到韶山冲。他创办了夜校，对农民进行思想启蒙教育，秘密组织农民协会。在此基础上，发展党员并成立了中共韶山支部。1926年3月19日，毛泽东被任命为国民党中央农民部主办的农民运动讲习所所长。在农民运动讲习所，毛泽东为农民运动培养了大批的优秀干部。这些干部随着北伐军的节节胜利，迅速投入到农民运动的洪流中去。农民运动的蓬勃发展，引起国民党右派的恐慌和攻击。当时的中央负责人陈独秀，为了维护与国民党的团结，对农民运动的迅速发展也持否定态度。为了把事实先切实弄清楚，毛泽东决心实地考察，看看农村的实际情况究竟如何。从1927年1月4日开始，毛泽东先后对湘潭、湘乡、衡山、醴陵、长沙五县进行了调查。这些地方的农民运动深深地感动了毛泽东，他考察归来后即写了著名的《湖南农民运动考察报告》。《湖南农民运动考察报告》叙述了湖南农民所做的14件大事，认为都是革命的行动和完成民主革命的措施。说农民革命“攻击的形势，简直是急风暴雨，顺之者存，违之者灭。其结果，把几千年封建地主的特权，打得个落花流水”。“孙中山先生致力国民革命凡四十年，所要做而没有做到的事，农民在几个月内做到了。这是四十年乃至几千年未曾成就过的奇勋。这是好得很”。[1]

3. 官兵平等、民主选举、分田运动，土地革命战争时期对人民当家做主的探索

（1）创建官兵平等的人民子弟兵

1927年，蒋介石和汪精卫先后背叛革命。8月1日，中共在南昌打响了武装反抗国民党反动派的第一枪。9月9日，毛泽东领导了湘赣边界秋收起义。这支工农革命军与旧式军队官兵不平等的习气有着显著的不同。这支部队里实行民主制度，官兵平等，待遇一样，规定官长不准打骂士兵，士兵有开会说话自由。连以上建立士兵委员会。士兵委员会有很大的权力，参加对部队的行政管理和经济管理，长官要受它的监督。

（2）人民选举苏维埃

1933年6—8月，中央执行委员会发布一系列有关改选各级地方苏维埃的决议。为了发动选举运动，9月6日，毛泽东在瑞金主持召开中央苏区南部十八县选举运动会议，作了《今年的选举》的报告。中央根据地的选举运动热烈地开展起来，在八九月间达到高潮，11月上旬基本完成。中央苏区内，共有80%以上的选民参加了选举。这对于千百年来饱受压迫的贫苦人民来说是从来没有过的政治权利。

（3）分田运动，推翻地主压迫

1928年10月间，毛泽东起草了《井冈山土地法》。《井冈山土地法》规定：分配土地，主要以人口为标准，男女老幼平均分配；一般以乡为单位进行分配，遇特殊情况时得以几个乡或区为单位；分配后，主要归农民个别耕种。1929年4月，毛泽东在兴国进一步把《井冈山土地法》中“没

①《毛泽东选集》第1卷，人民出版社1991年版，第16页。

■ 1931年11月27日，中华苏维埃共和国中央执行委员会第一次会议在瑞金召开，毛泽东当选为中华苏维埃共和国中央执行委员会主席。这是毛泽东（站立者）在会议上讲话。

收一切土地”，改为“没收一切公共土地及地主阶级的土地”。7月，毛泽东来到闽西。在他的指导下，中共闽西第一次代表大会通过《土地问题决议案》。这个决议比井冈山和兴国土地法又有新的发展：对大小地主加以区别对待，对地主也“酌量分与土地”；对富农土地只没收“自食以外的多余部分”，“不过分打击”；对中农“不要予以任何的损失”；在土地分配上，以乡为单位，在原耕基础上“抽多补少”，“按人口平均分配”。1930年5月，毛泽东在广泛调查的基础上写成《寻乌调查》，弄清了富农与地主的问题，提出解决富农问题的办法，即不仅要抽多补少，而且要抽肥补瘦，这样才能使富农、中农、贫农、雇农都过活下去。1931年2月，毛泽东又纠正了井冈山以来《土地法》中关于土地所有权属于政府而不属于农民，农民只有使用权，禁止土地买卖的规定。经过实践中的反复探索，终于形成了一套比较完备而符合根据地实际情况的土地制度改革方案。

4. 新民主主义理论的形成与实践，抗日战争时期对人民当家做主的探索

（1）新民主主义理论的提出

1939年末至1940年初，为应对国民党反动派的摩擦，向中国人民表明中国共产党对于抗战时局和中国未来的看法，毛泽东接连发表了《〈共

产党人〉发刊词》《中国革命和中国共产党》《新民主主义论》等文章，明确提出了新民主主义的完整理论。即：当时中国的社会，是一个半殖民地半封建的社会。这种社会性质决定中国革命的主要对象是帝国主义和封建主义，其中帝国主义是第一位的。中国革命的任务是对外推翻帝国主义的民族革命和对内推翻封建主义压迫的民主革命，最主要的任务是推翻帝国主义的民族革命，但这两项革命任务是相关联的。中国革命的历史进程必须分两步走，第一步是进行新民主主义的革命，第二步才是进行社会主义的革命，只有完成前一个革命，才有可能去完成后一个革命。这两个阶段必须相互衔接，不容横插一个资产阶级专政的阶段。中国无产阶级是新民主主义的领导力量，是中国革命最基本的动力，农民是工人阶级的坚固的同盟军，城市小资产阶级也是可靠的同盟军，民族资产阶级则是在一定时期中和一定程度上的同盟军。要建立的中华民主共和国，是在无产阶级领导下的一切反帝反封建的人们联合专政的新民主主义共和国。

（2）建立抗日民主政权

新民主主义理论提出后，毛泽东开始在陕甘宁边区付诸实践。1941 年 5 月 1 日，中共陕甘宁边区中央局发布了经中央政治局批准的《陕甘宁边区施政纲领》（简称《纲领》）。这个纲领明确体现了中国共产党坚持的团结、抗战、进步的总方针，而且对边区的政治、经济、文化、教育、法律、知识分子等方面规定出具体政策，为边区人民勾画出一幅美好的建设蓝图。《纲领》提出在政权建设方面贯彻“三三制”原则。它写道：“本党愿与各党各派及一切群众团体进行选举联盟，并在候选名单中确定共产党员只占三分之一，以便各党各派及无党无派人士均能参加边区民意机关之活动与边区行政之管理。在共产党员被选为某一行政机关之主管人员时，应保证该机关之职员有三分之二为党外人士充任。共产党员应与这些党外人士实行民主合作，不得一意孤行，把持包办。”

根据陕甘宁边区的经验和“三三制”的原则，华北、华中各根据地加强政权建设，相继召开参议会，制定施政纲领，并颁布各种法规和条例。如各级参议会组织条例、各级政府组织条例、选举条例、减租减息条例、

■ 1941 年 11 月 21 日，毛泽东在陕甘宁边区第二届参议会上讲话。

改善工人生活条例、婚姻条例等。这些条例的颁布和实施，对于加强各抗日阶层的团结，保障人民当家做主的权利和促进根据地经济文化事业的发展，实践新民主主义的理论，起了积极的作用。

（3）文艺要为工农兵服务

抗战期间，延安的文艺界人士大多是从上海等大城市来到延安的，他们满怀救国热情，但对同工农兵结合的思想准备却并不足。针对这种情况，毛泽东接触了许多文艺界的朋友，与他们广泛交流，并请他们帮助收集文艺界提出的各种意见。经过几个月的调查研究，1942 年 5 月，毛泽东召开了延安文艺座谈会。在会上，毛泽东指出："同志们很多是从上海亭子间来的。从亭子间到革命根据地，不但是经历了两种地区，而且是经历了两个历史时代。一个是大地主大资产阶级统治的半封建半殖民地的社会，一个是无产阶级领导的革命的新民主主义的社会。到了革命根据地，就是到了中国历史几千年来空前未有的人民大众当权的时代。我们周围的人物，我们宣传的对象，完全不同了。过去的时代，已经一去不复返了。因此，我们必须和新的群众相结合，不能有任何迟疑。”他号召文艺工作者要向工农兵学习，与新的时代相结合。“一切共产党员，一切革命家，一切革命的文艺工作者，都应该学鲁迅的榜样，做无产阶级和人民大众的‘牛’，鞠躬尽瘁，死而后已。”①

5. 推翻国民党反动派的统治，筹建人民当家做主的共和国

抗战胜利前夕，为避免已饱受战争摧残的中国人民再受内战之苦，毛泽东提出建立联合政府的主张。抗战胜利后，毛泽东又亲赴重庆谈判，并主持与国民党签订了以和平建国为主要内容的《双十协定》。但是一心想专制独裁的国民党蒋介石根本不会放弃独裁统治，他们拒不执行已达成的和平协议，于 1946 年 6 月以围攻中原解放区为起点，发动了全面内战。

解放战争初期，国民党和共产党的兵力分别为 430 万和 127 万，双方兵力对比达到了 3.37 ∶ 1。从装备上看，国民党军队不但接收了侵华日军 100 万人的武器装备，而且还有美国在抗战期间和抗战胜利后的大量军事援助，武器先进，装备精良。而中共领导的人民解放军却只装备有抗日战争时期缴获日军的各种步兵火器，装备明显处于劣势。从控制区域看，国民党控制着全国几乎所有的大城市和主要交通干线，控制着全国 76% 的土地和 71% 的人口，控制着几乎全部的现代工业。而中国共产党方面，却只有全国土地的 24% 和全国人口的 29%，除哈尔滨外没有一个大城市，经济上主要依靠农业和手工业生产，交通运输只靠肩挑、背扛、大车拉、小车推。如此实力悬殊的战争，中国共产党能不能够取得胜利？毛泽东给出了肯定的答案，他指出：“一切反动派都是纸老虎。”认为“真正强大的力量不是属于反动派，而是属于人民”，“决定战争胜败的是人民，而不是一两件新式武器”。②

在解放战争中，毛泽东等中共领导人除密切关注战局的变化，及时作

①《毛泽东选集》第 2 卷，人民出版社 1991 年版，第 877 页。
②《毛泽东选集》第 2 卷，人民出版社 1991 年版，第 1195 页。

出正确的战略决策和战术指导外，还在土地改革和统一战线上投入了很大精力。耕者有其田是几千年来农民梦寐以求的诉求。而蒋介石和国民党代表的是大地主大资产阶级的利益，毛泽东和中国共产党代表的是人民的利益，人民的诉求就是中国共产党的诉求。在解放战争中，毛泽东多次在谈话和指示中提及土地改革的问题，并亲自指导制定了《中国土地法大纲》。他要求区分日本投降以前的老解放区、日本投降至大反攻解放的半老区和新解放区三类不同地区的土地改革，实行不同策略，以平分为原则，有重点、有步骤地推进土地改革工作。土地改革得到了广大农民的积极响应和坚决拥护，他们或踊跃参军，直接参加对国民党反动派的作战；或推起小车，积极支援人民解放战争。同时毛泽东也高度重视党的统一战线工作，要求建立广泛的民族统一战线。他为中共中央起草了《关于民族资产阶级和开明绅士问题》的党内指示，指出："中国现阶段革命的目的，是在推翻帝国主义、封建主义、官僚资本主义的统治，建立一个以劳动者为主体的、人民大众的新民主主义共和国，不是一般地消灭资本主义。"指示具体分析了民族资产阶级中的右翼、中间力量和左翼的不同政治态度，指出应当争取和团结民族资产阶级中的大多数，孤立其中的少数人。这样中共不仅仅得到了劳动人民的坚决拥护，看清了蒋介石和国民党反动派真面目的民族资产阶级和民主人士也加入中国共产党一方。

得道多助，失道寡助。毛泽东领导的中国共产党和人民解放军在全国人民的支持下，经过三年奋战，终于推翻了国民党反动派的统治，召开了包括民主党派人士参加的广泛的政治协商会议，筹备建立新民主主义性质的人民共和国。

（二）中华人民共和国成立后毛泽东探索人民当家做主的历程

1949 年 10 月 1 日，毛泽东在天安门城楼上庄严宣告了中华人民共和国的成立，标志着帝国主义、封建主义和官僚资本主义对中国人民的反动统治彻底结束。中国人民从此成为中国社会的真正主人，几千年中国从未有过的人民当家做主的时代终于到来了。

1. 捍卫人民当家做主的政权

（1）将革命进行到底，解放全中国

中华人民共和国成立之初，国民党反动派在大陆仍有相当数量的军事力量存在，在一定程度上威胁着刚刚成立的人民政权。毛泽东对此丝毫没有放松警惕，他仍然将很大的精力放在指挥人民解放战争方面。在毛泽东的精心部署下，人民解放军以摧枯拉朽之势解放了国民党反动派盘踞的中南和西南等地区，和平解放了新疆和西藏，至 1950 年 5 月，中国除台湾和一些沿海岛屿及香港、澳门外，实现了空前的统一。

（2）消除匪患，保卫人民生命财产安全

中国的匪患有着久远的历史和深刻的社会根源，是旧中国历代政府大伤脑筋的事情。解放初期，全国有 200 万土匪。这些土匪中的许多与国民党反动派相勾结，对新生的政权造成一定威胁，而更为严重的是，他们杀人放火，残害人民，是老百姓深恶痛绝的。能不能根除匪患，是对新政权的严峻考验。毛泽东对剿匪工作非常重视，1951 年 1 月 17 日，他审阅了中共中央中南局转报的湘西第 47 军关于镇压一批匪首、恶霸、特务的报告，立即转发各中央局、分局负责人，充分肯定 47 军的做法，指出：“只有如此，才能使敌焰下降，民气大伸。如果我们优柔寡断，姑息养奸，则将遗祸人民，脱离群众。”在广泛发动人民群众的基础上，人民解放军迅速彻底地剿除了匪患，消除了人民政权的隐忧，为人民群众安居乐业营造了安全的环境。

（3）抗美援朝，坚决捍卫国家安全

鸦片战争以来，中国曾多次遭到帝国主义国家的侵略，每一次侵略都给中国人民造成了深重的灾难。在帝国主义的铁蹄之下，中国人民不但不能当家做主，还要过着亡国奴的日子。1950 年 6 月，朝鲜内战爆发，美国总统杜鲁门命令美国驻太平洋第七舰队侵入台湾海峡，阻挠中国人民解放台湾，进而把战火引向鸭绿江边，轰炸安东市区，炮击中国领土。以毛泽东为首的中共中央毅然做出了抗美援朝的决策。此时的中国已非昔日帝国主义可以肆行蹂躏的中国，人民志愿军历经5次大的战役，取得抗美援朝战争的伟大胜利，迫使美国不得不第一次签订没有胜利的停战协议。抗美援朝战争打出了中华人民共和国的国威和军威，捍卫了新生的人民政权，充分体现了中国人民不畏强权、维护和平的决心和力量，极大地提高了中国的国际地位，也使美国不得不对中国刮目相看，从此不敢再轻视中国。20世纪60年代，美国在越南战争中始终不敢越过北纬17°线，不能不说是吸取了其在朝鲜战争中的沉痛教训。中国的内政外交要看外国人脸色行事的时代已经一去不复返了。

2. 建立人民民主的政治制度，保障人民群众的政治权益

（1）建立人民代表大会制度，人民民主选举各级政府和领导人

毛泽东高度重视人民民主。中华人民共和国成立之初，在毛泽东的倡导和督促下，全国各地先后召开了各界人民代表会议，对于发扬人民民主，进行政权建设，以及实施各项政策，起到了重要的作用，也为以后召开普选的各级人民代表大会准备了条件。

1952年11月，中共中央作出决定，立即着手准备召开全国人民代表大会，制定宪法。1953年1月13日，中央人民政府委员会举行第20次会议，正式做出了《关于召开全国人民代表大会及地方各级人民代表大会的决议》，决议规定："于1953年召开由人民用普选方法产生的乡、县、省（市）各级人民代表大会，并在此基础上接着召开全国人民代表大会。"1月25日，周恩来将选举法草案的修改本送毛泽东审阅。26日，毛泽东批复赞同，并同意将选举法定名为《中华人民共和国全国人民代表大会及地方各级人民代表大会选举法》。2月11日，中央人民政府委员会第22次会议通过了这部选举法，3月1日公布施行。普选，是这部选举法最重要的原则，也是中国共产党从诞生之日起长期为之奋斗的目标之一。如今，通过选举法的形式，把近百年来中国人民反对帝国主义、反对封建主义的民主革命斗争成果和人民民主的原则在法律上确定下来，这是一个巨大的历史进步。

1954 年 9 月，第一次全国人民代表大会在北京召开。来自不同地区、不同行业的人民代表，肩负着全国人民的希望和重托，第一次用他们手中神圣的选票选举了国家领导人。

（2）制定人民当家做主的宪法

宪法是一个国家的根本大法。近代以来，清政府、北洋军阀政府和国民党政府都先后制定过宪法，但那只是维护统治阶级利益的宪法，是拿来欺骗人民的伪宪法。中华人民共和国成立初，《共同纲领》起着临时宪法的作用。但是，一个国家不能长期没有正式的宪法，随着人民政权的稳固和国民经济的发展，制定中华人民共和国宪法的时机逐渐成熟。毛泽东高度重视宪法的起草工作，他亲自主持了这项工作。

1953 年 12 月，毛泽东带着宪法起草小组成员来到杭州，集中精力起草宪法。这段时间内，毛泽东研读了世界各类宪法，既包括苏联和东欧等国家的社会主义性质的宪法，也包括法国等的资本主义性质的宪法，甚至包括晚清和民国时期各个版本的宪法。他和宪法起草小组在参阅各种不同类型宪法的基础上，从中国革命和建设的实际出发，经过反复酝酿、讨论，征求意见，历时 7 个多月，终于起草出体现人民民主原则和社会主义原则的宪法草案。

1954 年 9 月召开的第一次全国人民代表大会上，毛泽东领导起草的我国第一部宪法获得通过。这部宪法明确规定：中华人民共和国的一切权力属于人民。人民行使权力的机关是全国人民代表大会和地方各级人民代表大会。全国人民代表大会、地方各级人民代表大会和其他国家机关，一律实行民主集中制。这样，人民当家做主就以国家根本大法的形式被固定下来，而人民通过全国人民代表大会和地方各级人民代表大会行使权力，管理国家和社会事务，管理经济和文化事业也得到了法律上的保障。同时宪法规定，中华人民共和国是个统一的多民族的国家；各民族一律平等；少数民族聚居地方实行区域自治；各民族自治地方都是中华人民共和国不可分离的部分。这是中国的民族政策，体现了国家充分尊重和保障各少数民族管理本民族内部事务权利的精神，体现了国家坚持实行各民族平等、团结和共同繁荣的原则。这是一部真正体现人民当家做主的宪法，是中国自有历史以来第一部人民的宪法，也是毛泽东领导中国人民走上社会主义大道的宪法。

（3）重视人民信访工作，保障人民监督政府的权利

人民来信来访工作，是党和政府密切同人民群众联系，保护人民民主权利，倾听人民意见，接受人民监督的重要途径。毛泽东非常重视信访工作。在中华人民共和国刚成立时，毛泽东几乎对每一封来信都亲自阅示，由秘书田家英协助处理。有些是毛泽东直接回信，大部分是由田家英代为回信。后来人民来信越来越多，就成立了一个机构，专门为毛泽东和其他中央领导人处理信访工作。尽管如此，毛泽东仍先后几次就群众写给他的信件的处理作出批示。在 1950 年中央转发的关于处理群众来信问题的报告上，他写的批语是："请你们对群众来信认真负责，加以处理，满足群众的要求。对此问题采取忽视态度的机关和个人，应改正此种不正确态度。"针对地方不重视人民信访工作的现象，毛泽东批评说："据报山东省政府就积压了 7 万多件没有处理，省以下各级党政组织积压了多少人民来信，则我们还不知道，可以想象是不少的。这些人民来信大都是有问题要求我们给他们解决的，其中许多是控告干部无法无天的罪行而应当迅速处理的。"他指出："必须重视人民的通信，要给人民来信以恰当的处理，满足群众的正当要求。要把这件事看成共产党和人民政府加强和人民联系的一种方法，不要采取掉以轻心置之不理的官僚主义的态度。"

在他的推动下，中央人民政府政务院作出了《关于处理人民来信和接见人民工作的决定》（以下简称《决定》）。《决定》指出："各级人民政府对于人民的来信或要求见面谈话，均应热情接待，负责处理。"这个《决定》的颁布实施，是中华人民共和国信访制度正式确立的起点，这与过去官僚只关心统治阶级的利益，而对人民群众的诉求漠不关心，形成了鲜明的对比。

（4）惩治贪污腐败，防止公仆变"主人"

在革命胜利前夕召开的中共七届二中全会上，毛泽东就向全党发出警

告：“敌人的武力是不能征服我们的，这点已经得到证明了。资产阶级的捧场则可能征服我们队伍中的意志薄弱者。可能有这样一些共产党人，他们是不曾被拿枪的敌人征服过的，他们在这些敌人面前不愧英雄的称号；但是经不起人们用糖衣裹着的炮弹的攻击，他们在糖弹面前要打败仗。我们必须预防这种情况。”为克服这种现象，他指出，“务必使同志们继续地保持谦虚、谨慎、不骄、不躁的作风，务必使同志们继续地保持艰苦奋斗的作风。”然而，中华人民共和国成立以后，党内一些领导干部没有经受住敌人糖衣炮弹的攻击，一定程度上滋生起腐败现象等，刘青山、张子善是其中的代表。刘青山、张子善都是在革命战争年代为革命事业立下大功的人，革命胜利以后担任重要领导职务。在收到华北局第一书记薄一波、第二书记刘澜涛关于刘青山、张子善严重贪污浪费事实的报告后，毛泽东作出了枪毙刘青山、张子善二人的决定，并将此报告转发各中央局、分局及省市区党委，他在批语中写道：“华北天津地委前书记刘青山及现书记张子善均是大贪污犯，已经华北局发现，并着手处理，我们认为华北局的方针是正确的。这件事给中央、中央局、分局、省市区党委提出了警告。必须严重地注意干部被资产阶级腐蚀发生严重贪污行为这一事实，注意发现、揭露和惩处，并须当作一场大斗争来处理。”毛泽东对贪污腐败深恶痛绝，在 12 月 8 日为中共中央起草的《关于三反斗争必须大张旗鼓进行的指示》中，他严厉地指出：“应把反贪污、反浪费、反官僚主义的斗争看作如同镇压反革命的斗争一样的重要，一样的发动广大群众包括民主党派及社会各界人士去进行，一样的大张旗鼓去进行，一样的首长负责，亲自动手，号召坦白和检举，轻者批评教育，重者撤职、惩办、判处徒刑（劳动改造），直至枪毙一批最严重的贪污犯，才能解决问题”，甚至估计：“全国可能须要枪毙一万至几万贪污犯才能解决问题。”在轰轰烈烈的“三反”运动中，党和政府严厉惩处了一批贪污腐化的党员干部，刹住了公仆变“主人”的歪风。

3. 改善人民群众的物质生活，保障人民群众的经济权益

（1）恢复国民经济，改善人民生活

刚刚诞生的中华人民共和国，正面临着国民经济严重衰退和全面萎缩的严峻形势。农业减产，工厂倒闭，交通梗阻，物资奇缺，物价飞涨，失业者众多。尽快恢复国民经济，既是巩固新生的人民政权的需要，也是人民政权兑现人民当家做主，让人民群众过上好日子承诺的必然要求。

1950 年 6 月，中国共产党七届三中全会在北京召开。会议的主要议题是确定党在国民经济恢复时期的主要任务，以及实现这些任务所必须开展的各项工作和战略策略方针。毛泽东向全会做了《为争取国家财政经济状况的基本好转而斗争》的报告，指出: 全党在国民经济恢复时期的重要任务，是为争取国家财政经济状况的基本好转而斗争。报告中把现有工商业的合理调整作为争取国家财政经济状况基本好转的一个重要条件。毛泽东在会上还做了《不要四面出击》的讲话，提出：“我们不要四面出击。四面出击，全国紧张，很不好。绝不可树敌太多，必须在一个方面有所让步，有所缓和，集中力量向另一个方面进攻。”“我们一定要做好工作，使工人、农民、小手工业者都拥护我们，使民族资产阶级和知识分子中的绝大多数不反对我们。”自 1950 年下半年起，全国各地根据中共七届三中全会的指示精神，开展了调整工商业的工作，包括调整公私关系、劳资关系和产销关系。

这些战略策略方针，促进了国民经济的全面恢复和发展，人民群众的生活不断得到改善。

（2）开国大土改，实现“耕者有其田”

中华人民共和国成立之初，新解放区有 3.1 亿人口，在这样广大的地区用三年的时间完成土地改革，是一场规模空前的废除封建土地制度的运动，在全世界都是没有的。用毛泽东的话说，“这是中国人民民主革命继军事斗争以后的第二场决战”。

动不动富农是这次土改中遇到的最关键问题。毛泽东对富农政策是慎重的，他反复征求了方方面面对富农政策问题上的意见。经反复酝酿、征求意见、讨论、修改，1950 年 6 月 21 日，经毛泽东审定的土地改革法草

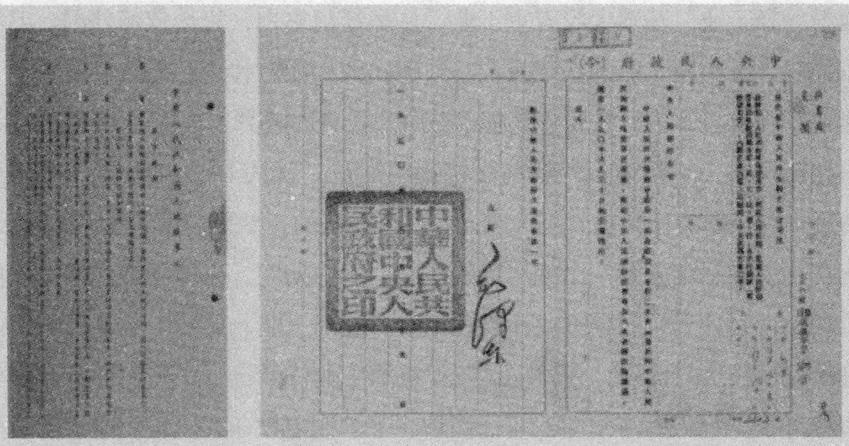

■ 中央人民政府公布施行《中华人民共和国土地改革法》的命令稿。

案提交全国政协一届二次会议讨论通过。草案对保存富农经济的政策，做了这样规定：保护富农所有自耕和雇人耕种的土地及其他财产，不得侵犯。富农所有之出租的少量土地，亦予保留不动；但在某些特殊地区，经省以上人民政府的批准，得征收其出租土地的一部或全部。半地主式的富农出租大量土地，超过其自耕和雇人耕种的土地数量者，应征收其出租的土地。富农租入的土地应与其出租的土地相抵计算。《中华人民共和国土地改革法》于6月28日经中央人民政府委员会第8次会议通过，6月30日由毛泽东签发命令公布施行。

在毛泽东和中共中央正确的方针政策的指导下，土地改革运动取得了巨大胜利。到1953年春，全国除若干少数民族聚居的地区，彻底废除了在中国延续数千年之久的封建土地所有制。这场深刻的社会变革，解放了农村生产力，调动起亿万农民的生产积极性，改善了农民的生活。这是在中国土地上发生的一场规模广大、内容深刻的社会大变动，铲除了中国封建主义的根基，巩固了农村基层人民政权，使古老的中国农村空前地焕发出新的青春活力。

（3）建立比较完善的工业体系

旧中国工业不仅生产落后、产能低下，而且发展畸形，主要是纺织、面粉等轻工业，基本上没有重工业，许多部门空白，完全依赖外国。毛泽东描述当时中国工业的状况时说：“现在我们能造什么？能造桌子椅子，能造茶碗茶壶，能种粮食，还能磨成面粉，还能造纸，但是，一辆汽车、一架飞机、一辆坦克、一辆拖拉机都不能造。”从1953年开始，中国开始进行有计划的社会主义经济建设。在毛泽东的指导下，由周恩来、陈云、李富春主持制定了第一个五年计划。“一五”期间，以苏联援建的156项重点工程为骨干，冶金工业和机械工业、能源工业、化学工业和国防工业等都有了长足的发展，为建立比较完整的工业体系打下了坚实的基础。至1957年底，已经有了载重汽车、高炉、平炉制造设备、汽轮发电设备、拖拉机、精密仪表、石油机械和电讯设备等几十个比较齐全的制造系统，并开始试制一批新产品，使机械设备的自给能力从中华人民共和国成立前的20%左右提高到60%。

在“一五”期间建设成就的基础上，经过“二五”期间的努力，在机械工业方面，已经形成冶金、采矿、电站、石油化工等工业设备制造以及飞机、汽车、工程机械制造等十多个基本行业，逐步建立起门类比较齐全的机械制造体系，已经能够独立设计和制造一部分现代化大型设备，到1964年，主要机械设备自给率已由1957年的60%提高到90%多。

4. 丰富人民群众的精神生活，保障人民群众的文化权益

（1）扫盲运动

中华人民共和国成立时，学龄儿童入学率仅占20%，文盲占80%，妇女的文盲率更是高达90%，整村文盲的现象比比皆是。中国人民在政治上翻了身，但如果不识字，做睁眼瞎，不能在文化上翻身，就不能彻底翻身。为此，扫除文盲，造就高素质的劳动者，成为我国一项极为重要的政治任务。

早在1949年8月，华北大学校长、中国文字改革的坚决倡导者吴玉章就给毛泽东写信，提出为了有效地扫除文盲，需要迅速进行文字改革。对此毛泽东极为重视，在他的关心下，1949年10月，中国文字改革协会成立，其中一项重要任务就是研究汉语拼音方案。1951年，中国人民解放

军西南军区文化教员祁建华在自学过程中，创造了一套“速成识字法”。这种识字法要求人们首先学会注音符号和拼音，然后采用联系实际的方法，生动形象地识字。毛泽东称他为“名副其实的识字专家”。1951 年，西南军区在 1.26 万名官兵中试行“速成识字法”，一般只要 15 天时间，能识字 1500 个以上。“速成识字法”的出现，让扫盲任务变得切实可行并迅速在全国范围内推广开来。1956 年 3 月，国务院发布《关于扫除文盲的决定》，提出了用 5~7 年时间基本扫除文盲的目标，并成立了由陈毅任会长的全国扫除文盲协会，一场更大规模的扫盲运动开展起来了。

1949—1958 年，全国近 3000 万人脱盲，15 个省市出现了 4000 多个基本扫除青壮年文盲的单位。如此短的时间内，扫除这样多的文盲，不仅在中国，在世界上也是一个奇迹。

（2）活跃在城乡的电影放映队

在 20 世纪五六十年代，信息的传递远没有今天的电视、互联网等这么方便快捷，当时人们获取信息的主要渠道是广播、报纸杂志和电影。相对报纸和广播而言，电影由于形象直观，更容易引起总体文化水平不高的群众的共鸣。

中华人民共和国成立之初，我国仅有 600 多个电影院，且集中在几个大城市。经济比较富裕的市民和知识分子是基本的电影观众，而广大群众很少走进电影院的大门，许多农民甚至没有听说过“电影”这个词。电影放映队以其机动灵活的特点得到了中央和毛泽东的重视。1955 年 7 月 30 日通过的第一个五年计划把发展电影放映队作为提高人民的文化生活水平的重要内容。10 月 11 日，毛泽东在扩大的中共七届六中全会上所作的结论中指出要“发展农村广播网、电影放映队，组织文化娱乐等等”。在中央的重视和有关部门的积极推动下，遍及城乡的电影放映队迅速发展起来，即使在边远的山区，群众也能通过电影看到山外的世界了。

（3）文化艺术的推陈出新

中华人民共和国成立后，根据有步骤地、谨慎地对旧有文化事业进行改革的方针，对旧社会遗留下来的文艺事业按照民族化、大众化的方向进行了改造，戏曲改革是文艺事业改造的典型。1950 年春，在肃清旧戏中含有的反动、封建、迷信、淫荡、荒诞等毒素的过程中，对一般旧戏原则上不予禁演，而是与旧艺人共同切磋修改。提倡演新戏，也不用行政命令强制执行，而是采取自愿和引导的方式。这样，既团结了旧艺人，又改革了旧戏。1951 年 4 月，中国戏曲研究院成立时，毛泽东因势利导，写了“百花齐放，推陈出新”的题词。5 月 5 日，周恩来签发了戏曲改革的指示，明确提出改戏、改人、改制的原则，要求净化戏曲舞台，发掘整理传统剧目，剔除旧戏中的各种毒素，改造和提高旧艺人的政治素质和艺术素质，改革旧戏班、旧戏社的不合理制度。通过改革，广大戏曲工作者深入生活，创作出了一批内容健康向上、群众喜闻乐见的作品。

5. 兴办社会事业，保障人民群众的社会权益

（1）兴修水利，治理水患

中国是一个水灾多发的国家，历史上多次洪水泛滥都造成了哀鸿遍野、饿殍千里的人间惨象。治水，在中华人民共和国成立伊始就是毛泽东重点关注的。

一是“一定要把淮河修好”。

1950 年初夏，淮河流域连降暴雨，洪水泛滥，淮河以北 20 个县和淮河以南 7 个县均被洪水吞没，80 余万间民房被淹没，受灾之惨重，百年一遇。由于水势凶猛，有些灾民来不及逃生，或被淹死，或栖身树上，有的从树上坠水丧生，有的在树上被毒蛇咬死。毛泽东看到皖北区发来的这一灾情报告时，不禁潸然泪下。他用笔在灾民被毒蛇咬死等处画上了重重的线，并当即给周恩来写了批语：“请令水利部限日作出导淮计划，送我一阅。此计划 8 月份须作好，由政务院通过，秋初开始动工。”此后不久，毛泽东发出了“一定要把淮河修好”的号召。

毛泽东的号召震撼了淮北大地，极大地鼓舞了淮北人民根治淮河的决心。1950 年秋，治理淮河的工程开始。经过八年的艰苦奋斗，在淮河干、支流上游兴建了 9 座大中型水库，在干、支流的沿岸湖泊兴建了蓄洪滞洪

■ 毛泽东视察黄河（1952年）。

工程，从而初步提高了淮河的防洪蓄洪能力，基本上结束了以往淮河流域“大雨大灾，小雨小灾，无雨旱灾”的历史。

二是“要把黄河的事情办好”。

1952年10月26日—11月1日，毛泽东利用中央批准他休假的时间，专程考察黄河。27日，毛泽东视察了济南附近的黄河河段。他站在堤坝上，凝神望着黄河水，问道：这里的黄河底比济南城内地面要高出多少？陪同的人回答：高出6~7米。毛泽东嘱咐说：要把大堤、大坝修牢，千万不要出事。雨季大水，要发动群众上堤防守，必要时军队要上去坚决死守，不能出事。28日，在徐州，毛泽东登上云龙山顶，远眺清朝咸丰五年（1855）铜瓦厢决口改道以前的黄河故道。他深有感慨地说：过去黄河流经这里700多年，泥沙淤积很多，夏秋季节常常决口，泛滥成灾，给群众生产、生活造成极大困难。乾隆皇帝四次到这里视察，研究治理黄河的问题。但由于各种原因，他治不好黄河。现在解放了，人民当家做主，我们应当领导人民，把黄河故道治好，变害为利。31日清晨，毛泽东要到新乡去视察引黄灌溉工程。临行前，毛泽东嘱咐说：“要把黄河的事情办好。”这句话后来广为流传，成为动员和激励几代人治理黄河的响亮口号。

（2）发展人民卫生事业

一是人人动手“除四害”。

由于旧中国存在的大量不讲卫生的陈旧习惯，加上我国广大城乡的卫生基础设施还没有从长期战争的破坏中完全恢复过来，各种通过老鼠、苍蝇和蚊子传播的疾病在许多地区逐渐蔓延。为了人民群众生命的安全健康，中央发动了“除四害”的爱国卫生运动。1957年10月9日，毛泽东在八届三中全会扩大会议上发表《做革命的促进派》的讲话，其中专门指出:“还有一个除四害，讲卫生。消灭老鼠、麻雀、苍蝇、蚊子这四样东西，我是很注意的。可不可以就在今年准备一下，动员一下，明年春季就来搞？”1958年2月12日，中共中央、国务院发出《关于除四害讲卫生的指示》。“指示”要求，要在10年或更短一些的时间内，完成消灭苍蝇、蚊子、老鼠、麻雀的任务。

“苍蝇蚊虫传疾病，老鼠麻雀偷食粮，六万万人民齐上阵，一定要把它们消灭光！”指示一出，全国人民立即行动起来，加入“除四害”的队伍中去。一时间，各地都开始组织突击活动，抓紧时机，贯彻“打早、打小、打了”的原则，挖尽蝇蛹，清除一切可能滋生蚊虫的积水，扑灭过冬蚊蝇，消灭老鼠、麻雀、臭虫和蟑螂。1959年11月27日，中国科学院党组书记张劲夫致信毛泽东，反映“麻雀除了某些季节是有害的，其他季节是有益”的情况。次年3月，毛泽东起草指示：“麻雀不要打了，代之以臭虫，口号是‘除掉老鼠、臭虫、苍蝇、蚊虫’。”这样使麻雀逃脱了围剿。

20世纪50年代的“除四害”运动，为中国当时的广大城乡普及了卫生常识，遏制了苍蝇、蚊子、老鼠等引起的传染病蔓延的趋势，保护了人民群众的生命健康。

二是“借问瘟君欲何往，纸船明烛照天烧”。

血吸虫病是寄生于人体和哺乳动物血管内的“裂体吸虫”引起的，凡是染上这种病的人，肚子肿大，严重贫血，全身乏力，无法进行各种体力劳作，在旧社会只能坐以待毙。

1955年11月，毛泽东在江西视察工作时得知江西血吸虫病肆虐，特别是他听到仅中华人民共和国前的40年间，江西因为这种病毁灭的村庄就达1300多个，直接死亡35万多人，而当时江西血吸虫病流行的有20多个县，疫区人口600多万，患者57万时，他的神情凝重起来，说道："看来，血吸虫病对群众危害不小，对发展生产也不利，应该消灭呀！还有其他省，也是这样。这个情况，我记住了。"

12月上旬，中央农业工作会议在杭州召开。毛泽东在第一天的大会报告中，就发出了消灭血吸虫病的号召："血吸虫病，已经成为我国现有流行疾病中危害最大的病种，共产党人的责任和任务，就是要消灭对人民健康有害的瘟疫，各级党委要亲自挂帅。""要把消灭血吸虫病作为政治任务来抓，组织有关部门，发动群众人人动手！"毛泽东的号召成了大会的议题，会议期间，成立了全国血吸虫病防治领导小组。

在毛泽东和中央的亲切关怀下，各地人民迅速行动起来，投入到消灭血吸虫病的人民战争中去。通过医务工作者对患者的精心治疗和广大人民群众对传染源头——钉螺的灭杀，全国防治血吸虫病的形势一派大好，原来病情最严重地区之一的江西省余江县在1957年底根治了血吸虫病。毛泽东得知，非常激动，乘兴写下《送瘟神》七律二首。

"绿水青山枉自多，华佗无奈小虫何！千村薜荔人遗矢，万户萧疏鬼唱歌。坐地日行八万里，巡天遥看一千河。牛郎欲问瘟神事，一样悲欢逐逝波。"

"春风杨柳万千条，六亿神州尽舜尧。红雨随心翻作浪，青山着意化为桥。天连五岭银锄落，地动三河铁臂摇。借问瘟君欲何往，纸船明烛照天烧。"

三是"赤脚医生就是好"。

在20世纪60年代，我国医疗设备和医生都比较缺乏。这种情况，在农村更为严重。1965年6月，卫生部向中央递交了关于农村医疗状况的报告，提出培养"半农半医"人员的建议。毛泽东看到报告后立即指出，应当"把医疗卫生工作的重点放到农村去"，培养一批医疗水平不是很高，但可以扎根农村，解决农村医疗问题的乡村医生。广大医务工作者热烈响应，在组织巡回医疗队下乡巡诊的同时，半农半医卫生院的培训工作也在各地展开。

1968年9月，《红旗》发表了题为《从赤脚医生的成长看医学教育革命的方向》的调查报告，报告介绍了上海川沙县江湾公社开展半农半医卫生院培训的经验，第一次提出了“赤脚医生”这一半农半医乡村医生的特定称谓。毛泽东在看到这篇文章后，在文章的眉头上批示“赤脚医生就是好”。这个批示经报刊公开发表后，在中国的大地上立即掀起了一股学习赤脚医生的热潮。

到1977年底，全国有85%的生产大队实行了合作医疗，赤脚医生数量一度达到150多万人。他们对改变当时农村缺医少药的状况和改变农村落后的卫生面貌，缓解农民看病难的问题，开展预防工作和促进农业生产等起了积极作用，成为那个时代基层医疗体系最重要的一环。

6. 实行男女平等，革除封建陋习

（1）查封妓院，解放和改造妓女

1949年11月21日，在中央指示和北京市委领导下，北京市第二届各界人民代表会议通过《关于封闭妓院的决议》。在决议通过后，以公安部部长兼北京市公安局局长罗瑞卿任总指挥的总指挥部一声令下，从各单位抽调来的2400余名干部、民警和公安总队的战士立即行动起来，一夜奋战，到22日晨5点，干净利索地封闭了全市224家妓院，解救出饱受摧残和剥削的1200余名妓女，她们从此跳出火坑，摆脱了非人的生活，获得了新生。

一夜之间，北京变成了一座没有妓院的文明城市，这个被誉为伟大社会变革的历史事件，当时震惊了中外。在此之后，全国各地，都参照首都的经验，陆续开展了取缔妓院，解放和改造妓女的工作，千千万万的妓女获得了解放，昔日的妓女获得了做人的尊严和人身自由，过上了正常人的生活。

（2）颁布推行《婚姻法》，改革旧的婚姻制度

1950年5月1日，中华人民共和国的第一部法律——《婚姻法》正式颁布实施。《婚姻法》废除了包办强迫、重婚纳妾、侵害妇女儿童权益的

封建婚姻制度，建立了婚姻自由、一夫一妻、男女平等的新民主主义婚姻制度，为打破陈规陋习、建立婚姻新风尚，提供了切实的法律依据。

在当时包办买卖婚姻，歧视、虐待妇女普遍存在的情况下，使广大人民群众树立对《婚姻法》的正确认识，在思想上划清封建主义婚姻制度与新民主主义婚姻制度的界限，显得尤为重要。1952年12月26日，毛泽东批准印发了《中共中央关于贯彻婚姻法的指示》，对在人民群众中宣传《婚姻法》提出了具体要求。全国掀起了宣传《婚姻法》的热潮。一些通俗图书、画报用浅显易懂的方式将新婚姻观传达给老百姓。《刘巧儿》《小二黑结婚》《小女婿》《新事新办》等一批反映新婚姻观的戏曲、电影产生了重要影响。通过这些宣传，婚姻自主的观念深入人心。人们逐渐抛掉了老掉牙的旧观念、旧传统，不再依凭“父母之命、媒妁之言”，而是大大方方地谈婚论嫁，开始真正为自己的婚姻当家做主。

（3）树立新型社会风尚

旧中国把人分成三六九等，很多职业被看成是下贱和卑微的。很多体力劳动者，如剃头和修脚的工匠、奴仆甚至艺人等被称为“下九流”，备受凌辱和歧视。新社会提倡只有从事职业的不同，没有尊卑贵贱之分。人民当家做主的人民民主国家，无论哪个社会阶层，无论从事什么职业，无论是男是女，人与人之间一律平等。那些在旧中国带有封建等级色彩的称呼，如“大人”“老爷”“老妈子”“下人”，已被新型的称呼“同志”所取代。对比新旧社会的变化，侯宝林等从旧社会走过来的艺术家纷纷撰文，表达中华人民共和国成立后被尊称为“人民文艺工作者”的喜悦心情。

20世纪60年代以后，国际国内形势都发生了深刻的变化。中苏关系由于双方意识形态上的分歧和苏联的大国沙文主义而日益恶化，社会主义阵营也因此陷于分裂。毛泽东判断，世界上大多数共产党和工人党变成了修正主义。而在国内，中央领导层对经济调整过程中出现的一些现象产生了不同认识，毛泽东认为这些现象是资本主义性质的，把党内与他不同的意见当作修正主义，从而错误估计了国内的阶级斗争形势和国家的政治状况，推翻了中共八大作出的国内的主要矛盾是先进的社会主义制度同落后的社会生产力之间的矛盾，而重新把阶级矛盾定义为国内的主要矛盾。而且，他认为只有采取断然措施，公开的、全面的、自上而下的发动广大群众，才能揭露党和国家生活中的阴暗面，把被所谓“走资派”篡夺了的权力夺回来，才能“避免出修正主义”“防止资本主义复辟”，保证人民当家做主。因此，他发动了“文化大革命”。

尽管在形式上看，这场运动好像是充分调动了人民群众的积极性，发挥了人民群众主人翁的作用，然而在实质上却根本背离了人民当家做主。它践踏了民主与法制，损害了人民群众依法管理国家和社会事务，管理经济和文化事业的权利。事实证明，这场运动是一场由领导者错误发动，被反革命集团利用，给党、国家和各族人民带来严重灾难的内乱，使党、国家和人民遭到中华人民共和国成立以来最严重的挫折和损失，使全国人民艰苦创立的社会主义事业遭到前所未有的浩劫。

1976 年 10 月，党中央果断粉碎了“四人帮”，结束了“文化大革命”的内乱。1978 年 12 月，党的十一届三中全会胜利召开，否定了“以阶级斗争为纲”，作出改革开放的重大决策，人民当家做主得以回到正确的民主与法制轨道上来，实现了中华人民共和国成立以来党和国家历史上具有深远意义的伟大转折。

第二节　毛泽东人民当家做主思想的内涵及其贡献

20 世纪中国共产党领导的中国社会的革命，一举扭转了长达一个多世纪的帝国主义对中国人民的奴役和蹂躏，把千百年来饱受统治者压迫的劳动人民从水深火热中解救出来，建立起人民当家做主的共和国，从此中国人民为建设富强民主文明的现代化国家而不断奋斗。这在中国历史上是一件翻天覆地的大事，在世界历史上也写下了浓墨重彩的一笔。在中国共产党领导人民为争取民族独立和人民民主的奋斗历程中，毛泽东做出了杰出贡献，形成了丰富的人民当家做主的思想。

（一）指导我们思想的理论基础是马克思列宁主义

1. 马克思列宁主义这个最好的真理，是解放我们民族的最好的武器

主义譬如一面旗帜，旗帜立起了，大家才有所指望，才知所趋赴。十月革命一声炮响，送来了马克思主义。在中国共产主义先驱李大钊等的影响下，毛泽东对马克思主义和十月革命产生了浓厚兴趣，并且很快建立起马克思主义信仰。1936 年毛泽东回忆这段时期的经历时指出："我热心的搜寻那时候能找到的为数不多的用中文写的共产主义书籍。有三本书特别深地铭刻在我的心中，建立起我对马克思主义的信仰。我一旦接受了马克思主义是对历史的正确解释以后，我对马克思主义的信仰就没有动摇过。这三本书是：《共产党宣言》，陈望道译，这是用中文出版的第一本马克思主义的书；《阶级斗争》，考茨基著；《社会主义史》，柯卡普著。到了一九二〇年夏天，在理论上，而且在某种程度的行动上，我已成为一个马克思主义者了，而且从此我也认为自己是一个马克思主义者了。"[①]

毛泽东认为只有走社会主义革命的道路才能够实现民族解放和人民当家做主，他指出："我看俄国式的革命，是无可如何的山穷水尽诸路皆走不通了的一个变计，并不是有更好的方法弃而不采，单要采这个恐怖的方法"[②]，"十月革命帮助了全世界的也帮助了中国的先进分子，用无产阶级的宇宙观作为观察国家命运的工具，重新考虑自己的问题。走俄国人的路——这就是结论"。

为什么一定要采取俄国式的暴力革命的方法，而不是温和的通过教育实行变革的方法，毛泽东认为："教育一要有钱，二要有人，三要有机关。现在世界，钱尽在资本家的手；主持教育的人尽是一些资本家或资本家的

①《毛泽东年谱：1983—1949》，中央文献出版社 2002 年版，第 57 页。
②《毛泽东书信选集》，中央文献出版社 2003 年版，第 4 页。

奴隶；现在世界的学校及报馆两种最重要的教育机关，又尽在资本家的掌握中。总言之，现在世界的教育，是一种资本主义的教育。以资本主义教儿童，这些儿童大了又转而用资本主义教第二代的儿童。教育所以落在资本家手里，则因为资本家有‘议会’以制定保护资本家并防制无产阶级的法律；有‘政府’执行这些法律，以积极地实行其所保护与所禁止；有‘军队’与‘警察’，以消极地保障资本家的安乐与禁止无产者的要求；有‘银行’以为其财货流通的府库；有‘工厂’以为其生产品垄断的机关。如此，共产党人非取政权，且不能安息于其宇下，更安能握得其教育权？如此，资本家久握教育权，大鼓吹其资本主义，使共产党人的共产主义宣传，信者日见其微。所以我觉得教育的方法是不行的。”①

马克思列宁主义正是毛泽东所指望和趋附的旗帜。只有马列主义这个社会主义的革命的纲领才能把千百年来被奴役的中国广大劳动人民解救出来，成为国家和民族的主人。

2. 必须把马克思列宁主义的普遍真理同中国的具体实际结合起来

科学的理论只有与现实的土壤相适应，才能孕育出绚丽的花朵。列宁正是创造性地发展了马克思主义，才迎来十月革命的胜利。当时中国的实际情况，不仅与欧洲大不相同，而且与十月革命前的俄国也有着明显的差别。如果不能根据半殖民地半封建社会的基本国情，创造性地发展马克思列宁主义，走出一条适合中国革命和建设实际的新路，人民当家做主的奋斗目标就不能得到真正实现。毛泽东从当时中国的基本国情出发，创造性地发展了马克思列宁主义，形成了毛泽东思想，正确地指导了广大人民群众在中国共产党的领导下，翻身走上社会主义的伟大征程。

毛泽东从阶级角度分析了当时中国的实际情况，指出：在半殖民地半封建的中国，地主阶级和买办阶级完全是帝国主义的附庸，是极端的反动

①《毛泽东书信选集》，中央文献出版社 2003 年版，第 4 页。

派；民族资产阶级既需要革命又惧怕革命，是介于革命与反革命之间的力量；小资产阶级各部分对待革命的态度各不相同，但在革命高潮时，都能参加革命或附和革命；农民阶级人数最多，他们受地主压迫较重，极易接受革命宣传，是革命的主力之一；工业无产阶级人数虽然不多，却是中国新的生产力的代表者，是近代中国最进步的阶级，做了革命的领导力量。因此，半殖民地半封建社会条件下的中国革命，“乃小资产阶级半无产阶级无产阶级这三个阶级合作的革命”，“其对象是国际帝国主义”和“勾结国际帝国主义的军阀、官僚、买办阶级、大地主阶级”，“其目的是建设一个革命民众合作统治的国家”。[①]

正是基于这样的判断，毛泽东成为建党初期少数保持清醒头脑的领导人之一。大革命失败后，他没有拘泥于马克思列宁主义的本本和苏联十月革命的现成经验，单纯依靠工人阶级，片面强调大城市的作用，而是根据国内革命斗争形势的实际情况，把起义队伍拉上了井冈山，开辟了农村包围城市的中国革命的正确道路。

及至后来，毛泽东提出中国革命历史进程的两个阶段论，提出第一步是进行新民主主义的革命，第二步才是进行社会主义的革命，只有完成前一个革命，才有可能去完成后一个革命。这样的论断，考虑到了当时中国的国情，团结了一切可以团结的力量，孤立了顽固的反动派，兼顾了现实和长远，是科学运用马克思列宁主义的理论精髓得出的正确论断。正是以这个理论为指导，中国人民才能够空前团结起来，在毛泽东和中国共产党领导下，以摧枯拉朽之势一举推翻国民党反动派的统治，建立起新民主主义的中华人民共和国。在此基础上，经过七年的积累和准备，毛泽东从中国国情出发，提出三大改造的任务，胜利地实现向社会主义的过渡，进入全面建设社会主义的时期。一个崭新的人民当家做主的社会主义国家终于巍然屹立于世界的东方。

---

① 《毛泽东文集》第1卷，人民出版社1999年版，第24页。

（二）领导我们事业的核心力量是中国共产党

1. 中国的民主革命和社会主义事业只能由无产阶级及其政党来领导

领导权的问题，是革命成败的关键问题。自1840年鸦片战争以来，封建地主阶级、农民阶级和民族资产阶级都作为领导力量做出过救亡图存的努力，但是他们做出的这些努力都无一例外地失败了。中国共产党的诞生，彻底改变了中国革命没有坚强的领导力量的状况。

毛泽东认为领导中国民主主义革命和中国社会主义革命这样两个伟大的革命到达彻底的完成，除了中国共产党之外，是没有任何一个别的政党（不论是资产阶级的政党或小资产阶级的政党）能够担负的。为什么只有中国共产党能够担负起这个历史使命？毛泽东指出："因为半殖民地的中国的社会各阶层和各种政治集团中，只有无产阶级和共产党，才最没有狭隘性和自私自利性，最有远大的政治眼光和最有组织性，而且也最能虚心地接受世界上先进的无产阶级及其政党的经验而用之于自己的事业。因此，只有无产阶级和共产党能够领导农民、城市小资产阶级和资产阶级，克服农民和小资产阶级的狭隘性，克服失业者的破坏性，并且还能够克服资产阶级的动摇和不彻底性（如果共产党的政策不犯错误的话），而使革命和战争走上胜利的道路。"

在革命战争年代，"中国共产党是英勇坚决地领导了中国的革命战争，在十五年的漫长岁月中，在全国人民面前，表示了自己是人民的朋友，每一天都是为了保护人民的利益，为了人民的自由解放，站在革命战争的最前线"；在和平建设年代，中国共产党领导人民"在一个地广人多、情况复杂的大国内，彻底地完成了资产阶级民主革命，又取得了社会主义革命的决定性的胜利"。

2. 中国共产党的宗旨是全心全意为人民服务

中国共产党是全心全意为人民服务的政党，中国共产党全部工作和奋斗的出发点和落脚点是人民的利益，因此才能够得到广大人民群众的拥护，成为争取民族独立和人民民主的领导力量。毛泽东在他著名的《为人民服务》中指出："我们的共产党和共产党所领导的八路军、新四军，是革命的队伍。我们这个队伍完全是为着解放人民的，是彻底地为人民的利益工作的。"①

密切联系群众，是毛泽东倡导、阐述和培育的中国共产党的优良作风，是党的宗旨付诸实施的要求。它是以毛泽东为代表的中国共产党人在长期的革命斗争实践中逐步形成的。毛泽东在1945年党的七大上作的《论联合政府》的报告中指出："我们共产党人区别于其他任何政党的又一个显著的标志，就是和最广大的人民群众取得最密切的联系。"②这是对我们党的密切联系群众的优良作风的精辟概括。

毛泽东常常把中国共产党与人民群众的关系比作鱼与水的关系。鱼离不开水，鱼没有水是无法生存和发展的。是密切联系群众，还是脱离群众，这是直接关系党的生死存亡的一个严重问题。党离不开人民群众。在《关于领导方法的若干问题》中，毛泽东旗帜鲜明地指出："在我党的一切实际工作中，凡属正确的领导，必须是从群众中来，到群众中去。"③毛泽东所倡导并执行的党的群众路线，既是党领导人民群众做出正确决策的参考依据，同时也是人民群众信任和拥护党的领导的重要原因。

（三）注意团结我们的真正的朋友，以攻击我们的真正的敌人

"谁是我们的敌人？谁是我们的朋友？这个问题是革命的首要问题"，"中国过去一切革命斗争成效甚少，其基本原因就是因为不能团结真正的朋友，以攻击真正的敌人"。在领导人民当家做主的斗争中，革命的动力是什么？革命的对象又是什么呢？

①《毛泽东选集》第3卷，人民出版社1991年第2版，第1004页。
②《毛泽东选集》第3卷，人民出版社1991年第2版，第1094页。
③《毛泽东选集》第3卷，人民出版社1991年第2版，第899页。

1. 革命的动力

（1）无产阶级

毛泽东认为，中国的无产阶级主要由工业无产阶级、城市小工业和手工业的雇佣劳动者、农村的无产阶级（即雇农）等构成。中国共产党正是脱胎于中国的无产阶级之中，是领导无产阶级的革命政党。在组成中国无产阶级的三个基本力量中，农村的无产阶级数量最多，城市小工业和手工业的雇佣劳动者其次，工业无产阶级人数最少。然而工业无产阶级人数虽不多，却是中国新的生产力的代表者，是近代中国最进步的阶级，做了革命运动的领导力量。而且工业无产阶级数量分布集中，组织性最强，力量非常强大。中国无产阶级的共同特点是：受压迫最深，革命性最强。他们深受帝国主义、资产阶级、封建势力的压迫，“失了生产手段，剩下两手，绝了发财的望，又受着帝国主义、军阀、资产阶级的极残酷的待遇”，“这些压迫的严重性和残酷性，是世界各民族中少见的”，[①] 因而他们最渴望通过革命达到彻底的翻身，改变饱受压迫和剥削的地位，建立人民当家做主的政权。他们是在革命斗争中最坚决和最彻底的阶级，是中国共产党领导中国人民争取民族独立和人民当家做主的中坚力量。

（2）半无产阶级

在《中国社会各阶级的分析》中，毛泽东指出：“所谓半无产阶级，包含：（一）绝大部分半自耕农，（二）贫农，（三）小手工业者，（四）店员，（五）小贩等五种。”半无产阶级在中国广大的乡村和城市中所占比重极大，是中国共产党领导中国人民争取民族独立和人民当家做主必须依靠的力量。这是因为，虽然他们相比于无产阶级经济状况要稍微好一点，受到的剥削和压迫也没有无产阶级那么深重，但是他们仍然需要租种别人土地，靠出卖劳动力补贴家用，时常过着食不果腹的生活，往往在“春夏之间，青黄不接，高利向别人借债，重价向别人籴粮”，有的甚至债务丛

①《毛泽东选集》第 2 卷，人民出版社 1991 年第 2 版，第 644 页。

集，如牛负重。而来自帝国主义、封建主义和资本主义的剥削和压迫同样让他们如鲠在喉，只不过没有无产阶级那样苦难深重而已。因此，他们也极易接受革命的宣传，其需要一个变更现状的革命，甚至不亚于无产阶级。在争取民族独立和人民当家做主的斗争中，半无产阶级是中国共产党不可忽视和必须依靠的重要力量。

（3）小资产阶级

毛泽东认为，小资产阶级包括自耕农、手工业主、小知识阶层——学生界、中小学教员、小员司、小事务员、小律师、小商人等。这一部分同样在革命时期的中国占有不小的比重。这个阶级群体中，又大体可以分为三种类型。一是“有余钱剩米的，即用其体力或脑力劳动所得，除自给外，每年有余剩”，他们恐惧统治阶级的压迫，也对革命怀有某种程度的恐惧，往往对革命采取怀疑的态度。二是“在经济上大体上可以自给的”[①]，他们一方面受到来自统治阶级的压迫，另一方面通过自己辛苦的劳作尚能够维持生活，革命的积极性不高，往往处于中立状态，但是并不反对革命。三是走下坡路的原来家道殷实的。他们由于受到统治阶级的剥削和压迫而生活逐次下降，因而具有一定革命性。但总体而言，小资产阶级和中农在争取民族独立和人民当家做主的革命斗争中，具有一定的革命性，但较为软弱。在革命处于低潮时，往往持中立的态度。而在革命潮流高涨时，则能够一定程度上支持革命，参加革命。这个阶级群体，是争取人民当家做主革命过程中的一股重要的力量，忽视了这个力量的争取，就无异把这个力量送给敌人。因而对于小资产阶级，要用深入的宣传工作去争取他们。

（4）自由资产阶级（中产阶级）

毛泽东在 1948 年所作的《中国的社会经济形态、阶级关系和人民民主革命》中对自由资产阶级作出定义：“自由资产阶级。这就是民族资本家和新式富农。他们占有较多的生产资料，以自由资本主义的方法剥削雇

①《毛泽东选集》第 1 卷，人民出版社 1991 年第 2 版，第 5 页。

佣劳动者。在反动的国家政权下，他们受帝国主义者、地主和官僚资本家所压迫、损害或限制。”相对于小资产阶级，毛泽东指出，“自由资产阶级有更大的动摇性”。这是因为他们身处半殖民地半封建社会的大环境中，在帝国主义和官僚资本主义（大资产阶级）的夹缝中生存，也是被压迫、损害、限制的阶级群体，他们有民主的需求，存在一定的革命动力。同时，他们的生存来源也主要是剥削劳动者，因而对帝国主义、封建主义和官僚资本主义存在着很大的妥协性。“大敌当前，他们要联合工农反对敌人；工农觉悟，他们又联合敌人反对工农。”① 但是在争取民族独立和人民当家做主的第一个阶段，即新民主主义革命阶段，他们与中国共产党的主张是有交集的，因而可以是中国共产党所领导的统一战线的统战对象。

总之，无产阶级和半无产阶级是中国共产党领导民族独立和人民当家做主斗争中最可依靠的力量，小资产阶级是必须争取的力量，自由资产阶级是在新民主主义革命中可以团结的力量。

2. 革命的对象

（1）帝国主义

“帝国主义列强侵入中国的目的，决不是要把封建的中国变成资本主义的中国”，毛泽东在《中国革命和中国共产党》中详细论述了帝国主义侵略中国的目的。他指出，帝国主义入侵的目的是“要把中国变成它们的半殖民地和殖民地”。在帝国主义多次发动的侵略战争中，广大中国人民的生命财产受到严重威胁和损失。帝国主义抢占或“租借”中国的领土，严重损害我国的主权。帝国主义索取的巨额赔款，让中国人民苦不堪言。“帝国主义列强还在中国经营了许多轻工业和重工业的企业，以便直接利用中国的原料和廉价的劳动力，并以此对中国的民族工业进行直接的经济压迫”，直接对中国人民进行压迫和剥削。“帝国主义列强从中国的通商

①《毛泽东选集》第 2 卷，人民出版社 1991 年第 2 版，第 674 页。

都市直至穷乡僻壤，造成了一个买办的和商业高利贷的剥削网，造成了为帝国主义服务的买办阶级和商业高利贷阶级，以便利其剥削广大的中国农民和其他人民大众。”帝国主义扶持其买办，勾结中国的地主阶级，利用资本主义前期的一切剥削形式，疯狂地剥削和压迫占大多数的人民。帝国主义为中国的军阀提供军火和顾问，支持他们镇压中国人民。此外，帝国主义还对中国人民进行奴化教育，以“麻醉中国人民的精神”[①]。可以说，帝国主义是近代中国和中国人民一切苦难的根源，中国人民要改变被压迫、被剥削的命运，实现人民当家做主，帝国主义实在是第一个要打倒的。

（2）封建主义

毛泽东指出：“地主阶级是帝国主义统治中国的主要的社会基础，是用封建制度剥削和压迫农民的阶级，是在政治上、经济上、文化上阻碍中国社会前进而没有丝毫进步作用的阶级。”[②]封建主义统治中国达两千年之久，地主阶级凭借他们掌握的政治权力和土地，对农民进行着残酷的剥削和压迫，“地主对农民有随意打骂甚至处死之权，农民是没有任何政治权利的”，类似于“白毛女”和“半夜鸡叫”的故事在封建主义的中国不断上演。毛泽东认为，中国人民特别是农民主要受封建地主阶级四条绳索的束缚，即：①由一国、一省、一县以至一乡的国家系统（政权）；②由宗祠、支祠以至家长的家族系统（族权）；③由阎罗天子、城隍庙王以至土地菩萨的阴间系统以及由玉皇上帝以至各种神怪的神仙系统——总称之为鬼神系统（神权）。此外还有妇女受夫权的支配。而地主政权，是一切权力的基干。只有打倒地主阶级，推翻地主政权，才能改变中国人民特别是农民阶级被剥削和被压迫的命运。

（3）官僚资本主义

与民族资本主义不同，毛泽东认为，官僚资产阶级是“直接为帝国主义国家的资本家服务并为他们所豢养的阶级，他们和农村中的封建势力有

①《毛泽东选集》第2卷，人民出版社1991年第2版，第630页。

②《毛泽东选集》第2卷，人民出版社1991年第2版，第638页。

着千丝万缕的联系”。因而，他们“不是中国革命的动力，而是中国革命的对象”。他们同帝国主义和封建地主阶级相勾结，“成为买办的封建的国家垄断资本主义”。[①]他们垄断着全国的经济命脉，掌握着反动政权，不仅残酷压迫和剥削工人和农民，而且对小资产阶级也进行着压迫；他们在经济上排挤民族资产阶级，损害他们的利益。官僚资产阶级的主要代表是蒋宋孔陈四大家族。为了维持他们的垄断经济利益和反动政治权力，在取得抗日战争胜利后，他们背信弃义，撕毁签订的和平协议，在帝国主义的支持下发动内战，与人民为敌。不仅中国共产党、无产阶级、半无产阶级、小资产阶级要推翻它，而且民族资产阶级也毅然决然地与之决裂。毫无疑问，官僚资本主义是不得人心的，是中国共产党领导中国人民争取人民当家做主斗争中必须打倒和推翻的。

以上三个革命的对象，并不是孤立的反动的力量，而是互相勾结、互相交织在一起，编织了一张以剥削、压迫中国人民，攫取反动政治经济利益为目的的半殖民地半封建社会反动统治的大网。只有彻底推翻帝国主义、封建主义和官僚资本主义互相勾结的反动统治，才能真正解放中国人民，实现人民当家做主，而这只有在中国共产党的领导下，依靠和团结一切反对反动统治的力量，通过正义的革命斗争，才能够得到实现。

（四）建设一个中华民族的新社会和新国家，在这个新社会和新国家中，不但有新政治、新经济，而且有新文化

1. 中国的领土主权，中国人民必须保卫

中国的事情由中国人民自己做主，中国人民不容许也不惧怕任何国家的侵略和干涉，这是毛泽东关于人民当家做主思想的重要一环。在半殖民地半封建社会，帝国主义国家的军舰在中国的内河上横冲直撞；当中国共

①《毛泽东选集》第4卷，人民出版社1991年第2版，第1253页。

产党和人民军队即将取得解放战争的胜利时，英国等帝国主义国家仍然天真地以为中国人民还是一如既往地软弱可欺，胆敢做出干涉中国人民解放军渡江作战的举动。中国人民解放军毫不客气地回击了英国军舰，并击伤其“紫石英”号。面对英国首相丘吉尔的武力威胁，毛泽东义正词严地指出：“长江是中国的内河，你们英国人有什么权利将军舰开进来？没有这种权利。中国的领土主权，中国人民必须保卫，绝对不允许外国政府来侵犯。”①

中华人民共和国建立后，美国投入朝鲜战争时，竟将其第七舰队开进台湾海峡，还对我国东北地区进行轰炸。毛泽东领导的中国共产党和中国人民绝不容许这种侵略行径，即便是美国这样拥有核武器的世界头号帝国主义国家。毛泽东深知帝国主义的历次侵略给中国人民带来的深重苦难，近代中国政府软弱无能，保护不了中国人民的生命财产安全，人民的政权如果不能制止帝国主义侵略，让人民生活在一个和平而安全的环境之中，就不能算作一个人民当家做主的政权。毛泽东是不信邪的，他和中共中央很快作出抗美援朝的决策，他指出：“无非是打第三次世界大战，而且打原子弹，长期地打，要比第一、第二次世界大战打得长。我们中国人民是打惯了仗的，我们的愿望是不要打仗，但你一定要打，就只好让你打。你打你的，我打我的，你打原子弹，我打手榴弹，抓住你的弱点，跟着你打，最后打败你。”②这显示了毛泽东对于捍卫国家主权，保护人民群众生命财产安全的强大决心。

2. 剥夺反动派的发言权，只让人民有发言权

毛泽东在《论人民民主专政》中指出：“中国人民在几十年中积累起来的一切经验，都叫我们实行人民民主专政，或曰人民民主独裁，总之是一样，就是剥夺反动派的发言权，只让人民有发言权。”人民的概念，毛泽东认为在中华人民共和国成立前后的时期，指“工人阶级，农民阶级，

①《毛泽东选集》第4卷，人民出版社1991年第2版，第1460页。
②《毛泽东文集》第6卷，人民出版社1999年第2版，第94页。

城市小资产阶级和民族资产阶级”，中华人民共和国是“这些阶级在工人阶级和共产党的领导之下，团结起来，组成自己的国家，选举自己的政府，向着帝国主义的走狗即地主阶级和官僚资产阶级以及代表这些阶级的国民党反动派及其帮凶们实行专政”，[①]即对人民内部实行民主，人民享有言论集会结社等自由。只有人民享有选举权，人民通过选举代表人民意志的人组成政府，通过各种途径和形式管理国家事务，政府对人民负责，接受人民群众的监督。这是切实保障人民当家做主政治权利的思想。

1953 年 2 月，经周恩来修改、毛泽东同意的《选举法》草案，在中央人民政府委员会第 22 次会议上获得通过，人民通过选举人大代表参与国家政治生活的权利得到正式确认。《选举法》获得通过并付诸实行以后，在中国共产党的领导下，人民用手中神圣的选票，组建了各级人民代表大会，人民的选举的政治权利得到了有力的保障。

在 1954 年召开的第一届全国人民代表大会上，毛泽东亲自领衔起草的宪法获得通过。毛泽东关于人民当家做主的思想贯穿了整个宪法，人民、平等、自由是这部宪法的核心。平等、自由这些人民在半殖民地半封建社会根本无法实现的权利，在中华人民共和国得到了彻底实现。

3. 我们要使得男子没有痛苦，女子也没有痛苦，大家都没有痛苦，大家有饭吃，大家有衣穿，大家有工做

“中国的命运一经操在人民自己的手里，中国就将如太阳升起在东方那样，以自己的辉煌的光焰普照大地，迅速地荡涤反动政府留下来的污泥浊水，治好战争的创伤，建设起一个崭新的强盛的名副其实的人民共和国。”[②]中国人民在争取民族独立和人民民主的斗争中经历了太多苦难，在政治上翻了身的他们，同时对在经济上翻身充满着渴望。

毛泽东把恢复和发展生产，改善人民生活看作是革命成败的关键。在

①《毛泽东选集》第 4 卷，人民出版社 1991 年第 2 版，第 1475 页。
②《毛泽东选集》第 4 卷，人民出版社 1991 年第 2 版，第 1467 页。

党的七届二中全会上，毛泽东语重心长地说："党在这里的中心任务，是动员一切力量恢复和发展生产事业，这是一切工作的重点所在"，"如果我们在生产工作上无知，不能很快地学会生产工作，不能使生产事业尽可能迅速地恢复和发展，获得确实的成绩，首先使工人生活有所改善，并使一般人民的生活有所改善，那我们就不能维持政权，我们就会站不住脚，我们就会要失败。"①

建立人民政权后，毛泽东把解决人民群众切身困难放在了突出位置。1950年6月，毛泽东在中共七届三中全会上发表讲话时指出："我们要合理地调整工商业，使工厂开工，解决失业问题，并且拿出二十亿斤粮食解决失业工人的吃饭问题，使失业工人拥护我们。我们实行减租减息、剿匪反霸、土地改革，广大农民就会拥护我们。我们也要给小手工业者找出路，维持他们的生活。"②

毛泽东非常重视国家、集体和个人的关系。他主张在提高工人劳动生产率的同时，逐步改进他们的劳动条件和集体福利，随着国民经济的发展，适当调整工人的工资。工资的增长，"主要加在下面，加在工人方面，以便缩小上下两方面的距离"。由于实行了这样的政策，工人的生活比过去有了很大的改善。农业方面，毛泽东指出，"必须在增加农业生产的基础上，争取百分之九十的社员每年的收入比前一年有所增加，百分之十的社员的收入能够不增不减，如有减少，也要及早想办法加以解决"，"国家要积累，合作社也要积累，但是都不能过多。我们要尽可能使农民能够在正常年景下，从增加生产中逐年增加个人收入"。③

毛泽东始终把社会主义建设与人民群众生活的改善联系在一起。他提出"无产阶级专政的国家，一定可以做到有菜吃，有油吃，有猪吃，有鱼吃，有菜牛吃，有羊吃，有鸡鸭鹅兔吃，有蛋吃"，表示"我们应当有志气、

①《毛泽东选集》第4卷，人民出版社1991年第2版，第1427页。
②《毛泽东文集》第6卷，人民出版社1999年版，第74页。
③《毛泽东文集》第7卷，人民出版社1999年版，第221页。

有决心做到这一项在政治上经济上都有伟大意义的社会主义事业，也应当有信心做到这一项事情”。[①]

在毛泽东和中国共产党领导下，中国初步建成了相对完善的工业体系，工农业生产都有了很大提高和发展，人民群众的生活发生了天翻地覆的改变。

4. 领导全国人民克服一切困难，扫除旧中国所留下来的贫困和愚昧

毛泽东认为，文艺必须要为人民大众服务，即为最广大的人民，占全人口 90% 以上的人民，即为工人、农民、士兵和城市小资产阶级服务。文艺的创作要深入工农兵群众，文艺的创作源泉是人民的生活。要用人民群众听得懂的语言、看得懂的形式创作出更多对人民群众思想的、文化的提高有教育意义的作品。毛泽东非常重视发挥报纸、广播电台、电影放映队等群众基础文化设施的作用，丰富人民群众的精神和文化生活。

在教育上，毛泽东指出：教育必须适合革命形势和革命任务的需要。使受教育者在德育、智育、体育几方面都得到发展，成为有社会主义觉悟的有文化的劳动者。教育要与社会实践相结合，要与生产劳动相结合。要发展各类教育，逐步扫除文盲，提高干部群众的文化水平。要改革教育制度和教育方法，做到因材施教，切实保障广大人民群众受教育的权利。

毛泽东认为，医疗卫生事业是关系移风易俗、改造国家的大事，必须高度重视。他指出，中医药是一个宝库，要走中西医结合的道路。要采取以预防为主的方针，逐步扫除对人和牲畜危害极大的传染病，如血吸虫病、血丝虫病、鼠疫、脑炎、牛瘟、猪瘟等。要发扬救死扶伤的革命人道主义，把医疗卫生服务的重点放在人口占绝大多数的农村，为最需要的人解决实际困难。要广泛开展群众性的爱国卫生运动。

毛泽东时刻把人民群众的疾苦放在心上。针对历史上频发的洪涝干旱

①《毛泽东文集》第 8 卷，人民出版社 1999 年版，第 69 页。

灾害，毛泽东多次实地考察易发灾害的江河湖泊，并作出兴修水利的批示。中华人民共和国成立后大批水利工程的兴建，对减轻洪涝干旱造成的灾害起了很大作用。无论在革命战争年代，还是在和平建设年代，毛泽东从来不搞特殊化，从不计较个人生活，他最喜欢的莫过于深入群众中间，了解他们生产生活中的实际困难，为他们排忧解难。

毛泽东的一生，是为民族的解放和人民的福祉不懈奋斗的一生。他波澜壮阔的革命历程和时刻心怀人民群众的政治情操深刻诠释了中国共产党全心全意为人民服务的宗旨。毛泽东在领导人民当家做主的斗争中建立了不可磨灭的功勋，深刻地影响着后来的人民当家做主的实践。

第一，建立了一个中华民族的新社会和新国家。

在毛泽东和中国共产党的领导下，中国人民推翻了帝国主义、封建主义和官僚资本主义三座大山的压迫，把一个半殖民地半封建的、分裂的、贫弱的旧中国建成为一个独立、自由、民主、统一、富强的新中国。中国人民从此不受帝国主义侵略奴役之苦，中国的内政外交不用再看外国人脸色行事。中国人民从此不受封建地主和官僚资产阶级的剥削压迫，人民真正成为国家的主人。实现了人人平等，只有从事职业的不同，没有尊卑贵贱之分。开展了大规模的经济建设和文化建设，扫除了旧中国所留下来的贫困和愚昧，改善了人民的物质生活，提高了人民的文化生活。改变了旧中国贫困落后的面貌，建立了一个中华民族的新社会和新国家。

第二，开辟了一条人民当家做主的正确道路。

以毛泽东为代表的中国共产党人，以马克思列宁主义为指导，根据中国半殖民地、半封建社会的基本国情，提出中国革命的两个阶段论，第一步，改变这个半殖民地、半封建的社会形态，使之变成一个独立的民主主义的社会。第二步，使革命向前发展，建立一个社会主义的社会。在新民主主义革命阶段，中国共产党走出了农村包围城市、武装夺取政权的正确道路，联合国内各阶级、各民主党派和人民团体建立了新民主主义性质的人民民主专政。在社会主义革命阶段，中国共产党通过对农业、手工业和资本主义工商业的改造，实现了把生产资料私有制转变为社会主义公有制，使中国从新民主主义社会跨入社会主义社会。改变了几千年来中国人民受剥削和压迫的历史，走出了一条人民当家做主的正确道路。

第三，形成了一套人民当家做主的制度框架。

以毛泽东为代表的中国共产党人建立了人民民主专政的制度框架，有效保证了人民当家做主权利的实现。建立了人民代表大会制度，人民可以通过选举自己的代表依法管理国家和社会事务，行使民主权力，表达意愿和利益诉求。建立了多党合作的政治协商制度，可以表达各个阶层、各个群体的意见和建议，广泛凝聚共识。建立了民族区域自治制度，保证各少数民族享有平等的经济、政治、文化和社会权利。建立了人民信访制度，保障人民群众提出意见和建议，监督政府的权力。建立了社会主义公有制经济制度，促进了社会生产力的发展，提高了人民群众的生活水平。制定了宪法、选举法、婚姻法等一系列法律法规，为人民当家做主提供了法制保障，确保了人民依法享有的广泛权利和自由。

改革开放以来，在党的领导下，人民当家做主的制度得到恢复和发展，人民群众依法管理国家和社会事务、管理经济和文化事业的权力不断得到保障和加强，国家面貌和人民生活与改革开放前相比又发生了翻天覆地的变化，中国特色社会主义的政治、经济、文化、社会和生态文明建设全面推进。如今，中国正在朝着全面建设小康社会的目标坚实迈进，勤劳智慧的中国人民正以主人翁的饱满精神状态，为取得人民当家做主的社会主义建设的更大成就，实现中华民族伟大复兴的中国梦而努力奋斗。

中国人民必须牢记，我们现在所走的这条人民当家做主的中国特色社会主义道路，是一百多年来中国人民在中国共产党带领下不断抗争和探索而走上的唯一正确的道路。如今的人民民主和富裕生活，是不容易得来的，其中凝结着几代中国共产党人和中国人民的鲜血、汗水和智慧。因此我们必须巩固坚定走中国特色社会主义道路的信念，倍加珍惜今天的幸福生活。

中国人民有理由相信，在科学的马列主义和马克思主义中国化理论指引下，有中国共产党的坚强领导和全国人民的精诚团结，人民当家做主的社会主义制度必将永葆勃勃的生机，人民群众依法管理国家和社会事务，管理经济和文化事业的权利必将不断得到发扬，国家的建设和人民的生活必将继续取得新的成就，中华民族伟大复兴的中国梦必将在不久的将来得到实现。

后 记

本书是曾任中国社会科学院副院长、当代中国研究所所长李捷同志策划的，由中央文献研究室科研管理部组织中青年干部集体编写而成。

本书各章编撰者分别为：第一章：王敏玉；第二章：王平；第三章：李红喜；第四章：李平；第五章：李凤龙；第六章：唐斫；第七章：麻伯颜；第八章：高阳；第九章：王翠；第十章：史全伟；第十一章：毛胜；第十二章：郑国成。

唐斫同志做了大量协调统筹工作。湖南人民出版社的章红立同志为本书的出版也付出了很多努力。感谢为本书出版提供大力支持的同志。欢迎广大读者多提宝贵意见。

编 者

图书在版编目（CIP）数据

毛泽东与新中国 / 刘金田主编. —长沙：湖南人民出版社，2020. 1 （2023.1）
ISBN 978-7-5561-2310-0

I. ①毛… II. ①刘… III. ①毛泽东（1893—1976）—生平事迹 IV. ①A752

中国版本图书馆CIP数据核字（2019）第211006号

MAO ZEDONG YU XINZHONGGUO
毛泽东与新中国

主　　编　刘金田
出版统筹　张宇霖
监　　制　陈　实　张玉洁
产品经理　傅钦伟
责任编辑　田　野
责任校对　李　茜
装帧设计　泽信·品牌策划设计

出版发行　湖南人民出版社［http://www.hnppp.com］
地　　址　长沙市营盘东路3号
邮　　编　410005
经　　销　湖南省新华书店

印　　刷　湖南贝特尔印刷有限公司
版　　次　2020年1月第1版
　　　　　2023年1月第6次印刷
开　　本　710mm×1000mm　1/16
印　　张　33.75
字　　数　460千字
书　　号　ISBN 978-7-5561-2310-0
定　　价　58.00元

营销电话：0731-82683348　（如发现印装质量问题请与出版社调换）